X.media.press

Thomas Walter

MediaFotografie – analog und digital

Begriffe, Techniken, Web

Mit 245 Abbildungen und 28 Tabellen

 Springer

Prof. Dr. Thomas Walter
Fachhochschule Kaiserslautern
Standort Zweibrücken
Fachbereich Informatik und Mikrosystemtechnik
Amerikastraße 1
66482 Zweibrücken

E-Mail: walter@informatik.fh-kl.de

Bibliografische Information der Deutschen Bibliothek
Die Deutsche Bibliothek verzeichnet diese Publikation in der Deutschen National-
bibliografie; detaillierte bibliografische Daten sind im Internet über
http://dnb.ddb.de abrufbar.

ISSN 1439-3107
ISBN 3-540-23010-6 Springer Berlin Heidelberg New York

Springer ist ein Unternehmen von Springer Science+Business Media

springer.de

© Springer-Verlag Berlin Heidelberg 2005
Printed in Germany

Satz: Druckfertige Daten vom Autor
Herstellung: LE-TeX Jelonek, Schmidt & Vöckler GbR, Leipzig
Umschlaggestaltung: KünkelLopka Werbeagentur, Heidelberg
Gedruckt auf säurefreiem Papier 33/3142/YL - 5 4 3 2 1 0

Vorwort

Wir vergleichen die Newtonische Farbentheorie
mit einer alten Burg,
welche von dem Erbauer anfangs
mit jugendlicher Übereilung angelegt,
nach den Bedürfnissen der Zeit und Umstände
jedoch nach und nach von ihm erweitert und ausgestattet,
nicht weniger bei Anlaß von Fehden und Feindseligkeiten
immer mehr befestigt und gesichert worden ist.

Goethe, Zur Farbenlehre [Goe98]

Vor rund 180 Jahren haben erfindungsreiche Menschen ein neues Medium geschaffen: *Zeichen mit Licht* – die Fotografie. Ihr Bestreben war dabei, durch den Einsatz technischer Mittel künstlerisches Schaffen zu erleichtern. Seither hat dieses Medium eine unvorstellbar vielseitige Entwicklung genommen und dabei sehr rasch gezeigt, dass dadurch nicht die Kunst ersetzt, sondern im Gegenteil bereichert wird. Der aktuelle Gipfel dieser Entwicklung ist die weite Digitalisierung der Fotografie, die nochmals die Möglichkeiten deutlich vermehrt und dem künstlerischen Aspekt noch mehr Räume eröffnet.

Abbildung:
Otto Dix: Bildnis des Photographen
Hugo Erfurth, 1925

Dieses Buch möchte die technischen Grundlagen der modernen Fotografie aktuell und tiefliegend darstellen. Dabei zeigt sich rasch, dass das „Medium Fotografie" heute weder analog noch digital ist, sondern dass zum Verständnis beide Aspekte betrachtet werden müssen und Hand in Hand zu einem optimalen Ergebnis führen.

Wir befinden uns im Bereich der Fotografie gerade auf einer sehr spannenden Reise. Mit diesem Werk möchte ich den Lesern eine Hilfe und Bereicherung an die Hand geben, um die Hintergründe klarer werden zu lassen, und auf neue Techniken und Ideen hinweisen – es gibt heute so viel Neues zu erlernen, auszuprobieren und nutzbringend in die eigene Arbeit einzubinden.

Bei der tiefgreifenden Beschäftigung mit der Materie wünsche ich Ihnen, dass dabei die Freude am Ergebnis und der berufliche Erfolg Ihrer kreativen Arbeit erhalten bleibt:

„Grau, teurer Freund, ist alle Theorie,
Und grün des Lebens goldner Baum."

In diesem Sinne wünsche ich allen Lesern eine erfreuliche und fruchtbare Auseinandersetzung mit MediaFotografie.

Zweibrücken, im Januar 2005

Inhaltsverzeichnis

Hinweise zum Gebrauch des Buches

MediaFotografie möchte einen Überblick über die moderne Fotografie geben. Hierfür wird zunächst die klassische analoge und anschließend die digitale Technik betrachtet, wobei beide Bereiche nicht scharf zu trennen sind, weil vieles in beiden Welten wichtig ist. Abschließend werden die zentralen Themen Internet und Recht behandelt.

Dabei wurde jeweils versucht, dem Leser auch eine praktische Hilfe mit nützlichen Hinweisen, einem effizienten Index und vielen Verweisen innerhalb des Buches zu weiterführender Literatur und im Internet zu geben. Im Anhang zu MediaFotografie sind Internetlinks sowie eine Übersicht über alle relevanten Abkürzungen enthalten.

Gliederung des Inhalts

MediaFotografie gliedert sich strukturell in drei Blöcke:

- Block A: Die klassische Fotografie

  Hier wird zunächst die Entwicklung der analogen Fotografie behandelt, gefolgt von den eigentlichen naturwissenschaftlichen Grundlagen und analogen Techniken der Kontraststeuerung nach dem Zonensystem. Die Themen sind insbesondere:
  - eine kurze Geschichte der Fotografie (Kapitel 1);
  - physikalische Grundlagen (Strahlenoptik, Wellenoptik) (Kapitel 2);
  - chemische Grundlagen (Kapitel 2);
  - Kontraststeuerung nach dem Zonensystem (Kapitel 3).

- Block B: Grundlagen der digitalen Fotografie

  Dieser Block greift nun die Grundkenntnisse wieder auf und zeigt, wie dies alles in der digitalen Fotografie umgesetzt wird. Im Einzelnen werden behandelt:

- Grundlagen der digitalen Fotografie (lichtempfindliche Sensoren, Dateiformate und mehr) (Kapitel 4);
- digitale Bildbearbeitung mit typischer Software: Adobe Photoshop, GIMP, Nikon Capture und Phase One C1 (Kapitel 5);
- digitale Farbfotografie und digitale Schwarzweißfotografie: Die Aspekte Farbe und Schwarzweiß bilden im Digitalen einen ganz anderen Begriffsraum als analog; dies wird hier behandelt (Kapitel 6 und 7).

● Block C: Weiterführende Themen

Dieser Block geht nun weiter auf spezielle Aspekte ein. Dazu zählen:
- Verbesserung des Digitalbildes: Hier wird auf die wichtigsten Bildbearbeitungstechniken eingegangen (Kapitel 8);
- Bildbearbeitung für das Web: Farben, Auflösung und Dateiformate für das Web (Kapitel 9);
- Fotoalben im Web: Einsatz und Arbeitsweise von freien PHP-Frameworks (Kapitel 9);
- rechtliche Rahmenbedingungen für den Einsatz der modernen Fotografie (Kapitel 10).

Empfohlene Literatur

MediaFotografie spricht viele aktuelle Themen an, kann aber natürlich nicht all dies vollständig behandeln, weshalb in den jeweiligen Abschnitten Hinweise zu weiterführender Literatur enthalten sind. Einige Werke sind besonders hervorzuheben. Die Grundlagen der klassischen Fotografie sind umfassend im Handbuch der Fotografie von Jost J. Marchesi (siehe [Mar93], [Mar95] und [Mar98]) dargestellt. Allgemeines zur Informatik kann [Wal03] entnommen werden, ein stärkeren Bezug zur Computergrafik ist in [BB03] zu finden. Empfehlenswert speziell für die Digitalfotografie ist insbesondere [Alt03] oder die neue Trilogie [Mas04a], [Mas04b] und [Mas04c] und für den – unvermeidbaren – Photoshop [Wil03] oder mit einem stärkeren Bezug zur Fotografie [Pfa04]. Das komplexe Thema Farbe ist in [Büh04] ausführlich behandelt.

Neben diesen technisch orientierten Hilfen soll hier aber ausdrücklich noch auf [Web04] zur allgemeinen Fotografie und insbesondere auf [SS03] verwiesen werden, da hier die Fotografie im Kontext der visuellen Wahrnehmung auch unter psychologischen Gesichtspunkten in einem größeren Kontext behandelt wird.

Tipps und wichtige Hinweise im Buch

Nützliche – und natürlich „(be-)merkenswerte" – Hinweise sind zusätzlich besonders gekennzeichnet:

Diese Icons sollen Ihnen das Lesen erleichtern.

Darüber hinaus gibt es spezielle Hinweise zu klassischen Tricks und Verfahren der analogen Fotografie:

Viele klassische fotografische Techniken sind auch und besonders heute in der Digitalfotografie wichtig und nützlich.

Und es gibt Hinweise zu besonderen, nur im Digitalen wichtigen Aspekten:

Besondere Hinweise für die Digitalfotografie sind entsprechend gekennzeichnet.

Das Webangebot zu MediaFotografie

Zu MediaFotografie gibt es unter der Adresse

`http://www.mediafotografie.de`

ein begleitendes Webangebot, welches fortlaufend ergänzende und aktuelle Informationen zugänglich macht. Dazu gehören unter anderem folgende Angebote:

- eine erweiterte, aktuelle und verlinkte Sammlung von Internetlinks;
- ein ausführlicheres Inhaltsverzeichnis zu dem Buch;
- eine plattformunabhängige, Java-basierte Software zur Verarbeitung von raw-Dateien;
- einige Beispielbilder und Photoshop-Dateien aus dem Buch zum Download;
- eine Übersicht über sich sicherlich einstellende Errata;
- weitere Hinweise und Ergänzungen.

Nur durch eine aktive Auseinandersetzung mit der Materie wird ein richtiges Verständnis möglich. Das Webangebot möchte Sie dazu besonders anregen!

Der Hinweis ^web bedeutet, dass im Buchanhang (Anhang A) oder direkt auf der MediaFotografie-Site weitere Links zu Informationen im Internet zum jeweiligen Thema aufgeführt sind.

Hinweise zur verwendeten Nomenklatur

Zur besseren und konsistenten Unterscheidung von bit und Byte wird das bit mit kleinem und das Byte mit großem Anfangsbuchstaben geschrieben, genauso wie in der Abkürzung. Wie in der Informatik üblich, wird für Begriffe aus diesem Bereich die Nomenklatur der Vielfachen nach Zweierpotenzen verwendet, also

- $1kB = 2^{10}B = 1.024B$;
- $1MB = 2^{20}B = 1.048.576B$.

Nur beim Pixel wird wie meist üblich das Megapixel als 1.000.000 Pixel definiert.

Nicht ganz konsequent wird häufig die Abkürzung SLR verwendet: SLR bezeichnet ein Spiegelreflex-Kamerasystem; dazu gehört nicht notwendig auch eine Wechseloptik. Dennoch wird, wie häufig üblich, hier unter SLR eine Spiegelreflexkamera mit Wechseloptik verstanden. Entsprechend ist DSLR die Abkürzung für eine digitale Spiegelreflexkamera mit Wechseloptik.

An einigen wenigen, technischen Stellen in MediaFotografie werden Zahlen in der in der Informatik gebräuchlichen hexadezimalen Darstellung angegeben. Diese werden dann wie üblich mit führendem 0x dargestellt, also etwa 0x100 für $1 \cdot 16^2 + 0 \cdot 16^1 + 0 \cdot 16^0 = 256$.

Softwarebezogene Buchteile beziehen sich häufig auf die entsprechenden Menüs dieser Software; dies wird durch folgende Nomenklatur beschrieben: Datei|Speichern speichert unter dem Menüpunkt Datei und dort unter dem Unterpunkt Speichern eine Datei.

Hinweise zum praktischen Gebrauch

Natürlich wünscht sich der Autor, dass der Leser dieses Buch vollständig liest – dafür wurde es ja geschrieben. Dennoch werden für viele nur einzelne Kapitel und Abschnitte von besonderem Interesse sein. Deshalb wurde versucht, die Materie so zu gestalten, dass alle Teile einzeln verständlich sind. Dafür wurden viele Verweise auf andere Abschnitte integriert, in denen zu Unterpunkten dann Genaueres zu finden ist.

Diese Verweise sind dabei folgendermaßen aufgebaut: Abbildung 2.3 ist die dritte Abbildung aus Kapitel 2, welche in Abschnitt 2.2.1.1 enthalten ist. An einigen wenigen Stellen werden mathematische Zusammenhänge wie die Linsengleichungen (2.3) verwendet, um die Zusammenhänge klar darzulegen und den Lesern einen Einstieg in die tiefere Beschäftigung mit der Materie zu geben. Auf Tabellen wird wie auf Abbildungen verwiesen: 2.2 ist die Übersicht von Brennweite und Gegenstandsweite in Kapitel 2.

Dem Autor war es dabei ein besonderes Anliegen, mit MediaFotografie auch eine praktische Hilfe für das fotografische Schaffen zu geben. Deshalb sind wie erwähnt viele nützliche Internetlinks im Buch sowie auf der Webseite angegeben. Wichtig ist hier auch ein effizienter Index zum Buch. In MediaFotografie sind zahlreiche für die Praxis nützliche Tabellen enthalten, die auch über den Index schnell zu finden sind. In diesem technisch sich so rasch entwickelnden Bereich haben sich zunehmend mehr Abkürzungen etabliert; um hier eine Praxishilfe zu bieten, verfügt MediaFotografie im Anhang B über ein Abkürzungsverzeichnis mit Bezug zu den relevanten Textpassagen im Buch.

1

Entwicklung der Fotografie

Photo-graphie – Zeichnen mit Licht – ist seit etwa 170 Jahren ein fester und wichtiger Bestandteil unseres Kulturkreises. In diesem einleitenden Kapitel wird die Entwicklung, die zu der uns bekannten Fotografie geführt hat, kurz geschildert.

Das *Medium Fotografie* übt seit vielen Jahrzehnten eine große Faszination aus, da in ihm in einzigartiger Weise künstlerische, dokumentarische und technische Aspekte zusammengeführt werden. Um einen Einstieg in das Verständnis der Möglichkeiten der Fotografie zu gewinnen, soll zuerst ein kurzer Abriss der Geschichte der Fotografie die Entwicklung dieses Mediums aufzeigen. Die folgenden Darstellungen richten sich weitgehend nach [Kos84] und [Wal83]. Allgemeinere Aspekte, die insbesondere die Leistung und Bedeutung einzelner Fotografen im geschichtlichen Ablauf der letzten 150 Jahre zeigen, sind in [Baa03] und [Bra02] zu finden.

Interessant ist, darauf sei im Vorfeld hingewiesen, dass die Entwicklung der Fotografie in vielen Fällen von technisch sehr versierten, aber künstlerisch nicht hinreichend Befähigten vorangetrieben wurde, sozusagen als technischer Ersatz für die eingeschränkte künstlerische Befähigung – eine bemerkenswerte Motivation für die Erfindung dieses neuen Mediums.

1.1 Die Vorgeschichte der Fotografie

1.1.1 Optik

Die Phänomene rund um das Licht beschäftigten die Menschheit von alters her. Bereits bei den Griechen gibt es klassische, meist allerdings eher abwegige Vorstellungen dazu. Ein Meilenstein, freilich ein sehr konträrer, ist die Farbenlehre von Johann Wolfgang von Goethe.

Zentral für den Fortgang der naturwissenschaflichen Forschung war hingegen die Veröffentlichung der Brechungsgesetze durch den Holländer Willebrod

Snell von Rojen, gen. Snellius, im Jahr 1626. Mit Beginn des 19. Jahrhunderts standen letztlich die optischen Grundgesetze und Kenntnisse der Strahlenoptik zur Verfügung, um so etwas wie ein Objektiv zu berechnen, was zu den bahnbrechenden Arbeiten von Joseph von Petzval, vgl. 1.2.4.2, führte. Kapitel 2 geht hierauf insgesamt genauer ein.

1.1.2 Camera Obscura

Bei der berühmten *Camera Obscura* handelt es sich – zunächst – um eine einfache Lochkamera. Diese projiziert durch ein Loch ein punktgespiegeltes „obskures" Bild. Das Gerät selbst war ursprünglich von durchaus großen Ausmaßen, daher die Bezeichnung Camera, Zimmer, von welcher sich letztlich unser Begriff Kamera abgeleitet hat.

Die Anfänge der Camera sind heute nicht mehr exakt nachzuverfolgen. Schon der griechische Philosoph Aristoteles (384 – 332 v. Chr.) soll die Camera Obscura verwendet haben, um etwa die Sonnenfinsternis zu beobachten. Auch war ihm, wie einige Quellen berichten, schon bekannt, dass mit kleinerer Objektivöffnung, also mit abgeblendetem Objektiv, eine schärfere Abbildung erreicht wird.

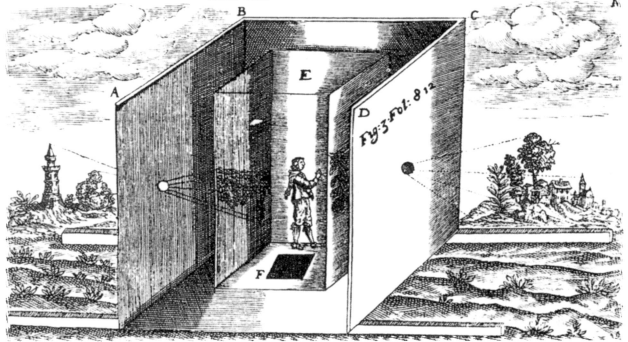

Abbildung 1.1:
Transportable, begehbare Camera Obscura nach Athanasius Kircher

Anderthalb Jahrtausende später wird die Camera für Beobachtungen und Überlegungen aus dem optischen Bereich fast schon selbstverständlich verwendet, so etwa zur Beobachtung der Sonnenfinsternis von 1544 durch Erasmus Reinhold. Hieronymus Cardanus soll 1550 die Camera durch Einsatz einer Sammellinse verbessert haben. 1563 war es Daniele Barbaro, welcher durch die Einführung der Blende, also durch bewusste Verkleinerung der Linsenöffnung, zu einer Verbesserung der Abbildungsleistung führte.

Die damalige Camera Obscura galt als transportabel (vgl. die Abbildung 1.1 von 1646), es handelt sich aber um eine derart große Konstruktion, dass sie durch eine Bodenöffnung zu betreten ist. Erst ab 1685 gibt es eine wirklich transportable, handliche Form der Camera, die auf den Mönch Johannes Zahn zurückgeht, welcher auch bereits Linsen verschiedener Brennweite einzusetzen verstand.

1.2 Die Anfänge der Fotografie

Abbildung 1.2:
Joseph Nicéphore Niépce,
1765 – 1833

Ein Abbild, eine Dokumentation unserer Umwelt zu geben, bewegt die Menschheit seit jeher, wie schon die mehr als 50.000 Jahre alten Höhlenzeichnungen zeigen. Allerdings gibt es erst seit weniger als 200 Jahren Möglichkeiten, ein objektives Abbild zu schaffen: *die Fotografie*.

Die Fotografie besteht aber aus einer Kette vieler Einzelerfindungen und -entdeckungen, so dass die „Erfindung der Fotografie" nicht mit einer einzelnen Person oder mit einem einzelnen Datum verknüpft werden kann. Unabhängig davon aber sind doch zwei Personen ganz maßgeblich mit der Grundlage der Fotografie verbunden: Joseph Nicéphore Niépce und Louis Jacques Mandé Daguerre.

Vorbereitend für die „Entdeckung" der Fotografie durch diese beiden war – neben vielen weiteren – insbesondere die Zufallsbeobachtung der Schwärzung von Silbernitrat durch Robert Boyle um 1693.

1.2.1 Joseph Nicéphore Niépce

Joseph Nicéphore Niépce (1765 – 1833) [web] wuchs in wohlhabender Familie auf, die aber durch die Wirren der französischen Revolution einen Großteil ihres Vermögens einbüßte. Niépce tat sich schon früh als universeller Erfinder hervor, etwa mit einer Art Verbrennungsmotor für kleinere Schiffe. Ab 1812 beschäftigte er sich zusammen mit seinem Bruder zunächst mit der Lithografie.

Da er – in diesem Zusammenhang glücklicherweise – über kein künstlerisches Talent verfügte, verwendete er die Camera Obscura für den Vorlagenentwurf. Über Versuche mit Guajakharz kam er über die Verwendung von – durch die Lithografie ihm bereits gut bekanntem – Asphaltlack zum Fixieren auf ein Verfahren der Fotopolymerisation, welches er Heliographie nannte. Damit gelang die Abbelichtung von Kupferstichen wie die des Kardinals d'Amboise von 1827 nach Abbildung 1.3.

Abbildung 1.3:
Niépce: Heliografie des Kardinals
d'Amboise, 1827

Nach dieser Abbelichtung von Kupferstichen entwickelte Niépce drei kleine Cameras, welche bereits eine Sammellinse und zur Verkleinerung der Blendenöffnung eine verstellbare Irisblende verwendeten. Dieses Grundprinzip der Irisblendenkonstruktion aus sechs bis neun halbmondartigen Metallplättchen, stufenlos öffnend und schließend, ist bis heute gebräuchlich.

Problematisch war insbesondere die Qualität und die geringe Lichtstärke der von ihm verwendeten Linsen; hier brachte der Einsatz der weiter entwickelten Camera Obscura Verbesserung. Damit gelang Niépce 1826 die erste Aufnahme – der Innenhof des Familiensitzes „Le Gras" –, welche als Fotografie bezeichnet werden kann (vgl. 1.2.1.1 und Abbildung 1.6).

Abbildung 1.4:
Niépces Camera Obscura

Niépces weitere Verbesserungen des Verfahrens konzentrierten sich dann auf die verwendete Optik; er teilte seine Fortschritte mit den bekannten Optikern Vincent und Charles Chevalier sowie intensiver noch mit Daguerre, mit dem er am 14.12.1829 einen Vertrag zur gemeinsamen Fortentwicklung der Technik abschloss, welcher aber zu seinen Lebzeiten leider keine nennenswerten Ergebnisse mehr erbrachte.

Abbildung 1.5:
Niépce: Der gedeckte Tisch,
um 1825

1.2.1.1 Die erste Fotografie

Joseph Nicéphore Niépce wird auch die älteste fotografische Aufnahme zugeschrieben: Eine Aufnahme des Innenhofes des Familiensitzes „Le Gras". Die
Datierung dieser lange verschollenen Aufnahme ist nicht ganz einheitlich, sie
wird meistens auf das Jahr 1826 datiert.

Abbildung 1.6:
Niépce: Innenhof des Familiensitzes
Le Gras, um 1826

Diese 20 cm × 15,5 cm große Aufnahme [web] ist heute im Besitz des Harry
Ransom Humanities Research Center der Universität von Texas in Austin.

1.2.2 Louis Jacques Mandé Daguerre

Der Anfang der Fotografie wird häufig erst auf das Jahr 1839 datiert, der Erfindung der Daguerreotypie. Louis Jacques Mandé Daguerre (1787 – 1851)
hatte eine Ausbildung als Dekorationsmaler absolviert und war insbesondere
in Theatern tätig. Dadurch kam er zur Beschäftigung mit der Camera Obscura. Ab 1826 arbeitete Daguerre im Rahmen der erwähnten, später vertraglich
fixierten Vereinbarung mit Niépce zusammen, von welchem er umfangreiche
Informationen zu dessen Stand der Fototechnik erhielt.

Daguerres Vorarbeiten vor dem Austausch mit Niépce waren, aufgrund der
Ausrichtung auf fluoreszierende Substanzen, nicht aussichtsreich. Angeregt
durch den Austausch mit Niépce und weitere Arbeiten der Zeit verwendete
er das lichtempfindliche Jodsilber. 1837 gelang Daguerre der entscheidende
Durchbruch für sein Verfahren, die Daguerreotypie, eine Aufnahme mit der
Camera auf die Jodsilberplatte, Entwicklung der Platte im Quecksilberdampf
und Fixierung in einer Kochsalzlösung. Abbildung 1.8 zeigt eine der ersten,
heute noch erhaltenen Fotografien von Daguerre nach diesem Verfahren.

Abbildung 1.7:
Louis Jacques Mandé Daguerre,
1787 – 1851

Bereits im Jahr 1839 wurde dieses Verfahren der Daguerreotypie von der französischen Akademie der Wissenschaften anerkannt und als Geschenk der „Grand Nation" an die ganze Welt freigegeben. Damit setzte die ungeheuer dynamische Entwicklung der Fototechnik ein, die bis heute ungebremst weiter läuft.

Der zentrale Nachteil des Verfahrens in diesem frühen Stadium war, dass die Daguerreotypie-Aufnahmen nicht kopierbar waren, es konnten also nur Originale hergestellt werden.

Somit ist die Grundlage der Fotografie mit diesen zwei Namen besonders verbunden; die grundsätzlichen Verfahren sollen hier (nach [Kos84]) gegenübergestellt werden:

Tabelle 1.1:
Verfahren nach Niépce und Daguerre

Erfinder	Belichten	Entwickeln	Fixieren
Niépce, 1822	Zinnplatte und Asphalt	tierische Öle	Alkohol
Daguerre, 1837	Silberplatte und Joddampf	Quecksilberdampf	warmes Kochsalzbad

1.2.3 William Henry Fox Talbot

Parallel zu der geschilderten Entwicklung auf dem europäischen Festland experimentierte der englische Universalforscher und Politiker William Henry Fox Talbot (1800 – 1877) – auch bei ihm war eine nicht zufriedenstellende künstlerische Begabung ausschlaggebend für das Interesse an fotografischen Verfahren – mit in Kochsalzlösung getränktem Papier, welches nach dem Trocknen in Silbernitratlösung sensibilisiert wurde. 1841 patentierte er sein als Kalotypie (Calotype) bezeichnetes Verfahren, welches die Grundlage für die künftigen Negativ-Positiv-Techniken legte.

Abbildung 1.9:
W. H. F. Talbot: Schneelandschaft, um 1844

1.2.3.1 Der Begriff „Fotografie"

In Verbindung mit Talbot ist auch der uns so geläufige Begriff *Fotografie* zu sehen. Der berühmte Physiker Michael Faraday sprach im Zusammenhang von Talbots Entdeckungen von „Photogenic Drawings", von „durch Licht entstandenen Zeichnungen". Dies griff Sir John Henschel in einem Brief an Talbot am 28.2.1839 auf und schlug vor, künftig von „Photo-Graphic" zu sprechen.

1.2.4 Die nächsten Schritte

Seit ihrer Veröffentlichung durch die französische Akademie der Wissenschaften verbreitete sich die Daguerreotypie rasch und allerorts wurde versucht, das Verfahren zu verbessern.

1.2.4.1 Chemie

Viele Arbeiten betrafen die Steigerung der Lichtempfindlichkeit der Jodsilberplatte, etwa durch Chlordämpfe; dies ermöglichte Portraits in fünf statt 15 Minuten. 1840/41 verwendeten die Brüder Johann und Josef Natterer in Wien eine

Abbildung 1.10:
William Henry Fox Talbot, 1800 – 1877

Mischung aus Jod, Brom und Chlor, welche deutlich lichtempfindlicher war, bis schließlich die besondere Eignung von Silberbromid immer mehr erkannt wurde.

1.2.4.2 Optik

Als wichtiger erwies sich aber der auf den Wiener Physiker Andreas von Ettinghausen (1796 – 1878) zurückgehende Ansatz, die Optik der Camera zu verbessern. Gemeinsam mit dem Physiker und Mathematiker Josef von Petzval (1807 – 1891) begründete er den Ansatz, Linsen und Linsensysteme wissenschaftlich-mathematisch zu berechnen, wofür er die Unterstützung der qualifiziertesten Rechner des Artilleriecorps der Armee hatte.

Petzval führte bahnbrechende Berechnungen durch, die bis 1840 abgeschlossen waren. Er entwickelte ein auch unter dem Namen Orthoskop bekanntes Portraitobjektiv mit der Brennweite 149 mm und der Lichtstärke 1 : 3,7 – somit eine 20-fach lichtstärkere Optik als die von Daguerre verwendete (Lichtstärke 1 : 17). Die Belichtungszeiten schrumpften dadurch von 15 Minuten auf 45 Sekunden und eröffneten völlig neue Möglichkeiten.

Abbildung 1.11:
Dreigliedrige Petzval'sche
Objektivkonstruktion

1.3 Von den Anfängen zur klassischen Fotografie

Die bis dahin vorhandenen fotografischen Grundlagen haben praktisch noch eine zentrale Eigenschaft nicht gelöst: die Vervielfältigung der fotografischen Aufnahmen.

1.3.1 Das Albumin-Verfahren

Seit etwa 1845 zeichnete sich immer deutlicher ab, dass sich das auf Talbot zurückgehende Verfahren der Kalotypie mit einer Negativtechnik und davon abgezogenen Positiven durchsetzt. Zunächst wird durch Louis-Desiré Blanquart-Evrat das nasse Papier nach dem ursprünglichen Talbot-Verfahren durch das Fixieren des Papiers zwischen planparallelen Glasplatten verbessert. 1847 fand ein Vetter von Niépce die Eignung von Eiweiß als Bindemittel für Jodsilber heraus; dies machte den Einsatz von Glasplatten als Träger der lichtempfindlichen Schicht direkt möglich.

Blanquart-Evrat verbesserte das gesamte Verfahren nochmals, indem er die Eiweißbindung auch auf das Positiv anwandte; dadurch setzte sich die – verbesserte – Kalotypie gegenüber der Daguerreotypie immer stärker durch.

1.3.2 Pannotypie

Die nächste Verbesserung kam durch den Einsatz des Kollodiums, ein auf Umwegen aus Schießbaumwolle gewonnener Kunststoff. Der Engländer Frederic

Scott Archer (1813 – 1857) stellte im März 1851 den Einsatz von Glasplatten vor, welche mittels Kollodium Sibernitrat binden; er entwickelte die belichtete Aufnahme mit Pyrogallol und Essigsäure und fixierte das Ganze mit Natronhyposulfit.

Dieses als *Pannotypie* bezeichnete Verfahren ist deutlich praktikabler als Daguerreotypie und Kalotypie. Durch all diese Verbesserungen sank insgesamt die notwendige Belichtungszeit auf unter drei Sekunden.

1.3.3 Positivtechniken

Das Problem der Vervielfältigung der fotografischen Aufnahme wurde sinnvoll erstmals durch den Österreicher Paul Pretsch (1808 – 1873) gelöst. Über mehrere Stufen erzeugte er schließlich über ein galvanisches Bad mittels einer Kupferplatte ein aufgrund der fotografischen Aufnahme vertieftes Relief, welches in der Tiefdruckpresse zu damals unbekannten Qualitätsdrucken führte.

Dieses grundlegende Verfahren wurde in den folgenden Jahren stetig weiter verbessert.

1.3.4 Verkürzung der Belichtungszeiten

Durch all diese Verbesserungen verkürzten sich die Belichtungszeiten kontinuierlich. Die folgende Tabelle zeigt in groben Zügen die erzielten Fortschritte.

Jahr	Belichtungszeit
1826	8 bis 12 Stunden
1839	etwa 30 Minuten
1841	etwa 3 Minuten
1851	10 Sekunden
1900	1/1000 Sekunde

Tabelle 1.2:
Übersicht Belichtungszeiten

1.4 Fotografie: Technik oder Kunst?

Schon sehr früh stellte sich die Frage, ob Fotografie als Kunst oder als Technik zu sehen sei, und genauso, welche Rolle die Malerei künftig noch haben werde. Direkt ab 1839 war man zunächst sehr euphorisch und es wurde häufig geäußert, dass die klassische Malerei nun keine Zukunft mehr habe. Diese krasse Fehleinschätzung ist nicht vollständig falsch; eine nicht unbedeutende Sparte der Malerei befasste sich mit möglichst natürlicher und objektiver – realistischer – Wiedergabe von Menschen und Gegenständen; diese Sparte der Malerei hat in der Tat ihre Berechtigung durch das „Zeichnen mit Licht" verloren. Dafür haben sich aber parallel zur Entwicklung der Fotografie zahlreiche neue, moderne und transreale Kunstrichtungen entwickelt!

Heute wird manchmal zwischen künstlerischer und wissenschaftlicher/dokumentarischer Fotografie unterschieden, dass prinzipiell die Fotografie aber ein neues, künstlerisches Medium ist, bleibt unumstritten.

Die Heftigkeit dieser Fragestellung – Kunst oder nur Technik – hat weitreichende Konsequenzen auch auf den juristischen Bereich, da Kunstwerke prinzipiell stärker geschützt sind. Dies zeigte sich schon sehr früh in der Entwicklung der Fotografie, so dass sich bereits ab 1860 Gerichte mit der Frage, ob

Fotografien Kunstwerke sind, aus rechtlicher Perspektive beschäftigten – und diese Frage bejaht[1] haben (vgl. [Kos84, S. 121 f.]). Damit ist die Frage freilich nicht wirklich beantwortet, und dies soll – und kann – hier auch nicht geschehen.

Im Folgenden werden an einigen Stellen fotografische Künstler kurz vorgestellt, die auf ihre Weise mit ihrem Lebenswerk eine eindeutige Antwort auf diese Frage gegeben haben.

1.4.1 Nadar

Mit der Erfindung von Daguerre und ihrer raschen Verbreitung etablierte sich eine neue Schicht von künstlerischen Handwerkern – oder von handwerklichen Künstlern. Ihre Arbeiten waren insbesondere vom künstlerischen Standpunkt von sehr unterschiedlicher Qualität. Der bekannteste Fotograf aus der Frühzeit des Mediums war Gaspard Felix Tournachon (1820 – 1910), genannt Nadar. Er eröffnete, nachdem er bereits als Journalist und Karikaturist tätig war, 1853 in Paris ein Fotostudio.

Abbildung 1.12:
Nadar: Charles Baudelaire, 1855

Bekannt sind Nadars allerdings weitgehend vergebliche Versuche, Luftaufnahmen von Paris mittels eines Heißluftballons zu erstellen (Abbildung 1.13).

1.5 Die moderne Fotografie

An diese Gründungsphase schließen sich weitere bedeutende Entwicklungen an. Theoretische Grundlagen lieferten die vier Maxwell-Gleichungen des englischen Physikers James Clerk Maxwell (1831 – 1879) (vgl. 2.1). Diese erklären Licht als elektromagnetische Strahlung und Farbe letztlich als deren Frequenz bzw. Wellenlänge. Nebenbei ergibt sich auch aus den Maxwell'schen Gleichungen die Wellennatur des Lichtes, welche ergänzend zur bekannten Strahlenoptik durch die Wellenoptik zu einer weiteren Verbesserung der optischen Konstruktionen führen sollte (vgl. 2.3).

Parallel zur Verbesserung fotografischer Objektive fand in der zweiten Hälfte des 19. Jahrhunderts eine bedeutende Entwicklung der Mikroskopie statt. Die 1946 durch Carl Zeiss in Jena gegründete Werkstatt für Feinmechanik arbeitete seit 1866 mit Ernst Abbe zusammen; durch die Abbe'sche Theorie der Abbildung im Mikroskop wurde der Weg für Hochleistungsoptiken auch in der Fotografie geöffnet.

Abbildung 1.13:
Honoré Daumier: Nadar fotografiert Paris vom Ballon aus, Kreidelithografie, 1862

Das Streben nach der Farbfotografie führte Anfang des 20. Jahrhunderts begleitet durch wesentliche Fortschritte im chemischen Bereich zu den ersten Rollfilmen.

---

[1]allerdings letztlich erst in der Entscheidung in dritter Instanz vom 28.11.1862.

Einige der wichtigsten Etappen waren:

- 1884: Gründung des Jenaer Glaswerks Schott & Genossen durch Otto Schott, Ernst Abbe und Roderich Zeiss;
- Erfindung des Rollfilms 1887 mit Zelluloid als Schichtträger durch George Hannibal Goodwin;
- die Box-Kamera von Kodak-Gründer George Eastman 1888/1897;
- die Kleinbildfotografie ab 1914 (vgl. 1.5.1);
- der Kodachrome-Film 1935;
- der Agfacolor-Film 1935/1936, Farbnegativ-Verfahren ab 1939;
- die Hasselblad-Systemkamera ab 1948 (vgl. etwa [Wil93]), beginnend mit der Hasselblad 1600 F.

1.5.1 Die Kleinbildfotografie

Einen weiteren zentralen Meilenstein legte ab 1914, kriegsbedingt dann unterbrochen und 1923 ausgereift, Oskar Barnack (1879 – 1936). Er verfolgte die Idee aus der damaligen Bewegtbildtechnik, mit einem kleinen Negativ durch starke Vergrößerung auf ein normalgroßes Positiv zu kommen. Er verdoppelte zunächst das Format des Negatives des Bewegtbildes, welches Eastman-Kodak für den Kinematographen des Thomas Alva Edison mit der Größe von 18 mm × 22 mm herstellte, auf 24 mm × 36 mm und schaffte damit das „Leica-Format", das *Kleinbild*.

Im Gegensatz dazu werden Rollfilmformate mit dem 6 cm breiten Film (genauer sind es nur 55 mm) als Mittelformat bezeichnet (typische Größen sind 4,5 × 6, das beliebte Quadrat 6 × 6 und 6 × 7 bis hin zu Panoramaformaten von 6 × 17). Größere Negative gehören dann zum Großformat, das nicht mehr auf einen Rollfilm, sondern auf eine Einzelplatte belichtet.

Abbildung 1.14:
Oskar Barnack an seinem Arbeitstisch

Barnack hatte zahlreiche, an die Grenzen der damaligen Möglichkeiten gehende Probleme im optischen und im mechanischen Bereich zu lösen. 1923 wurden bei Leitz 31 Kameras mit dem Namen Lei(tz)Ca(mera) gebaut. Das erste Objektiv war ein Leitz-Anastigmat von Dr. Max Berek. Ab 1925 wurde die Leica in Serie hergestellt; sie stieß zunächst auf starke Kritik, setzte sich aber dann sehr rasch – nach Verbesserung der Filmqualität – durch.

Wesentlich für die weitere Verbreitung der Kleinbildfotografie waren Verbesserungen in der Filmqualität, wie sie etwa Dr. Robert Koslowsky bei Agfa 1936 gelangen: Durch minimale Zugabe von Gold steigt die Filmempfindlichkeit um einen Faktor vier.

Es gab aus kommerziellen Gründen stets Versuche, das Kleinbildformat durch alternative Systeme abzulösen und neue Architekturen am Markt zu platzieren, etwa die Kodak Disc-Fotografie oder das APS-Format; diese sind aber allesamt an der guten Qualität, der starken Verbreitung und der optimalen Praktikabilität des Kleinbilds gescheitert.

Abbildung 1.15:
Urleica

1.5.1.1 Der Bildjournalismus – Dr. Erich Salomon

Der Jurist Dr. Erich Salomon (1886 – 1944) gilt als der „Vater des Bildjournalismus", er begründete mit seinem Werk ein neues, heute absolut unverzichtbares Genre. Aufgrund seines großen Einfühlungsvermögens und des Gespürs „für den richtigen Augenblick" gilt sein Werk bis heute als vorbildlich.

Abbildung 1.16:
Dr. Erich Salomon

Salomon ist auch unter dem Ehrentitel bekannt, den ihm der französische Politiker Aristide Briande – anerkennend – verliehen hat: „le Roi des Indiscrets".

Salomon wechselte 1932 das Format und verwendete danach Barnacks Leica – hieraus ist die Bedeutung und damit auch die Qualität, die das Kleinbild gewonnen hatte, ersichtlich.

1.5.2 Weitere Schritte

Die technische Entwicklung in der zweiten Hälfte des vorigen Jahrhunderts war durch zahlreiche Fortschritte geprägt, etwa:

- die Etablierung des Spiegelreflexsystems mit der Motivbetrachtung durch das Aufnahmeobjektiv (TTL);
- die Einführung von kamerasystemweiten Bajonett-Anbindungen für Wechselobjektive; einige dieser Bajonettsysteme sind bis heute kompatibel in Verwendung (etwa das Bajonett der Hasselblad-Systemkamera seit 1957 und das der Nikon F seit 1959);
- die Integration des Belichtungsmessers in das Kameragehäuse und darauf aufbauend die Entwicklung von Belichtungsautomatiken und fortgeschrittenen Verfahren zur Belichtungsmessung (Mehrfeldmessung);
- die automatisierte Fokussierung: Autofokus (vgl. 2.2.6);
- fortlaufende und bedeutende Verbesserung der Qualität des Filmmaterials sowohl für Schwarzweiß als auch für Farbnegativ und Farbpositiv (Dia), verbunden mit der Etablierung weltweit standardisierter Entwicklungsprozesse wie C-41 und E-6;
- wesentlicher Fortschritt in der Berechnung und Technologie von Objektiven durch Mehrschichtvergütungen, besondere Gläser (anomale Teildispersion, Asphären) und vieles andere (vgl. 2.2).

Damit hat die klassische Fotografie zu Ende des vorigen Jahrhunderts einen ausgesprochen hohen Qualitätsstand erreicht.

1.5.3 Die digitale Fotografie

Seit Mitte der 90er Jahre des letzten Jahrhunderts hält die Digitaltechnik immer stärker Einzug in die Welt der Fotografie: Der lichtempfindliche Film wird ersetzt durch einen lichtempfindlichen Sensor, welcher direkt die notwendige Information für die Digitalisierung im A/D-Wandler und damit für die direkte binäre Codierung der fotografischen Aufnahme liefert.

Die digitale Fotografie wurde durch zwei Komplexe deutlich forciert (vgl. [BL02]):

- sportliche Großereignisse, insbesondere die Olympischen Sommerspiele 2000 in Sydney;
- Krisen und Kriege, insbesondere der Kosovo-Krieg und der Nato-Einsatz 1999.

Durch den Einsatz der digitalen Fotografie konnten die Printmedien wesentlich schneller und einfacher hochwertige Bilder von diesen entfernten Ereignissen liefern; die Überlegenheit der digitalen Fotografie hat sich damit gezeigt.

Rein technisch gibt es – wie schon bei der klassischen Fotografie – zahlreiche kleine Fortschritte, die letztlich zur digitalen Fotografie geführt haben. Technische Innovationen waren insbesondere mit Firmennamen wie Canon, Fuji, Kodak, Olympus, Nikon und Sony verbunden.

1.5.3.1 Die ersten Digitalkameras

Die erste Kamera, welche anstelle eines Filmes einen CCD-Chip verwendete, stellte zur Photokina 1981 Sony vor: die Sony Mavica – Magnetic Video Camera. Diese Kamera benutzte zwei Zoll große diskettenartige Datenträger zur Datenspeicherung, deren Prinzip heute in der MiniDisc weiter zum Einsatz kommt. Allerdings handelte es sich hierbei noch nicht um eine digitale Kamera, da auf die Diskette ein analoges Videosignal aufgezeichnet wurde. Der CCD-Sensor der Mavica hatte eine Auflösung von 570×490 Pixel und eine Empfindlichkeit von ISO 200/21°. Es folgten rasch weitere Modelle anderer Hersteller, etwa 1984 Canon mit der RC-701 und 1985 Nikon mit der SVC (Still Video Camera), später mit der QV-1000C.

Die erste wirklich digitale Kamera ist die 1990 von Kodak vorgestellte DCS-100 (DCS: Digital Camera System), die auf der analogen Nikon F3 basiert und ihre mit einem 1,3-Megapixel-CCD aufgenommenen Daten auf einer externen DSU-Einheit (Digital Storage Unit) aufzeichnet.

Ebenfalls 1990 wurde die erste Version von Adobe Photoshop vorgestellt (vgl. 5.1.2), seither ist der Fortschritt dieser und vergleichbarer Software ungebremst.

Die anschließende Entwicklung gestaltete sich sehr rasant, die Auflösung (Pixelzahl) der Kameramodelle stieg laufend. Um 1995 gab es rund 40 aktuelle Modelle, davon die ersten mit einer Auflösung von mehr als 1 Megapixel. 1998 wurde dann die 2-Megapixel-Grenze überschritten.

Mit der Nikon D1 von 1999 stand erstmals eine digitale Systemkamera zur Verfügung, welche in Arbeitsweise und Ausmaßen einer professionellen Analogkamera entsprach. Seither ist der Fortschritt unaufhaltsam.

Mehr zur Geschichte der Digitalfotografie ist im Internet [web] zu finden.

Physikalische und chemische Grundlagen

Fotografie ist in letzter Konsequenz angewandte Naturwissenschaft, wobei in diesem Medium sehr viele Disziplinen zusammenkommen. Da ist zum einen die Physik, die angefangen vom Phänomen des Lichtes über die optischen Gesetzmäßigkeiten bis hin zur komplexeren Wellenoptik die eigentlichen Grundlagen beschreibt. In der Analogfotografie ist ferner die Chemie maßgeblich für die Prozesse bei der Belichtung und beim Entwickeln. In der Digitalfotografie kommen stattdessen die Informatik und die Festkörperphysik hinzu, da diese die informationstechnischen Grundlagen sowic dic Technik der lichtempfindlichen Sensoren liefern. Die zwei Letzteren werden in Kapitel 4 behandelt, hier wollen wir uns zunächst mit der grundlegenden Physik und kurz mit den chemischen Prozessen der Analogfotografie auseinander setzen, um eine Grundlage für die weitere Beschäftigung mit der Fotografie zu legen.

2.1 Licht und Farbe

Bevor die technischen Grundlagen der klassischen Fotografie behandelt werden, soll der Begriff *Licht* grundlegend von seiner naturwissenschaftlichen Natur betrachtet werden.

Vom physikalischen Standpunkt aus ist die Begriffsfindung einfach:

Licht ist elektromagnetische Strahlung mit einer Wellenlänge im Bereich von 350 bis 750 Nanometer (nm).

Abbildung 6.3 zeigt das Licht mit seiner Farbe als elektromagnetische Strahlung.

Die Existenz von elektromagnetischer Strahlung folgt direkt aus den vier nach dem englischen Physiker James Clerk Maxwell benannten Maxwell-

Gleichungen. Diese erklären die veränderliche Natur des elektrischen Feldes **E** und des magnetischen Feldes **B** (vgl. [Mes04]):[1]

$$\nabla \cdot \mathbf{B} = 0$$
$$\nabla \cdot \mathbf{E} = \frac{\rho}{\varepsilon_0}$$
$$\nabla \times \mathbf{B} = \mu_0 \left(\mathbf{j} + \varepsilon_0 \frac{\partial \mathbf{E}}{\partial t} \right)$$
$$\nabla \times \mathbf{E} = -\frac{\partial \mathbf{B}}{\partial t}$$

Farbe	Wellenlänge	Frequenz
Violett	400 nm	$7,5 \cdot 10^{14}$ Hz
Blau	450 nm	$6,5 \cdot 10^{14}$ Hz
Grün	550 nm	$5,5 \cdot 10^{14}$ Hz
Orange	600 nm	$5 \cdot 10^{14}$ Hz
Rot	650 nm	$4,5 \cdot 10^{14}$ Hz

Tabelle 2.1:
Übersicht Farben

Eine Lösung dieser Gleichungen ist die Wellengleichung, also eine elektromagnetische Welle, die sich mit einer bestimmten Frequenz ν und einer Wellenlänge λ mit einer Ausbreitungsgeschwindigkeit c bewegt. Dabei besteht zwischen der Wellenlänge, der Frequenz und der Lichtgeschwindigkeit ein grundlegender Zusammenhang:
Für Wellen gilt zwischen ihrer Frequenz ν, ihrer Wellenlänge λ und ihrer Ausbreitungsgeschwindigkeit c folgender Zusammenhang:

$$c = \lambda \cdot \nu \tag{2.1}$$

Für die Lichtwelle beträgt die Ausbreitungsgeschwindigkeit (Lichtgeschwindigkeit) im Vakuum, die gleichzeitig ihre größte Ausbreitungsgeschwindigkeit ist:

$$c = 2,99792458 \cdot 10^8 \text{ m/s} \approx 3 \cdot 10^8 \text{ m/s}$$

Mit dieser Erkenntnis der Natur des Lichtes kann auch direkt die *Farbe* erklärt werden:

Farbe ist die Frequenz des Lichtes.

Dies ist direkt einleuchtend für Licht, welches nur aus Wellen einer einzigen Wellenlänge/Frequenz besteht, also monochromatisches Licht. Dieses kann etwa durch einen Laser erzeugt werden. Das in der Natur vorhandene Licht mischt sich hingegen typischerweise aus einer Vielzahl von Frequenzen über einen ganzen Bereich, weshalb von einem Lichtspektrum gesprochen wird. Dieses wird über seine Farbtemperatur gekennzeichnet (vgl. 6.6.5 und Abbildungen 6.2 und 6.42).

---

[1]Dabei bezeichnet ρ die Ladungsdichte, $\mathbf{j}$ den Vektor der Stromdichte, $\varepsilon_0 = 8,8542 \cdot 10^{-12} \text{A s V}^{-1}\text{m}^{-1}$ die Influenzkonstante und $\mu_0 = 1/(\varepsilon_0 c^2) = 1,2566 \cdot 10^{-6} \text{V s A}^{-1}\text{m}^{-1}$ die Induktionskonstante.

Das Farbspektrum von violetten bis roten Farbtönen entspricht den Wellenlängen von 350 nm bis 700 nm (Tabelle 2.1 und Abbildung 6.3).

2.1.1 Licht und Energie

Max Planck erkannte den Zusammenhang zwischen der Energie und der Frequenz von Licht. Wesentlich dafür ist die Teilchennatur des Lichtes, also die ergänzende Auffassung von Licht als Folge eines Stroms einzelner Lichtteile. Dadurch wurde wenig später die Quantenmechanik begründet.

Ein Lichtteilchen (Quant) der Frequenz ν hat demnach die Energie

$$E = h \cdot \nu \qquad (2.2)$$

wobei h die Planck'sche Wirkungskonstante ist:

$$h = 6,6262 \cdot 10^{-34} \text{J s}$$

Abbildung 2.1:
Max Planck (1858 – 1947)

Hier ergibt sich folgende besondere Situation: Das von uns als warm empfundene rote Licht hat die geringste Frequenz – und damit physikalisch die geringste Energie, ist also tatsächlich kälter als das blaue Licht. Die hier geschilderte Natur des Lichtes wird an verschiedenen Stellen bei der Auseinandersetzung mit der Fotografie von Bedeutung sein.

Wie schon erwähnt wird ein Lichtspektrum durch eine Farbtemperatur charakterisiert (Abschnitt 6.6.5). Auch hier ist es so, dass das für unsere Wahrnehmung scheinbar wärmere Licht physikalisch kälter ist, also eine kleinere Temperatur hat.

So viel zur grundlegenden physikalischen Natur des Lichtes, die immer wieder von Bedeutung ist. Als wichtigste fotografische Konsequenz wird als Nächstes die Strahlenoptik betrachtet.

2.2 Strahlenoptik

Ausgehend von der in 2.1 erklärten Lichtwelle ist die Reduzierung zum Lichtstrahl und damit zur *Strahlenoptik* einfach: Sendet eine Lichtquelle beispielsweise eine kugelförmige Welle aus, so bildet die vorderste Wellenfront auf ihrem Weg zu einem Empfänger geometrisch einen Strahl. Deshalb ist es für praktische Überlegungen ausgesprochen hilfreich, diesen Lichtstrahl zu betrachten; die richtige Wellenoptik nach 2.3 führt zu wesentlich komplexeren Zusammenhängen.

2.2.1 Die Linsengesetze

Im Folgenden wollen wir uns grundlegend mit dem Verhalten optischer Systeme auseinander setzen.

Wir betrachten parallele Lichtstrahlen (etwa von der Sonne), welche auf eine Linse fallen. Je nach Linsenform gibt es zwei verschiedene Verhalten der Lichtstrahlen:

- die Strahlen laufen zusammen, konvergieren also; dabei führen alle Strahlen durch einen gleichen Brennpunkt (focus);
- die Strahlen laufen auseinander, divergieren also; dabei scheinen sie aber umgekehrt aus einem Brennpunkt vor der Linse zu entspringen.

Der erste Typ ist die Sammellinse, die konvexe Linse; sie ist in der Mitte dicker als am Rand. Der zweite Typ ist die Zerstreuungslinse, die konkave Linse; sie ist am Rand dicker als in der Mitte.

Der Abstand des Brennpunktes zur Linsenmitte ist die Brennweite. Der Brennpunkt wird mit F und die Brennweite mit f bezeichnet. Sammellinsen haben eine positive, Zerstreuungslinsen eine negative Brennweite.

Neben den reinen konvexen und konkaven Linsen gibt es auch Mischformen, die in Abbildung 2.2 dargestellt sind.

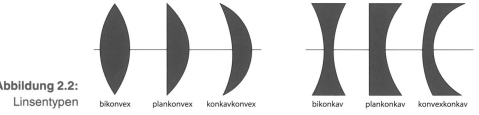

Abbildung 2.2:
Linsentypen

bikonvex   plankonvex   konkavkonvex   bikonkav   plankonkav   konvexkonkav

Die Brennweite hängt von mehreren Parametern ab, zunächst wesentlich von der Krümmung der Linse, aber auch vom verwendeten Glas (verschiedene Materialien wie Kronglas oder Flintglas haben verschiedene Brechzahlen, vgl. 2.4.1) und von der Frequenz des Lichtes. Dies wird im Abschnitt 2.4 noch eine größere Rolle spielen. Prinzipiell gilt: Je stärker eine Linse gekrümmt ist, desto kleiner ist ihre Brennweite.

Der Nutzen dieser Linsen liegt auf der Hand: Die in Abschnitt 1.1.2 vorgestellte Camera Obscura hat das Problem, dass eine zu kleine Öffnung ein zu dunkles Bild zeichnet, eine zu große Öffnung aber ein unscharfes Bild, da nun durch die Kammeröffnung ein Punkt auf einen ganzen Kreis abgebildet wird! Fügt man eine Sammellinse ein, deren Brennweite der Entfernung zur Kammerwand entspricht, kann man trotz größerer Öffnung eine scharfe Abbildung gewinnen, da alle Strahlen wieder zusammengeführt werden. Diese Erkenntnis wird Daniele Barbaro und dem Jahr 1568 zugeschrieben.

2.2.1.1 Berechnung einer Abbildung – die Linsengleichung

Eine dünne Sammellinse der Brennweite f (gleich auf beiden Seiten der Linse) projiziert einen Gegenstand GG', der die Entfernung g – die Gegenstandsweite – von der Linsenmitte hat, in einem Bild BB' mit der Entfernung b – die Bildweite. Aus den Strahlengesetzen folgt unmittelbar die Beziehung

$$\frac{BB'}{GG'} = \frac{b}{g}$$

In der Darstellung nach Abbildung 2.3 sind die zwei Dreiecke $M - F_2 - L$ und $F_2 - B - B'$ ähnliche Dreiecke, und die Strecke ML ist gleich der Gegenstandsgröße GG', woraus folgt:

$$\frac{BB'}{GG'} = \frac{b-f}{f} = \frac{b}{g} \quad \Rightarrow \quad \frac{1}{f} - \frac{1}{b} = \frac{1}{g}$$

Dies führt direkt zur zentralen *Linsengleichung*:

$$\boxed{\frac{1}{f} = \frac{1}{g} + \frac{1}{b}} \tag{2.3}$$

Hieraus lassen sich viele Sonderfälle herleiten, etwa der Fall einer unendlichen Gegenstandsweite, also der Grenzwert für $g \rightarrow \infty$; dann sind Bild- und Brennweite gleich:

$$\lim_{g \rightarrow \infty} b = f \tag{2.4}$$

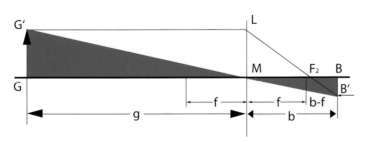

Abbildung 2.3:
Zum Abbildungsgesetz von Linsen

Die gewohnte Entfernungsskala moderner Objektive kennzeichnet die Entfernung der Filmebene zum Motiv, in der Nomenklatur von Gleichung (2.3) also $b + g$.

2.2.2 Dünne und dicke Linsen

Bei den hier vorgestellten Überlegungen wurde stets vorausgesetzt, dass es sich um *dünne Linsen* handelt, dass also die Linsenstärke vernachlässigt werden kann.

Diese Annahme ist eine gute Näherung für die Mehrheit der relevanten optischen Systeme, kann aber nicht pauschal angenommen werden. Genauere Betrachtungen führen zum Begriff der *dicken Linse,* deren Stärke dann in die Berechnungen aufgenommen wird. Dies soll hier aber, da die Komplexität deutlich steigt, nicht erfolgen.

Brennweite in mm	Gegenstandsweite	Bildweite
$f_A = 20$	∞	20 mm
	1 m	20,4 mm
$f_B = 200$	∞	200 mm
	1 m	250 mm

Tabelle 2.2:
Beispiel für Brennweite – Gegenstandsweite – Bildweite

2.2.3 Objektive

Ein Objektiv besteht nun in praktisch allen Fällen aus mehr als einer Linse. Das gesamte Linsensystem verhält sich aber nach außen wie eine einzelne Linse, hat also etwa eine Brennweite. Allerdings können durch die Verwendung mehrerer Linsen Abbildungsfehler (vgl. 2.4) korrigiert werden und das Objektiv kann verstellt werden, wie etwa die Brennweitenänderung bei Zoomobjektiven.

2.2.4 Brennweite und Fokussierung

Was heißt nun *Fokussieren* eines Objektivs? Die Filmebene bzw. die Ebene des lichtempfindlichen Sensors muss mit der Bildebene übereinstimmen, ist also im Abstand Bildweite b entfernt von der Linsenmitte. Für ein auf unendlich justiertes Objektiv bedeutet dies eine Entfernung gleich groß zur Brennweite nach (2.4). Bei geringerer Gegenstandsweite wird die Bildweite nach der Linsengleichung (2.3) *größer;* um dies auszugleichen, muss das Objektiv weiter von der Bildebene entfernt werden. Dies wird als Fokussierung bezeichnet.

 Fokussierung ist der Ausgleich der veränderten Gegenstandsweite gegenüber unendlich durch Verschieben des Objektivs von der Bildebene weg.

Betrachtet man zwei Gegenstände mit unterschiedlicher Gegenstandsweite g, einmal sehr groß ($g_1 = \infty$) und einmal eine kürzere Gegenstandsweite. Dann verändert sich die Bildweite nach der Linsengleichung (2.3) bei Objektiven mit kleinerer Brennweite geringer.

Ein Beispiel soll diesen Zusammenhang verdeutlichen: Betrachten wir zwei Optiken mit den Brennweiten $f_a = 20$ mm und $f_b = 200$ mm sowie mit den Gegenstandsweiten $g_1 = \infty$ und $g_2 = 1$ m. Daraus ergeben sich mittels der Linsengleichung (2.3) die in Tabelle 2.2 aufgeführten Bildweiten.

Wie diese Tabelle zeigt, ist die Fokussierung im Falle der längeren Brennweite deutlich größer. Ebenso erhöht sich die Bildweite bei Reduzierung der Gegenstandsweite.

Objektive mit kleinerer Brennweite benötigen eine kleinere Fokussierung.

Im Extrem führt dies zu *Fixfokus-Objektiven:* Objektive mit sehr geringer Brennweite benötigen keine Fokussierung.

Diese zunächst veraltet wirkende Technik erlebt zurzeit eine große Anwendung: Die miniaturisierten Digitalkameras in den aktuellen Mobiltelefonen verwenden Fixfokus-Objektive, vgl. 4.2.11.1.

2.2.5 Fokussierung moderner Objektive

Moderne Optiken bewegen nicht mehr die gesamte Konstruktion zur *Fokussierung,* sondern nur noch einige Linsenelemente. Insbesondere ist es inzwischen häufig so, dass das Frontelement sich bei der Fokussierung nicht bewegt; man spricht dann etwa von Innenfokussierung (IF) oder Hintergliedfokussierung. Das hat insbesondere bei Autofokus-Konstruktionen große Vorteile, da die großen und damit schweren Frontelemente nicht bewegt werden müssen.

Einen Schritt weiter gehen noch Objektive mit automatischem Korrektionsausgleich: Hier bewegen sich verschiedene Linsengruppen beim Fokussieren unterschiedlich, wodurch eine Verbesserung der Abbildungsleistung im Nahbereich erreicht wird.

2.2.6 Autofokus

Seit mehr als zwei Jahrzehnten übernimmt die automatische Scharfeinstellung, der *Autofokus* (AF), das schnelle und sichere Fokussieren des Objektivs. Dessen Grundmechanismen sind dabei gleich für die analoge und digitale Fotografie, viele Hersteller verwenden die identischen Autofokus-Module für beide Techniken.

2.2.6.1 Aktiver Autofokus

Der aktive Autofokus sendet ein Infrarot- oder Ultraschallsignal aus, das reflektiert durch das Motiv wieder zurück zur Kamera gelangt; diese misst die dafür benötigte Laufzeit und kann damit die Motiventfernung bestimmen.

Dieses Verfahren ist auch bei völliger Dunkelheit anwendbar, versagt aber bei großen Objektentfernungen und bei Fotografien durch eine Glasplatte.

2.2.6.2 Passiver Autofokus

Die Arbeitsweise des passiven Autofokus unterscheidet sich deutlich vom aktiven. Hier wird durch das Objektiv (TTL) der Objektkontrast gemessen. Die Fokussierung wird derart vorgenommen, dass der Objektkontrast maximiert wird.

Gemessen wird der Objektkontrast durch einzelne CCD-Zellen (vgl. 4.2.3) an den Autofokus-Messpunkten. Die von diesen gemessene Helligkeitsverteilung ist bei korrekter Fokussierung maximal.

Fortschritte dieses Verfahrens ergaben sich zunächst durch die Einführung von kreuzartigen Sensoren, welche gleichzeitig horizontal und vertikal messen, sowie durch die Erhöhung der Anzahl der Messfelder; momentan verwendet Nikon bis zu 11 (Multi-CAM 2000) und Canon bei den Modellen der EOS 1D-Serie bis zu 45 AF-Messfelder.

Der passive Autofokus benötigt stets etwas Restlicht und ein Motiv, welches etwas Kontrast aufweist. Manche Kamera- und Blitzsysteme enthalten aber eine AF-Hilfsbeleuchtung, welche bei fehlendem Licht oder Kontrast ein Gittermuster auf das Motiv projizieren.

2.2.7 Schärfentiefe

Aus den Überlegungen zum Zusammenhang von Brennweite und Bild-/Gegenstandsweite folgt, dass bei kurzbrennweitigen Objektiven schon bei Fokussierung auf unendlich ein deutlicher Teil des Raumes scharf abgebildet wird; dies führt zur *Schärfentiefe* (Depth of Field – DOF):

Die Schärfentiefe ist derjenige Raumbereich, der hinreichend scharf abgebildet wird.

Die Schärfentiefe wird im Deutschen auch als Tiefenschärfe bezeichnet. Sie ist abhängig von der Brennweite und auch von der verwendeten Blende (siehe 2.2.8.3). Im Internet [web] gibt es eine nützliche Simulationssoftware DOFMaster zur Schärfentiefe, deren Gestaltung den klassischen Kalkulationsscheiben für die Schärfentiefe entspricht (Abbildung 2.4).

Durch Veränderung der Objektivblende kann, wie in 2.2.8.3 noch erklärt wird, die Schärfentiefe bewusst gesteuert werden; hierin liegt ein ganz zentrales fotografisches Gestaltungspotential, auf welches in 2.2.8.6 eingegangen wird. Abbildung 2.7 zeigt ein einfaches Beispiel.

Die bewusste Steuerung der Schärfentiefe durch Auf- und Abblenden des Objektivs ist ein zentrales Instrument der fotografischen Gestaltung.

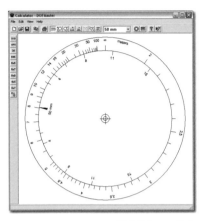

Abbildung 2.4:
Simulation der Schärfentiefe eines Kleinbildobjektivs mit 50 mm Brennweite mittels DOFMaster

2.2.8 Lichtstärke von Objektiven

Die *Lichtstärke* eines Objektivs beschreibt die maximale Objektivöffnung in Relation zur Brennweite; diese maximale Öffnung d_{max} ist der effektive Linsendurchmesser bei maximaler Öffnung der Blende, also damit die maximale Blendenöffnung:

Die Lichtstärke beschreibt das Verhältnis vom Durchmesser der maximal geöffneten Blende zur Brennweite:

$$d_{max}/f \qquad (2.5)$$

Die Lichtstärke wird üblicherweise durch einen Bruch mit Zähler 1 angegeben, also etwa 1 : 2,8 für ein Objektiv mit einem Durchmesser, der den 2,8ten Teil der Brennweite beträgt. Im Umgangsgebrauch wird der Zähler häufig weggelassen, weshalb man im Beispiel von einem Objektiv „mit der Lichtstärke 2,8" spricht – es ist aber stets der Nenner im Bruch gemeint.

Da die Lichtstärke eines Objektivs an den Linsendurchmesser gebunden ist, die Linsenfläche aber quadratisch mit dem Durchmesser wächst und die einfallende Lichtmenge proportional zur Linsenfläche ist, besteht ein umgekehrt quadratischer Zusammenhang zwischen notwendiger Belichtungszeit und Lichtstärke:

$$\text{Belichtungszeit} \sim \frac{1}{d^2} \quad \Rightarrow \quad \text{Belichtungszeit} \sim \frac{1}{\text{Lichtstärke}^2} \qquad (2.6)$$

Die Belichtungszeit ist umgekehrt proportional zum Quadrat der maximalen Blendenöffnung.

Typische Lichtwerte von Objektiven liegen im Bereich 1 : 1,4 für sehr lichtstarke Optiken bis 1 : 5,6 oder noch lichtschwächer. Die meisten Objektive mit veränderlicher Brennweite (Zoom) verändern ihre Lichtstärke je nach gewählter Brennweite; die längeren Brennweiten haben die schwächere Lichtstärke.

Ebenso kann man für eine punktförmige Lichtquelle feststellen, dass die Beleuchtungsstärke und damit die Belichtungszeit umgekehrt proportional zum Quadrat der Entfernung – also der Gegenstandsweite – ist. Dies hat nichts mit Licht zu tun, sondern ist eine Eigenschaft des dreidimensionalen Raums und gilt etwa auch für die Gravitation.

Man kann noch die Bildweite mitberücksichtigen und erhält damit die Beziehung: Die Belichtungszeit ist umgekehrt proportional zum Quadrat der Bildweite:

$$\text{Belichtungszeit} \sim \frac{1}{g^2}$$

2.2.8.1 Blendenkonstruktionen

Es gibt verschiedene, einfache und fortgeschrittene Techniken zur Reduzierung der Linsenöffnung. Bekannt sind die

- Aufsteckblende: Auf die Linsen-/Objektivöffnung wird eine Blende, eine Abdeckung mit kreisförmiger mittiger Öffnung, aufgesteckt;
- Revolverblende: Eine Scheibe, welche verschieden große kreisförmige Öffnungen enthält, ist vor der Linse/dem Objektiv angebracht, so dass durch Drehen der Scheibe verschieden große Öffnungen mittig vor der Optik liegen;
- Irisblende: Schon in Abschnitt 1.2.1 haben wir gesehen, dass bereits Niépce die variable, verstellbare Irisblende, bestehend aus sechs bis neun halbmondförmigen Metallfächern, entwickelt hat.

2.2.8.2 Blendenwerte

Die Blende dient einzig dem Zweck, die Lichtstärke des Objektivs zu reduzieren und damit die Abbildungsleistung, etwa die Schärfentiefe, zu erhöhen.

Nach den vorherigen Überlegungen ist somit ersichtlich: Verkleinert man den Durchmesser der Optik um den Faktor

$$\sqrt{2} \approx 1,4$$

so verdoppelt sich die notwendige Belichtungszeit. Um dies zu berücksichtigen, werden Blendenwerte definiert, die Vielfache von $\sqrt{2}$ sind: 1, 1,4, 2, 2,8, 4, 5,6, ... Moderne Kameras können die Blendenwerte in feineren Schritten von $\frac{1}{2}$-Blendenwerten bis hin zu $\frac{1}{4}$-Blendenwerten justieren; über Kameraoptionen kann meistens die Abstufung individuell gewählt werden.

Der Blendenwert B ist umgekehrt proportional zum effektiven Durchmesser der Optik:

$$d \sim \frac{1}{B}$$

Wählt man den nächstgrößeren Blendenwert B (Faktor $\sqrt{2}$, also Reduzierung des effektiven Durchmessers um diesen Faktor), so verdoppelt sich nach unseren Überlegungen die benötigte Belichtungszeit T; mit anderen Worten:

$$T \cdot B^2 = \text{konstant} \tag{2.7}$$

Dies führt direkt zur Definition des *Lichtwertes* nach 2.2.8.7.

Eine genauere Auseinandersetzung mit der zur korrekten Belichtung letztlich notwendigen *Lichtmenge* findet im Abschnitt 3.2 zur Sensitometrie statt.

2.2.8.3 Abblenden und die Schärfentiefe

Aufgrund der Linsenabbildung wird ein Raumbereich durch die Linse nicht auf einen Punkt, sondern auf einen Unschärfekreis s abgebildet. Ist dieser Unschärfekreis so klein, dass er vom verwendeten Film oder Sensor nicht mehr als Kreis, sondern nur noch als Punkt aufgelöst wird, liegt scheinbar eine scharfe Abbildung vor. Dieser Unschärfekreis wird in Abhängigkeit von der Brennweite definiert; er darf im Bereich der Kleinbildfotografie die typische Größe von $s = f/1.500$ oder auch $s = f/1.000$ nicht überschreiten. Es ist nützlich, den Unschärfekreis allgemein als

$$s = \frac{f}{c} \tag{2.8}$$

zu definieren, wobei c dann Werte zwischen 1.000 und 1.500 annimmt. Wichtig ist im Nebeneinander von Analog- und Digitalfotografie:

Der Unschärfekreis ist in der digitalen Fotografie kleiner als in der Analogfotografie.

Im Detail ergibt sich der Unschärfekreis im Digitalen aufgrund der Pixelgröße (vgl. 4.2.4.2 und Tabelle 2.7), weshalb digitale Kompaktkameras den kleinsten Unschärfekreis haben.

Eine ausführliche Berechnung (etwa [Gra84, S. 54]) liefert:

$$g_n = \frac{cfg}{cf + B \cdot (g - f)} \tag{2.9}$$

$$g_e = \frac{cfg}{cf - B \cdot (g - f)} \tag{2.10}$$

Dabei ist B die Blendenzahl (Nenner des Öffnungsverhältnisses), g_n die kleinste Gegenstandsweite für eine scharfe Abbildung im Nahbereich, g_e die größte Gegenstandsweite für eine scharfe Abbildung im entfernten Bereich.

Aus den zwei Beziehungen (2.9) und (2.10) folgt die wichtige fotografische Grundlage:

1. **Objektive mit kleiner Brennweite haben einen größeren Bereich der Schärfentiefe.**
2. **Kleinere Blendenöffnungen führen zu einer größeren Schärfentiefe.**
3. **Der Bereich der Schärfentiefe ist von der Gegenstandsweite abhängig; für weitere Entfernungen ergibt sich eine größere Schärfentiefe.**

Objektive mit fester Brennweite besitzen häufig an der Entfernungsskala eine Markierung für den Schärfentiefenbereich; damit lässt sich ablesen, welcher Bereich in Abhängigkeit von der gewählten Blende scharf abgebildet wird.

Abbildung 2.5:
Beispiel für Objektivskalen:
Schärfentiefenbereiche in
Abhängigkeit von der gewählten
Blende und Fokussierung für
Infrarotaufnahmen

2.2.8.4 Fokussieren bei Infrarotaufnahmen

Abbildung 2.5 zeigt aber nicht nur den Schärfentiefenbereich auf den Objektivskalen, sondern zusätzlich in beiden Fällen einen zweiten Fokuspunkt: Der zweite Fokuspunkt gibt die notwendige *Fokussierung für Infrarotaufnahmen* an, welche sowohl analog als auch digital – je nach verwendetem Filter vor dem Sensor – möglich sind. Offensichtlich liegt die Fokussierung im IR-Bereich bei größeren Entfernungen oder genauer ausgedrückt: Um auf die gleiche Entfernung zu fokussieren, muss das Objektiv weiter ausgefahren werden – die Brechkraft des Objektivs ist im Infraroten kleiner. Dies führt zum klassischen Abbildungsfehler der chromatischen Aberration, den wir in Abschnitt 2.4.1 genauer kennen lernen werden. Abbildung 2.9 zeigt das Prinzip der unterschiedlichen Brechung je nach Wellenlänge (Farbe) des Lichtes.

2.2.8.5 Hyperfokale Entfernung

Zu einem vorgegebenen Blendenwert wird durch die Gleichungen (2.9) und (2.10) oder einfacher durch geeignete Objektivskalen wie nach Abbildung 2.5 bzw. durch entsprechende Kalkulatoren wie nach Abbildung 2.4 der Bereich der Schärfentiefe vorgegeben. Um für weiter entfernte Gegenstände damit eine optimale Entfernungseinstellung zu treffen, genügt es, den entfernten Rand des Bereichs der Schärfentiefe auf unendlich zu stellen; damit wird ein maximal großer Bereich scharf abgebildet. Diese Entfernungseinstellung wird als *hyperfokale Entfernung* bezeichnet.

Abbildung 2.6 zeigt eine numerische Ermittlung der hyperfokalen Distanz (die entsprechende Software ist ebenfalls auf der Site von DOFMaster [web] zu finden). Mit stärkerem Abblenden des Objektivs steigt nach 2.2.8.3 der Bereich der Schärfentiefe, weshalb die hyperfokale Distanz sich verringert: Es wird ein größerer Bereich scharf abgebildet.

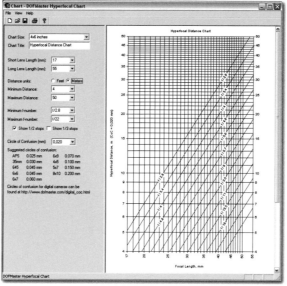

Abbildung 2.6:
Hyperfokale Entfernung für eine typische DSLR mit einem Objektiv der Brennweite 17 mm bis 55 mm, wie in Abbildung 2.27 abgebildet

Rechnerisch ergibt sich die hyperfokale Entfernung H aus (2.10): Der entfernte Rand des scharf abgebildeten Bereichs, g_e, rückt in die Unendlichkeit, wenn der Nenner des Bruchs den Wert 0 annimmt. Da dies sowieso nur für große Entfernungen relevant ist, wird ferner $g \gg f$ angenommen, woraus sich die hyperfokale Entfernung errechnet:

$$H = \frac{cf}{B} = \frac{f^2}{B \cdot s} \qquad (2.11)$$

wobei wieder f die Brennweite und B den Blendenwert und s den Unschärfekreis bezeichnet. Für analoge Kleinbildkameras kann $s = 0,030$ mm gesetzt werden, während im Digitalen kleinere Werte – letztlich in Abhängigkeit von der jeweiligen Pixelgröße – verwendet werden, etwa $s = 0,020$ mm für die gängigen DSLR-Modelle von Canon und Nikon. Für digitale Kompaktkameras sind Werte im Bereich von $s = 0,005$ mm typisch, die DOFMaster-Site [web] enthält Angaben für die gängigen Modelle.

2.2.8.6 Freistellen

Das Spiel mit der Blendenöffnung und der damit verbundenen Steuerung der Schärfentiefe ermöglicht eine klassische und sehr beliebte Möglichkeit der Bildgestaltung: das Freistellen des Motivs. Bei Aufnahmen mit einem geöffneten Teleobjektiv ist der Bereich der Schärfentiefe, wie wir nun wissen, sehr gering, so dass ein möglicherweise störender Hintergrund in der Unschärfe völlig aufgelöst wird, was auch als *Freistellen,* im Englischen nach dem Japanischen Bokeh, bezeichnet wird. Abbildung 2.7 zeigt ein einfaches Beispiel.

Abbildung 2.7:
Freistellen: das gleiche Motiv, eine unreife Kirsche, mit Blende 16 (links) und Blende 3,3 (rechts)

Dieser schöne Effekt kann mit einiger Mühe durch digitale Nachbearbeitung auch nachträglich erzielt werden (etwa Motiv markieren, Auswahl umkehren und dann Anwendung eines Weichzeichnungsfilters wie etwa der neue „Verwacklungs-Filter" in Photoshop), der Aufwand ist aber vergleichsweise hoch und das Ergebnis nicht immer so befriedigend wie beim gezielten Einsatz der Optik gleich bei der Aufnahme.

2.2.8.7 Lichtwert

Für eine korrekte Belichtung ist somit die Kombination aus Blendenwert und Belichtungszeit ausschlaggebend, wie wir insbesondere in der Beziehung (2.7) gesehen haben. Hierfür hat sich eine Skala von *Lichtwerten* – abgekürzt EV für Exposure Value – von –1 bis 20 etabliert; der Lichtwert 2 bedeutet 2 Sekunden Belichtung bei Blendenwert 2 (und einer Empfindlichkeit von ISO 100/21°), Lichtwert 10 entspricht dann 1/15 Sekunde Belichtung bei Blendenwert 5,6.

Genauso ist der Lichtwert abhängig von der Empfindlichkeit des Films oder des Sensors: Der Lichtwert 5 bei ISO 100/21° entspricht dem Lichtwert 6 bei ISO 200/24° und Lichtwert 7 bei ISO 400/27°.

Tabelle 2.3:
Lichtwerte und Zeit-Blenden-Kombinationen bei einer Empfindlichkeit von ISO 100/21°

Blendenwert Lichtwert	1	1,4	2	2,8	4	5,6	8	11	16
–1	4"	8"	15"	30"					
0	2"	4"	8"	15"	30"				
1	1"	2"	4"	8"	15"	30"			
2	1/2	1"	2"	4"	8"	15"	30"		
3	1/4	1/2	1"	2"	4"	8"	15"	30"	
4	1/8	1/4	1/2	1"	2"	4"	8"	15"	30"
5	1/15	1/8	1/4	1/2	1"	2"	4"	8"	15"
6	1/30	1/15	1/8	1/4	1/2	1"	2"	4"	8"
7	1/60	1/30	1/15	1/8	1/4	1/2	1"	2"	4"
8	1/125	1/60	1/30	1/15	1/8	1/4	1/2	1"	2"
9	1/250	1/125	1/60	1/30	1/15	1/8	1/4	1/2	1"
10	1/500	1/250	1/125	1/60	1/30	1/15	1/8	1/4	1/2

Rein rechnerisch gilt für den Lichtwert die Proportionalität zur Belichtungszeit T und zum Blendenwert B:

$$EV = 1 + \log_2 \left(B^2 \cdot T \right) \qquad (2.12)$$

2.2.8.8 Der Verschluss der Kamera

Der *Verschluss der Kamera* ist zunächst eine mechanische Konstruktion innerhalb des Objektivs oder innerhalb des Kameragehäuses, welche einstellbar auf die jeweilige Belichtungszeit Licht auf den Film bzw. den lichtempfindlichen Chip fallen lässt.

Es gibt verschiedene Typen von Verschlusskonstruktionen:

- Aufsetzen des Objektivdeckels von Hand: Dies ist die historische, heute unrelevante Vorgehensweise.
- Zentralverschluss: Ein runder Verschluss, der im Objektiv angebracht ist. Mit einem Zentralverschluss sind nur Belichtungszeiten bis zu 1/500 Sekunde möglich; diese Verschlussart wird auch nach ihrem wichtigsten Produzenten, Compur, benannt.
- Schlitzverschluss: Ein Spalt verschiedener Breite läuft horizontal oder vertikal vor der lichtempfindlichen Schicht ab. Dieser Spalt wird in einem Vorhang des Tuch- oder Metallverschlusses gebildet. Hiermit sind Belichtungszeiten bis 1/8.000 Sekunde und noch kürzer möglich. Diese kurzen Belichtungszeiten werden dadurch erreicht, dass ein sehr schmaler Spalt vor dem Film bzw. dem Sensor abläuft; der gesamte Belichtungsvorgang dauert aber deutlich länger (er liegt im Bereich 1/250 Sekunde), so dass es zu Verzerrungen kommen kann.

Der Zentralverschluss hat noch den Nachteil, dass Kamerasysteme mit Wechseloptiken sehr viele dieser Verschlüsse benötigen, während der Schlitzverschluss nur einmal, nämlich im Kameragehäuse, implementiert wird.

Für Digitalkameras kommt als weitere, wichtige Alternative der elektrische Verschluss hinzu; mit diesem kostengünstigen Verfahren sind sehr kurze Verschlusszeiten möglich; er wird häufig noch, um den Sensor zu schützen, mit einem klassischen Verschluss kombiniert.

2.2.9 Brennweite und Bildwinkel

Der Bildbereich, also der *Bildwinkel*, der von einem Objektiv erfasst wird, ist abhängig von der jeweiligen Objektivbrennweite. Diese Abhängigkeit des Bildwinkels von der Brennweite folgt etwa aus der Herleitung der Linsengleichung (2.3) mit der Beziehung

$$GG' = \frac{BB'}{\frac{b}{f} - 1}$$

Betrachten wir den prinzipiellen Fall einer konstanten Bildgröße BB', welche durch das Negativ- oder Chipformat gegeben ist, so folgt wegen der größeren Bildweite von Objektiven mit großer Brennweite, dass diese eine kleinere Gegenstandsgröße scharf abbilden, also einen kleineren Abbildungswinkel haben:

- Ein Objektiv mit kurzer Brennweite bildet einen großen Gegenstand ab, hat also einen großen Abbildungswinkel: ein Weitwinkelobjektiv.
- Ein Objektiv mit großer Brennweite bildet einen kleinen Gegenstand ab, hat also einen kleinen Abbildungswinkel: ein Teleobjektiv.

Als *Bildwinkel* (FOV: Field of View) bezeichnet man die Objektivöffnung, wobei zwischen horizontalem (HFOV) und vertikalem Bildwinkel (VFOV) – außer bei quadratischen Bildformaten – zu unterscheiden ist (vgl. [Jac04, S. 13 ff.]). Hinzu kommt der diagonale Bildwinkel des gesamten Bildes.

Bezogen auf ein Kleinbildobjektiv, also ein Objektiv für eine Belichtung auf eine Fläche von 24 mm × 36 mm, gelten die diagonalen Bildwinkel nach Tabelle 2.4.

Tabelle 2.4:
Bildwinkel in Abhängigkeit von der Brennweite (Kleinbild)

Brennweite	diagonaler Bildwinkel	Objektivtyp
21 mm	92°	Ultraweitwinkel
28 mm	76°	Weitwinkel
35 mm	64°	Weitwinkel
50 mm	45°	Normal
90 mm	27°	leichtes Tele
135 mm	18°	Tele
200 mm	12°	Tele

Der Bildwinkel als Funktion der Brennweite f und der Film-/Sensorgröße ergibt sich aus Abbildung 2.3: Bei unendlicher Gegenstandsweite ist nach (2.4) die Bildweite gleich der Brennweite; dann sind die Dreiecke G'GM und MBB' ähnlich, weshalb für den halben Öffnungswinkel $\frac{\phi}{2}$ für einen Sensor oder Film der Höhe h folgende Beziehung gilt:

$$\tan \frac{\phi}{2} = \frac{\frac{h}{2}}{f}$$

Rechnerisch ergibt sich damit der Bildwinkel für ein Abbildungsformat der Höhe h und der Breite b nach:

$$\text{HFOV} = 2 \cdot \arctan \left(\frac{h}{2f} \right)$$

$$\text{VFOV} = 2 \cdot \arctan \left(\frac{b}{2f} \right)$$

(2.13)

Der Brennweitenbereich um 50 mm wird als *Normalobjektiv* bezeichnet, da er etwa den Bereich erfasst, den wir mit unseren Augen aufnehmen. Allgemein ist die Normalbrennweite näherungsweise gegeben durch die Diagonale des Bildformats; für das klassische Kleinbildformat nach Oskar Barnack bedeutet dies eine Brennweite von 43 mm.

Die hier aufgeführten Bildwinkel beziehen sich auf das volle Kleinbildformat. Digitale Spiegelreflexkameras mit Wechseloptiken, welche zunehmend Bedeutung finden, verwenden aber einen lichtempfindlichen Sensor, welcher meistens kleiner ist als das Kleinbildformat. Dies führt zu einer scheinbaren Brennweitenverlängerung, die wir unter 2.6.2 kennen lernen werden.

Die verschiedenen Objektivtypen haben allerdings auch ein sehr unterschiedliches Verhalten. Dies wird beispielsweise deutlich, wenn man Objektive mit gleicher Lichtstärke vergleicht. Bei Lichtstärke 1 : 4 hat ein Weitwinkelobjektiv der Brennweite 28 mm eine Linsengröße von 7 mm; ein Teleobjektiv der Brennweite 180 mm mit der gleichen Lichtstärke hat hingegen Linsen der Größe 45 mm.

2.2.9.1 Linsensysteme

Betrachtet man zwei eng benachbarte Linsen der Brennweiten f_1 und f_2, so verhalten sie sich nach außen wie eine einzelne Linse der Brennweite

$$\frac{1}{f} = \frac{1}{f_1} + \frac{1}{f_2} \tag{2.14}$$

Mit dieser Beziehung kann etwa die Wirkung von Vorsatzlinsen berechnet werden.

Zu beachten ist, dass die angegebene Beziehung nur eine Näherung für zwei eng benachbarte Linsen ist; im Falle weiter entfernter Linsen ist der Abstand zwischen diesen Linsen ebenfalls zu berücksichtigen (siehe etwa [Gra84, S. 72]).

2.2.9.2 Dioptrien

In der Praxis hat sich auch häufig das Rechnen mit der Brechkraft einer Linse bewährt. Die Brechkraft D ist größer, je kleiner die Brennweite einer Linse ist:

$$D = \frac{1}{f} \tag{2.15}$$

Die Brechkraft wird in *Dioptrien* (Abkürzung: dpt) gemessen; eine Linse der Brechkraft 1 dpt hat die Brennweite 1 m. Wohlbekannt ist diese Einheit dem ein oder anderen Leser vom Augenarzt, da die Linsen von Brillen in Dioptrien klassifiziert werden.

Wie auch bei der Brennweite haben konkave Linsen eine negative Brechkraft.

Die Beziehung für die Brennweite von Linsensystemen (2.14) vereinfacht sich bei Formulierung mit der Brechkraft zu:

$$D = D_1 + D_2$$

2.3 Wellenoptik

Die Darstellung in Abschnitt 2.2 geht von dem Verständnis von Licht als Strahlen aus; nach 2.1 wissen wir aber, dass das so nicht stimmt: Licht ist eine Welle.

Die *Wellenoptik* führt im Gegensatz zur Strahlenoptik zu anderen Erkenntnissen. Wesentlich sind die Strahlungsexperimente mit Einzelspalt und Doppelspalt: Fällt Licht gleicher Wellenlänge (monochromes und kohärentes Licht) auf einen Einzelspalt oder auf einen Doppelspalt (oder auf ein Gitter, welches aber vom Prinzip dem Doppelspalt entspricht) so entsteht ein Beugungsmuster.

Damit haben wir das umgekehrte Verhalten zur Strahlenoptik:

Die Strahlenöffnung liefert nach Abschnitt 2.2.8.3 ein besseres Bild bei Verkleinerung der Eintrittsöffnung (Abblenden). Die Wellenoptik liefert bei kleinerer Eintrittsöffnung ausgeprägtere Beugungsbilder und damit schlechtere Abbildungen.

Abbildung 2.8:
Beugungsmuster mit
monochromatischem Licht am
Einfachspalt (links) und am
Mehrfachspalt (rechts) mit 6, 10
und 250 Spalten nach [Mes04]

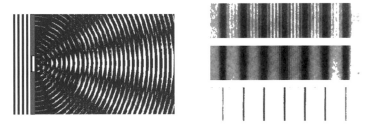

Allerdings ist im Bereich der Fotografie der Einfluss der Wellenoptik nicht bedeutsam. Gute Objektive sind heute so gerechnet, dass sie nicht nur das Maximum des Beugungsbildes – dies entspricht der Strahlenoptik – berücksichtigen, sondern mindestens auch noch das erste Nebenmaximum des Beugungsbildes.

2.4 Abbildungsfehler

In Abschnitt 2.2 haben wir die Grundeigenschaften einfacher Linsensysteme kennen gelernt. Allerdings birgt dieses Grundkonzept auch bereits die Wurzel einiger Abbildungsfehler, von denen wir die wichtigsten betrachten wollen.

Viele dieser Abbildungsfehler lassen sich durch Abblenden verbessern; Abbildung 4.21 zeigt ein einfaches Beispiel hierfür.

2.4.1 Chromatische Aberration

Die *chromatische Aberration* wird durch die Eigenschaft von Glas hervorgerufen, Licht verschiedener Farbe (Frequenz) unterschiedlich stark zu brechen. Vom klassischen Prisma – man denke etwa an das Cover des Albums „The Dark Side of the Moon" von Pink Floyd – ist dieser von Isaac Newton 1672 gefundene Effekt gut bekannt.

Glas bricht rotes Licht (Licht mit der größten Wellenlänge) am schwächsten, violettes Licht (Licht mit der kleinsten Wellenlänge) am stärksten.

Als Folge davon liegt die korrekte Abbildung eines Linsensystems für violettes Licht vor der Abbildung für rotes Licht, also näher an der Linse. Die Differenz dieser beiden Fokuspunkte wird als Fokusdifferenz bezeichnet. Abbildung 2.9 zeigt diesen Effekt anschaulich. Somit haben die Objektive je nach Wellenlänge eine unterschiedliche effektive Brennweite; die Werte für die Brennweite schwanken im Bereich bis zu 5 %. Dieser Abbildungsfehler wird tritt um so deutlicher hervor, je größer die Baulänge des Objektivs ist, ist also für Teleobjektive von gesteigerter Bedeutung.

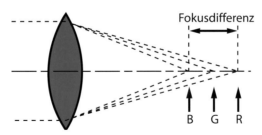

Abbildung 2.9:
Brechung je nach Farbe (Wellenlänge) des Lichtes

Eine Konsequenz daraus ist etwa der abweichende Fokuspunkt für Infrarotaufnahmen, den wir in Abschnitt 2.2.8.4 kennen gelernt haben.

Die chromatische Aberration ist insbesondere in der Digitalfotografie störend, da sie dort gut wahrnehmbar und schwer zu korrigieren ist.

Es gibt mehrere Verfahren, diesem Übel beizukommen, die in den folgenden Abschnitten behandelt werden.

2.4.1.1 Chromatische Aberration und Abblenden

Wie die meisten Abbildungsfehler reduziert sich auch die chromatische Aberration durch *Abblenden* des Objektivs deutlich (da nur noch der zentrale Teil der Linse(n) verwendet wird, kommen weniger unterschiedliche Winkel zwischen Lichtstrahl und Linsenoberfläche zum Tragen).

2.4.1.2 Achromatische Linsen

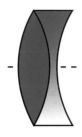

Abbildung 2.10:
Achromatische Linse

Der klassische, häufig verwendete Lösungsansatz ist der Einsatz von auf Ernst Abbe zurückgehenden *achromatischen Linsen:* Hierbei werden wie in Abbildung 2.10 eine konvexe und eine konkave Linse kombiniert, wobei beide aus verschiedenen Glassorten bestehen: die konvexe Linse aus Kronglas, die konkave Linse aus Flintglas; Kronglas hat einen geringeren Brechungsindex, bricht also Licht nicht so stark wie Flintglas mit dem höheren Brechungsindex (vgl. Tabelle 2.5); allgemein werden die Glassorten nach ihrer Abbe-Zahl unterschieden, vgl. 2.4.1.3.

Durch geschickte Verbindung zweier derartiger Glassorten entsteht eine Linse geringerer Brechkraft, aber ohne chromatische Aberration. Abbildung 2.11 gibt eine Übersicht über das Verhalten verschiedener moderner Glassorten; mehr hierzu ist in [Sch03] und [Sch04a] zu finden.

Tabelle 2.5:
Brechungsindices von Kron- und Flintglas

Glassorte	Rot	Gelb	Blau-Grün	Violett
Kronglas (BK 1)	1,526	1,530	1,536	1,547
Flintglas (F3)	1,628	1,635	1,648	1,671

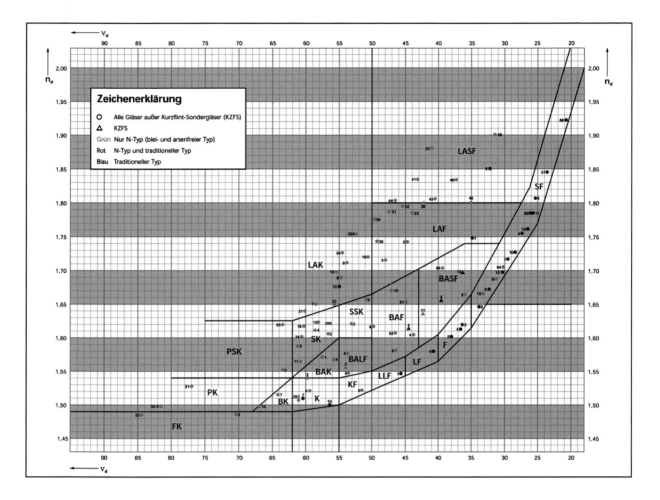

Abbildung 2.11:
Abbe-Diagramm für verschiedene Glassorten nach [Sch03]: Abbe-Zahl v_d nach (2.16) und Brechzahl n_d; genaueres hierzu ist in [Sch03] und im Internet [web] zu finden

2.4.1.3 Dispersion

Tabelle 2.5 zeigt nicht nur, dass verschiedene Glassorten unterschiedliche Brechungsindices haben, sondern auch, dass diese Brechungsindices verschieden stark mit der Wellenlänge variieren: Während sich der Brechungsindex für Kronglas nur um 1,38 % ändert, beträgt die Veränderung für Flintglas 2,64 %. Als Folge davon „trennt" Flintglas die verschiedenen Farbanteile stärker als Kronglas, es hat eine größere *Dispersion*.

Allgemein werden Flint- und Kronglas über die Abbe-Zahl definiert (siehe [Sch04a]):

- Die Brechzahl für die Wellenlänge $\lambda = 587,56$ nm, die gelbe Heliumlinie (als D bezeichnet), in der Mitte des sichtbaren Spektrums definiert die Standardbrechzahl n_d einer Glassorte.
- Am Rande der Spektren bei den Wellenlängen $\lambda = 486,13$ nm (blaue Wasserstofflinie F) und $\lambda = 656,27$ nm (rote Wasserstofflinie C) liegen die Brechzahlen n_F und n_C.
- Hieraus ergibt sich zur Beschreibung der Dispersion die Abbe-Zahl v_d nach der Beziehung

$$v_d = \frac{n_d - 1}{n_F - n_C} \qquad (2.16)$$

- Glassorten mit einer Abbe-Zahl $v_d > 50$ sind Krongläser, die anderen Flintgläser.

Abbildung 2.11 zeigt den Standardbrechungsindex n_d und die Abbe-Zahl v_d für moderne Glassorten.

2.4.1.4 Apo-Objektiv

Teilweise findet auch die Bezeichnung *Apo* für ein spezielles, hochwertiges Objektiv Verwendung; dahinter verbirgt sich eine Optik, die nicht nur für Licht einer, sondern mindestens dreier verschiedener Frequenzen berechnet wurde:

- Eine Optik, welche für zwei Wellenlängen korrigiert ist, wird als Achromat bezeichnet.
- Ist die Optik für drei und mehr Wellenlängen korrigiert, so spricht man vom Apochromaten oder kurz vom *Apo-Objektiv*.

2.4.1.5 Linsen mit anomaler Dispersion

Eine weitere Möglichkeit der Korrektur der chromatischen Aberration ist der Einsatz von Linsen mit *anomaler Dispersion*. Tabelle 2.5 zeigt, dass für normale Glassorten der Brechungsindex, also die Stärke der Brechung, mit fallender Wellenlänge steigt. Es gibt aber auch Glassorten, welche – zumindest in einem Bereich des Spektrums – das umgekehrte Verhalten zeigen; dies wird

Abbildung 2.12:
CA-Korrektur in Photoshop CS
(raw-Plugin)

als *anomale Teildispersion* bezeichnet. Die entsprechenden Glassorten basieren meistens auf Calcium-Fluorid, weshalb sie mechanisch empfindlicher sind und auf Temperaturschwankungen stärker reagieren.

Derartige Glassorten sind vergleichsweise kostspielig und haben je nach Hersteller der Optik unterschiedliche Bezeichnungen. Canon beispielsweise nennt Objektive mit derartigen Linsen „UD", Nikon und Olympus „ED".

2.4.1.6 Digitale Korrektur der chromatischen Aberration

Es gibt nur sehr wenige Hilfsmittel zur Korrektur der chromatischen Aberration (CA). Adobe Photoshop CS bietet eine Möglichkeit über das interne raw-Plugin (Abbildung 2.12), wenn Dateien im raw-Format (vgl. 4.4.6) verarbeitet werden. Im Internet [web] sind weitere Möglichkeit der digitalen Korrektur der CA zu finden, allerdings ist der Umfang der digitalen Korrektur der CA doch begrenzt.

In 8.8 und 8.8.1 werden die Panoramatools von Helmut Dersch vorgestellt; auch mit diesen ist eine Korrektur der chromatischen Aberration möglich (siehe etwa [Jac04, S. 43 ff.]).

2.4.2 Distorsion

Ein weiterer, verbreiteter Abbildungsfehler ist die *Distorsion* – die Verzeichnung. Betrachtet man etwa die Abbildung eines Schachbrettes, so verzeichnen die meisten Optiken – natürlich in unterschiedlichem Ausmaß – das vorgegebene Muster der Quadrate nach außen hin immer stärker zu einem Kissen – die so genannte kissenförmige Verzeichnung – oder zu einem Fass – die so genannte tonnenförmige Verzeichnung.

Hier hilft natürlich wieder Abblenden des Objektivs – oder aber der Einsatz eines besseren, höher korrigierten Objektivs.

Die Distorsion tritt nur im Weitwinkelbereich auf. Es gibt vereinzelte Möglichkeiten der Korrektur der Distorsion in der digitalen Bildbearbeitung (vgl. 8.8).

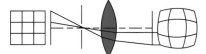

Tonnenförmige Verzeichnung

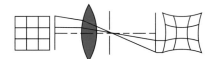

Kissenförmige Verzeichnung

Abbildung 2.13:
Tonnen- und kissenförmige Distorsion

2.4.3 Sphärische Aberration

Ein weiterer Abbildungsfehler entsteht dadurch, dass die runde, die sphärische Sammellinse nicht korrekt ist: Sie sammelt die Zentrumsstrahlen hinter den Randstrahlen. Der dadurch entstehende Abbildungsfehler wird als *sphärische Aberration* (Abweichung) bezeichnet.

Grund für dieses Verhalten ist die geringere Brennweite der Abbildungslinse am Rand. Als Folge davon führt eine Fokussierung bei offener Blende zu einer falschen Fokussierung für die abgeblendete Aufnahme, da sich die Abbildungsebene scheinbar nach hinten, also von der Optik weg, verschiebt.

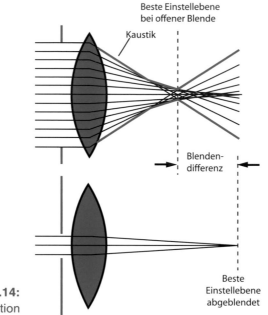

Abbildung 2.14:
Sphärische Aberration

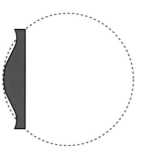

Abbildung 2.15:
Asphärische Linse

2.4.3.1 Symmetrische Objektive

Den Fehler der sphärischen Abweichung beseitigt man durch einen *symmetrischen Aufbau des Objektivs,* etwa durch Kombination zweier achromatischer Linsen. In Abschnitt 2.5.2 wird ein Beispiel dafür, der Gauß-Typ, vorgestellt.

2.4.3.2 Asphärische Linsen

Ein weiterer Ansatz, diesen Abbildungsfehler zu vermeiden, besteht im Einsatz von *asphärischen Linsen,* also von Linsen, deren Oberfläche nicht streng sphärisch ist.

Allerdings sind diese Linsen in ihrer Herstellung kostspielig, wobei noch gepresste und geschliffene asphärische Linsen unterschieden werden; Letztere sind besonders teuer.

2.4.3.3 Vom Vorteil der sphärischen Aberration

So störend die sphärische Aberration meistens ist, hat sie aber auch einen manchmal willkommenen Nebeneffekt: Sie bedingt eine natürliche Weichzeichnung zum Rand hin. Aus diesem Grund bieten einige Hersteller sogar Objektive an, welche bewusst nicht asphärisch korrigiert sind. Nikon hat mit den DC-Nikkoren[2] spezielle Objektive, welche die gezielte (gesteuerte) Einführung sphärischer Aberration im Vorder- und Hintergrund ermöglichen.

2.4.3.4 Koma

Besonders deutlich wird die sphärische Verzeichnung, wenn die Abbildung von Strahlen, welche nicht parallel zur optischen Achse einfallen, betrachtet wird. In diesem Fall werden Punkte am Bildrand oval widergegeben, weshalb man in Anlehnung an einen Kometenschweif vom *Koma* spricht.

Auch dieser Abbildungsfehler kann durch den Einsatz von asphärischen Linsen (vgl. 2.4.3.2) korrigiert werden.

2.4.4 Bildfeldwölbung

Ein weiterer, prinzipieller Abbildungsfehler ist die *Bildfeldwölbung*. Sie hat ihre Ursache in der Tatsache, dass das Bild eines planen Gegenstandes mittels einer Sammellinse kreisförmig ist.

Die Bildfeldwölbung wird durch den Anastigmat nach Abschnitt 2.4.5.1 korrigiert; für Einzellinsen kann dieser Abbildungsfehler prinzipiell nicht korrigiert werden.

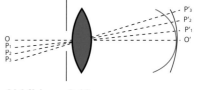

Abbildung 2.16:
Bildfeldwölbung

2.4.5 Astigmatismus

Unsere Abbildung der Linse, wie wir sie kennen gelernt haben, gilt streng nur, wenn das Licht parallel zur optischen Achse auf die Linse fällt und der Winkel zwischen optischer Achse und Lichtstrahl klein ist. Für Lichtstrahlen, welche in einem deutlichen Winkel zur optischen Achse einfallen, ist zu beobachten, dass der Brechungsindex in radialer Richtung größer ist als in der senkrecht dazu stehenden sagittalen Richtung. Als Konsequenz davon werden Punkte nicht als Punkte, sondern als (kleine) Stäbchen abgebildet. Dieser Abbildungsfehler wird als *Astigmatismus* bezeichnet.[3]

Dieser Astigmatismus kann durch Abblenden natürlich verringert, aber nicht ganz beseitigt werden.

2.4.5.1 Der Anastigmat

Der Astigmatismus kann durch Verwendung verschiedener Glassorten, wie wir sie in Abschnitt 2.4.1 kennen gelernt haben, korrigiert werden. Eine Optik, welche auf den Astigmatismus korrigiert ist, wird als *Anastigmat* bezeichnet.

---

[2]DC: Defocus Image Control, Objektive AF-DC-Nikkor 105mm/2 und AF-DC-Nikkor 135 mm/2.

[3]„Stigma" bezeichnet im griechischen Punkt, Astigmatismus hat deshalb die Bedeutung „nicht punktförmig".

2.4.6 Vignettierung

Inzwischen kennen wir die gängigen Abbildungseigenschaften von Objektiven, und der Fehler der *Vignettierung* liegt damit auf der Hand: Zum Abbildungsrand hin trifft weniger Licht auf den Film/den Sensor, was eine Verdunkelung der Randbereiche zur Folge hat.

Die Vignettierung hat zwei Ursachen:

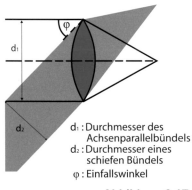

d₁ : Durchmesser des
     Achsenparallelbündels
d₂ : Durchmesser eines
     schiefen Bündels
φ : Einfallswinkel

Abbildung 2.17:
Die natürliche Vignettierung

- Rein aus der geometrischen Situation fällt ein geringeres Lichtbündel auf die Randbereiche: Während für die Abbildung auf der optischen Achse nach Abbildung 2.17 der gesamte Linsendurchmesser d_1 Lichtstrahlen passieren lässt, kommt für den um den Winkel ϕ versetzten Randstrahl nur die scheinbare Linsenhöhe

$$d_2 = d_1 \cdot \cos \phi$$

  zur Anwendung. Da die Breite der Linse hingegen erhalten bleibt, ist insgesamt von der Ausgangsfläche A der Linse nur der Anteil

$$A \cdot \cos \phi$$

  für die Abbildung relevant. Dies ist die *natürliche Vignettierung,* welche sich aus den physikalisch-geometrischen Gesetzmäßigkeiten ergibt; sie kann durch Abblenden natürlich nicht reduziert werden.

- Eine weitere Verdunkelung der Randbereiche kommt durch die Fassung der einzelnen Linsen. Diese *künstliche Vignettierung* lässt sich durch Abblenden verringern.

Der Grad der Vignettierung hängt stark vom Einfallswinkel des Lichtes ab, weshalb die Vignettierung nur für Weitwinkelobjektive relevant ist. Hier kann sie über 2 Blendenstufen betragen.

Dieser prinzipielle Abbildungsfehler lässt sich innerhalb der analogen Fotografie nur schwer mittels eines konzentrischen Verlauffilters ausgleichen, aber dafür sehr gut mit Hilfe von digitaler Technik, vgl. 8.7.

Im Falle einer digitalen Spiegelreflexkamera mit kleinerem Sensor als Kleinbild, die mit einem vollwertigen Kleinbildobjektiv für einen Bildkreis von 43 mm betrieben wird, – der Regelfall, den wir in Abschnitt 2.6.2 kennen gelernt haben –, ist die Vignettierung nicht von Bedeutung, da der Randbereich der Objektivabbildung sowieso nicht mehr ausgewertet wird.

2.4.7 Oberflächenreflexion

Um all die vorgestellten Abbildungsfehler zu beseitigen, werden bis hin zum Doppel-Anastigmat immer komplexere Linsensysteme notwendig. Nun wird an jeder Oberfläche einer Linse nur ein Teil des Lichtes gebrochen, ein weiterer, kleiner Teil wird hingegen reflektiert. Diese Teilreflexion beträgt typischerweise rund 5 % des einfallenden Lichtes. Dieser Effekt führt dazu, dass

Linsensysteme nur einen Teil des Lichtes wie dargestellt abbilden, ein anderer Teil wird gestreut und vom dunklen Objektivinnenraum schließlich absorbiert. Außerdem entstehen auf diese Weise insbesondere bei Gegenlichtaufnahmen unschöne Reflexionen der Linsen, die meist die Form der Blende erkennen lassen und auch als Geisterbild bezeichnet werden. Umgekehrt können diese heute digital simuliert werden, um besondere Effekte zu erzielen, vgl. 8.12.2.2.

Deutlich verbessert wird diese Situation durch eine reflexhemmende Beschichtung der einzelnen Linsen. Dieses ursprünglich von der Firma Zeiss gefundene Verfahren zur Oberflächenvergütung ist inzwischen sehr stark verbreitet. Auch wurden die Oberflächenbeschichtungen mit der Zeit immer besser, bis hin zur heutigen multiresistenten Mehrschichtvergütung.

Physikalisch basiert das Verfahren auf der klassischen Reflexion nach Huygens und Fresnel (siehe etwa [Tip00]): Licht hat im Vakuum seine größte Ausbreitungsgeschwindigkeit, die Lichtgeschwindigkeit $c_0 \approx 3 \cdot 10^8$ m/s. Die Brechzahl eines Mediums gibt an, wie viel langsamer das Licht in diesem – mit der Geschwindigkeit c_m – ist:

$$n = \frac{c_0}{c_m}$$

Trifft Licht vom Medium 1 mit der Brechzahl n_1 im Winkel α_1 bezogen auf das Lot auf ein Medium 2 mit der Brechzahl n_2, so wird es im Winkel α_2 in dieses eindringen gemäß dem Brechungsgesetz von Snellius:

$$\frac{\sin \alpha_1}{\sin \alpha_2} = \frac{n_2}{n_1} = \frac{c_1}{c_2} \qquad (2.17)$$

Dabei wird am Übergang der Medien ein Teil des Lichtes reflektiert, der umso kleiner ist, je kleiner der Unterschied zwischen den Brechzahlen n_1 und n_2 ist.

Da Luft und Glas recht deutliche Dichteunterschiede haben, kann eine Zwischenschicht, welche eine Dichte zwischen der von Luft und Glas hat, die Gesamtreflexion deutlich verringern, wodurch die Abbildungsleistung mehrlinsiger Objektive spürbar gesteigert werden kann.

Wie wir in Abschnitt 2.5.7 noch sehen werden, haben moderne Zoomobjektive sehr viele Linsengruppen; dies ist sinnvoll nur möglich durch die Verwendung einer hochwertigen Vergütung der Linsen – ohne Vergütung können kaum hochwertige Objektive mit mehr als sieben Linsen gebaut werden.

2.5 Klassische Objektivkonstruktionen

In diesem Abschnitt wollen wir die wichtigen, klassischen Objektivkonstruktionen betrachten. Zunächst sollen typische Objektivkonstruktionen in ihrer Grundlage dargestellt werden, danach folgen konkrete Beispiele für die gängigen Typen.

2.5.1 Linsen, Gruppen/Glieder und Symmetrie

Objektive bestehen aus mehreren *Linsen*. Einzelne Linsen werden zur Verbesserung der optischen Abbildungseigenschaften, wie wir es in Abschnitt 2.4 gesehen haben, zu einem Glied verkittet, bilden also eine optische Einheit: eine *Gruppe* oder auch ein *Glied*. So besteht das Tele-Zoomobjektiv aus Abbildung 2.27 beispielsweise aus 21 Linsen in 15 Gruppen.

Zur Reduzierung von Abbildungsfehlern sind *symmetrische* Objektivkonstruktionen, welche eine weitgehend symmetrische Linsenanordnung um die optische Mitte, also um die Blende des Objektivs, aufweisen, ein häufig anzutreffender Typus.

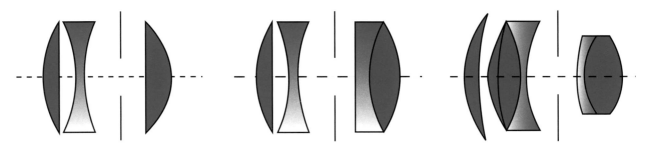

Abbildung 2.18:
Triplet vom Typ Cooke (links),
Tessar (Mitte) und Sonnar (rechts)

2.5.2 Objektivtypen

Grundtyp vieler moderner Objektivkonstruktionen ist das Triplet, wie in Abbildung 2.18 dargestellt; es wird auch als Cooke-Typ bezeichnet.

Dieses Objektiv hat sich rasch zum *Tessar* weiterentwickelt, einem Objektiv mit vier Linsen in drei Gruppen (Abbildung 2.18), welches im Prinzip bis heute insbesondere im Bereich der Teleobjektive verwendet wird (vgl. 2.5.5). Weitere Verbesserungen des Tessars führen zum *Sonnar,* welches noch die Herkunft vom Triplet erkennen lässt, aber weitaus komplexere Gruppen verwendet. Es kommt heute insbesondere im unteren Telebereich zum Einsatz, Abschnitt 2.5.4 zeigt einige Beispiele.

Symmetrische Objektivkonstruktionen basieren meist auf dem Gauß-Typ (Abbildung 2.19).

Die vierlinsige Konstruktion wird – in verbesserter Form, insbesondere durch Einsatz mehrlinsiger Gruppen – heute im Bereich der lichtstarken Normalbrennweiten nach dem Prinzip des Planars (vgl. 2.5.3) und für Makroobjektive eingesetzt. Weitere Typen dieser Art sind etwa das Symmar und das Super-Angulon.

Durch den symmetrischen Aufbau werden viele Abbildungsfehler, etwa die Verzeichnung, stark reduziert.

Weitwinkelobjektive haben ein prinzielles Problem: Sie weisen nach der Linsengleichung (2.3) eine sehr kleine Bildweite b auf, haben also einen kurzen Abstand zwischen hinterem Linsenelement und Film/Sensor. Spiegelreflexkameras müssen aber ihren Schwingspiegel genau in diesem Zwischenraum platzieren und bewegen können. Eine Lösung für dieses Problem bietet die *Retrofokusbauweise* von Weitwinkelobjektiven: Es kommt eine konvexkonkave Frontlinse in Verbindung mit einer konkaven Rücklinse zum Einsatz, so dass durch die Erweiterung des Strahlenganges die Bildweite vergrößert wird, wie in Abbildung 2.20 dargestellt. Dieses Konstruktionsprinzip wird etwa beim Distagon (vgl. 2.5.6) verwendet.

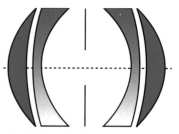

Abbildung 2.19:
Symmetrischer Gauß-Typ

Das im gewissen Sinne umgekehrte Problem tritt bei sehr langbrennweitigen Objektiven auf. Objektive oberhalb der Normalbrennweite werden als Teleobjektive bezeichnet. Genauer ist aber ein Teleobjektiv dadurch gekennzeichnet, dass der Abstand des letzten Linsenelementes zur Bildebene kleiner als seine Brennweite ist (während ja durch die Retrofokuskonstruktion diese Entfernung vergrößert wird).

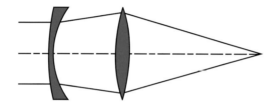

Abbildung 2.20:
Prinzip der Retrofokuskonstruktion

2.5.3 Planar

In der klassischen *Planar-Rechnung* sind die Ansätze des Anastigmaten nach Abschnitt 2.4.5.1 am klarsten umgesetzt. Abbildung 2.22 zeigt einige Planar-Konstruktionen der Firma Zeiss für die Hasselblad-Mittelformatkamera.

Das Planar und verwandte Typen werden für Normalbrennweiten verwendet, also 50-mm-Objektive beim Kleinbild und 80 mm beim Mittelformat.

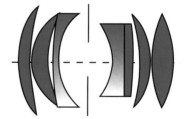

Abbildung 2.21:
Objektivkonstruktion des Planars

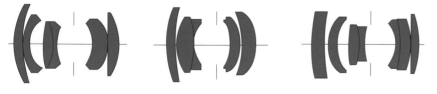

Abbildung 2.22:
Objektivkonstruktionen vom Typ Planar

2.5.4 Sonnar

Das *Sonnar* ist die typische Objektivkonstruktion für leichte Teleobjektive. Es besteht aus drei Baugruppen und verwendet achromatische Linsen.

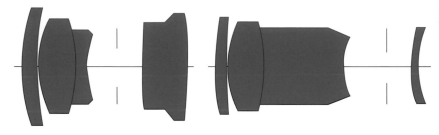

Abbildung 2.23:
Objektivkonstruktionen vom Typ
Sonnar

2.5.5 Tessar

Die klassische Konstruktion für ein Teleobjektiv ist das *Tessar*. Es basiert auf der dreilinsigen Cooke-Optik.

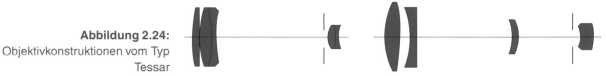

Abbildung 2.24:
Objektivkonstruktionen vom Typ
Tessar

2.5.6 Distagon

Das *Distagon* ist ein Beispiel für ein Weitwinkelobjektiv in Retrofokusbauweise nach Abschnitt 2.5.2.

Abbildung 2.25:
Objektivkonstruktionen vom Typ
Distagon

2.5.7 Zoomobjektive

Ein Zoomobjektiv ist ein Objektiv mit veränderlicher Brennweite. Diese praktischen Objektive werden auch als Vario-Objektive oder eher abfällig als „Gummilinsen" bezeichnet. Waren Zoomobjektive ursprünglich von sehr bescheidener Qualität, hat sich hier in den letzten Jahrzehnten die Entwicklungsleistung konzentriert, so dass heute Zoomobjektive existieren, die in ihrer Abbildungsleistung an Festbrennweiten heranreichen.

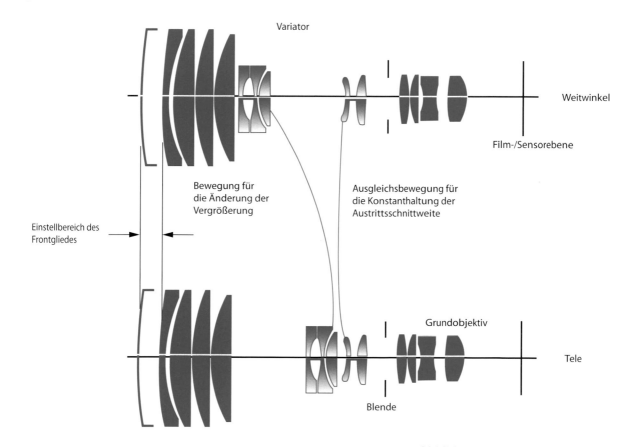

Moderne Zoomobjektive verwenden zahlreiche (vergütete) Linsen; die in Abbildung 2.27 gezeigten Beispiele haben 11 Linsen in 7 Gruppen, 14 Linsen in 10 Gruppen und 21 Linsen in 15 Gruppen, davon viele Asphären und Linsen mit anomaler Teildispersion.

Abbildung 2.26:
Arbeitsweise von Zoomobjektiven

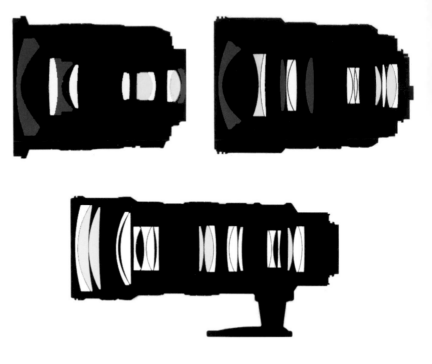

Abbildung 2.27:
Beispiele für Hochleistungszooms
konstanter Lichtstärke: DX-Nikkor
12-24/4 in Retrofokusbauweise,
DX-Nikkor 17-55/2.8 und Nikkor
70-200/2,8 (asphärische Linsen
blau, Linsen mit anomaler
Teildispersion gelb)

Ursprünglich hatten Vario-Objektive die störende Eigenschaft, dass sich bei einer Veränderung der Brennweite die Fokussierung ebenfalls änderte; alle neueren Konstruktionen verändern bei Brennweitenänderung ihre Fokussierung nicht mehr.

Die nach Gleichung (2.6) erklärte Lichtstärke nimmt somit bei Verlängerung der Brennweite in einem Zoomobjektiv entsprechend ab, wenn nicht das Objektiv durch geschickte Konstruktion und Veränderung seiner internen Geometrie dies zumindest teilweise ausgleicht. Ohne einen solchen Ausgleich ergibt sich eine deutliche Veränderung der Lichtstärke und damit nach der Beziehung (2.7) eine entsprechende Veränderung der notwendigen Belichtungszeit: Während die Lichtstärke linear mit der Brennweitenverlängerung abfällt, steigt die notwendige Belichtungszeit quadratisch mit der Brennweitenverlängerung an; Tabelle 2.6 zeigt Beispiele.

Tabelle 2.6:
Theoretische Veränderung von
Lichtstärke und Belichtungszeit

Brennweitenverlängerung	Abfall der Lichtstärke	Belichtungsverlängerung
Faktor 1,25	Faktor 1,25	Faktor 1,56
Faktor 1,5	Faktor 1,5	Faktor 2,25
Faktor 2	Faktor 2	Faktor 4

2.5.8 Spezialoptiken

Neben dieser großen Zahl von gängigen Optiken gibt es auch einige speziellere Optiken.

2.5.8.1 Makro-Objektive

Zuerst betrachten wir *Makro-Objektive*. Dies sind Optiken aus dem Normal- oder leichten Telebereich, welche sich aber wesentlich von allen anderen Objektiven unterscheiden:

Makro-Objektive sind nicht auf eine Fokussierung auf unendlich optimiert, sondern auf eine Fokussierung im Nahbereich.

Mit anderen Worten: Während alle anderen Objektive die Ferne optimal abbilden, bilden Makro-Objektive den Nahbereich optimal ab und verschlechtern sich bei größerer Gegenstandsweite.

Makro-Objektive haben häufig einen großen Abbildungsmaßstab, viele können bis zum Verhältnis 1 : 1 abbilden. Eine noch stärkere Vergrößerung schon bei der Aufnahme erhält man mit weiterer Vergrößerung der Bildweite; da die Mechanik der Objektive derartiges nicht zulässt, wird hierfür ein Balgengerät verwendet: Durch Einsatz eines flexiblen Balgens kann die Bildweite bedeutend vergrößert werden. Eine einfachere, aber weniger flexible Alternative ist der Einsatz von Zwischenringen.

Makro-Objektive werden häufig auch für Portraitaufnahmen eingesetzt, da es sich hierbei ja auch um Aufnahmen im Nahbereich handelt.

Die im Digitalen meist unvermeidbare Brennweitenverlängerung (vgl. 2.6.2) hat keine direkte Auswirkung auf den für die Makrofotografie wichtigen Abbildungsmaßstab: Das Abbildungsverhältnis eines Makro-Objektivs bleibt auch bei einer Brennweitenverlängerung erhalten, was dann beispielsweise bedeutet, dass bei einem Verhältnis von 1 : 1 und einem Verlängerungsfaktor von 1,5 eine Fläche von rund 23 mm × 15 mm sensorfüllend abgebildet wird.

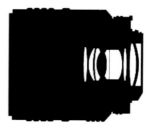

Abbildung 2.28:
Beispiel für ein Makro-Objektiv:
AF-Micro-Nikkor 60 mm/2.8

2.5.8.2 Fisheye-Objektive

Weitwinkel, Superweitwinkel – *Fisheye-Objektiv!* Das „Fischaugen-Objektiv" bildet einen noch größeren Bildwinkel ab als die Ultraweitwinkel-Objektive, allerdings mittels einer sphärischen Abbildung – der orthografischen Projektion –, daher der Name.

Abbildung 2.29 zeigt den Aufbau eines Fisheye-Objektivs mit 180 Grad Bildwinkel; es gibt sogar Modelle bis 220 Grad Bildwinkel (Kleinbild-Fisheye mit 6 mm Brennweite; dieses leuchtet nicht das ganze Kleinbildnegativ aus, sondern nur einen Kreis mit 24 mm Durchmesser; dieser bildet einen Winkel von 220 Grad ab, so dass der Fotograf meist mit aufgenommen wird).

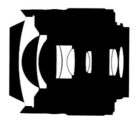

Abbildung 2.29:
Beispiel für ein Fisheye-Objektiv:
AF-Fisheye-Nikkor 10,5 mm/2.8 DX

Es ist im Digitalbereich auch möglich, die sphärische Abbildung der Fisheye-Objektive zurückzurechnen und zu einem unverzerrten Bild zu kommen. Beispielsweise leistet dies Nikon Capture ab der Version 4 (vgl. 5.4).

2.5.8.3 Telekonverter

Ein *Telekonverter* ist ein mehrlinsiges Zwischensystem hinter dem Normal-oder Teleobjektiv, welches dessen Brennweite verlängert. Typisch sind Verlängerungsfaktoren von 1,4 und 2. Da sich dadurch der Linsendurchmesser natürlich nicht ändert, fällt nach der Beziehung (2.5) die Lichtstärke im gleichen Maß ab, wie sich die Brennweite verlängert.

2.6 Objektive für analoge und für digitale Fotografie

Unsere Überlegungen zu den Objektiven wollen wir beenden mit Überlegungen zu Verfahren der Qualitätsmessung von Objektiven – den MTF-Kurven nach Abschnitt 2.6.1 – sowie zu Unterschieden von Objektiven für analoge und digitale Fotografie.

2.6.1 MTF-Kurven

Ein zentrales Verfahren, um die Abbildungsleistung, insbesondere die Auflösung, von Objektiven zu messen, ist die *Modulations-Übertragungs-Funktion*, MTF. Die Kontrastübertragung eines feinen Linienrasters von üblicherweise 10, 20 und 40 Linienpaaren pro Millimeter – das menschliche Auge erkennt maximal 5 Linienpaare pro Millimeter – wird tangential und sagittal in verschiedenen Abständen zur Objektivmitte gemessen (Abbildung 2.30).

Die Ergebnisse sind stark von der verwendeten Blende und bei Zoomobjektiven von der verwendeten Brennweite abhängig. Ergebnisse für die Objektive aus Abbildung 2.27 zeigt Abbildung 2.31.

Die MTF-Diagramme von Abbildung 2.31 zeigen auch die Orientierung auf die digitale Fotografie: Das Tele-Zoom 70-200 ist für das klassische Kleinbildformat entwickelt, muss also einen Bildkreis von $r = \sqrt{(12\,\text{mm})^2 + (18\,\text{mm})^2} = 21{,}6$ mm berücksichtigen, entsprechend weit reicht das MTF-Diagramm. Die zwei anderen Objektive sind hingegen gezielt für den kleineren Sensor von DSLR-Kameras berechnet (vgl. 4.2.2), entsprechend berücksichtigen diese MTF-Diagramme einen kleineren Bildkreis bis 15 mm.

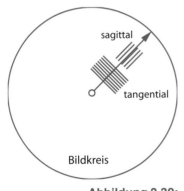

Abbildung 2.30:
Tangentiale und sagittale
MTF-Messung

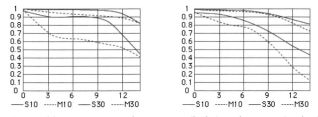

AF-S Nikkor 12-24/4 DX bei 12 mm (links) und 24 mm (rechts)

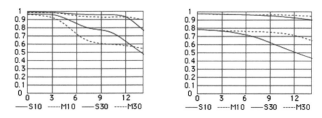

AF-S Nikkor 17-55/2,8 DX bei 17 mm (links) und 55 mm (rechts)

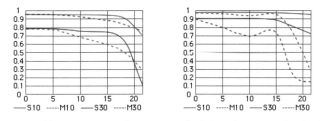

AF-S Nikkor 70-200/2,8 bei 70 mm (links) und 200 mm (rechts)

Abbildung 2.31:
MTF-Kurven der Objektive aus Abbildung 2.27 jeweils für verschiedene Brennweiten und volle Objektivöffnung für 10 (rot) und 30 (blau) Linienpaaren pro mm sagittal (durchgezogene Kurve) und tangential (unterbrochene Kurve)

2.6.1.1 Interpretation von MTF-Kurven

MTF-Kurven haben eine große Aussagekraft, müssen aber dafür richtig verstanden werden. Insbesondere sollten nur diejenigen Kurven verglichen werden, welche zum geplanten Einsatzgebiet des Objektivs passen. Das bedeutet etwa, dass für Landschaftsaufnahmen die Kurven bei voller Objektivöffnung nicht die Bedeutung haben wie die Kurven von abgeblendeten Objektiven etwa bei einem Blendenwert 8.

Auch ist zu beachten, dass MTF-Kurven nur eine Aussage über die Schärfenleistung machen.

2.6.2 Brennweitenverlängerung

Die *Brennweitenverlängerung* ist ein Effekt, den erst die digitale Fotografie mit Wechseloptiken bedingte – und um es gleich zu sagen: Es handelt sich hier nicht um eine wirkliche Brennweitenverlängerung.

Im Gegensatz zum Film mit dem klassischen Negativformat von 24 mm × 36 mm (oder von etwa 55 mm × 55 mm beim Mittelformat) ist der lichtempfindliche Sensor einer Digitalkamera meistens[4] kleiner (vgl. 4.2.2); beispielsweise hat die Nikon D70 eine Sensorgröße von 23,7 mm × 15,6 mm. Als Folge davon zeichnet die Kamera weniger auf, als es bei der gleichen Brennweite beim klassischen Format üblich wäre – es scheint so, als wäre die Brennweite verlängert. Typischerweise verlängert sich die Brennweite – scheinbar – um einen Faktor von 1,5, ein Objektiv der Brennweite 200 mm bildet also nur den Ausschnitt eines Objektivs der Brennweite 300 mm ab.

Genauer ergibt sich die Brennweitenverlängerung aus den Gleichungen (2.13). Am Beispiel der D70 sieht man, dass bezogen auf die Breite $h_1 = 36$ mm des Kleinbilds und einem Objektiv der Brennweite $f = 50$ mm nun mit einer Sensorbreite von 23,7 mm der gleiche horizontale Abbildungswinkel erzielt wird, wie wenn man mit dem Kleinbildfilm ein Objektiv der Brennweite

$$f_1 = \frac{h_1}{h_2} \cdot f = 1,52 \cdot f = 76 \text{ mm}$$

verwenden würde; die scheinbare Brennweitenverlängerung verhält sich genau wie das Verhältnis Filmformat zu Sensorformat.

Dieser Effekt ist bei Teleobjektiven beliebt, beim Weitwinkel aber sehr hinderlich, da aus einem guten Weitwinkelobjektiv von 24 mm ein schwaches Weitwinkel mit 36 mm wird.

Einige Hersteller bieten deshalb spezielle, auf den kleineren Bildkreis des Sensors abgestimmte Objektive an, die dann leichter und kleiner als „echte" Kleinbildobjektive sind und den Weitwinkelbereich besser abdecken. Erstes Beispiel hierfür ist das Weitwinkelzoom 12 - 24 mm 1:4 der Firma Nikon (vgl. Abbildung 2.27).

Es sei nochmals darauf hingewiesen, dass es sich hier um einen Scheineffekt handelt: Die tatsächliche Brennweite eines Objektivs, etwa für Berechnungen mittels der Linsengleichung, ändert sich nicht durch Verwendung eines kleineren Sensors, es wird lediglich nur der zentrale mittlere Bereich des Bildkreises aufgezeichnet. Anschaulich stelle man sich vor, man verwende eine klassische Kleinbildfilm-Kamera mit einem kleineren Film.

---

[4]Im Kleinbildbereich gibt es momentan nur wenige Kameras mit Vollformatsensor, der dem Kleinbild genau entspricht: Die bereits wieder eingestellte Contax N digital, die Canon EOS 1Ds bzw. deren Nachfolger EOS 1Ds Mark II und die Kodak DCS-14n bzw. deren jüngst vorgestellte Nachfolger Kodak DCS/n und DCS/c.

Dieser Effekt hat noch eine zweite, gute Eigenschaft: Da die Bildqualität zum Rand hin deutlich abfällt (vgl. etwa 2.6.1), hier aber nur der innere Kreis ausgewertet wird, steigert sich scheinbar die Abbildungsqualität von Objektiven.

2.6.2.1 Bedeutung für digitale Kompaktkameras

Die sehr verbreiteten und beliebten digitalen Kompaktkameras verwenden lichtempfindliche Sensoren, welche gegenüber dem Sensor einer DSLR nochmals deutlich verkleinert sind. Deshalb kommen diese Objektive mit deutlich kurzbrennweitigeren Objektiven aus. Der Sensor einer solchen digitalen Kompaktkamera hat häufig eine Diagonale von knapp 9 mm, vgl. 4.2.2.

Eine Optik für ein solches Modell hat dann beispielsweise die tatsächliche Brennweite von 7 bis 32 mm, was aber einem Kleinbildobjektiv der Brennweite 35 bis 150 mm entspricht.

2.6.3 Optimierungen für Digitalkameras

Nun bleibt noch eine Frage offen: Gibt es das „digitale Objektiv", also eine Optik speziell für Digitalkameras?

Diese Frage lässt sich sowohl positiv als auch negativ beantworten. Prinzipiell ist jede gute Optik für eine Analogkamera auch eine gute Optik für die Digitalkamera – nur ist es sinnvoll, die Korrekturen der Optik für Digitalkameras anders zu gewichten (siehe etwa [Pho04]):

- Digitale Sensoren haben eine dreidimensionale Oberflächenbeschaffenheit, die etwa durch Leiterbahnen zu den Pixeln verursacht wird. Deshalb sind sie bedeutend empfindlicher, was den Einfallswinkel des Lichtes auf die Oberfläche angeht, als analoge Filmmaterialien. Als Folge projizieren digital-optimierte Optiken sehr parallel auf den Sensor, was als telezentrische Abbildung bezeichnet wird.

  Allgemein gilt eine Abweichung von maximal 6° gegenüber der Senkrechten als akzeptabel für eine gute Abbildungsleistung mit einer Digitalkamera.

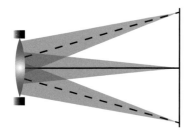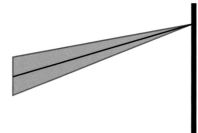

Abbildung 2.32:
Strahlengang für analoge Fotografie; Randstrahlen sind ohne besondere Bedeutung

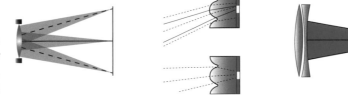

Hier stellen digitale Vollformatkameras, welche über einen Sensor in voller Kleinbildgröße verfügen, besondere Ansprüche an die verwendete Optik.

- Digitale Sensoren sind fast immer kleiner als das Kleinbildformat (vgl. 2.6.2). Entsprechend können spezifische Objektive auf den kleineren Bildkreis angepasst und dadurch leichter und kompakter gebaut werden.
- Digitalbilder reagieren kritischer auf chromatische Aberration (vgl. 2.4.1). Entsprechend sollten spezifische Objektive besonders auf diesen Abbildungsfehler korrigiert sein.
- Hohe Auflösung (mehr zur Auflösung in 4.6): Da der Digitalsensor kleiner ist als das Kleinbildformat, muss die Abbildung für ein gleich großes Bild stärker vergrößert werden; die spezifischen Objektive müssen über eine sehr hohe Auflösung verfügen.

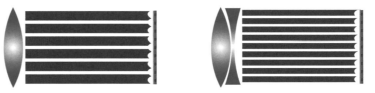

Abbildung 2.34:
Objektivauflösung muss über der
Pixelgröße liegen

Um die notwendige Auflösung beurteilen zu können, ist aber die jeweilige Pixelgröße der Kamera wesentlich. Tabelle 2.7 gibt eine Übersicht über die Pixelgrößen.

Momentan scheint eine Pixelgröße von mindestens 6 μm als untere Grenze im DSLR-Segment ausreichend zu sein, was zu einer notwendigen Auflösung von etwa 80 Linienpaaren pro Millimeter korrespondiert.

Kameramodell	Pixelgröße
Canon EOS 1D	11,5 μm
Canon EOS 1Ds	8,8 μm
Canon EOS 1D Mark II	8,2 μm
Canon EOS 300D/10D	7,4 μm
Nikon D100/D70	7 μm
Canon EOS 20D	6,4 μm
Nikon D2X	5,5 μm

Tabelle 2.7:
Pixelgrößen

Entsprechend dieser Kriterien gibt es von zahlreichen Anbietern spezielle „digitale Objektive", also – natürlich – klassische Analogobjektive, welche aber nach diesen Kriterien optimiert sind. Die DX-Nikkore (vgl. etwa Abbildung 2.27), die EF-S-Objektive von Canon, die DC-Serie von Sigma und die Zuiko Digitalobjektive von Olympus sind die wichtigsten Beispiele dafür.

DSLR-Kameras können gut mit hochwertigen klassischen Optiken benutzt werden; speziell für den Digitaleinsatz optimierte Objektive erzielen aufgrund ihrer entsprechenden Optimierung bessere Ergebnisse.

2.7 Moderne Entwicklungsschritte in der Objektivkonstruktion

Bis heute ist die Technik der Objektive von einem anhaltenden Fortschritt geprägt. Einige sehr wichtige Punkte wurden bereits angesprochen, einige weitere sollen hier noch ergänzt werden:

- Durch die Verwendung immer besserer Mehrschichtvergütungen sind Objektive mit immer mehr Linsen möglich.
- Durch den Einsatz von asphärischen Linsen und Linsen mit anomaler Teildispersion kann die Abbildungsleistung deutlich gesteigert werden.
- Die Verwacklungsgefahr bei langen Belichtungszeiten wird durch einen Bildstabilisator deutlich reduziert. Dabei wird eine Linsengruppe entgegen der Objektivbewegung verrückt und so die Verwacklung ausgeglichen. Dieses von Canon mit dem Namen IS, Image Stabilisator, eingeführte System bietet Nikon unter dem Namen VR, Vibration Reduction, an. Andere Hersteller gehen inzwischen so weit, dieses Ausgleichsglied nicht im Objektiv, sondern im Kameragehäuse zu integrieren, etwa das Anti-Shake-System von Konica-Minolta, welches in der Dynax 7D zum Einsatz kommt. Vorteil hiervon ist es, dass die neue Funktionalität direkt für alle Objektive zur Verfügung steht.
- Canon hat mit DO-Objektiven, der diffraktiven Optik, eine neue Möglichkeit für den Bau von Teleobjektiven mit großer Brennweite und gleichzeitig kleiner Baulänge vorgestellt. Hier wird nicht die Lichtbrechung, sondern die Beugung des Lichtes zur Krümmung des Lichtstrahls verwendet. Um die dabei auftretende Streuung zu reduzieren, werden zwei genau aufeinander angepasste Beugungselemente eingesetzt; bei Zoomobjektiven mit veränderlichem Einfallswinkel sind es sogar drei solcher Elemente.
- Fast alle Anbieter entwickeln inzwischen spezielle Optiken für die Digitalfotografie, welche nach den Kriterien von Abschnitt 2.6.3 optimiert sind.

Es wird interessant sein, hier die weitere Entwicklung im Bereich der fotografischen Optik zu beobachten.

2.8 Chemische Grundlagen

Der klassische fotochemische Prozess, der zunächst zum Negativ und dann zum Positiv führt, spielt aufgrund der stark vorangeschrittenen Digitalisierung der modernen Fotografie keine große Rolle mehr, weshalb hier das Prinzip des

Schwarzweißprozesses nur kurz dargestellt wird. Die Erweiterung zur Farbfotografie zeichnet allerdings schon Wege für den Aufbau moderner Bildsensoren auf, wie in Verbindung mit Kapitel 4 erkennbar wird.

2.8.1 Das Grundprinzip

Ein einfaches chemisches Experiment (nach [Gra84]) dient dazu, das Grundprinzip der Fotochemie zu erläutern:
Silbernitrat $AgNO_3$ + Salzsäure HCl oder Kochsalzlösung NaCl ergibt einen flockig-weißen Niederschlag von Silberchlorid (AgCl), der sich im Sonnenlicht rasch schwarz färbt.

Durch dieses Experiment wird der Einfluss des Lichts zur Schwärzung direkt ersichtlich, wie er in den allerersten Ansätzen zur Fototechnik verwendet wurde (vgl. Kapitel 1). Deutlich verbessert wird das Verfahren durch das *latente Bild,* dem zunächst unsichtbaren Bild, welches erst nach der Belichtung durch *Entwicklung* sichtbar gemacht wird. Danach müssen die noch vorhandenen lichtempfindlichen Anteile durch *Fixieren* entfernt werden (damit sich diese nicht auch im Laufe der Zeit schwärzen). Insgesamt besteht der Gesamtprozess also aus drei Schritten:

1. Belichten des Films;
2. Entwickeln des latenten Bildes;
3. Fixieren.

Im Folgenden werden diese einzelnen Schritte, beginnend mit der Belichtung der lichtempfindlichen Silberbromidschicht, betrachtet.

2.8.2 Belichten

Im Filmmaterial sind zunächst Reifungskeime eingelagert: Empfindlichkeitszentren innerhalb der Silberbromidschicht, die durch spezielle Zusätze, etwa Schwefelverbindungen, entstehen. Diese Reifungskeime verwandeln sich durch die Belichtung in Entwicklungskeime: Beim *Belichten* trifft ein Lichtquant (vgl. 2.1.1) mit hinreichender Energie auf die Silberbromidschicht und löst ein Elektron aus dem Kristallgitter aus. Dieses Elektron wird vom negativ geladenen Bromidion abgespalten und es entsteht neutrales Brom:

$$Br^- + h\nu \rightarrow Br + e^-$$

Das elementare Brom wird von der Trägerschicht (Gelatine) gebunden, das freie Elektron wird von einem Reifungskeim eingefangen, wodurch ein positives Silberion in reines metallisches Silber reduziert wird:

$$Ag^+ + e^- \rightarrow Ag$$

Somit hat die Belichtung zu Silberspuren innerhalb der Trägerschicht geführt: dem latenten Bild.

Das latente Bild ist haltbar, es kann noch nach Jahren entwickelt werden. Es ist – bis zu einer Sättigung – umso deutlicher, je stärker die Belichtung war.

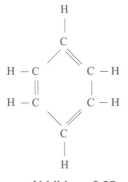

Abbildung 2.35:
Benzolring

2.8.3 Entwicklung

Durch die *Entwicklung* wird weiteres Silberbromid zu metallischem Silber reduziert.

Die meisten Entwickler sind organische Substanzen, welche sich vom Benzolring C_6H_6 ableiten, allerdings müssen mindestens zwei Wasserstoffatome des Benzolrings durch OH- oder NH_2-Gruppen (Hydroxy- oder Amino-Gruppen) ersetzt werden, wobei zusätzlich eine spezielle Stellung dieser Gruppen (Para-Stellung p oder Ortho-Stellung o) gegeben sein muss.

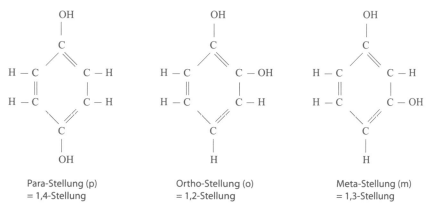

Para-Stellung (p)
= 1,4-Stellung

Ortho-Stellung (o)
= 1,2-Stellung

Meta-Stellung (m)
= 1,3-Stellung

Abbildung 2.36:
Struktor von Benzolgruppen von Entwicklern

Einige klassische organische Entwickler sind in Tabelle 2.8 aufgeführt.

Zusammensetzung	chemische Bezeichnung	Entwickler
$p - C_6H_4(OH)_2$	Para-Dihydroxybenzol	Hydrochinon
$o - C_6H_4(OH)_2$	Ortho-Dihydroxybenzol	Benzkatechin
$p - C_6H_4(NH_2)_2$	Para-Phenylendiamin	
$o - C_6H_4(NH_2)_2$	Ortho-Phenylendiamin	
$p - C_6H_4(OH)(NH_2)$	Para-Aminophenol	Rodinal
$o - C_6H_4(OH)(NH_2)$	Ortho-Aminophenol	

Tabelle 2.8:
Organische Entwickler

Organische Entwickler enthalten ferner ein Alkali, um stärker reduzierend zu wirken, sowie Substanzen zur Haltbarmachung des Entwicklers (ohne diese würden die Entwicklersubstanzen rasch oxidieren). Außerdem wird häufig noch ein Bremsmittel verwendet, welches die Entwicklung von unbelichtetem Silberbromid verhindert.

2.8.4 Fixierung

Fixieren bedeutet das Haltbarmachen des entwickelten Bildes. Gemeint ist damit das Herauslösen des unbelichteten, also beim Entwickeln nicht geschwärzten Silberbromids. Ohne das Fixieren würde das nichtentwickelte Silberbromid allmählich auch reduzieren und so insgesamt eine Schwärzung entstehen, das Bild wäre nicht beständig.

Das gängige Fixiermittel (Fixiersalz) ist Natriumthiosulfat ($Na_2S_2O_3$), welches wieder mit einem Zusatz zur Haltbarkeit versehen wird.

Nach der Entwicklung ist das Filmmaterial einige Minuten in diesem Bad zu bewegen, damit das unbelichtete Silberbromid ausgewaschen wird. Danach ist das Filmmaterial gründlich in klarem Wasser auszuwaschen, also von allen Rückständen aus dem Belichtungsprozess zu reinigen.

2.8.5 Negativ und Positiv

Nun kennen wir den klassischen Schwarzweißprozess. Was erhalten wir damit: Eine Abbildung, bei der die hellen Stellen dunkel abgebildet werden, ein *Negativ*. An diesen ersten Prozess schließt sich nun ein zweiter an, der *Positivabzug*.

Der Positivprozess löst zuerst das zentrale Problem der Vervielfältigung: Von einem Negativ können beliebig viele Positive abgezogen werden. Der Prozess selbst wird in der Dunkelkammer durchgeführt.

2.8.5.1 Die Dunkelkammer und der Positivprozess

Die Dunkelkammer ist der klassische Arbeitsraum für den Positivprozess. Sie besteht aus dem Vergrößerer, einer Vorrichtung, welche das Negativ auf eine Ebene projiziert, sowie weiteren Utensilien für die chemische Verarbeitung. Belichtet wird auf Fotopapier, also auf Papier mit einer lichtempfindlichen Silberbromidschicht. Das belichtete Papier wird dann entsprechend wie der belichtete Film entwickelt und fixiert. Die typischen Belichtungszeiten bei diesem Prozess liegen im Bereich von einer Minute, die Entwicklungszeit ebenso.

Der Positivprozess bietet aber weitere Möglichkeiten des Eingriffes auf das Endergebnis, er ist mehr als nur ein reines Handwerk. So können während des Belichtens etwa durch Abwedeln, also durch temporäre Unterbrechung des Lichtflusses, spezielle Partien des Negativs, welche sehr hell sind, weniger stark abgebildet werden; das bedeutet: die helle Partie des Negativs ist eine sehr wenig/gar nicht belichtete Stelle im Negativ, sie würde das Fotopapier vollständig schwärzen – das Abwedeln mildert diesen Effekt, die Schatten werden etwas aufgehellt. Das umgekehrte Vorgehen ist das Nachbelichten: Überbelichtete Stellen im Negativ sind vollständig geschwärzt, beim Positivprozess führen sie zu einem reinen (unbelichteten) Papierweiß. Durch Nachbelichten dieser Partie kann der Kontrast wirkungsvoll gesteuert werden.

Der Positivprozess ist eine bewusste Interpretation des Negativs, der weiten Gestaltungsspielraum beinhaltet.

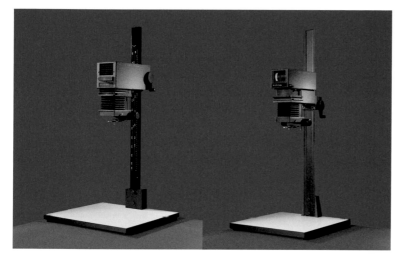

Abbildung 2.37:
Typische Vergrößerer für den Positivprozess: Durst M 370 (SW) und M 670 (Farbe)

Viele klassische Aktionen wie Abwedeln und Nachbelichten finden sich heute in den Bildbearbeitungsprogrammen wieder; in 8.4 werden einige dieser Techniken in ihrer digitalen Form gezeigt.

2.8.6 Analoge Farbfotografie

Die Farbfotografie hat in der zweiten Hälfte des vorigen Jahrhunderts die Schwarzweißfotografie zunehmend verdrängt, aber nie ganz abgelöst, da die bewusste Reduzierung auf Schwarzweiß stets einen besonderen Reiz und besondere Möglichkeiten ausdrucksstarker Bildgestaltung liefert. Genauso ist zu beobachten, dass auch die Werbung bis heute recht häufig auf Schwarzweiß als Medium zugreift (vgl. Kapitel 7).

Der analoge Farbprozess ist deutlich komplexer als der SW-Prozess, auch sind die Toleranzen bei seiner Durchführung weitaus geringer, weshalb er nie eine Relevanz in der Heimanwendung gefunden hat. Im Folgenden soll er kurz dargestellt werden.

2.8.6.1 Additive und subtraktive Verfahren

Bereits James Clerk Maxwell, den wir schon aus Abschnitt 2.1 kennen, hatte erkannt, dass drei Grundfarben genügen, um alle Farben zu mischen. Daher konnte man farbige Bilder herstellen, indem man drei Projektionen mit blauem, grünem und rotem Filter mischt und zu einem deckungsgleichen Bild vereinigt; dies führt zur *additiven* Farbmischung mit einer stets helleren Mischfarbe.

Umgekehrt ist das Vorgehen beim *subtraktiven* Verfahren; hier wird von dem auf einen Film einfallenden Licht zunächst ein Farbanteil herausgefiltert, dann ein zweiter und es bleibt nur noch der dritte übrig. Abbildung 6.1 zeigt eine der ältesten Farbfotografien (Ducos du Hauron), die um das Jahr 1877 datiert wird, und bereits auf der subtraktiven Farbmischung beruht.

Der Farbfilm muss aus drei lichtempfindlichen Schichten aufgebaut sein; die erste ist etwa blauempfindlich, die mittlere grünempfindlich und die letzte rotempfindlich. Zwischen den ersten zwei Schichten wird nur die Komplementärfarbe zu Blau – Gelb – durchgelassen (Gelbfilterschicht), zwischen den unteren zwei Schichten ist entsprechend ein purpurner, zu grün komplementärer Filter. Da auf jede tieferliegende Schicht weniger Licht fällt (subtraktives Verfahren), müssen die tieferliegenden Schichten eine größere Lichtempfindlichkeit aufweisen.

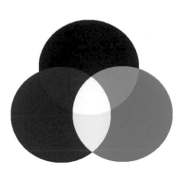

Abbildung 2.38:
Additive Farbmischung der
Grundfarben Rot, Grün und Blau

Die Bedeutung des additiven und subtraktiven Verfahrens wird insgesamt in Abschnitt 6.1.3 weiter diskutiert; für den Aufbau von Farbfilmen ist nur das subtraktive Verfahren relevant.

2.8.6.2 Das Agfacolor-Negativ-Verfahren

Das *Agfacolor-Verfahren für das Negativ* lagert Farbpigmente – die Farbkuppler – direkt in die Silberbromidschicht ein: die oberste gelbe, die mittlere purpurne und die untere blaugrüne Pigmente (Komplementärfarben zu Blau, Grün und Rot).

Das Verfahren an sich ist dann wieder analog zu dem in Abschnitt 2.8.1 dargestellten Grundschema.

Heute ist das Color-Negativ-Verfahren sehr stark standardisiert und unter der Bezeichnung C-41-Prozess definiert.

Zur Unterbindung störender Nebenfarben ist dabei das moderne Farbnegativ durch die bekannte rötlich-braune Filterschicht geschützt.

2.8.6.3 Das Agfacolor-Positiv-Verfahren

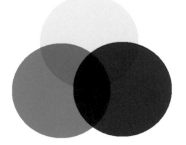

Abbildung 2.39:
Subtraktive Farbmischung der
Grundfarben Cyan, Magenta und
Gelb

Das Negativverfahren ergibt ein „farbiges Negativ", alle Farben sind dabei durch ihre Komplementärfarben ersetzt. Analog zum Positivverfahren im SW-Prozess erfolgt auch beim Farbprozess eine Umkehrung durch nochmaliges Anwenden des gleichen Grundprinzips nun auf das Farbpapier – nur wird hier nicht aus Weiß Schwarz, sondern aus Gelb wird Blau.

2.8.7 Umkehrentwicklung

Die Situation ändert sich recht grundlegend, wenn von der fotografischen Aufnahme direkt ein Positiv gewonnen werden soll, wie beispielsweise beim Dia: Dies leistet die *Umkehrentwicklung*.

Es ist prinzipiell möglich, einen einfachen SW-Negativfilm durch dieses Verfahren zum Dia zu entwickeln, siehe etwa [Wal95] oder [Ilf03]. Das Grundprinzip dieser Umkehrentwicklung unterscheidet sich von dem Schema nach 2.8.1: Nach der Belichtung erfolgt eine normale Entwicklung, an die sich aber keine Fixierung anschließt, sondern umgekehrt eine Zweitbelichtung durch sehr starke Lichteinstrahlung. Dadurch wird das nicht entwickelte Silberbromid belichtet. In einem weiteren Schritt wird das vorhandene Bild entfernt und dann in einem zweiten Entwicklerschritt das neue, metallische Silber als Redoxkeim für die Entwicklung genutzt, es entsteht ein Positiv.

Dieses Grundverfahren für SW lässt sich auch auf Farbe übertragen und führt zum Agfacolor-Umkehrverfahren.

Auch dieses Verfahren ist heute standardisiert; gebräuchlich ist die von Kodak eingeführte Bezeichnung E-6-Prozess.

2.8.7.1 Das Kodachrome-Verfahren

Ein weiteres Verfahren für farbige Positive in nur einem Schritt ist das *Kodachrome-Verfahren*. Hier sind die Farbkuppler nicht in den Filmschichten, sondern im Entwickler enthalten.

Kodachrome-Filme können nur durch Kodak selbst prozessiert werden. Sie standen in drei Empfindlichkeitsstufen (25, 64 und 200 ASA) zur Verfügung, aufgrund der schwindenden Nachfrage und eines gestiegenen Umweltbewusstseins wird aber nur noch die mittlere Empfindlichkeit angeboten. Sie gelten insgesamt als nicht sehr farbkräftig, dafür aber – da sie mit dünneren Filmschichten auskommen – als ausgesprochen scharf abbildend.

2.8.7.2 Fuji Velvia

Beim Negativ-Positiv-Verfahren ist die Qualität des Filmmaterials aufgrund des komplexeren Gesamtprozesses schwieriger zu beurteilen als beim Umkehrverfahren. Es gibt einige berühmte Farbpositivfilme, von denen wir den Kodachrome bereits kennen gelernt haben. Ein weiterer ist der Fuji Velvia, vgl. [Fujc] und [Fujb].

Beim Velvia handelt es sich um einen Farbdiafilm geringer Empfindlichkeit (ISO 50/18°, inzwischen auch mit der doppelten Empfindlichkeit verfügbar) und sehr hoher Schärfe und Farbsättigung. Bewusst eingesetzt lässt sich mit diesem Film eine beeindruckende Wirkung erzielen.

Der Film ist so beliebt, dass er als Photoshop-Aktion [web] nachempfunden wurde.

2.9 Blitzlichtfotografie

Fotografie benötigt Licht – und dieses ist mitunter in viel zu geringem Umfang vorhanden. Eine spezielle und sehr reizvolle Art der Fotografie beschäftigt sich mit dem Umgang mit wenig vorhandem Licht, was als Available-Light-Fotografie bezeichnet wird. Hier kommen hochlichtstarke Objektive und hochempfindliche Filme bzw. Sensoren zum Einsatz, so dass der natürliche Eindruck erhalten bleiben kann (noch besser ist natürlich im Analogen wie im Digitalen der Einsatz eines Dreibeinstativs).. Ein Beispiel für ein solches Objektiv ist das leider nicht mehr produzierte Noct-Nikkor 58/1,2, welches durch den Einsatz einer asphärischen Frontlinse speziell auf den Abbildungsfehler Koma korrigiert ist.

Sehr viel häufiger wird die Lichtsituation durch die Verwendung von *Blitzlicht* verbessert, weshalb sie hier kurz vorgestellt wird. Eine ausführlichere Darstellung ist etwa in [Mas04a, S. 85 ff.] zu finden.

2.9.1 Zur Technik des Blitzes

Blitzlicht ist ein künstliches Licht sehr kurzer Dauer im Bereich zwischen 1/200 Sekunde und 1/50.000 Sekunde; über die Blitzdauer wird dabei auch die Blitzleistung geregelt. Aus diesem Grund besteht bei Blitzlichtfotografie auch keine Gefahr der Verwacklung.

Blitzlicht hat eine recht genau festgelegte Farbtemperatur (vgl. 6.6) um 5.500 Kelvin, weshalb es in der Digitalfotografie sehr beliebt ist. Allerdings ist die Farbtemperatur nicht konstant, sondern variiert leicht mit der Blitzdauer und damit mit der Blitzleistung.

Die Synchronisation des Blitzes bezeichnet den Abgleich der Blitzauslösung mit dem Verschluss der Kamera. Zwar sind beim Schlitzverschluss (vgl. 2.2.8.8) durch eine schmale Spaltbreite Verschlusszeiten im Bereich um 1/8.000 Sekunde möglich, der tatsächliche Belichtungsvorgang dauert aber länger. Für eine Blitzbelichtung muss zur Belichtungszeit der komplette Verschluss geöffnet sein, weshalb nur Belichtungszeiten bis zum Bereich von 1/250 Sekunde möglich sind.

Die Kurzzeitsynchronisation, welche bestimme Kamera-Blitz-Kombinationen bieten, basiert statt auf einem einzelnen Blitz auf einer ganzen Blitzfolge, wodurch auch Schlitzverschlusskameras mit kürzerer Belichtungszeit – allerdings mit deutlichem Abfall der Blitzleistung – blitzen können.

Die Technik des Zentralverschlusses, die ebenfalls in 2.2.8.8 dargestellt ist, öffnet stets den ganzen Verschluss für die Belichtung, weshalb hier das Blitzlicht mit jeder Belichtungszeit kombiniert werden kann.

Bei längeren Verschlusszeiten kann dann der Zeitpunkt der Blitzauslösung gewählt werden, wobei standardmäßig der Blitz beim Öffnen des Verschlusses ausgelöst wird. Der umgekehrte Fall, die Belichtung auf den „zweiten Verschlussvorhang", ermöglicht in Verbindung mit dem Umgebungslicht einen reizvollen Effekt: das scheinbare Einfrieren einer Bewegung auf deren End-zustand.

2.9.2 Blitzleistung

Die *Blitzleistung* wird durch die Leitzahl *LZ* gemessen. Ausgehend von einer Standardempfindlichkeit von ISO 100/21° und einem Bildwinkel, der beim Kleinbild einem Objektiv der Brennweite 35 mm entspricht, kann aus der Leitzahl *LZ* und einem Objektabstand *g* die Blendenzahl *B* berechnet werden:

$$B = \frac{LZ}{g} \qquad (2.18)$$

Moderne Blitzgeräte optimieren ihre Leistung dadurch, dass sie den ausge-leuchteten Bildbereich durch einen Zoomreflektor jeweils der verwendeten Brennweite anpassen. Dies führt aber auch zu inkompatiblen Angaben der Blitzleistung.

2.9.3 Blitzanschluss

Der klassische *Blitzanschluss* ist der runde „Flash PC Sync", ein universel-les, seit vielen Jahrzehnten verbreitetes System. Allerdings können über diesen Kontakt nur die notwendigsten Informationen zwischen Kamera und Blitz aus-getauscht werden, weshalb PC Sync abgesehen von sehr professionellen Gerä-ten und externen Blitzanlagen zunehmend weniger Verbreitung findet.

Heute weit verbreitet ist der Standard-Blitzschuh nach ISO 518.

2.9.4 Automatisches Blitzen TTL

Nach (2.18) ergibt sich die für eine korrekte Belichtung notwendige Blenden-zahl bei voller Blitzleistung. In den meisten Fällen ist aber nicht die volle Blitz-leistung, sondern nur ein kleinerer Teil davon für eine korrekte Belichtung not-wendig; konkret wird dazu die Blitzdauer reduziert. Für die hierzu erforderli-che Steuerung gibt es zwei Vorgehensweisen:

- Eine in das Blitzgerät integrierte Fotozelle misst das reflektierte Licht und bestimmt anhand weiterer Informationen – Empfindlichkeit, Blende – die notwendige Blitzdauer; die Blitzbelichtung wird unterbrochen, wenn aus-reichend viel Licht abgegeben wurde.
- Die Kamera misst intern das von der Film- oder Sensoroberfläche während der Belichtung reflektierte Licht und regelt ebenfalls die Blitzleistung nach ausreichendem Lichteinfall. Dabei wird das tatsächlich durch das Objektiv kommende Licht gemessen, weshalb man von einer Messung „Through the Lens" (TTL) spricht. Dieses Verfahren hat viele Vorteile, da beispielsweise optische Filter direkt berücksichtigt werden.

2.9.5 Manuelles Blitzen

Neben den vielen modernen Automatikbetriebsarten ist nach wie vor die manuelle Blitzsteuerung wichtig und relevant. Ältere Blitzgeräte verfügen hierzu über einen mechanischen Rechner (Abbildung 2.40), welcher durch Verschieben runder Skalen aus den Parametern Blendenwert, Filmempfindlichkeit und Gegenstandsentfernung nach der Beziehung (2.18) die notwendige Blitzleistung errechnet. Moderne Blitzgeräte integrieren eine genaue manuelle Blitzsteuerung benutzerfreundlich über das integrierte Display und übertragen die notwendigen Daten – mit Ausnahme der Gegenstandsweite – an das Blitzgerät; über das Blitzgerät ist dann die Blitzleistung zu wählen, worauf die Entfernung für eine korrekte Belichtung errechnet wird.

Abbildung 2.40:
Manuelle Blitzsteuerung

Mit der *manuellen Blitzsteuerung* ist eine Regelung der Blitzleistung von voller Leistung bis typischerweise 1/128 der Maximalleistung möglich. Sie empfiehlt sich insbesondere für schwierige Belichtungssituationen, bei welchen die Automatikfunktionen nicht zu befriedigenden Ergebnissen führen.

Kontraststeuerung in der Analogfotografie

In diesem Kapitel wollen wir die Grundlagen der – analogen – Bildverarbeitung vertiefen und auch die Auswirkungen auf die digitale Fotografie berücksichtigen. Übergreifendes Thema ist die Sensitometrie. Dabei wird das Zonensystem eine besondere Rolle einnehmen.

3.1 Belichtungsmessung

Ein sehr wichtiges Accessoir für die Fotografie ist – leider – relativ unbekannt und wird häufig nicht richtig geachtet: die *Graukarte* (auch als *Graukarton* bezeichnet, vgl. 3.1.3). Dabei handelt es sich um einen Karton mit einem Grauton, der näherungsweise 18 % des einfallenden Lichts reflektiert. Und es ist noch interessanter: Dieses Utensil ist für die Digitalfotografie sogar noch wichtiger als für die Analogfotografie, wie wir noch in Abschnitt 6.6 genauer sehen werden. Doch zunächst zur Bedeutung des Graukartons für die Belichtung.

Die Belichtung ist der gesteuerte Einfall des Lichts durch die Optik auf die lichtempfindliche Schicht, also den Film oder den Sensor. Der Verschluss, den wir schon in Abschnitt 2.2.8.8 kennen gelernt haben, steuert diesen Lichteinfall in Zeitbereichen zwischen rund 30 Sekunden und 1/8.000 Sekunde. Die *Belichtungsmessung* misst die vorhandene Lichtmenge (genauer: den vorhandenen Lichtfluss), um daraus zusammen mit dem Wissen um die Empfindlichkeit der lichtempfindlichen Schicht die notwendige Belichtungszeit zu bestimmen. Für diese Lichtmengenmessung gibt es zwei prinzipielle Vorgehensweisen, die auch bei der Messung der Farbtemperatur für den Weißabgleich verwendet werden: die Lichtmessung und die Objektmessung.

3.1.1 Lichtmessung

Bei der *Lichtmessung* wird mittels eines externen Belichtungsmessers das einfallende Umgebungslicht gemessen, also das auf das Objekt auftreffende Licht. Diese Messmethode setzt voraus, dass man Zugang zum Objekt hat.

3.1.2 Objektmessung

Im Gegensatz zur Lichtmessung misst die *Objektmessung* das von dem Gegenstand reflektierte Licht und bestimmt hieraus die notwendige Belichtungszeit.

Alle gängigen Kameramodelle haben einen integrierten Belichtungsmesser, der meistens direkt durch das Objektiv der Kamera die Objektmessung durchführt. Damit wird der Einfluss der Optik direkt mit berücksichtigt. Diese Art der Belichtungsmessung wird als TTL („Through the Lens") bezeichnet.

3.1.2.1 Objektmessung und Abblenden

Abblenden, also die bewusste Reduzierung der Lichtstärke der Optik durch Verkleinerung der Irisblende (vgl. 2.2.8.3), verbessert die Abbildungsleistung der Optik in vielen Bereichen (vgl. 2.2). Das Abblenden verdunkelt aber auch ungewollt deutlich das Sucherbild. Um dies zu umgehen, wird das Abblenden erst zum Zeitpunkt der Aufnahme wirklich durchgeführt, bis dahin wird stets mit voll geöffnetem Objektiv gearbeitet. Der kcamerainterne Belichtungsmesser muss aber den gewählten Blendenwert kennen, um die richtige Belichtungszeit für das abgeblendete Objektiv zu errechnen.

Alle fortgeschrittenen Kameras haben zusätzlich die Möglichkeit, zur Kontrolle der Schärfentiefe (vgl. 2.2.7) das Objektiv (manuell) abzublenden.

3.1.3 Die Graukarte

Kommen wir zurück zur Bedeutung der *Graukarte*. Die Menge des reflektierten Lichts eines Objekts hängt wesentlich von seiner Farbe und Oberflächenbeschaffenheit ab. Alle Belichtungsmesser für Objektmessung sind stets auf einen Durchschnittswert geeicht, und dies ist die Reflexion eines Grauwertes von 18 % des einfallenden Lichts. Man misst also anstelle des tatsächlichen Objekts das Licht, welches eine Graukarte am Ort des Objekts reflektiert.

Für die digitale Fotografie kann so auch ideal der Weißabgleich manuell bestimmt und die Kontraststeuerung des Monitors durch einen entsprechenden Graukeil gesteuert werden.

In der Praxis stellt sich häufiger das Problem, dass keine Graukarte im entscheidenden Moment verfügbar ist. Hier hilft die Messung eines grauen Flächenelements, welches den gleichen Lichtverhältnissen ausgesetzt ist. Ein wichtiger Trick für die Praxis ist hier auch die Messung einer Hautpartie, da die Haut einen vergleichbaren Reflexionsgrad hat.

3.1.4 Charakteristik des Belichtungsmessers

Die verwendeten Belichtungsmesser zur Objektmessung können häufig ihre *Messcharakteristik* ändern. Hauptsächlich sind heute die folgenden drei Verfahren zu finden:

- Mittenbetonte Messung: Es wird der gesamte Bereich integral gemessen, allerdings die Mitte stärker gewertet. Die Gewichtung ist je nach Modell unterschiedlich.
- Spotmessung: Es wird nur ein sehr kleiner (etwa 2 %), zentraler Bereich ausgewertet. Diese Punktmessung ist für das Zonensystem nach Abschnitt 3.5 unverzichtbar.
- Mehrfeldmessung: Moderne Kameras bieten häufig eine Mehrfeldmessung; hier wird der Bildbereich in mehrere (von fünf bis hin zu über 1.000) Bereiche unterteilt, welche einzeln ausgewertet werden. Mit speziellen Algorithmen wird dann eine für die jeweilige Situation optimierte Belichtung ermittelt.

Die Arbeitsweise der Belichtungsmesser, welche wesentlich auf der Fotodiode beruht, wird in Abschnitt 4.2.3.2 genauer dargestellt.

3.1.5 Empfindlichkeit

Die *Lichtempfindlichkeit* von Filmen oder Sensoren wird auf zwei unterschiedliche Arten angegeben:

- das lineare ASA-System;
- das logarithmische DIN-System.

Der normalempfindliche Standardfilm beispielsweise hat eine Empfindlichkeit von 100 ASA, was 21 DIN entspricht. Ein Film der doppelten Empfindlichkeit hat 200 ASA, entsprechend 24 DIN: Bei Verdoppelung der Empfindlichkeit verdoppelt sich der in ASA gemessene Empfindlichkeitswert, während der DIN-Wert um den Wert 3 additiv wächst. Die inzwischen übliche Bezeichnung nach ISO führt beide Wege zusammen, der Normalfilm hat hier die Empfindlichkeit ISO 100/21°.

Mit steigender Empfindlichkeit des Films verändern sich aber auch dessen grundlegende Eigenschaften:

- die Emulsionsschicht wird dicker (von etwa 5 μm bis 20 μm);
- das Auflösungsvermögen nimmt ab (von etwa 200 Linien/mm bis 75 Linien/mm);
- die Korngröße nimmt zu (von etwa 0,2 μm bis 2 μm);
- die Gradation (vgl. 3.3) wird flacher.

Genauso wie höherempfindliche Filme eine geringere Abbildungsleistung aufweisen, verringert sich die Leistung von Bildsensoren bei Erhöhung der Empfindlichkeit, da hier das gemessene Signal verstärkt werden muss, wodurch sich beispielsweise auch das Bildrauschen verstärkt (vgl. 4.2.10).

Empfindlichkeit in ASA	Empfindlichkeit in DIN
50	18
100	21
200	24
400	27
800	30
1.600	33

Tabelle 3.1:
ISO-Tabelle der Empfindlichkeit nach ASA und DIN

3.2 Sensitometrie und Densitometrie

Die *Sensitometrie* und die damit verbundene *Densitometrie* beschreiben die Empfindlichkeit und die optische Dichte fotografischer Materialien: Maßeinheit für die Empfindlichkeit ist der Grad der Schwärzung, der über die (optische) Dichte des Materials gemessen wird.

3.2.1 Lichtfluss, Lichtmenge und Belichtung

Betrachten wir eine Film- oder Sensoroberfläche A. Auf diese fällt bei der Belichtung die Lichtstromdichte $j(r,t)$, die vom Ort r und von der Zeit t abhängig ist. Der *Lichtfluss* auf die Fläche ergibt sich durch Integration über die Fläche:

$$\Phi(t) = \int_A j(r,t)\,da \tag{3.1}$$

Der Lichtfluss wird in Lux, abgekürzt lx, gemessen; er wird auch als Beleuchtungsstärke bezeichnet. Die gesamte *Lichtmenge H*, die bei der Belichtung auf den Sensor trifft, ergibt sich durch Integration des Lichtflusses über die Zeit:

$$H = \int_t \Phi(\tau)\,d\tau = \int_t \int_A j(r,t)\,da\,dt \tag{3.2}$$

Im üblichen Fall eines zeitkonstanten Lichtflusses ist die Integration eine einfache Multiplikation:

$$H = \Phi \cdot t \tag{3.3}$$

Anstelle von Lichtmenge spricht man auch direkt von der *Belichtung*.

3.2.2 Transparenz

Beim Belichten und Entwickeln der optischen Schicht entsteht eine unterschiedliche Schwärzung dieser optischen Schicht. Mit anderen Worten: Die Lichtdurchlässigkeit der Schicht ist unterschiedlich. Das Verhältnis des durchgelassenen Lichtflusses Φ_D zum einfallenden Lichtfluss Φ_0 ist die *Transparenz T*:

$$T = \frac{\Phi_D}{\Phi_0}$$

Da wegen der Energieerhaltung nie mehr Licht die Schicht verlässt als auftrifft, gilt für die Transparenz $0 \leq T \leq 1$.

3.2.3 Optizität

Die *Optizität O* ist der Kehrwert der Lichtdurchlässigkeit, also das Verhältnis des einfallenden Lichtflusses zum durchgelassenen Lichtfluss:

$$O = \frac{1}{T} = \frac{\Phi_0}{\Phi_D}$$

Für die Optizität gilt entsprechend wegen der Energieerhaltung: $O \geq 1$.

3.2.4 Optische Dichte

Da die Optizität zu numerisch sehr großen Werten führt, wird die *optische Dichte* als Maß für Lichtdurchlässigkeit verwendet; dies ist der dekadische Logarithmus der Optizität:

$$D = \log O = -\log T = \log \frac{\Phi_0}{\Phi_D} \qquad (3.4)$$

Dieses Maß, welches auch als Schwärzung bezeichnet wird, ist wesentlich für viele Bereiche der Fotografie und auch der grafischen Druckindustrie.

Eine optische Dichte von 0 bedeutet, dass das Material den vollständigen einfallenden Lichtstrom durchlässt, dass es also keinerlei Schwärzung gibt. Eine optische Dichte von 1 bedeutet, dass nur ein Zehntel des einfallenden Lichtes durchgelassen wird.

Spezielle Messgeräte, Densitometer, werden für die direkte Messung der optischen Dichte angeboten.

3.2.5 Beispiel zu Transparenz, Optizität und Dichte

Tabelle 3.2 zeigt schematisch den Zusammenhang der vorgestellten Begriffe Transparenz, Optizität und optische Dichte.

Einfallender Lichtstrom Φ_0	10	10	10
Durchgel. Lichtstrom Φ_D	10	5	1
Transparenz	1	0,5	0,1
Optizität	1	2	10
optische Dichte	0	0,3	1

Tabelle 3.2:
Beispiel Transparenz, Optizität und optische Dichte

3.2.6 Mehrschichtsysteme

Werden mehrere Schichten hintereinander gelegt, so ergibt sich die optische Dichte des Gesamtsystems durch die Summe der einzelnen Dichten

$$D = D_1 + D_2$$

während die Optizitäten und Transparenzen nicht addiert, sondern multipliziert werden.

3.2.7 Reflexion

Bei lichtundurchlässigen Papierbildern macht der Begriff der Transparenz natürlich keinen Sinn; man verwendet stattdessen die *Reflexion R* des Bildes. R ist das Verhältnis des reflektierten Lichtstroms Φ_R zum einfallenden Lichtstrom Φ_0:

$$R = \frac{\Phi_R}{\Phi_0}$$

Ansonsten wird die Reflexion wie die Transparenz verwendet, insbesondere wird die optische Dichte analog zu 3.4 definiert.

3.3 Gradation

Die *Gradation* beschreibt allgemein den Zusammenhang zwischen einwirkender Lichtmenge und dadurch hervorgerufener Schwärzung.

3.3.1 Die Schwärzungskurve

Nun betrachten wir einen Silberbromidfilm, der mit einer Belichtung H belichtet und anschließend entwickelt wird. Durch die Belichtung und Entwicklung verdunkelt sich der Film, er wird geschwärzt. Die *Schwärzungskurve* bestimmt den funktionalen Zusammenhang zwischen dieser Schwärzung, also der optischen Dichte nach Abschnitt 3.2.4, und der Belichtung, also der auffallenden Lichtmenge H nach (3.2). Die Schwärzungskurve stellt den Zusammenhang zwischen Dichte und dem Logarithmus der Lichtmenge dar. Wesentlich für die klassische Fotografie ist die Erkenntnis, dass dieser Zusammenhang in einem weiten Bereich linear ist.

Die Schwärzung steigt in einem weiten Bereich linear mit dem Logarithmus der Belichtung.

Der tatsächliche Verlauf der Schwärzungskurve ist für jedes Material unterschiedlich, natürlich ist der lineare Zusammenhang nur für einen mittleren Bereich gültig. Man spricht anstelle von Schwärzungskurven auch von Gradationskurven. Abbildung 3.2 zeigt die reale Schwärzungskurve eines modernen SW-Films.

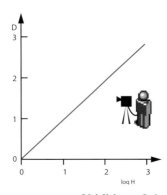

Abbildung 3.1:
Prinzip der Schwärzungskurve

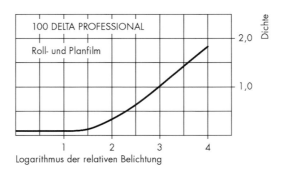

Abbildung 3.2:
Schwärzungskurve für Ilford Delta
100 nach [Ilf02a, S. 11]
(Entwicklung 8,5 Minuten mit
Entwickler ID-11)

3.3.2 Gradation und Gammawert

Im Bereich der linearen Steigung der Schwärzungskurve beschreibt der *Gammawert* die Steigung der Geraden; diese Steigung wird vereinfachend auch als *Gradation* bezeichnet.

Ausgangspunkt ist der Steigungswinkel α dieser Geraden; aus diesem ergibt sich über den Tangens nach

$$\gamma = \tan \alpha$$

der Gammawert bzw. die Gradation. Ein Wert von $\gamma = 1$ ist somit eine Steigung von 45°, ein größerer Wert bedeutet ein stärkeres Ansteigen der Schwärzung mit der Belichtung, ein kleinerer Wert ist ein schwächerer Zuwachs der Schwärzung mit der Belichtung.

Neben dem Gammawert gibt es einige alternative Verfahren, um den Zusammenhang zwischen Schwärzung und Belichtung zu messen. Problematisch ist dabei jeweils die Festlegung des linearen Bereichs, und hierin unterscheiden sich die einzelnen Verfahren (vgl. etwa [Mar95, S. 31]).

3.3.3 Gammawert und Entwicklungszeit

Eine wichtige Erkenntnis kann schon an dieser Stelle erfolgen: Was passiert, wenn ein Film länger entwickelt wird? Die unbelichteten Bereiche bleiben ungeschwärzt, da sie ja keine Entwicklungskeime beinhalten; die belichteten Bereiche schwärzen sich hingegen stärker, der Gammawert/die Gradation nimmt also zu.

Längere Entwicklung steigert die Gradation.

Mit diesem Grundprinzip kann in der chemisch-analogen Fotografie die Gradation verändert werden, es gibt aber auch weitere Verfahren dafür. In Abschnitt 3.5 wird darauf eingegangen.

Abbildung 3.3 zeigt die Steigerung der Gradation bei Verlängerung der Entwicklungszeit für einen typischen SW-Film (Ilford Delta 400) bei unterschiedlichen Entwicklungstemperaturen.

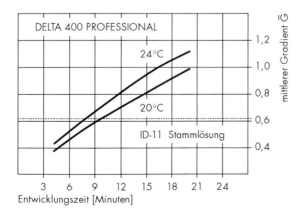

Abbildung 3.3:
Kontraständerung für Ilford Delta 400 nach [Ilf02a, S. 14]

3.4 Ansel Adams

Ansel Adams ist einer der großen Vertreter der amerikanischen Fotografie, der neben großer künstlerischer Begabung auch über ein umfassendes technisches Verständnis verfügte.

Ansel Easton Adams wurde 1902 in San Francisco geboren. Seit 1927 beschäftigte er sich mit der Fotografie, als Schüler und Kollege großer amerikanischer Fotografen wie Edward Weston und Alfred Stieglitz. Mehr über sein Leben und Wirken ist etwa in [Ada94] zu finden.

Adams ist bekannt für seine Schwarzweißaufnahmen nordamerikanischer Landschaften wie dem Yosemite Nationalpark. Diese Aufnahmen zeichnen sich durch eine sehr feine Abstufung der Grauwerte aus – und hier liegt die große handwerkliche Kunst in Adams Schaffen.

Abbildung 3.4:
SW-Aufnahme von Ansel Adams,
Yosemite National Park, 1955

Die besondere Leistung von Adams in diesem Bereich liegt in der Formulierung des Zonensystems, das wir in Abschnitt 3.5 betrachten. Das System an sich ist keine Erfindung von Adams, sondern war zu seiner Zeit gut bekannt. Seine Leistung liegt in der vernünftigen, didaktisch aufbereiteten Formulierung des Systems.

Adams technisches Werk ist in [Ada89c], [Ada89a] und [Ada89b] zu finden.

3.5 Das Zonensystem

Das *Zonensystem* ist ein systematischer Zugang, um die Gradation des fotografischen Materials an die Aufnahmesituation anzupassen. Ausführungen in der Literatur gibt es sehr viele hierzu, etwa [Ada89a], [FP90] und [Roe91]; für die Anwendung auf die Umkehrentwicklung siehe [Wal95].

Es ist sprachlich nicht ganz korrekt, von „dem Zonensystem" zu sprechen, sondern man sollte unbestimmter von „den Zonensystemen" sprechen, da die genaue Ausführung des Verfahrens einen großen Spielraum lässt. Hier werden wir den Begriff im Singular verwenden, um allgemein diese klassischen Verfahren der gezielten Kontraststeuerung damit zu bezeichnen, die auf dem Zonenbegriff aufbauen.

Das Zonensystem ist die Ausformulierung der optimierten Filmbelichtung mit angepasster Entwicklung.

3.5.1 Belichtungsumfang und Zonen

Vor der Betrachtung des Zonensystems soll eine bisher vernachlässigte, grundlegende Frage geklärt werden: Welchen Belichtungsumfang hat die fotografische Aufnahmetechnik? Also welche Spanne von dunkel bis hell kann aufgezeichnet werden?

Die Frage kann natürlich nicht universell, sondern nur pauschal beantwortet werden. Und diese Frage hat in der Digitalfotografie eine besondere Bedeutung, die in Abschnitt 4.2.14 behandelt wird.

Jahrelange Erfahrungen haben gezeigt, dass der Belichtungsumfang analoger SW-Filmmaterialen ziemlich genau 10 Lichtwerte umfasst, also einen Bereich von 10 Blendenwerten. Deshalb teilt man den Gesamtbereich in verschiedene Zonen ein, wobei Zone 0 dem geringsten Lichtwert entspricht, Zone 5 genau der mittlere Lichtwert ist – also derjenige Wert, der ein mittleres Grau produziert – und Zone 10 der hellste Wert. Die Lichtmenge von Zone 6 ist genau die doppelte von Zone 5.

Früher wurden die Zonen häufig mit römischer Nummerierung bezeichnet; dies wird hier nicht verwendet.

Abbildung 3.5:
Die 11 Zonen des Zonensystems
von Zone 0 bis Zone 10

3.5.2 Die Idee des Zonensystems

Grundlage ist zunächst der Kontrastumfang des Motivs, an den wir durch geeignete Maßnahmen die Gradation des fotografischen Materials anpassen.

Bereichsmessung (Spotmessung) der hellsten und der dunkelsten Motivpartien, welche noch erkennbar, also mit Zeichnung abgebildet werden können, ergeben den Kontrastumfang des Motivs. Ist dieser größer als 10 Lichtwerte, so muss die Filmgradation abgeschwächt werden, ist dieser kleiner als 10 Lichtwerte, so muss die Filmgradation gesteigert werden – dies ist die Grundidee des Zonensystems.

Ansel Adams stellte noch zwei zentrale Regeln auf, die seine Formulierung des Zonensystems handhabbar zusammenfassen:

- Belichte auf die Schatten.
- Entwickle auf die Lichter.

Was verbirgt sich dahinter? Die erste Regel besagt, dass die Belichtung so festzulegen ist, dass die dunklen Zonen 0 oder 1 gerade noch etwas Zeichnung haben, also innerhalb des Belichtungsspielraums des Filmes liegen. Die zweite Regel gibt dann an, dass so zu entwickeln ist, dass die hellste Motivpartie mit Zeichnung in Zone 10 zu liegen kommt. Befolgt man diese Regeln, dann wird das gesamte Motiv, unabhängig von seinem Kontrast, innerhalb der Grauwertskala abgebildet – die hohe Kunst der SW-Fotografie.

Adams untergliederte die angepassten Entwicklungsprozesse nach folgender Nomenklatur: N entspricht der normalen Entwicklung, N+1 der kontraststeigernden um eine Zone, N+2 der kontraststeigernden Entwicklung um zwei Zonen. Entsprechend bedeutet der N-1-Prozess eine Kontrastschwächung um eine Zone, N-2 eine Schwächung um zwei Zonen.

In Kapitel 8, insbesondere in 8.1.2.2 und 8.3.1, wird auf die Bedeutung, die dem Prinzip des Zonensystems im Digitalen zukommt, und den sich daraus ergebenden Möglichkeiten eingegangen.

Die Prinzipien des Zonensystems sind auch für das Digitale wichtig, worauf in Kapitel 8 eingegangen wird.

3.5.3 Gradationsbeeinflussung in der analogen Fotografie

Wir haben schon in Abschnitt 3.3.3 gesehen, dass durch Anpassen der Belichtungszeit und der Entwicklungszeit die Gradation des Films gesteuert werden kann:

- Kürzere Belichtung und längere Entwicklung führen zu einer steileren Gradation, also zu einer Kontrastverstärkung für Motive mit einem Kontrastumfang von weniger als 10 Zonen.
- Längere Belichtungszeit und kürzere Entwicklung führen zu einer flacheren Gradation, also zu einer Kontrastverminderung für Motive mit einem Kontrastumfang von mehr als 10 Zonen.

Abbildung 3.3 zeigt die Steigerung der Gradation bei Verlängerung der Entwicklungszeit für einen modernen SW-Film. Dadurch, dass jeweils entgegengesetzt zur Entwicklungszeit die Belichtungszeit angepasst wird, bleibt der mittlere Grauton der Zone 5 stets gleich.

Die konkrete Umsetzung des Zonensystems ist relativ aufwendig, da man sich zunächst genau auf ein Filmmaterial und die eigene Verarbeitungsmethode kalibrieren muss. Hier ist der Fortschritt, den die Digitaltechnik heute bietet, besonders beeindruckend. Tabelle 3.3 zeigt ein Beispiel für eine derartige Kalibrierung.

Abschnitt 8.2 zeigt im Vergleich zu den hier vorgestellten Verfahren die Gradationssteuerung im Digitalen – der Unterschied in Vorgehen und Verfahren ist bedeutend, die Ergebnisse sind aber sehr gut vergleichbar.

Prozess	Gradation	Entwicklungszeit
N + 2	0,85	16 Minuten
N + 1	0,65	12 Minuten
N	0,50	9 Minuten 30 Sekunden
N - 1	0,40	8 Minuten
N - 2	0,35	6 Minuten 20 Sekunden

Tabelle 3.3:
Beispiel für Entwicklungsprozesse nach dem Zonensystem (Ilford Delta 400 mit ID-11 mit Verdünnung 1 : 1)

3.5.4 Weitere analoge Kontraststeuerung

Es gibt weitere, ergänzende Verfahren zur Kontrastbeeinflussung in der analogen Fotografie. Hier ist etwa bei der Entwicklung der Einsatz spezieller Entwickler in verschiedenen Konzentrationen zu nennen.

Weitere Möglichkeiten bietet der Positiv-Negativ-Prozess: Nach normaler Belichtung des Negativs wird der Kontrast erst im Positivprozess gesteuert. Dies kann durch den Einsatz von speziellen Fotopapieren mit harter (steiler) oder weicher (schwacher) Gradation erfolgen. Beliebt sind hier variable Schwarzweißpapiere, die je nach verwendetem Farbfilter ihre Gradation anpassen (etwa Multigrade-Papiere von Ilford, siehe [Ilf02b]).

3.5.5 Die Push-Entwicklung

Das gleiche Grundprinzip hat noch eine zweite, in der analogen Praxis verbreitetere Anwendung: Um unter schlechten Lichtverhältnissen noch zu unverwackelten Aufnahmen zu gelangen, wird der analogfilm absichtlich unterbelichtet (Annahme einer höheren Filmempfindlichkeit) und dann länger entwickelt, so dass der mittlere Grauton wieder korrekt wiedergegeben wird. Dieses, als *Push-Entwicklung* bezeichnete Verfahren, führt somit zu einer deutlichen Kontraststeuerung.

3.6 Klassische Bildbearbeitung

Wir haben nun viele grundlegende Techniken kennen gelernt, mit denen in der analogen Fotografie die Bildbearbeitung durchgeführt werden kann.

Die wichtigsten der klassischen Dunkelkammertechniken sollen hier nochmals zusammengefasst werden:

- Abwedeln: Durch temporäres Verdunkeln im Positiv-Negativ-Prozess werden Teile des Fotopapiers weniger belichtet, bleiben also heller; eine lokale Überbelichtung im Negativ kann so reduziert werden.
- Beschneiden des Positivs: Dies ist hier ganz wortwörtlich zu nehmen, das Positiv wird auf den gewünschten Bereich zurechtgeschnitten. Dies kann direkt mit einer Ausschnittsvergrößerung kombiniert werden.
- Gradationsbeeinflussung durch Variation der Entwicklungszeit: Dies bezieht sich grundlegend sowohl auf das Negativ als auch auf das Positiv.
- Gradationssteuerung im Positiv: Beliebt sind Multigrade-Papiere: Dies sind SW-Papiere variabler Gradation. Je nach verwendetem Farbfilter kann die Gradation des Positivs gesteuert werden.
- Nachentwickeln, Abschwächen: Mit elementaren chemischen Verfahren können nachträglich Teile des Positivs abgeschwächt oder verstärkt werden.

Daneben gibt es zahlreiche weitere, experimentierfreudige Verfahren – aber alle diese sind heute Dank der Möglichkeiten, die die „digitale Dunkelkammer" bietet, zunehmend weniger relevant. Kapitel 8 zeigt die digitalen Entsprechungen der analogen Techniken.

Grundlagen der Digitalfotografie

In diesem Kapitel werden die Grundlagen der digitalen Fotografie vorgestellt. Dabei ist das Kapitel nach dem Grundschema des Informationsflusses, das wir in Abschnitt 4.1.4 kennen lernen werden, strukturiert: Zuerst wird durch einen lichtempfindlichen Sensor eine Belichtungsmessung in einzelnen Bildpunkten vorgenommen, diese Messung wird dann digitalisiert und auf Speichermedien in einem geeigneten Format abgespeichert, um später weiter bearbeitet zu werden.

4.1 Digitalisierung

Wir haben gesehen, wie der Film mit seiner lichtempfindlichen Silberbromidschicht verwendet wird, um letztlich Information zu speichern, nämlich die Belichtung am jeweiligen Ort, je nach Material noch in Abhängigkeit von der Farbe, also von der Frequenz der Lichtwelle. Somit ist Fotografie – insbesondere die anschließende Verarbeitung in der Dunkelkammer – eine Art von Informationsverarbeitung, kann also zur Informatik gezählt werden.

Das Gleiche können wir heute – natürlich – durch Digitalisierung des Bildes ebenso erreichen: Anstelle der Schwärzung des Films messen wir in einem geeigneten Raster den Grauwert einer Aufnahme und arbeiten mit diesem numerischen Wert rein rechnerisch weiter, was – die geeigneten Maschinen zur Informationsverarbeitung vorausgesetzt – wesentlich einfacher geht.

4.1.1 Informationsgehalt des Silberbromidfilms

Der klassische Silberbromidfilm kann auch informationstechnisch betrachtet werden und hat dabei sogar bemerkenswerte Eigenschaften. So kann ein modernes Kleinbildnegativ im „Barnack-Format" von 24 mm × 36 mm eine Auflösung von bis zu 300 Linienpaaren pro mm (vgl. 4.6) erreichen. Nach Tabelle 4.9 (Seite 127) entspricht das, abhängig davon, welche Informationsmenge je

Pixel hinterlegt ist, einer Datenmenge im Bereich eines Gigabit. Betrachtete man die Kosten von höchstens 3 € einschließlich Entwicklung durch Eigenverarbeitung für 36 Aufnahmen, dann ist der klassische Film eine informationstechnisch sehr günstige und auch zeitstabile (vgl. die Problematik in 8.14) Speichervariante: So können heute noch Negative, die über 100 Jahre alt sind, verarbeitet werden; die heutigen digitalen Datenträger werden in 100 Jahren kaum noch zu gebrauchen sein. Filmhersteller sprechen deshalb bei modernen Filmen ab einer Auflösung von 300 Linienpaaren pro Millimeter werbeträchtig vom Gigabit-Film.

Insgesamt ist der analoge Film durchaus eine zu bedenkende Alternative zur digitalen Konkurrenz.

4.1.2 Grauwerte

Bevor wir in den folgenden Kapiteln auf die Besonderheiten der digitalen Farbfotografie eingehen werden, wird als Grundlage hier die digitale Verarbeitung von *Grauwerten* näher betrachtet.

Trifft die Lichtmenge H nach Gleichung (3.2) auf einen lichtempfindlichen Sensor, so soll ein diskreter Wert gemessen werden. Dabei verwenden wir eine logarithmisch unterteilte Skala von meistens 256 diskreten Werten, so dass

$$n = 8 \text{ bit}$$

genügen, den Informationsgehalt der Lichtmenge zu codieren. Je nach angestrebtem Detailreichtum erfolgt eine mehr oder weniger genaue Auflösung der Lichtmenge, wobei im Falle einer reinen Schwarzweißauflösung, also dem Einsatz von nur 1 bit, von Vollwerten, im anderen Fall von Halbwerten gesprochen wird. Abbildung 4.1 zeigt die Diskretisierung eines Graustufenkontinuums in acht diskrete Werte, also eine Digitalisierung mit einer Auflösung von drei bit, da $2^3 = 8$.

Abbildung 4.1:
Analoge (kontinuierliche) und digitale (diskrete) Grauabstufung, Digitalisierung mit drei bit

4.1.3 Die eigentliche Digitalisierung

Auf der Grundlage der Grauwerte nach Abschnitt 4.1.2 kann nun eine fotografische Abbildung *digitalisiert* werden. Dazu zerlegen wir sie in meistens quadratische Bereiche und ordnen jedem davon einen diskreten Grauwert zu. Dieses Grundprinzip ist in Abbildung 4.2 dargestellt.

Abbildung 4.2:
Prinzip der Digitalisierung

4.1.4 Der Informationsfluss

Diese Digitalisierung ist der zentrale Schlüssel weg von der analogen Bildbearbeitung. Der *Informationsfluss* in der digitalen Fotografie sieht vereinfacht so aus:

- Durch die Optik trifft das Licht während der durch den Verschluss bestimmten Zeit auf einen lichtempfindlichen Sensor, der in diesem Sinne belichtet wird.
- Der lichtempfindliche Sensor misst die Belichtung und leitet die dadurch gewonnene, noch nicht digitalisierte Information an den A/D-Wandler weiter; dieser codiert die analoge Information in diskreten Werten digital.
- Die digitale Information wird in einem Rechnersystem zunächst kameraintern, anschließend kameraextern weiterverarbeitet.
- Das Endergebnis wird in einem geeigneten Dateiformat digital gespeichert oder auf dem Bildschirm bzw. einem Drucker ausgegeben.

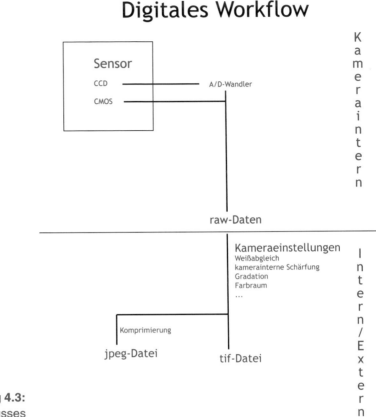

Abbildung 4.3:
Prinzip des Informationsflusses

Die einzige Information, die die Kamera in jedem Fall intern verarbeitet, ist die gewählte Empfindlichkeit: Diese regelt die Verstärkung durch den Sensor selbst, weshalb sie für die interne Datenverarbeitung noch vor der Digitalisierung notwendig ist.

4.2 Lichtempfindliche Sensoren

In den vorherigen Abschnitten haben wir viel von der analogen Fotografie auf Silberbromid-Basis erfahren. Erst durch *lichtempfindliche Sensoren* ist es möglich, die Information des Lichtes einer Verarbeitung in der Universalmaschine Computer zugänglich zu machen. Dabei gibt es zwei prinzipielle Zugänge zur digitalen Fotografie:

- Der Weg über die analog-chemische Filmfotografie: Das fertig entwickelte Negativ oder Diapositiv wird in einem nachfolgenden Schritt auf einem Scanner digitalisiert.

Dieses Verfahren hat durchaus Vorteile: Zum einen steht damit stets ein klassisch-analoges Medium für eine weitere Verwendung bereit, zum anderen kann der Schritt der Digitalisierung beliebig oft – mit verschiedenen Parametern – wiederholt werden. Außerdem sind moderne Scanner leistungsfähig, schnell und kostengünstig. Es gibt spezielle Filmscanner, welche für die Digitalisierung von Filmmaterialien optimiert sind. Scanner werden ferner unterteilt in die verbreiteten Flachbettscanner – für welche Durchlichtaufsätze für das Filmscannen verfügbar sind – und speziell für den Film entwickelte Scanner, welche ursprünglich nach dem Prinzip des Trommelscanners aufgebaut wurden.

- Der Einsatz einer Digitalkamera: Anstelle des lichtempfindlichen Silberbromidfilms wird direkt mit der Aufnahme digitalisiert, also auf den Film vollständig verzichtet.

Dieses Verfahren ist deutlich flexibler als das erste, es ist kostengünstiger und schneller.

4.2.1 Grundprinzipien lichtempfindlicher Sensoren

Unabhängig von der Bauart ist die Aufgabe lichtempfindlicher Sensoren an erster Stelle die Umwandlung von Licht in Strom. Hierfür stehen verschiedene prinzipielle Lösungsansätze bereit:

- der Fotomultiplier;
- der Zeilensensor;
- der Flächensensor.

4.2.1.1 Fotomultiplier

Der *Fotomultiplier* – der „Photonenvervielfältiger" – ist eine in der Physik seit langem erfolgreich verwendete Konstruktion: Das einfallende Licht fällt auf eine Fotokathode und löst (schlägt) dort ein Elektron aus. Dieses Elektron wandert durch eine Kaskade von Dynoden und wird bei jedem Schritt weiter verstärkt, so dass letztlich ein deutlich verstärkter Strom zur Anode gelangt. Es handelt sich hierbei um das Grundprinzip der Elektronenröhre.

Fotomultiplier haben viele Vorteile wie die sehr geringe Empfindlichkeit und ihre Rauschfreiheit; sie werden heute vorwiegend in Trommelscannern eingesetzt.

4.2.1.2 Zeilensensoren

Ein *Zeilensensor* besteht aus einem in einer einzelnen Zeile angeordneten Sensor auf dem Grundprinzip der CCD (vgl. 4.2.3), welcher Zeile für Zeile die Aufnahme abtastet.

Nach diesem Prinzip arbeiten heute die Flachbettscanner. Auch gab es darauf basierende Sensoren für Kameras, etwa von Rollei für deren 6000er Mittelformatkameras, mit welcher sich nur Aufnahmen von unbeweglichen Motiven anfertigen lassen – damit ergibt sich die gleiche Beschränkung wie bei der Daguerreotypie um das Jahr 1850. Ursprünglich waren dabei auch drei Scanvorgänge – für jede Farbe einzeln – notwendig.

Moderne Scanner verwenden in einer Zeile mehrere Reihen von Sensoren, um dadurch die Scanzeit zu reduzieren.

4.2.1.3 Flächensensor

Der *Flächensensor* ist die zweidimensionale Variante des Zeilensensors, er kann zu einem Zeitpunkt nicht nur eine Zeile, sondern eine ganze Fläche abtasten. Dies ist die aktuell wichtigste Form des Digitalsensors für den Einsatz in Kameras.

4.2.2 Sensorgrößen

Die Größe eines lichtempfindlichen Sensors wird durch seine Diagonale gekennzeichnet. Allerdings ist dabei zu beachten, dass unterschiedliche Seitenverhältnisse verwendet werden. Tabelle 4.1 gibt hierzu eine Übersicht.

Tabelle 4.1:
Sensorgröße

Größenbezeichnung	Seitenverhältnis	Diagonale in mm
1 / 2,7"	4 : 3	6,592
1 / 1,8"	4 : 3	8,933
2 / 3"	4 : 3	11,000
4 / 3"	4 : 3	22,500
APS	2 : 3	30,100
Kleinbild 35 mm	3 : 2	43,300

Das internationale/englische Zoll (englisch: Inch) ist definiert als Längenmaß von 2,54 cm; beim „Nachrechnen" von Tabelle 4.1 stellt man aber rasch fest, dass dies hier nicht stimmt. Der Grund dafür liegt in der klassischen Angabe der Größe einer Bildschirmröhre durch Messung ihres maximalen Durchmessers, obwohl die tatsächlich sichtbare Bildfläche an der Front der Röhre nur rund 2/3 davon beträgt (bei modernen TFT-Displays gibt es dies natürlich nicht mehr). Diese Abweichung findet sich bei der Größenbezeichnung der Bildsensoren bis heute wieder.

4.2.3 Charge Coupled Device (CCD)

Der verbreitetste Typ von Sensoren ist der CCD-Sensor: *Charge Coupled Device* (ladungsgekoppeltes Halbleiterelement). Er basiert auf dem Halbleiter, den wir uns zuerst ansehen. Der CCD-Sensor ist der älteste und damit am stärksten ausgereifte Sensortyp, er wurde in den 60er-Jahren des vorigen Jahrhunderts entwickelt und schon in der Sony Mavica (vgl. 1.5.3.1) verwendet.

4.2.3.1 Halbleiter

Der Schlüssel zum Verständnis der CCD ist der *Halbleiter*. Dazu wird hier zuerst eine anschauliche, an [Mar98, S. 252 ff.] angelehnte Einführung in den Begriff des Halbleiters gegeben, gefolgt von dem heute vorherrschenden technisch-wissenschaftlichen Zugang: dem Bändermodell.

Während das normale Metall Strom besser leitet, je kälter es ist – bis hin zur Supraleitung ohne messbaren Widerstand –, verhalten sich *Halbleiter* genau umgekehrt: Sie leiten umso besser, je wärmer es ist. Halbleiter bestehen aus Halbmetallen wie Germanium, Selenium und heute insbesondere Silizium.

Silizium besitzt vier Valenzelektronen; da es das aus der Chemie bekannte Bestreben zu acht Valenzelektronen hat, ordnet es sich in einem Gitter nach Abbildung 4.4 an.

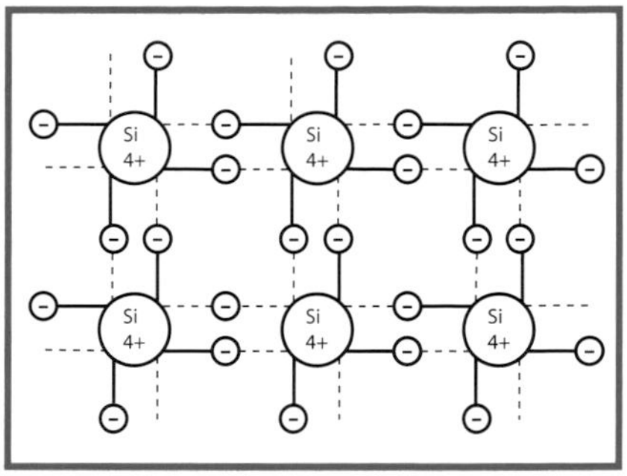

In dieser Struktur ist das Gitter nicht leitend. Dotiert (verunreinigt) man das Gitter nun aber noch mit Fremdatomen der Wertigkeit fünf, so gibt es überzählige Elektronen, die durch das Gitter wandern können; man spricht von n-Dotierung. Im umgekehrten Fall einer Dotierung mit dreiwertigen Fremdatomen wandern Lücken durch das Gitter, die p-Dotierung.

Abbildung 4.4:
Silizium-Gitter

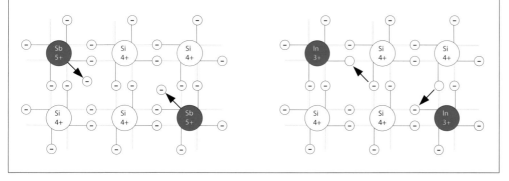

Abbildung 4.5:
n-Dotierung (links) und p-Dotierung (rechts)

Fügt man nun eine p-dotierte Schicht direkt an eine n-dotierte Schicht, so wandern freie Elektronen von der n-dotierten Schicht in die p-dotierte Schicht und es entsteht im Übergang eine ladungsträgerverarmte Zone.

Wird nun zusätzlich eine Spannung angelegt, so ergibt sich – je nach Polung der Spannung – folgendes Verhalten:

- Wird die positive Spannung an die n-dotierte und die negative an die p-dotierte Schicht gelegt, so ergibt sich eine Trennung der Ladungsträger: ein Sperrverhalten.
- Wird die negative Spannung an die n-dotierte und die positive an die p-dotierte Schicht gelegt, so ergibt sich ein Stromfluss durch die ladungsträgerverarmte Zone: ein Durchlassverhalten.

Somit kann nur Strom in einer Richtung passieren, es handelt sich um eine *Diode*. Abbildung 4.6 verdeutlicht diesen Zusammenhang.

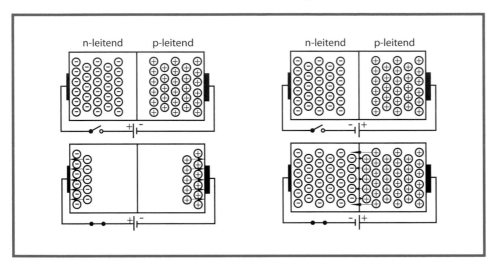

Abbildung 4.6:
Sperrverhalten (links) und
Durchlassverhalten (rechts)

4.2.3.2 Fotodiode im CCD

Ein lichtempfindlicher Sensor muss die Lichtmenge, die Belichtung, nach Gleichung (3.2) messen. Die CCD verwendet hierfür eine *Fotodiode*. Diese nutzt die Tatsache, dass durch einfallendes Licht auf eine Diode Bindungen aufgelöst werden, wodurch die Diode doch über eine gewisse Leitfähigkeit in sperrender Richtung verfügt. Abbildung 4.7 zeigt das Grundprinzip: Der Grundzustand ist das Sperrverhalten, also die positive Spannung an der n-dotierten und die negative an der p-dotierten Schicht. Fällt nun Licht auf diese Anordnung, so ist bei geringer anliegender Spannung ein Strom messbar; dies ist das Prinzip der Fotodiode, wie sie etwa in Belichtungsmessern genutzt wird.

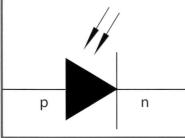

Abbildung 4.7:
Fotodiode

Die CCD nutzt nun wie beschrieben die Fotodiode nicht für eine direkte Strommessung, die wie der Belichtungsmesser nur den Lichtfluss messen würde, sondern muss den gemessenen Strom noch über die Zeit integrieren, um die Lichtmenge nach Gleichung (3.1) zu erhalten. Technisch realisiert man eine derartige Integration über einen Kondensator, da die am Kondensator gesammelte Ladung ein Zeitintegral des anliegenden Stroms ist. Abbildung 4.8 zeigt gedanklich eine derartige Anordnung.

An der Fotodiode wird eine Spannung in der sperrenden Richtung angelegt, so dass sich der integrierte Kondensator aufladen kann; diese Spannung wird aber noch vor der Belichtung getrennt. Mit der Belichtung erfolgt dann nach dem Arbeitsprinzip der Fotodiode ein Entladen des Kondensators, welches im direkten Zusammenhang zur eingefallenen Lichtmenge, zur Belichtung nach Gleichung (3.2), ist. So kann der Sensor die Belichtung messen. Die Kondensator-Entladung ist genau proportional zur Belichtung.

An diese Messzelle schließt sich direkt ein A/D-Wandler an, welcher die somit gemessene Belichtung mit einer Auflösung zwischen 8 bit und 16 bit digitalisiert.

Ein CCD-Zeilensensor verwendet zwischen 2.000 und 20.000 derartiger Sensoren in einer Zeile, ein CCD-Flächensensor heute bis zu 20 Millionen und mehr.

4.2.3.3 Das Bändermodell des Halbleiters

Abschnitt 4.2.3.1 hat versucht, ein anschauliches Bild von der Funktionsweise eines Halbleiters und damit der CCD zu vermitteln. Einen genaueren Einstieg in die Natur des Halbleiters gibt das *Bändermodell*.

Zunächst betrachten wir ein Wasserstoffatom in seinem Ruhezustand, was anschaulich bedeutet, dass sich das Elektron in der dem Atomkern nächstgelegenen Bahn – im energieärmsten Orbital – bewegt. Dieses Atom hat beim Wasserstoff einen Energiezustand von $-13,6$ eV. Im nächstangeregteren Zustand hat das gleiche Atom aber bereits einen Energiezustand von $-3,4$ eV. Bringt man nun zwei solcher angeregter Atome immer näher zusammen – wie es im Festkörper der Fall ist –, so spalten sich die zwei Zustände in einen energiereicheren und einen energieärmeren auf. Nun besteht ein Festkörper aus einer großen Anzahl an Atomen – die Avogadro-Zahl ist hier ein Anhaltspunkt für die Anzahl mit 10^{23} –, so entstehen derart viele eng benachbarte Energiezustände, dass von einem *Energieband* gesprochen wird.

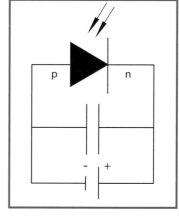

Abbildung 4.8:
Prinzip der CCD

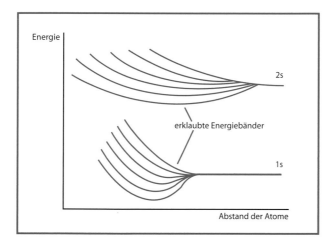

Abbildung 4.9:
Aufspaltung der Energieniveaus für 6 Atome in Abhängigkeit von deren Abstand

Die Untersuchung dieser Bandstrukturen der Festkörper erklärt nun sehr einleuchtend deren elektrische Natur: Beispielsweise beim Natrium überlappt energetisch ein halbgefülltes Band (das 3s-Band) mit einem unbesetzten Niveau (dem 3p-Band). Es befinden sich also besetzte Niveaus direkt unterhalb

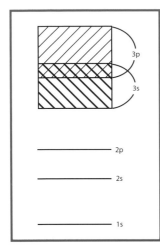

Abbildung 4.10:
Bändermodell des Natriums:
Durch Überlappen zweier Bänder
(3s und 3p über den
energieärmeren Bändern 1s und
2s/2p) können Elektronen direkt
angeregt werden (Leiter)

von unbesetzten, weshalb sehr leicht Elektronen angeregt werden können, also in einen höherenergetischen Zustand wechseln können; es handelt sich um einen Leiter.

Ganz anders hingegen die Situation etwa beim Kochsalz, dem ionischen Kristall NaCl: Hier existiert eine große Energielücke zwischen dem letzten besetzten – dem Valenzband – und dem ersten freien Band – dem Leitungsband –, was die Anregung von Elektronen fast ausschließt; NaCl verhält sich wie ein Isolator.

Insgesamt existieren vier Typen von Festkörpern, die sich in ihrer Bänderstruktur deutlich unterscheiden; zwei Modelle führen zu Leitern, eines zu Isolatoren und eines zu Halbleitern (Abbildung 4.11).

Wichtig für die Betrachtung hier ist der Fall, dass nur eine sehr kleine Lücke zwischen Valenz- und Leitungsband besteht. Dann haben wir bei einer Temperatur von 0 K, am absoluten Nullpunkt, einen Isolator, aber mit steigender Temperatur nimmt die Leitfähigkeit durch thermische Anregung von Elektronen über die schmale Lücke hinweg zu – das Verhalten eines Halbleiters wie Silizium. Hier beträgt die Energielücke nur etwa 1 eV.

Neben diesen reinen Halbleitern sind die in 4.2.3.1 vorgestellten dotierten Halbleiter technisch sehr wichtig, die dann wie oben beschrieben auch zur Fotodiode und damit zur Grundlage der CCD führen.

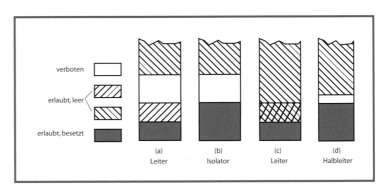

Abbildung 4.11:
Arten der Festkörper: Leiter,
Isolator, Leiter und Halbleiter

4.2.4 Der CCD-Flächensensor und das Bayer-Gitter

Der *CCD-Flächensensor* ordnet in geeigneter Weise mehrere Millionen dieser Sensoren an – um daraus ein farbiges Bild von gleich vielen Bildpunkten – Pixel – mit voller Farbinformation zu erzeugen. Das Problem dabei ist, dass jeder einzelne Sensor zunächst farbunabhängig alle Farben misst.

Abbildung 4.13 zeigt einen CCD-Flächensensor einer digitalen SLR-Kamera, den verbreiteten Sony-Sensor ICX413AQ, wie er etwa in der Nikon D100 und in etwas verbesserter Form in der D70 zum Einsatz kommt.

Um zur Farbe zu gelangen, wird auf den Sensor ein farbiges Mosaik aufgetragen, so dass jeweils ein Teil der Messzellen Rot, andere Blau und die restlichen Grün aufzeichnen. Man spricht hier von einem Mosaikfilter oder auch konkret vom *Bayer-Gitter*. Bei diesem messen 50 % der Sensoren grünes Licht und jeweils 25 % rotes und blaues.

Abbildung 4.12:
Bayer-Gitter

Allgemeiner spricht man anstelle von einem Mosaik vom Color Filter Array (CFA, siehe auch 4.4.6.6), welches neben einer Bayer-Struktur viele andere Formen annehmen kann; es muss auch nicht auf drei Farben beschränkt sein (vgl. 4.2.4.1).

Dieses Gitter wird auf den Sensor aufgedampft oder durch ähnliche Verfahren aufgebracht.

Das Gesamtbild wird durch effiziente Verfahren aus den drei Teilbildern zusammengesetzt – genauer interpoliert –, wobei moderne Algorithmen stets auch die Information der benachbarten Bildpunkte der anderen Farben berücksichtigen (vgl. 4.2.12).

CCDs erzeugen hochwertige Digitalbilder und haben sich in vielen Bereichen etabliert und bewährt. Zu ihren Nachteilen zählen:

- CCD-basierte Systeme sind nicht die schnellsten, da
  - das Auslesen ein komplexer Prozess ist, der die Übertragung der gemessenen Ladung über die gesamte Sensorfläche erfordert;
  - vor der Aufnahme erst die Kondensatoren der Messzellen aufgeladen werden müssen.
- Durch die Verwendung des Bayer-Gitters und die Interpolation des Gesamtbildes können sich Qualitätseinbußen ergeben.
- Große CCD-Sensoren sind sehr teuer.

Abbildung 4.13:
CCD-Flächensensor der Nikon
D100 (Sony ICX413AQ)

Deshalb haben sich neben der CCD alternative Techniken etabliert, welche Vorteile gegenüber der CCD haben (sollen). Auf diese wird im Folgenden eingegangen.

4.2.4.1 Warum so viel Grün?

Es fällt auf, dass das Bayer-Mosaik doppelt so viele grüne wie blaue und rote Bildpunkte verwendet – warum?

Wie zuvor beschrieben und in 4.5.1 noch genauer ausgeführt, errechnet die Kamera aus ihren aufgezeichneten Bildpunkten – welche alle nur einen Farbwert messen – die dreifarbigen Pixel, und für diese Interpolation ist die Farbe Grün, welche in der Mitte des Spektrums liegt, viel wichtiger als die roten und blauen Ränder, deshalb der hohe Grünanteil. Die menschliche Wahrnehmung ist entsprechend im Grünbereich am stärksten ausgeprägt, was sich deutlich an der Gewichtung der Farbanteile der Luminanz (vgl. 6.1.4.5) zeigt.

Bis heute verwenden praktisch alle „Einchip-Systeme" das Bayer-Mosaik mit zwei Ausnahmen:

- Systeme, die auf dem Foveon X3-Sensor beruhen (vgl. 4.2.7), benötigen kein Mosaik.
- Das neueste Modell des Herstellers Sony, die DSC-F828, verwendet ein Mosaik mit vier Farben – neben RGB noch Emerald (Smaragd), eine zu Cyan und Grün ähnliche Farbe. Dieses Mosaik wird als RGBE bezeichnet. Diese Kamera arbeitet in einem speziellen, großen Farbraum, sYCC, der auch von modernen Farbdruckern und anderen modernen Kameras mit dem klassischen Bayer-Mosaik wie der Nikon D2X unterstützt wird.

4.2.4.2 Die Form des Pixels

Die meisten Pixel sind heute quadratisch und haben für DSLR-Kameras eine Kantengröße von mindestens 6 μm. Die Nikon D1X hat ihre Auflösung gegenüber dem Vorgängermodell dadurch erhöht, dass sie ihre Pixelbreite halbiert hat, wodurch sich eine rechteckige Pixelform ergeben hat. Die SuperCCD nach 4.2.5 geht hier noch weiter.

Tabelle 2.7 (Seite 52) zeigt die Pixelgröße einiger aktueller DSLR-Modelle.

4.2.5 SuperCCD

Der Hersteller Fuji verfolgt einen Ansatz, durch Geometrieoptimierung die digitalen Bildergebnisse zu verbessern. Bei der *SuperCCD* ᵂᵉᵇ werden nicht rechteckige Pixel rechtwinklig angeordnet, sondern es werden achteckige Fotozellen verwendet, welche wabenförmig diagonal (im 45°-Winkel) ausgerichtet sind.

Diese Anordnung der Fotozellen bringt einige Vorteile mit sich. So können scheinbar die Pixel dichter gepackt werden, was umgekehrt bedeutet, dass bei gleicher Pixelzahl die einzelnen Pixel größer werden, woraus ein besseres Signal-Rausch-Verhältnis resultiert. Das Auslesen der Pixel kann ebenfalls durch diese Geometrie beschleunigt werden, was zu schnelleren, also für eine höhere Aufnahmefrequenz ausgelegten Sensoren führt. Der Moiré-Effekt (vgl. 8.10.1) reduziert sich, da die Pixel versetzt zu geraden Bildstrukturen angeordnet sind.

Die neueste Form der SuperCCD ist deren vierte Generation, die SuperCCD SR (SR: Super Dynamic Range). Hierbei werden je Bildpunkt zwei Fotozellen verwendet, um damit einen größeren Belichtungsumfang abzudecken (vgl. 4.2.14).

Die zentrale Besonderheit der SuperCCD ist aber, dass die zugehörigen Bildalgorithmen stets ein Interpolationsverfahren verwenden und damit eine höhere Anzahl an Bildpunkten errechnen. So verwendet die aktuelle DSLR von Fuji, das Modell FinePix S3 Pro, einen Sensor mit 6,45 Megapixel (SuperCCD-SR-Pixel, welche wiederum aus 2 Pixeln bestehen) und erzeugt damit Bilder in einer Auflösung von 4.256 × 2.848 Bildpunkten, also 12 Megapixel. Entsprechend wirbt auch, etwas verwirrend, der Hersteller mit einer 12-Megapixel-Kamera, die sie tatsächlich nicht ist.

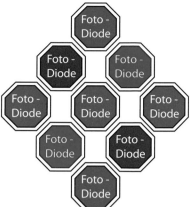

Abbildung 4.14:
Struktur des SuperCCD-Sensors

4.2.6 Complementary Metal Oxide Semiconductor (CMOS)

Die verbreitetste Alternative zur CCD ist der Einsatz von CMOS-Sensoren, etwa bei vielen Digitalkameras der Firma Canon. CMOS steht für *Complementary Metal Oxide Semiconductor,* es handelt sich letztlich um einen lichtempfindlichen Mikrochip, welcher direkt ein digitales Ausgangssignal erzeugt. CMOS-basierte Systeme können deutlich günstiger produziert werden und gelten inzwischen qualitativ als gleichwertig zur CCD. Auch verbrauchen sie weniger Strom und sind aufgrund der direkten Ankopplung der Transistoren an die Fotodioden schneller als eine CCD, bei welcher alle Ladungen zeilenweise ausgelesen und zum A/D-Wandler transportiert werden müssen (vgl. 4.2.6.1). Ein Nachteil des CMOS gegenüber der CCD liegt im stärkeren Rauschen des Sensors.

Genaueres zum Aufbau integrierter digitaler Schaltungen ist etwa in [Kla96] zu finden.

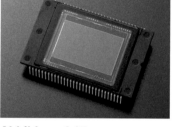

Abbildung 4.15:
CMOS-Sensor der Nikon D2X mit 12,4 Megapixel

4.2.6.1 Auslesen der Daten von CCD und CMOS: Geschwindigkeit der Digitalkameras

Die Art des Auslesens der Daten ist ein zentraler Unterschied zwischen CCD und CMOS. Durch die Integration bis hin zum A/D-Wandler direkt an der Fotozelle kann der CMOS-Sensor seine Daten alle parallel zusammen mit der Ortsinformation übertragen (x-y-Methode). Realisiert wird dies dadurch, dass die zu jedem Fotoelement gehörenden Transistoren die gemessene Ladung in eine Spannung und diese auf einen vertikalen Spaltenbus übertragen, welcher die Information jeder Zelle einzeln adressieren kann (LBCAST verwendet hier sogar zwei parallele Busse).

Bei der klassischen CCD wird hingegen die gesamte gemessene Ladung über den Sensor transportiert; im ersten Schritt wird die unterste Zeile feldweise ausgelesen, dann werden die Ladungen aller Zellen um eine Zeile nach unten transportiert und die ehemals zweitletzte Zeile ausgelesen. Ein derartiges Auslesen ist mit einer Verzögerung verbunden, weshalb die CCD-Technik in dieser Form nicht für schnelle Bildsequenzen geeignet ist.

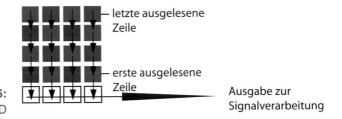

Abbildung 4.16:
Zeilenweises Auslesen der CCD

Die momentan schnellste digitale Kamera ist entsprechend auch ein CMOS-Modell: Die Canon EOS 1D Mark II ist in der Lage, pro Sekunde 8,5 Bilder aufzuzeichnen – und diese mit einer Auflösung von 8 Megapixel. Das zweitschnellste Modell, die Nikon D2H, kommt fast auf die gleiche Geschwindigkeit, aber nur auf die halbe Auflösung; sie verwendet einen LBCAST-Sensor (vgl. 4.2.8). Auf der CMOS-Basis sind heute digitale Aufzeichnungen bis hin zu Bildraten von 1.000 Bildern pro Sekunde möglich.

Beim Auslesen von CCDs werden drei verschiedene Vorgehensweisen unterschieden:

- Full-Frame-CCD: Dies ist das klassische CCD-Verfahren, welches zu einer dichten Anordnung der Fotozellen führt. Beispielsweise setzt die Olympus E1 dieses Verfahren ein, mit dem ein besonders hoher Füllfaktor und damit wegen des höheren Signalwertes eine besondere Bildqualität erreicht wird.
- Frame-Transfer-CCD: Dieses Verfahren ist im Grunde ähnlich zur Full-Frame-CCD, nur dass ein Parallelschieberegister den Sensor in zwei gleich große Bereiche untergliedert, in das Bildfeld und in das Speicherfeld.

  Bei der Belichtung wird im Bildfeld die Ladung erzeugt, welche im nächsten Schritt in das Speicherfeld übertragen wird und dort von einem seriellen Schieberegister ausgelesen wird.

  Diese Technik ist von Vorteil für eine schnellere Verarbeitung und für Bewegtbildtechniken.
- Interline-Transfer-CCD: Dies ist die momentan verbreitetste Technik, bei der neben jeder Reihe von Fotozellen direkt Speicherzellen angeordnet sind, so dass die Vorteile der Frame-Transfer-CCD noch gesteigert werden können.

  Durch den Einsatz von Mikrolinsen (vgl. 4.2.9) kann auch mit dieser Technik ein Füllfaktor (vgl. 4.2.10) von über 75 % erreicht werden.

Die Geschwindigkeit, also die Bildfrequenz, welche eine Digitalkamera erreicht, ist ein sehr zentrales Kriterium ihrer Leistungsfähigkeit. Wichtig ist aber auch ein zweites Kriterium: die Auslöseverzögerung, also die Zeit zwischen Betätigung des Auslösers und Belichtung. Hier nehmen nach Herstellerangaben momentan die Nikon-Modelle D2H und D2X mit nur 37 ms die Spitzenstellung ein.

4.2.7 Foveon X3-Sensor

Die Firma Foveon überraschte im Februar 2002 mit der Ankündigung einer neuen Generation lichtempfindlicher Chips mit dem Namen *X3,* welche technologisch einen interessanten, neuen Weg beschreiten [web]. Ausgangspunkt der Überlegungen war die Struktur des klassischen Farbfilms mit drei Schichten, wie wir sie in Abschnitt 2.8.6.2 kennen gelernt haben, der natürlich ohne Interpolation auskommt. Entsprechend geht Foveon beim X3 vor und ordnet die lichtempfindlichen Sensoren für die drei Farben nicht mittels eines Mosaiks nebeneinander, sondern direkt übereinander an. Demzufolge ist eine Interpolation der Bildpunkte (vgl. 4.2.12) nicht mehr notwendig, ein bedeutender Fortschritt.

Das Grundprinzip des X3-Sensors ist ähnlich zu dem des analogen Farbfilms (vgl. 2.8.6): Licht verschiedener Wellenlänge dringt aufgrund der unterschiedlichen Absorption von Silizium unterschiedlich tief in den Sensor ein, so dass die einzeln gelagerten Fotodioden des CMOS-Sensors jeweils eine andere Farbinformation an – fast – dem gleichen Ort messen können.

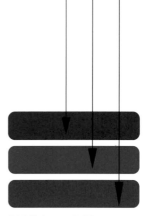

Abbildung 4.17:
Prinzip des Foveon X3-Sensors mit drei – fast – übereinander liegenden Fotozellen

Beim X3-Sensor ist somit die Bildverarbeitung deutlich einfacher, insbesondere weil die Interpolation für die Farbwerte (vgl. 4.2.12) entfallen kann. Als Folge davon entstehen schärfere Bilder mit weniger digitalen Artefakten.

DSLR-Kameras der Firma Sigma, die Modelle SD-9 und SD-10, verwenden momentan den Foveon-Sensor. Sie erzeugen nur raw-Dateien im Format X3F mit der üblichen Farbauflösung von 12 bit, die dann noch in ein gängiges Dateiformat prozessiert werden müssen, wozu etwa Sigma eine spezielle Software ausliefert (Sigma Photo Pro), was aber auch mit dem Camera-RAW-Plugin ab Version 2.2 für Photoshop CS möglich ist.

Ähnlich wie bei der SuperCCD kann auch bei der Foveon-Technologie der Begriff des Pixels irreführend sein. Der X3-Sensor der Sigma SD-9 und SD-10 hat (effektiv) 2.268×1.512 Pixel, die aber alle die Information aller drei Farben aufzeichnen. Um eine Analogie zur klassischen CCD mit Bayer-Mosaik zu haben, geht man hier von $3 \times 2.268 \times 1.512$ Pixel = 10,3 Megapixel aus.

Trotz seines sehr interessanten Ansatzes konnte der X3-Sensor bisher qualitativ noch nicht voll überzeugen. Probleme liegen insbesondere im schlechten Verhalten bei Langzeitbelichtungen und im Verhalten des Sensors bei höherer Empfindlichkeit. Auch sind die momentan erzielten Bildfrequenzen mit 2 Bildern pro Sekunde eher niedrig (vgl. 4.2.6.1). Die Zukunft wird zeigen, wie sich dieser Ansatz weiter entwickeln wird.

4.2.8 Lateral Buried Charge Accumulator and Sensing Transistor Array (LBCAST)

Mit der Präsentation der digitalen Reporterkamera D2H stellte die Firma Nikon auch einen neuen, selbstentwickelten Sensortyp vor: LBCAST – *Lateral Buried Charge Accumulator and Sensing Transistor Array* [web]. Dieser soll die Vorteile von CCD und CMOS vereinigen und insbesondere einen geringeren Stromverbrauch, eine hohe Lesegeschwindigkeit und dabei ein sehr geringes Rauschen sowie eine leistungsstarke Farbwiedergabe aufweisen.

Gegenüber dem Flächen-CCD-Sensor, welcher zeilenweise sequentiell die Messung auswertet (vgl. 4.2.6.1), arbeitet LBCAST genauso wie CMOS mit einer x-y-Methode, bei welcher alle Fotozellen – mit ihrer Ortsinformation – direkt ihre Messung an einen (eigenen) Transistor leiten (vgl. 4.2.6.1). Allerdings verwendet der LBCAST-Sensor gegenüber dem üblichen CMOS zur weiteren Geschwindigkeitserhöhung zwei parallele Leseströme (für die Farbe Grün und für die Farben Rot und Blau, da auch beim LBCAST-Sensor doppelt so viele grüne wie rote und blaue Bildpunkte – vgl. 4.2.4.1 – verwendet werden); dieses Prinzip hat der Hersteller beim neueren Modell D2X auch auf CMOS angewendet, das vier Hochgeschwindigkeitskanäle zum Auslesen der Sensordaten benutzt: zwei für Grün, einen für Rot und einen für Blau.

Abbildung 4.18:
LBCAST-Sensor der Nikon D2H

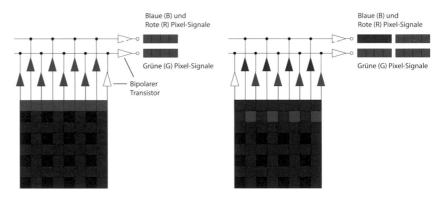

Blaue (B) und
Rote (R) Pixel-Signale

Grüne (G) Pixel-Signale

Bipolarer
Transistor

Blaue (B) und
Rote (R) Pixel-Signale

Grüne (G) Pixel-Signale

Abbildung 4.19:
Auslesen von LBCAST mit zwei
Datenkanälen

Im Detailaufbau unterscheidet sich der LBCAST-Sensor weiter vom CMOS-Sensor. Während Letzterer MOSFET (Metal Oxide Semiconductor Field Effect Transistor) zur Signalverstärkung verwendet, basiert LBCAST auf JFET (Junction Field Effect Transistor); daraus soll ein besseres (geringeres) Rauschen resultieren.

Im Vergleich zum CMOS-Sensor ist ferner der LBCAST-Sensor technisch einfacher aufgebaut, da auf einen vierten Transistor wie bei MOSFET zur Selektion von Pixeln verzichtet werden kann, woraus sich fertigungstechnische und qualitative Vorteile ergeben. Besondere Qualitäten hat LBCAST ferner bei Langzeitbelichtungen.

Erste Erfahrungen zeigen eine sehr gute Qualität der LBCAST-Sensoren, wobei die Erwartungen an die Rauscharmut bei höherer Empfindlichkeit nicht erfüllt werden konnten.

4.2.9 Mikrolinsen und Tiefpassfilter

Unabhängig vom genauen Typ des Sensors – wobei aufgrund seiner Architektur der X3-Sensor eine Ausnahme bildet – befinden sich vor den eigentlichen Fotozellen üblicherweise zwei weitere physikalische Bauelemente:

- *Mikrolinsen* (Lenslets): Jeder Sensor besteht aus Fotozellen und umgebenden Elementen wie Leiterbahnen, die nicht lichtempfindlich sind. Von daher ist es ein stetes Bemühen, den Füllfaktor (vgl. 4.2.10) zu erhöhen; moderne Sensoren erreichen einen Füllfaktor von deutlich über 70 %. Um die Lichtausbeute weiter zu erhöhen, kommen *Mikrolinsen* zum Einsatz, welche vor jeder Fotozelle das Licht auf diese bündeln.
- Zur Vermeidung von Moiré-Artefakten (vgl. 8.10.1) wird ferner vor jedem Sensor ein *Tiefpassfilter* (OLPF: Optical Low Pass Filter) angebracht, welches Licht mit Ortsfrequenzen in der Größenordnung des Abstandes der Fotozellen absorbiert (vgl. 4.2.9.1).

4.2.9.1 Tiefpassfilter und Abtasttheorem

Die Notwendigkeit für ein Tiefpassfilter ergibt sich aus dem *Abtasttheorem,* welches nach Harry Nyquist und Claude Shannon benannt ist. Dieses besagt, dass ein kontinuierliches Signal zur Digitalisierung mit einer maximalen Frequenz v_{max} mindestens mit der doppelten Frequenz abgetastet werden muss:

$$v_{abtast} > 2 \cdot v_{max} \qquad (4.1)$$

Hier ist unter Frequenz stets die Ortsfrequenz gemeint, welche durch die Periodizität der Sensorstruktur definiert wird.

Durch moderne, hochauflösende Objektive gelangt ein Signal sehr hoher Ortsfrequenz an den Sensor; die Anteile zu hoher Ortsfrequenz müssen nach dem Nyquist-Shannon-Theorem herausgefiltert werden, was das Tiefpassfilter leistet.

Entfällt eine derartige Filterung, so entstehen als Aliasing benannte Artefakte, insbesondere Moiré-Effekte. Entsprechend wird ein Tiefpassfilter auch als Anti-Aliasing-Filter bezeichnet. Dies ist nicht mit dem ebenfalls als Anti-Aliasing bezeichneten Vorgehen beim Glätten von Schriften zu verwechseln.

Dies soll an einem Beispiel verdeutlicht werden: Der CCD-Sensor einer Nikon D70 hat bei einer Breite von 23,7 mm insgesamt 3.034 horizontale Pixel, also einen Pixelabstand von $\lambda_{abtast} = 7,8 \mu$m. Nach (4.1) folgt damit

$$\lambda_{max} < \frac{\lambda_{abtast}}{2}$$

also können Strukturen bis zu einem Abstand von 15,6 μm aufgelöst werden, alle kleineren Details mit einer größeren Ortsfrequenz müssen durch das Tiefpassfilter beschnitten werden. Hieraus resultiert ein Wert im Bereich bis zu 1.500 Linien bezogen auf die Bildhöhe bzw. Breite.

Da das Tiefpassfilter alle Wellenlängen unter einem kritischen Wert filtert, wird das ultraviolette Spektrum der Strahlung beschnitten. Dabei ist die Stärke der Filterung je nach Hersteller und Modell unterschiedlich. Tendenziell wird im professionellen Bereich stets schwächer gefiltert.

Fertigungstechnisch ist es wichtig, dass ein derartiges Tiefpassfilter möglichst dünn ist, um keine neuen störenden Effekte hervorzurufen. Sie führen insgesamt zu einem eher weichen Bild, welches durch Schärfung (vgl. 8.5) wieder verbessert werden kann.

4.2.10 Rauschen und Füllfaktor

Betrachtet man einen lichtempfindlichen Sensor gleich welcher Bauart, der letztlich auf einer Anregung von Elektronen durch Licht beruht, stellt sich sofort das Problem des *Rauschens:* Die Elektronen werden nicht nur durch das Licht, sondern ebenfalls durch thermische Prozesse angeregt, was zu ungewollten Aufzeichnungen führt.

Dieses Rauschen betrifft besonders dunkle Bildpartien, also solche mit minimaler Lichteinwirkung, da bei starker Belichtung der normale Belichtungseffekt die schwache thermische Störung überdeckt.

Digitalkameras können die Empfindlichkeit ihrer Sensoren über einen großen Bereich wählen, doch genauso wie der klassische Film mit wachsender Empfindlichkeit schlechter wird (vgl. etwa Tabelle 4.7, Seite 126), wird die Leistung der Sensoren mit wachsender Empfindlichkeit schlechter, da das Eingangssignal in größerem Umfang verstärkt werden muss; insbesondere das Rauschen nimmt stark zu (Abbildung 4.20).

Kennzeichnend für diesen Effekt ist das Signal-Rausch-Verhältnis, also der Abstand der Störung zum gemessenen Signal. Um diesen Koeffizienten zu verbessern, ist eine Kühlung des Sensors, teilweise sogar eine aktive Kühlung, ein idealer Weg; so verwendet etwa das Sinarback 54 eine aktive Kühlung.

Abbildung 4.20:
Gleiche Aufnahme mit unterschiedlicher Empfindlichkeit und Belichtungszeit, aber gleichem Blendenwert: ISO 200/24° (1), ISO 400/27° (2), ISO 800/30° (3) und ISO 1.600/33° (4)

Das Signal-Rausch-Verhältnis wird wesentlich durch den *Füllfaktor* bestimmt, also von dem Koeffizienten des lichtauswertenden Teils des Sensors gegenüber der Gesamtfläche des Sensors. Typische Sensoren erreichen hier Werte zwischen 30 % bis 50 %, welche durch den Einsatz von Mikrolinsen (vgl. 4.2.9) bis auf deutlich über 70 % gesteigert werden können.

4.2.10.1 Langzeitbelichtungen

Sowohl in der analogen wie in der digitalen Fotografie nimmt die *Langzeitbelichtung* eine Sonderstellung ein:

- In der analogen Fotografie kommt es bei Belichtungszeiten ab etwa einer halben Sekunde zur Nichtproportionalität der Schwärzung (Dichteerhöhung) mit der Belichtungszeit, was als Schwarzschildeffekt bezeichnet wird.
- In der digitalen Fotografie nimmt bei langen Belichtungszeiten die Störung durch Rauschen deutlich zu.

Beide Effekte sind jeweils bei Langzeitbelichtungen zu bedenken.

Abbildung 4.21 zeigt ein entsprechendes Beispiel: Bei gleicher Empfindlichkeit zeigt die stärker abgeblendete Aufnahme zwar eine deutlich bessere optische Leistung, aber aufgrund der längeren Belichtungszeit auch stärkere Rauschstörungen.

Abbildung 4.21:
Das Motiv von Abbildung 4.20, nun mit gleicher Empfindlichkeit, aber unterschiedlicher Belichtungszeit und Blende: 1/4 Sekunde bei Blende 4 (1) und 4 Sekunden bei Blende 16 (2)

Auf die Korrektur des Rauschens wird in Abschnitt 8.6 eingegangen.

4.2.11 Integration des Sensors in ein Kamerasystem

Bisher wurde noch nichts dazu gesagt, wie ein Sensor in ein (digitales) Kamerasystem integriert wird. Das weitaus verbreitetste Verfahren ist die Verwendung einer Kompaktkamera, also eines – möglichst – kompakten Gehäuses mit fest angesetztem Objektiv, Sensor, Stromversorgung, Speichermedium (vgl. 4.3) und Miniaturbildschirm. Typisch für derartige Systeme sind von ihrer Fläche her kleine Sensoren, was bei vergleichsweise sehr hohen Pixelzahlen zu kleinen Pixeln mit dann nur noch einem minimalen Signal führt, weshalb die Qualität beschränkt ist. Hinzu kommt die Verwendung einer einzigen Optik, meist eines Universalzooms.

Weitaus mehr Flexibilität bieten digitale Kamerasysteme mit Wechseloptiken, die digitalen Spiegelreflexkameras. Hier kommen größere Sensoren bis hin zum Kleinbildformat zum Einsatz, außerdem stehen weitaus bessere Objektive zur Auswahl. Nachteil ist hier das Eindringen von Staub in die Kamera und damit letztlich bis zum Sensor beim Objektivwechsel (vgl. 8.9). Diese Modelle bieten heute eine Auflösung im Bereich von 6 Megapixel; darüber liegen etwa die Canon-Modelle EOS 20D und 1D Mark II mit 8 Megapixel, die Canon EOS 1Ds mit rund 11 Megapixel, die 1Ds Mark II mit 16 Megapixel sowie die Nikon D2X mit 12 und die Kodak DCS/n- und DCS/c-Modelle mit 14 Megapixel.

Noch einen Schritt weiter gehen Mittel- und Großformatkameras mit angesetztem digitalen Rückteil (Abbildung 4.22); hier kann die gleiche Kamera wahlweise analog und digital arbeiten. Diese Rückteile erreichen heute Auflösungen über 20 Megapixel. Anbieter solcher Systeme sind etwa Sinar mit den Sinarbacks und Phase One. Das Sinarback 54 sowie die Phase One-Modelle P25 und H25 erreichen eine Auflösung von 22 Megapixel bei einer Farbauflösung von 16 bit je Farbkanal. Alle basieren auf einer CCD von Kodak.

Einen neuen Ansatz im Bereich DSLR verfolgt der Anbieter Leica mit dem digitalen Rückteil Digital-Modul-R. Durch das austauschbare Rückteil können die etablierten, analogen Spiegelreflexkameras Leica R8 und R9 in eine digitale Spiegelreflexkamera umgewandelt werden. Allerdings kann nicht von Bild zu Bild gewechselt werden wie beim digitalen Rückteil der großformatigeren Kameras, sondern nur nach voller Belichtung eines Kleinbildfilmes ist ein Wechsel möglich. Dieses Rückteil verwendet eine angepasste CCD von Kodak mit einer Auflösung von 10 Megapixel. Bemerkenswert ist die Farbauflösung von 16 bit je Farbkanal.

Abbildung 4.22:
Digitales Rückteil P25 von Phase One an einer Mamiya-Mittelformatkamera (links) und Leica Digital-Modul-R (rechts)

4.2.11.1 Die Kamera im mobilen Telefon

Zunehmende Verbreitung findet momentan die Integration der Digitalkamera in das mobile Telefon. Waren hier die ersten Qualitäten noch sehr bescheiden, setzte seither eine starke Entwicklung ein. Zur Zeit der Endredaktion von MediaFotografie wurden die ersten Handys mit Kameras über 5 Megapixel Auflösung angekündigt (Samsung SCH-S250).

Abbildung 4.23:
VGA-Kamera eines Mobiltelefons
(Nokia 6230)

Typische Eigenschaften dieser integrierten Kleinstkameras sind:

- mindestens VGA-Auflösung (640 × 480 Bildpunkte);
- Verwendung eines Fixfokus-Objektivs für eine scharfe Abbildung ab rund 10 cm bis unendlich (vgl. 2.2.4 und 2.2.8.5);
- Bildspeicherung im jpeg-Format.

Die Brennweiten der integrierten Objektive liegen meistens unter 5 mm, ein optisches Zoom gibt es zurzeit noch nicht.

Momentan liegt die größte Qualitätsbeschränkung in dieser minimalen Optik (ein typisches Beispiel zeigt Abbildung 4.23). Dennoch ist davon auszugehen, dass zumindest mittelfristig diese Kamerageneration die heute verbreiteten einfachen Digitalkompaktkameras ablösen wird.

4.2.12 Interpolation

Abgesehen vom neuen Foveon X3-Sensor müssen alle Sensoren Pixel durch *Interpolation* errechnen, die treffend auch als Demosaicing bezeichnet wird. Was steht dahinter [web]?

Betrachten wir einen einzelnen Farbkanal (mehr zu Farbkanälen in 6.3.2), zum Beispiel Rot. Mittels des Bayer-Mosaiks zeichnet nur jeder vierte Bildpunkt des Sensors die Farbe Rot auf, die Rotwerte der drei anderen Bildpunkte müssen errechnet werden. Für diese Berechnung stehen verschiedene Interpolationsverfahren zur Verfügung; die aufwendigeren Verfahren, also diejenigen mit den besseren Ergebnissen, benötigen die größere Rechenzeit.

Die Interpolationsverfahren kommen nicht nur bei der Bildaufzeichnung zum Einsatz, sondern auch bei der Bildvergrößerung: Die Vergrößerung eines Bildes bedeutet die Erhöhung der Pixelzahl – die „neuen" Pixel können nur hineingerechnet (interpoliert) werden. Photoshop beispielsweise bietet dazu fünf verschiedene Verfahren (Abbildung 4.24) an.

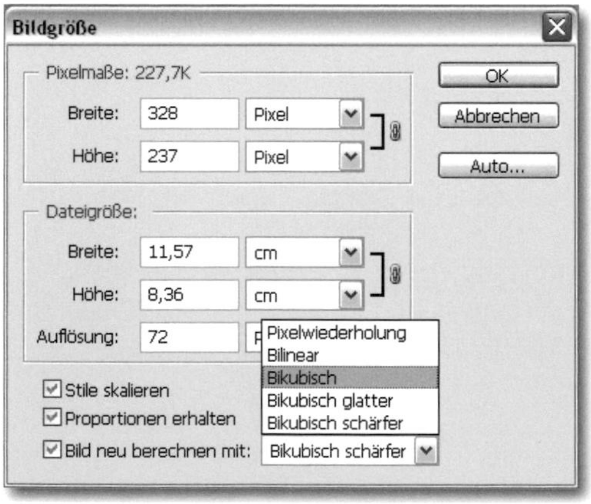

Abbildung 4.24:
Auswahl der
Interpolationsverfahren in
Photoshop

4.2.12.1 Interpolation Pixelwiederholung

Bei diesem Verfahren werden jeweils drei benachbarte Pixel verschiedener Farbe zusammengefasst, um an einem Punkt alle drei RGB-Werte zu erhalten. Dieses simple Verfahren ist sehr rechenschnell, führt aber zu typischen Treppeneffekten.

Das übliche Vorgehen bei diesem Verfahren ist die Gruppierung von dreieckigen Pixelgruppen und das Gleichsetzen der RGB-Werte für diese Gruppe (Abbildung 4.25).

Dieses Verfahren ermöglicht noch zahlreiche Variationen durch die Lage der Dreiecke; so kann mittels eines Dreiecks wie in Abbildung 4.25 skizziert, die volle RGB-Information für das grüne Pixel bestimmt werden, während für das rote Pixel ein anderes Dreieck, welches beispielsweise Werte aus der höheren Zeile beinhaltet, verwendet wird.

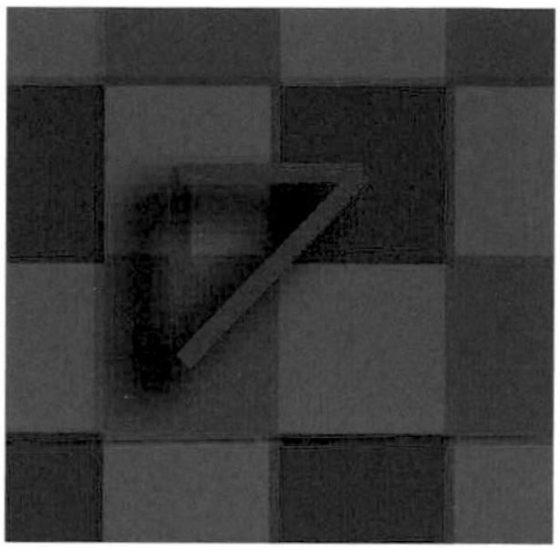

Abbildung 4.25:
Gruppierung von Pixeln mit gleichen RGB-Werten bei der Pixelwiederholung

4.2.12.2 Bilineare Interpolation

Dieses Verfahren errechnet die fehlenden Pixelwerte, indem durch zwei benachbarte gemessene Werte eine Gerade gelegt wird, um den Ausgleichswert zu ermitteln, was letztlich bedeutet, dass der Mittelwert berechnet wird. Dieses Verfahren wird für den Flächensensor in zwei Dimensionen angewendet, weshalb man von der *bilinearen Interpolation* spricht; hier ist nicht der Mittelwert aus zwei, sondern stets aus vier benachbarten Werten zu berechnen (Abbildung 4.26).

4.2.12.3 Bikubische Interpolation

Bessere Ergebnisse erreicht man dadurch, dass durch jeweils vier benachbarte Punkte ein Polynom dritten Grades (kubisches Polynom) gelegt wird. Es werden – zunächst in einer Dimension – vier benachbarte Messwerte benötigt, um zwischen den zwei mittleren weitere Grauwerte zu berechnen. Genaueres zu diesen Verfahren, welche letztlich aus Gründen der Rechengeschwindigkeit stückweise kubische Polynome möglichst glatt aneinander reihen (B-Splines), ist etwa in [PTVF92, S. 123 ff.] zu finden.

Abbildung 4.27 zeigt den Unterschied zwischen der linearen und der kubischen Interpolation; es ergibt sich im mittleren Intervall eine erkennbare Abweichung zwischen beiden Vorgehensweisen. Bei allen hier diskutierten Verfahren wird stets nur in der Mitte des mittleren Intervalls, im Beispiel nach Abbildung 4.27 der Funktionswert an der Stelle $x = 0,5$, interpoliert.

Abbildung 4.26:
Bilineare Interpolation: Die RGB-Werte des mittleren Pixels ergeben sich aus dem gemessenen Rotwert sowie den Mittelwerten der vier benachbarten Grün- und Blauwerte

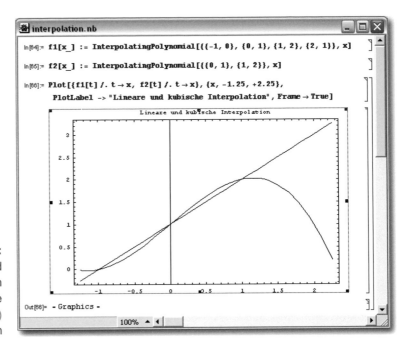

Abbildung 4.27:
Interpolation zwischen $x = 0$ und $x = 1$ linear und kubisch, wenn insgesamt die vier Werte $(-1, 0), (0, 1), (1, 2)$ und $(2, 1)$ vorliegen

In zwei Dimensionen wird dieses Verfahren als *bikubische Interpolation* bezeichnet; hier sind nun 16 benachbarte Pixel auszuwerten. Abbildung 4.28 zeigt dieses Grundprinzip; ausgehend vom mittleren roten Pixel wird die Blauinformation folgendermaßen berechnet: Zunächst werden durch je vier der markierten blauen Pixel horizontal kubische Parabeln gelegt; diese werden in ihrer Mitte, auf der Höhe des roten Pixels ausgewertet und durch die dadurch entstehenden vier Ausgleichspunkte wird dann vertikal ein kubisches Polynom gelegt, welches den gesuchten Wert interpoliert. Für die Grüninterpolation wird nach dem gleichen Prinzip, aber mit einem um $45\,°$ gedrehten Gitter verfahren.

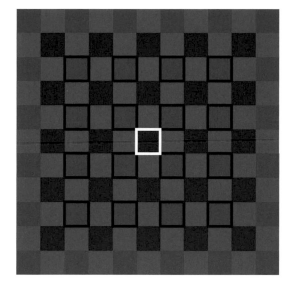

Abbildung 4.28:
Bikubische Interpolation: Zur
Blauinterpolation um den mittleren
Rotwert werden 16 Nachbarwerte
benötigt

4.2.12.4 Vergleich der Verfahren

Abbildung 4.29 zeigt einen Vergleich dreier Interpolationsverfahren. Dabei
wurde jeweils die identische Ausgangsdatei von Abbildung 4.40 interpoliert
(es ist jeweils der gleiche Ausschnitt wiedergegeben). Während die Ergebnisse
der besseren Verfahren sehr ähnlich sind, fällt die Pixelwiederholung stark ab.

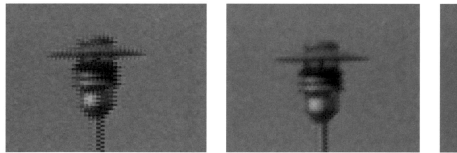

4.2.12.5 Weitere Interpolationsverfahren

Abbildung 4.29:
Pixelwiederholung (links), bilineare
(Mitte) und bikubische (rechts)
Interpolation

Neben diesen drei klassischen, nicht adaptiven Interpolationsverfahren, die
sich nicht an die Bildstruktur anpassen können und stets mit dem identischen Algorithmus arbeiten, gibt es eine Vielzahl von fortgeschrittenen, nicht-
adaptiven und auch adaptiven Interpolationsverfahren [web], siehe etwa [TAR02]:

- Median-Interpolation: Dieses Verfahren entspricht der bilinearen Interpolation, nur dass anstelle des Mittelwertes der Medianwert verwendet wird.
- Sanfter Farbton (Smooth Hue): Grünwerte werden bilinear interpoliert, Blau und Rot werden bei Einbezug der Grünwerte ähnlich dem bilinearen Verfahren berechnet.
- Kantendetektion (Edge Sensing)): Dieses adaptive Verfahren arbeitet mit einem horizontalen und vertikalen Gradienten und verändert den Algorithmus durch einen wählbaren Schwellenwert.
- Lineare Interpolation mit Laplace-Korrektur zweiter Ordnung: Hier wird die Kantendetektion um Laplace-Ausgleichsterme erweitert.
- Interpolation mit einer variablen Anzahl an Gradienten: Hier wird mit mehreren Gradienten gearbeitet, die wiederum über einen frei wählbaren Schwellenwert das Resultat steuern.
- Mustererkennungsinterpolation (Pattern Recognition): Mehrere ähnliche Verfahren der fortgeschrittenen Interpolation verwenden eine Mustererkennung, um danach einen optimierten Algorithmus anzuwenden.
- Fuzzy-basierte adaptive Methode (Proposed Fuzzy Assignment): Diese Methode basiert auf einer empirischen Strategie, um aus den umgebenden Pixelwerten nach der menschlichen Wahrnehmung zu interpolieren.

4.2.13 Formate

Die Digitalfotografie leitet eine neue Ära der Fototechnik ein, und dabei ist die grundlegende Frage nach dem sinnvollen *Format* der Sensoren, also deren Seitenverhältnis, zu stellen.

Viele Systeme orientieren sich aus unterschiedlichen Gründen weiterhin am klassischen Kleinbildformat, also an einem Seitenverhältnis 2 : 3. Dies ist konform zur bisherigen Fotografie, aber zwei Punkte sprechen hier durchaus dagegen:

- Dieses Format wird auch als „Handtuch" bezeichnet, da es im Vergleich zur Breite sehr lang ist.
- In der „digitalen Welt" (Monitore etc.) ist dieses Format fremd.

Ein großer Vorteil ist aber die Kompatibilität etwa zu den DIN-Papierformaten, deren Seitenverhältnisse ziemlich genau 2 : 3 entsprechen.

In jüngerer Zeit entwickelt sich eine echte Alternative zum Kleinbildformat: das „Four Thirds System" ᵂᵉᵇ. Hier wird ein Seitenverhältnis von 4 : 3 verwendet, welches besser an die Monitorwerte angepasst ist. Dieses System normiert nicht nur das Seitenverhältnis, sondern legt auch die Sensorgröße einheitlich auf 18 mm × 13,5 mm fest.

Tabelle 4.1 (Seite 80) gibt eine Übersicht über verbreitete Sensorgrößen und deren Seitenverhältnis.

4.2.14 Belichtungsumfang

In Abschnitt 3.5.1 haben wir gesehen, dass der klassische Silberbromidfilm einen *Belichtungsumfang* von knapp 10 Blendenwerten hat (zumindest der SW-Negativfilm; beim Farbfilm ist der Belichtungsumfang etwas geringer, beim Positivfilm – dem Dia – noch geringer). Um hochwertige Aufnahmen direkt mit der Digitalkamera zu machen, stellt sich hier die Frage, wie groß der Belichtungsumfang bei Digitalkameras ist, also wie groß der Belichtungsumfang des lichtempfindlichen Sensors und des nachgeschalteten A/D-Wandlers ist.

Diese Frage lässt sich aufgrund der zahlreichen verschiedenen Sensortypen und Modelle natürlich nicht eindeutig beantworten, sondern nur tendenziell: Der digitale Belichtungsspielraum ist deutlich kleiner als der analoge.

Konkret hilft nur die Erstellung einer Reihe von Testbelichtungen wie in Abbildung 4.30: Kalibriert auf eine normale Belichtung mittels Graukarton (vgl. 3.1.3) müssen Testaufnahmen einer strukturierten Oberfläche zeigen, für welche Belichtungswerte noch Zeichnung in den Aufnahmen enthalten ist. Zur Beurteilung der Situation hilft besonders das Histogramm, welches wir in 8.1 kennen lernen werden.

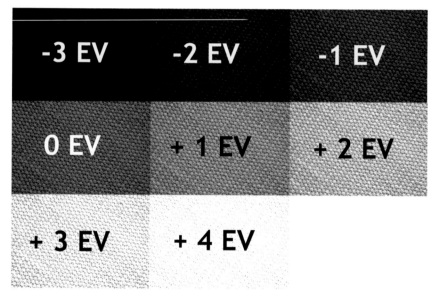

Abbildung 4.30:
Beispiel für den Belichtungsumfang am Beispiel des Sony ICX413AQ

Allerdings gehört der Belichtungsumfang der Sensoren zu denjenigen Bereichen, die momentan im Zentrum der technischen Weiterentwicklung stehen, weshalb er stetig zunimmt; ein Beispiel hierfür ist der Ansatz der neuesten Generation der SuperCCD mit zwei Fotozellen je Pixel (vgl. 4.2.5).

4.2.14.1 Überbelichtung

Zahlreiche moderne Digitalkameras haben die Möglichkeit einer Vorbetrachtung, bei welcher überbelichtete Bildpartien gekennzeichnet werden – ein bedeutender Fortschritt gegenüber der analogen Fotografie. Wie erkennt die Digitalkamera eine *Überbelichtung?*

 Ein Pixel ist überbelichtet, wenn mindestens einer der drei RGB-Farbwerte dem Maximalwert entspricht.

Damit ist die Überbelichtung deutlich einfacher und exakter zu formulieren als im Analogen, wo mit einer Dichtemessung nach Abschnitt 3.2 zu argumentieren ist.

Hier ist aber noch zu klären, wie der erwähnte Maximalwert definiert wird: Standardmäßig wird die höchste Graustufe – bei 8 bit Auflösung also 255 – verwendet, fortgeschrittene Software zur Bildbearbeitung kann dies aber auch konfigurieren. Photoshop bietet dazu eine einfache Möglichkeit über den Schwellenwert (vgl. 8.1.3), C1 von Phase One hat hierzu eine konfigurierbare Anzeige (vgl. 5.5 und dort Abbildung 5.30).

4.3 Speichermedien für Digitalkameras

Digitalkameras benötigen einen sehr kompakten, möglichst aber auch schnellen persistenten Datenspeicher mit großer Kapazität, um die anfallende Datenmenge zu speichern. Klassiker ist das CompactFlash-Format, welches mit Ausmaßen von 4,3 cm × 3,6 cm seinem Namen heute nicht mehr so ganz gerecht wird.

4.3.1 CompactFlash

Der *CompactFlash-Standard* (CF) wurde von der kalifornischen Firma Sandisk eingeführt. Dieses Format hat bis heute Vorteile:

- Es sind bezogen auf die Speichermenge die deutlich günstigsten Karten.
- Es sind die verbreitetsten Karten.
- Es sind die Karten mit der größten Kapazität, die momentan in den Bereich von 8 GB je Medium reicht.
- Die Karte selbst beinhaltet den Controller.

Abbildung 4.31:
CF-Karte (oben) und Microdrive (unten)

Nachteilig ist die heute vergleichsweise große physikalische Dimension des Speichermediums. Abbildung 4.31 zeigt eine moderne CF-Karte.

CF-Karten werden noch in zwei, nur in ihrer Dicke abweichenden Typen unterteilt:

- CF Typ I: Diese Karten haben eine Dicke von 3,3 mm. Typ I ist das am stärksten verbreitete Format.
- CF Typ II: Diese Karten entsprechen dem Typ I, sind aber mit 5 mm dicker.

4.3.1.1 Microdrive

Vor einigen Jahren überraschte IBM mit der Vorstellung einer Festplatte im Format CF II, also einer Festplatte mit den Ausmaßen eines CompactFlash: dem *Microdrive*. Zunächst wurden 312 MB Medien angeboten, bald darauf aber schon das beliebte 1-GB-Microdrive. Momentan bietet Hitachi, nach Übernahme der Festplattenproduktion der IBM, 4-GB-Microdrives an.

Vorteil der Microdrives ist das bezogen auf die Speicherkapazität günstigere Preis-Leistungs-Verhältnis, Nachteil gegenüber klassischen Flash-Speichern ist der höhere Stromverbrauch, die geringere Performance und die nicht so große Zuverlässigkeit aufgrund des notwendigen Einsatzes mechanischer Komponenten; Abbildung 4.31 zeigt einen 1-GB-Microdrive.

4.3.2 Weitere Speichermedien

Neben dem CF-Standard haben sich viele weitere Formate für Flashkarten etabliert, die alle im Vergleich zu CF kleiner, aber entsprechend auch teurer sind und weniger Kapazität zur Verfügung stellen.

In [MH04] ist eine aktuelle Übersicht über die gängigen Speicherkarten und ihre Eigenschaften enthalten (Tabelle 4.2).

Speicherkarte	Kartengröße (mm)	Controller	Kapazität	Schreibgeschw.
Compactflash I/II	43 × 36	intern	bis 8 GB	bis 12 MB/s
Microdrive	43 × 36	intern	bis 4 GB	bis 7 MB/s
SmartMedia	37 × 45	extern	128 MB	bis 2 MB/s
MemoryStick	21,5 × 50	extern	bis 128 MB	bis 2 MB/s
MemoryStick pro	21,5 × 50	extern	bis 2 GB	bis 20 MB/s
MultiMediaCard	24 × 32	intern	bis 128 MB	bis 52 MB/s
SecureDigitalCard	24 × 32	intern	bis 1 GB	bis 9 MB/s
xD-PictureCard	25 × 10	extern	bis 512 MB	bis 3 MB/s

Tabelle 4.2:
Übersicht Speicherkarten nach [MH04]

4.3.3 Performance von Speichermedien

Für den praktischen Einsatz von Digitalkameras ist die Frage wichtig, wie schnell die Kamera Daten auf das Medium speichern kann. Die Performance hängt sowohl von der Kamera als auch von der Speicherkarte und dem Zusammenspiel von beiden ab. Die Website von Rob Galbraith ^{web} gibt eine detaillierte Übersicht mit Vergleichsmessungen zahlreicher Kamera-Karten-Kombinationen.

Es ist auch möglich, die Performance von Speichermedien selbst zu messen.
Problematisch ist dabei die Bestimmung der Leistung eines Mediums in einer
speziellen Kamera, wohingegen die Messung des Mediums selbst vergleichsweise einfach ist. Hierfür sind verschiedene Werkzeuge verfügbar, etwa das für
den privaten Gebrauch freie HD Tach ^{web}. Abbildung 4.32 zeigt die Messung
einer CF-Karte und eines Microdrives mit HD Tach 3, die beide in einem über
USB 2.0 betriebenen Kartenleser verwendet werden.

Abbildung 4.32:
Messung der Lesegeschwindigkeit
einer CF-Karte (links) und eines
Microdrives (rechts) mit HD Tach 3

In Abbildung 4.32 ist der charakteristische Abfall der Performance einer Festplatte in Abhängigkeit von der verwendeten Plattenposition zu sehen, während
Flashmedien an jedem Speicherbereich die identische Leistung bieten.

4.3.4 Anbieter von Speichermedien

Die bekanntesten Anbieter für Speicherkarten sind die Firmen Lexar ^{web} und
Sandisk ^{web}. Ein Preisvergleich zu anderen Anbietern lohnt sich aber stets.

4.3.5 Filesysteme auf Speicherkarten

Speicherkarten werden üblicherweise im klassischen FAT-Dateisystem verwendet. Allerdings stößt FAT bei 2 GB an seine Grenze, weshalb die größeren CF-Karten mit FAT32 verwendet werden. Hier sind aber zwei Punkte zu
beachten:

- Die besseren Kameras können zwar FAT32 lesen, häufig aber keine Karten
  mit FAT32 kameraintern formatieren.
- Die Schreibperformance mit FAT32 kann geringer sein.

Mehr Informationen zu FAT32 sind im Internet ^{web} zu finden.

4.3.6 Kommunikation zwischen Kamera und Computer

Obwohl die Speicherkarten auch direkt – oder über einen Kartenleser – ihre
Daten an einen Computer übertragen können, ist häufig eine Datenverbindung

zwischen Computer und Kamera sinnvoll. Damit steht für verschiedene Modelle auch die Möglichkeit der Fernsteuerung der Kamera über den Rechner bereit.

Momentan werden drei verschiedene Standards für die Kommunikation zwischen Kamera und Computer verwendet:

- USB 1.1: Der ältere und sehr verbreitete USB-Standard ist für die meisten Systeme verfügbar. Er bietet aber nur eine vergleichsweise geringe Datenübertragungsrate von 12 Mb/s.
- USB 2.0 (high-speed): Der neue USB-Standard erreicht mit bis zu 480 Mb/s die 40-fache Übertragungsgeschwindigkeit gegenüber USB 1.1.
- Firewire (IEEE 1394): Firewire war ursprünglich bei Apple Macintosh-Rechnern, bei professionellen Datenrückteilen und im Videobereich verbreitet; es ist ein vergleichbar schneller Standard wie USB 2.0 (400 Mb/s). Aufgrund der wachsenden Verbreitung von USB 2.0 geht die Bedeutung von Firewire momentan etwas zurück. Der aktuelle Firewire-800-Standard verdoppelt die Übertragungsrate nochmals auf 800 Mb/s.

Zukünftig dürfte ein weiterer Ansatz relevant werden: Die Integration der Digitalkamera in das drahtlose lokale Netzwerk, in das WLAN. Nikon hat mit dem WLAN-Sender WT-1 (IEEE 802.11b) 2003 die erste drahtlose Kameraanbindung realisiert, inzwischen werden mit dem WT-2 von Nikon und WFT-E1 von Canon schon WLAN-Adapter für IEEE 802.11g angeboten.

IEEE 802.11b ist der Standard für eine drahtlose Übertragung mit bis zu 11 Mb/s, der neuere Standard IEEE 802.11g erlaubt bis zu 54 Mb/s.

4.3.6.1 Protokolle für drahtlose Kameraanbindung

Ein Hindernis für die drahtlose Kameraanbindung liegt klar in der nicht einfachen Netzwerkkonfiguration. Das Grundprinzip geht entweder von einer Adhoc-Verbindung direkt zwischen Kamera und einem Rechner aus oder von der Einbindung der Kamera in ein drahtloses Netzwerk, also die Verbindung der Kamera zu einem Access-Point des WLANs. Dann überträgt die Kamera über FTP ihre Bilddaten auf den Computer, der einen FTP-Serverdienst anbieten muss (dies ist allerdings nicht selbstverständlich, da viele Rechnerinstallationen keinen FTP-Server beinhalten und dieser unter Sicherheitskriterien problematisch sein kann).

Aktuell gibt es verschiedene Ansätze, die Einrichtung dieser drahtlosen Netzwerke für einzelne Devices wie Digitalkameras, die ja notwendig gegenüber Computern nur eingeschränkte Benutzerinterfaces bieten, zu erleichtern:

- Microsoft MTP (Media Transfer Protocol): Ein neues Protokoll, welches Microsoft gemeinsam mit Kameraherstellern entwickelt hat, sowohl für drahtlose wie kabelgebundene Datenübertragung zwischen Computern und Digitalkameras.

- Microsoft WCN (Windows Connect Now): WCN ist Bestandteil des Service Pack 2 (SP2) von Windows XP, erleichtert die Konfiguration drahtloser und kabelgebundener Netzwerke, insbesondere die Einbindung einfacher Geräte wie Digitalkameras.
- Nikon PTP/IP (Picture Transfer Protocol over IP): Nikon implementiert mit dem WT-2-Adapter das PTP/IP-Protokoll, welches von FotoNation Inc. entwickelt wurde. Dieses Protokoll löst die Verwendung von FTP bei der (drahtlosen) Datenübertragung von der Kamera zum Computer ab, indem es eine ähnlich einfache Kameraanbindung wie über eine USB-Verbindung ermöglicht.

PTP/IP ist eine Implementierung des MTP (Media Transfer Protocol).

4.3.7 Pflegesoftware für Speicherkarten

Zur Pflege der Speicherkarten bieten Kartenhersteller und unabhängige Anbieter Software an, welche verschiedene Aufgaben erfüllt, etwa:

- Überprüfung der Karte bei Lese- und Schreibfehlern;
- Retten von Bilddaten: Das normale Formatieren löscht nur die Dateiliste, entfernt aber nicht die eigentlichen Dateien; diese können, wenn sie noch nicht wieder überschrieben wurden, restauriert werden. Ebenso kann es sein, dass die Kamera selbst eine Karte nicht mehr lesen kann, die externe Software dies aber leistet.
- Überprüfen/Testen der Karte.

Eine beliebte Software hierfür ist Photorescue [web].

Ein Beispiel einer Herstellersoftware ist Image Rescue von Lexar. Die aktuelle Version dieser Software, Image Rescue 2, kann sogar die Firmware der Karte über das Internet updaten und auch Karten anderer Hersteller ansprechen.

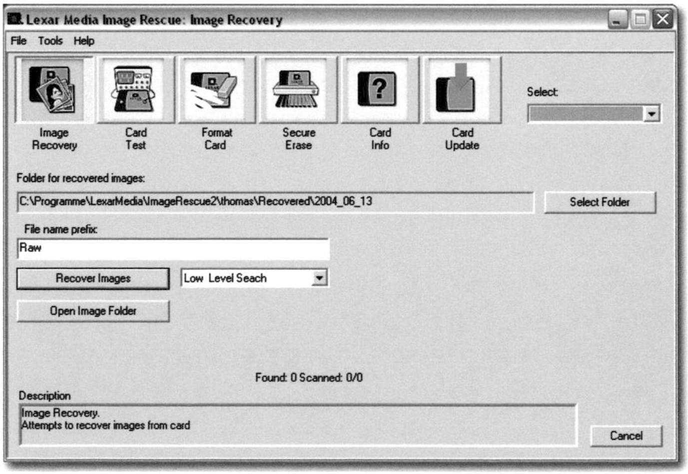

Abbildung 4.33:
Image Rescue 2 von Lexar

4.4 Dateiformate

Die Speicherung der digitalisierten fotografischen Aufnahme erfolgt in einem der verbreiteten Grafikformate. Die wichtigsten werden im Folgenden vorgestellt, wobei der Schwerpunkt das verbreitete jpeg-Format ist. In 9.1.5 werden einige Dateiformate nochmals speziell für den Einsatz im Internet diskutiert.

4.4.1 Standards für Bilddateien

Bevor wir die Einzelnen Dateiformate besprechen, soll zunächst der Inhalt einer Bilddatei betrachtet werden. Eine Bilddatei enthält mehr als nur die reinen Bilddaten; im einzelnen sind folgende Bestandteile in einer Bilddatei enthalten:

- die eigentlichen Bilddaten in voller Auflösung;
- ein Vorschaubild (Thumbnail) in deutlich kleinerer Auflösung, welches entsprechend schneller angezeigt werden kann. Dieses kann sogar in einem anderen Format gespeichert sein; so enthalten große raw-Dateien häufig ein Vorschaubild in jpeg;
- Metadaten zu dem Bild; hier sind verschiedene Verfahren gebräuchlich, etwa Exif-Metadaten (vgl. 4.4.1.1) oder IPTC (vgl. 4.4.1.3).

Somit besteht eine Bilddatei intern aus einer durchaus komplexen Struktur, in 4.4.6.6 ist dies am Beispiel eines raw-Formates genauer erläutert. Ein weiteres – momentan das wichtigste – Format wird hier anhand des Exif-Standards vorgestellt (vgl. 4.4.1.1). Hierin werden auch die Exif-Metadaten spezifiziert.

4.4.1.1 Exchangeable Image File Format (Exif)

Das am stärksten verbreitete Format für Bilddaten ist Exif, das *Exchangeable Image File Format*.

Exif ist ein Standard, der durch die JEITA (Japan Electronics and Information Technology Industries Association) definiert wird. Prinzipiell gibt es Exif-Spezifikationen für Bild- und für Audiodateien, hier wird nur der erste Fall betrachtet.

Die Exif-Spezifikation besteht im Wesentlichen aus drei Bereichen:

- die Festlegung der Struktur der Bilddaten einschließlich möglicher Thumbnails;
- die Bestimmung von speziellen Tags;
- die Definition und Verwaltung von Versionsinformationen.

Die reinen Bilddaten können dabei komprimiert im jpeg-Format (vgl. 4.4.4) oder unkomprimiert als tiff (vgl. 4.4.2) abgelegt werden, wobei – wie auch bei manchen raw-Formaten, siehe 4.4.6.6 – die durch tiff Rev. 6 festgelegte Dateistruktur auch im Falle der jpeg-Daten verwendet wird.

Tag-ID	Bedeutung des Tags
0x100	Bildbreite
0x101	Bildhöhe
0x103	Kompression
0x112	Orientierung des Bildes
0x132	Datum und Uhrzeit
0x10E	Bildbeschreibung
0x8298	Copyright
0x9000	Exif-Version
0xA001	Verwendetes Farbprofil (1 = sRGB)
0x927C	Hersteller-Notizen

Tabelle 4.3:
Beispiele für Exif-Tags

Ein Exif-Tag ist nichts weiter als die Festlegung, dass an einer speziellen Position der Datei eine gewisse Information codiert ist. Beispielsweise wird im Tag mit der Identifikationsnummer (ID) 36.864, hexadezimal 0x9.000, die Exif-Version als Folge von vier ASCII-Zeichen abgelegt, momentan 0221. Exif definiert zahlreiche dieser Tags, die Daten zur Aufnahme kennzeichnen, etwa die verwendete Blende und die Belichtungszeit. Hinzu kommen frei wählbare Tags, etwa um Kommentare in die Bilddatei zu integrieren (ein einfaches und sinnvolles Verfahren, um Urheberrechte zu wahren, vgl. 10.1.2).

Der neueste Standard, Exif 2.21, implementiert einige Neuerungen gegenüber 2.2, darunter die Verwendung eines einfachen Tags von zwei Byte Länge für den Farbraum anstelle der Integration des ganzen ICC-Profils (vgl. 6.5 und 9.1.5). Somit wird statt der Integration des Farbprofils nur mit einer Referenz auf das Farbprofil gearbeitet, woraus deutlich kleinere Bilddateien trotz Colormanagements ermöglicht werden. Hier steht der Wert 1 für sRGB, während 0xFFFF eine Datei ohne Farbmanagement kennzeichnet. Tabelle 4.3 zeigt einige typische Exif-Tags.

Exif-Tags werden von allen gängigen Bildbearbeitungsprogrammen angezeigt, auch von den momentan sehr beliebten Webgalerien (vgl. 9.3) wie pbase, ferner gibt es zahlreiche freie und gute Exif-Reader ^{web} (Abbildung 4.34). Die verbreitete Galerie gallery (siehe 9.3.3) beispielsweise verwendet das Open-Source-Programm jhead zum Auslesen der Exif-Informationen. Photoshop zeigt Exif-Daten unter Datei|Datei-Informationen an.

Allerdings ist zu beachten, dass Kamerahersteller gerne einzelne Exif-Felder für eigene, proprietäre Zwecke entgegen dem Standard verwenden, wodurch sich Fehlinformationen ergeben können.

Abbildung 4.34:
Auslesen von Exif-Tags (links, ExifReader) und IPTC-Tags (rechts, Nikon View)

4.4.1.2 Design Rule for Camera File System (DCF)

Ein weiterer durch die JEITA definierter Standard ist DCF – *Design Rule for Camera File System*. Während Exif die genaue Struktur von Bilddateien in verschiedenen Formaten festlegt, ist DCF ein Standard, der allgemeine Regeln für das Abspeichern und Einlesen digitaler Bilddateien vorgibt, etwa Nomenklaturen für Dateinamen und die Struktur von Verzeichnissen für Bilddaten. Es ist also ein Standard, der den Datenaustausch zwischen den verschiedenen Geräten festlegt.

Einige der DCF-Regeln, aktuell ist die Version 2.0, sollen hier kurz vorgestellt werden:

- Verzeichnisstruktur: Auf einem Datenträger für Bilddaten gibt es das Verzeichnis DCIM (Digital Camera Images Folder) direkt unter dem Root-Verzeichnis des Datenträgers. Darunter sind weitere Verzeichnisse für Bilddaten anzuordnen.

- Verzeichnisnamen haben eine maximale Länge von acht Zeichen, wovon die ersten drei numerische Werte zwischen 100 und 999 sind.

- Dateinamen bestehen aus acht Zeichen und einem Suffix, wobei die acht Zeichen aus vier alphanumerischen Zeichen gefolgt von vier numerischen Zeichen – der Bildnummer – bestehen. Die Dateiendung ist je nach Komprimierung etwa .JPG. Für Thumbnail-Dateien ist die Endung .THM reserviert.

- DCF definiert ferner DCF-Objekte; dies sind Gruppen von Dateien, die die gleiche Aufnahme codieren. Diese Gruppe von Dateien ist dadurch gekennzeichnet, dass es sich um Dateien im gleichen Ordner mit der gleichen Bildnummer handelt – es können also maximal die ersten vier Zeichen und die Dateiendung unterschiedlich sein. Ein Objekt kann beispielsweise aus der Datei ABCD0001.JPG und dem Thumbnail THUM0001.THM bestehen.

- Optional Files sind für die intensivere Anwendung in der Bildbearbeitung, insbesondere für ein umfassenderes Colormanagement (vgl. 6.5) gedacht. Hier kann der Farbraum ergänzend spezifiziert werden (für sRGB nicht sinnvoll). Diese Dateien haben im Dateinamen als erstes Zeichen zwingend den Unterstrich _.

Damit ist ein einfaches, standardisiertes und effizientes Verwalten der Bilddateien möglich.

Viele moderne Digitalkameras halten sich inzwischen an die Vorgaben der JEITA, allerdings meistens noch nach etwas älteren Versionen dieser Standards.

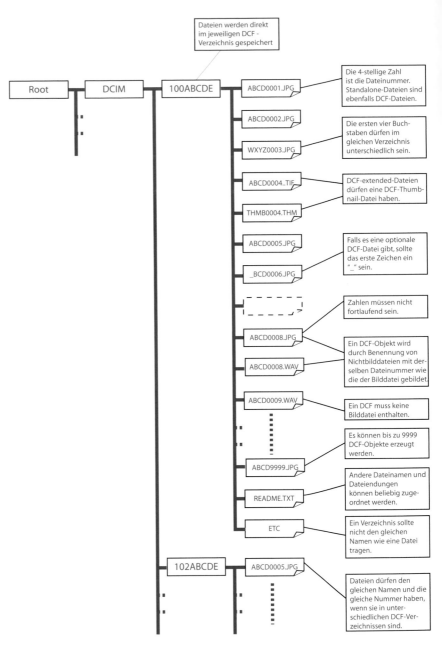

Abbildung 4.35:
Schema der Dateiablage und
-bezeichnung nach DCF 2.0

4.4.1.3 IPTC

Ein ähnliches Ziel wie die Metadaten von Exif verfolgt der *IPTC-Standard*
(International Press Telecommunications Council), der gegenüber Exif noch

freier definiert ist. Auch diese Metadaten enthalten die eigentlichen Aufnah-medaten, hinzu kommen weitere selbstdefinierte Informationen, um etwa die gezielte Suche nach Stichworten zu ermöglichen. Die Exif-Metainformationen werden kameraseitig während der Aufnahme in die Bilddatei integriert, wäh-rend IPTC-Informationen beim Transfer der Daten von der Kamera zum Rech-ner ergänzt werden; dabei werden die Aufnahmedaten aus den vorhandenen Exif-Daten generiert, während die ergänzenden Metainformationen über die Software integriert werden müssen.

4.4.2 tiff

tiff steht für *Tagged Image File Format,* ein pixelorientiertes Dateiformat, wel-ches von der Firma Aldus (inzwischen von Adobe übernommen) eingeführt wurde. tiff ist ein plattformunabhängiges Format für die Druckvorstufe. tiff-Dateien können wesentliche Zusatzinformationen enthalten, etwa Metadaten (IPTC-Informationen nach 4.4.1.3), Thumbnail und den verwendeten Farb-raum.

Dieses Format komprimiert nur sehr schwach (verlustfrei), was zu großen Da-teien, aber auch einer hochwertigen Wiedergabe führt.

In Abschnitt 4.5.1 wird für tiff – und für jpeg – an einem Beispiel gezeigt, wel-che Dateigrößen typischerweise damit entstehen; auch wird dort auf die 8- und die 16-bit-Codierung von tiff genauer eingegangen.

4.4.2.1 Aufbau einer tiff-Datei

Eine *tiff-Datei* besteht im Wesentlichen aus drei Bestandteilen:

- dem Header, der Informationen zur gesamten Datei enthält wie etwa die verwendete tiff-Version und die Prozessorplattform (Intel-CISC oder Moto-rola-RISC-Format);
- Image File Directories (IFD): Ein IFD besteht aus einer Liste von Tags der Größe 12 Byte, welche den nachfolgenden Datenblock beschreiben und auf das nächste IFD oder das Dateiende verweisen;
- zu jedem IFD kann es einen (oder keinen) Datenblock geben, dessen Größe im zugehörigen IFD festgelegt wird.

Dieses erfolgreiche und universelle Format wird in leichter Abwandlung auch für raw-Dateien (vgl. 4.4.6.6) verwendet und ist ideal mit dem Exif-Standard (vgl. 4.4.1.1) kombinierbar.

tiff erlaubt eine Datentiefe von 1, 8, 16, 24 oder 32 bit je Pixel. Aktuell ist inzwischen die Version 7 (Rev. 7) des tiff-Standards.

4.4.3 gif und png

gif und png sind Grafikformate, die insbesondere für den Einsatz im Internet beliebt sind (vgl. 9.1.5).

Das *Graphics Interchange Format* (gif) ist ein Dateiformat für die verlustfrei komprimierte Codierung von Bildern mit geringer Farbtiefe, also mit nur wenigen, konkret höchstens 256 verschiedenen Farben. gif verwendet dafür eine Farbpalette indizierter Farben. Wichtig ist, dass ein Farbwert dabei die Transparenz sein kann. Die Stärke von gif ist die kleine resultierende Dateigröße, weshalb dieses 1987 von CompuServe eingeführte Format während der frühen Entwicklung des Internets sehr beliebt war. Als problematisch hat sich der von gif verwendete Komprimierungsalgorithmus LZW (Lempel-Ziv-Welch-Algorithmus) erwiesen, da hieraus die Firma Unisys Patentrechte hat, die allerdings inzwischen sowohl in den USA als auch in Deutschland ausgelaufen sind. Dennoch hat dies zur weitgehenden Elimination von gif aus vielen freien Softwareprojekten geführt. Eine Besonderheit von gif ist die beliebte Möglichkeit, animierte Grafiken darzustellen.

png steht für *Portable Network Graphics* und ist ein ebenfalls für den Einsatz im Internet beliebtes Grafikformat. png ist heute der Nachfolger des gif-Formats und kommt ohne den LZW-Algorithmus aus. Außerdem bietet png gegenüber gif weitere Vorteile, insbesondere ist png nicht auf 256 Farben beschränkt und kann auch einen Alpha-Kanal für transparente Bereiche enthalten (PNG-8 verwendet 256 Farben, PNG-24 True-Color-Farben mit 8 bit je Farbkanal).

Etwas mehr zum Einsatz von gif und png im Web ist in 9.1.5 enthalten.

4.4.4 jpeg

jpeg ist das am stärksten verbreitete Dateiformat im Bereich der digitalen Fotografie. Dies liegt an der besonders guten Relation der Bildqualität in Bezug auf die Dateigröße. Selbst die aktuelle Generation von Mobiltelefonen mit integrierter Kamera verwendet jpeg.

jpeg ist die Abkürzung für *Joint Photographic Experts Group,* ein spezielles Gremium der International Telecommunication Union (ITU). jpeg wird heute aber häufig direkt mit dem entsprechenden Dateiformat identifiziert. jpeg-Dateien werden im JFIF-Format (jpeg File Interchange Format) abgespeichert, haben aber die Dateiendung .jpeg oder – DOS-konform – .jpg.

Technisch beruht jpeg auf einer verlustbehafteten Kompression (vgl. [Wal03]), der diskreten Kosinustransformation (DCT).

Trotz verlustbehafteter Komprimierung eignet sich jpeg durchaus als Format für die Bildverarbeitung, wenn stets mit der gleichen Komprimierungsstufe gearbeitet wird; Adobes Photoshop erkennt entsprechend die Komprimierung einer jpeg-Datei und behält diese standardmäßig bei.

4.4.4.1 Die diskrete Kosinustransformation (DCT)

Die *diskrete Kosinustransformation* wurde erstmals 1974 von Ahmed, Natarajan und Ray vorgestellt und hat sich insbesondere für die effektive Transformation von Bilddaten zur Komprimierung bewährt. Zu unterscheiden ist die Vorwärtstransformation FDCT und die Rücktransformation IDCT.

Für die FDCT wird das Bild in quadratische Blöcke aus 8×8 Bildpunkten f_{ij} zerlegt. Diese 64 Bildpunkte des Ausgangsquadrats transformieren sich in die 64 DCT-Koeffizienten F_{xy} durch die FDCT, während die IDCT umgekehrt die Transformation von den DCT-Koeffizienten F_{xy} in die Bildpunkte f_{ij} leistet:

$$(f_{ij}) = \begin{pmatrix} f_{00} & f_{01} & f_{02} & f_{03} & f_{04} & f_{05} & f_{06} & f_{07} \\ f_{10} & f_{11} & f_{12} & f_{13} & f_{14} & f_{15} & f_{16} & f_{17} \\ f_{20} & f_{21} & f_{22} & f_{23} & f_{24} & f_{25} & f_{26} & f_{27} \\ f_{30} & f_{31} & f_{32} & f_{33} & f_{34} & f_{35} & f_{36} & f_{37} \\ f_{40} & f_{41} & f_{42} & f_{43} & f_{44} & f_{45} & f_{46} & f_{47} \\ f_{50} & f_{51} & f_{52} & f_{53} & f_{54} & f_{55} & f_{56} & f_{57} \\ f_{60} & f_{61} & f_{62} & f_{63} & f_{64} & f_{65} & f_{66} & f_{67} \\ f_{70} & f_{71} & f_{72} & f_{73} & f_{74} & f_{75} & f_{76} & f_{77} \end{pmatrix} \overset{\text{FDCT/IDCT}}{\longleftrightarrow} (F_{xy}) = \begin{pmatrix} F_{00} & F_{01} & F_{02} & F_{03} & F_{04} & F_{05} & F_{06} & F_{07} \\ F_{10} & F_{11} & F_{12} & F_{13} & F_{14} & F_{15} & F_{16} & F_{17} \\ F_{20} & F_{21} & F_{22} & F_{23} & F_{24} & F_{25} & F_{26} & F_{27} \\ F_{30} & F_{31} & F_{32} & F_{33} & F_{34} & F_{35} & F_{36} & F_{37} \\ F_{40} & F_{41} & F_{42} & F_{43} & F_{44} & F_{45} & F_{46} & F_{47} \\ F_{50} & F_{51} & F_{52} & F_{53} & F_{54} & F_{55} & F_{56} & F_{57} \\ F_{60} & F_{61} & F_{62} & F_{63} & F_{64} & F_{65} & F_{66} & F_{67} \\ F_{70} & F_{71} & F_{72} & F_{73} & F_{74} & F_{75} & F_{76} & F_{77} \end{pmatrix}$$

Die 64 Bildpunkte des Ausgangsquadrats f_{ij} transformieren sich in die 64 DCT-Koeffizienten F_{xy} gemäß der Beziehung

$$F_{xy} = \frac{C(x) \cdot C(y)}{4} \cdot \sum_{i=0}^{7} \sum_{j=0}^{7} f_{ij} \cos\left(\frac{(2i+1) \cdot x \cdot \pi}{16}\right) \cdot \cos\left(\frac{(2j+1) \cdot y \cdot \pi}{16}\right)$$

wobei der Koeffizient $C(n)$ gegeben ist durch

$$C(n) = \begin{cases} \frac{1}{\sqrt{2}}, \text{ falls } n = 0 \\ 1, \text{ falls } n \neq 0 \end{cases}$$

Die FDCT erhöht von links nach rechts die Frequenz der horizontalen, von oben nach unten die Frequenz der vertikalen Abtastung. Typischerweise sind aber die Koeffizienten für die höheren Frequenzen – wenn sich das Bild nicht stark ändert – vernachlässigbar, weshalb wenige Koeffizienten F_{xy} für eine hinreichend gute Beschreibung des Bildes ausreichen.

$$(F_{xy}) = \begin{pmatrix} \mathbf{967,5} & -6,3 & -10,7 & -2,7 & -1,2 & -1,1 & -1,3 & 0,1 \\ \mathbf{-163,4} & \mathbf{-71,3} & 1,8 & 4,2 & -1,8 & 2,9 & 0,2 & -1,6 \\ \mathbf{55,8} & 13,6 & -1,2 & 2,3 & -0,6 & 2,0 & 0,7 & -0,6 \\ \mathbf{87,8} & -0,9 & -4,7 & 1,4 & 0,4 & -0,5 & -0,1 & 1,0 \\ \mathbf{38,0} & -12,9 & -7,0 & -1,3 & -0,6 & 0,1 & -0,3 & 1,0 \\ -7,6 & -0,4 & 0,8 & 2,6 & 0,6 & -1,9 & 0,1 & 2,1 \\ -14,7 & 1,4 & 4,1 & 1,2 & 0,0 & -0,3 & -0,2 & 1,1 \\ -22,3 & 5,0 & 4,3 & 1,3 & -0,6 & -0,5 & 0,2 & -0,3 \end{pmatrix}$$

Die umgekehrte Transformation berechnet sich aus den Koeffizienten F_{xy} gemäß der Beziehung

$$f_{ij} = \sum_{x=0}^{7} \sum_{y=0}^{7} \frac{C(x) \cdot C(y)}{4} \cdot F_{xy} \cos\left(\frac{(2i+1) \cdot x \cdot \pi}{16}\right) \cdot \cos\left(\frac{(2j+1) \cdot y \cdot \pi}{16}\right)$$

woraus ebenfalls ersichtlich ist, dass die Terme mit betragsmäßig kleinen Koeffizienten F_{xy} vernachlässigt werden können.

Da die Grenze, ab welcher bei diesem Verfahren kleine Koeffizienten vernachlässigt werden können, flexibel ist, kann für jpeg ein Komprimierungsgrad frei gewählt werden; je stärker komprimiert wird, desto kleiner wird die Bilddatei – aber desto schlechter wird auch die Bildqualität. Es kommt dann verstärkt zum Auftreten von jpeg-Artefakten (vgl. 8.10.3).

Nebenbei sei noch bemerkt, dass jpeg-Dateien stets mit der gleichen Magic Number beginnen: `0x FF D8 FF E0 00 10 4A 46 49 46 00 01`.

4.4.4.2 jpeg2000

Die modernere, allerdings noch nicht sehr verbreitete Form von jpeg ist der *jpeg2000-Standard*. So ist Adobes Photoshop erst seit der neuesten Version CS jpeg2000-fähig. jpeg2000 verwendet mit der Wavelet-Transformation (DWT) ein wesentlich moderneres Transformationsverfahren.

jpeg2000 ist relativ rechenintensiv, bietet aber eine sehr gute Qualität bei kleiner Dateigröße. Die meisten Browser unterstützen jpeg2000 momentan noch nicht; Dateisuffix ist die Endung `.jp2`.

jpeg2000 hat gegenüber dem bisherigen jpeg einige Vorteile, so unterbleiben die typischen jpeg-Artefakte (vgl. 8.10.3); eine Unterstützung von Transparenz ist damit ebenfalls gegeben.

4.4.5 Bitmap

Bitmap ist ein unter Windows verbreitetes Dateiformat mit dem Suffix `.bmp`. Dabei handelt es sich um ein einfaches, effizientes Grafikformat, welches mittels eines Rasters aus Bildpunkten arbeitet. Im Einzelnen besteht eine Bitmap-Datei aus vier Bestandteilen:

- dem Header, welcher die Dateilänge sowie den Abstand zwischen Dateianfang und Datenanfang enthält;
- dem Information Header mit Angaben zum Bild wie Bildgröße und Anzahl der verwendeten Farben;
- der Farbpalette;
- den eigentlichen Bilddaten.

Bitmaps können über die Farbpalette mit indizierten Farben arbeiten (vgl. 9.1.3); in diesem Fall wird eine Farbtiefe von 1, 4 oder 8 bit verwendet, welche ein Verweis auf die indizierten Farben ist. Im Falle einer ebenfalls möglichen Farbtiefe von 24 bit kommen keine indizierten Farben und damit keine Farbpalette zum Einsatz.

4.4.6 Digitale Rohformate: raw

Die bisher behandelten Formate wie tiff und jpeg sind universelle, standardisierte und teilweise komprimierte Dateiformate. Sie können mit praktisch jeder Software zur Bildbearbeitung weiterverarbeitet werden. Auf der anderen Seite müssen die Daten, die der lichtempfindliche Chip nach 4.2 liefert, in diese Formate umgewandelt werden. Dies bedeutet zwangsläufig ein Qualitätsverlust und ein Verlust an Weiterbearbeitungsmöglichkeiten.

Der Gedanke liegt deshalb nahe, die digitalisierten Rohdaten des Chips direkt abzuspeichern und erst nachträglich in eines der verbreiteten Formate umzuwandeln. Ein wesentlicher Vorteil dieses Verfahrens ist etwa, dass zunächst kein Weißabgleich (vgl. 6.6) notwendig ist; dieser kann nachträglich optimal gewählt werden. Auch sind diese Rohdaten nicht in einen speziellen Farbraum (vgl. 6.2) konvertiert, sondern noch völlig offen für die Weiterverarbeitung.

Generell gilt für Rohdateien:

- Nur die höherwertigen (und damit höherpreisigen) Kameramodelle der verschiedenen Hersteller bieten momentan die Möglichkeiten, Rohdateien zu erzeugen.

  Diese Dateien enthalten die Rohinformation der einzelnen Bildpunkte des Sensors ohne Verarbeitung. Entsprechend ist noch kein Weißabgleich (vgl. 6.6) oder keine kameraseitige Schärfung vorgenommen; die Kameraeinstellungen werden mit dem Bild an sich gespeichert und können dann von einem geeigneten Programm verarbeitet, aber auch noch angepasst werden.
- Je Pixel werden meistens 12 bit an Bildinformation (Farbtiefe) gespeichert.
- Rohdateien sind verhältnismäßig (im Vergleich zu jpeg, nicht im Vergleich zu tiff) groß; eine 6-Megapixel-Kamera erzeugt Rohdateien von rund 10 MB, da 12 bit $\times$ 6 Megapixel = 9 MB.

4.4.6.1 crw

Die hochwertigen Modelle des Herstellers Canon verwenden für die Rohdaten ein Fileformat der Bezeichnung *crw* bzw. dessen Nachfolger, das Format cr2, das mit der Canon EOS 1D Mark II eingeführt wurde.

Canon bietet neben einer üblichen Viewer-Software speziell für das crw-Format die Software Canon Digital Photo Professional an.

4.4.6.2 nef

Nikon-Digitalkameras schreiben sogenannte *nef-Dateien* (nef: Nikon Electronic Image Format, Dateisuffix .nef). Die Struktur einer nef-Datei ist in 4.4.6.6 genauer beschrieben.

nef kann mit verschiedener Software weiterbearbeitet werden, wobei dem Produkt des Herstellers selbst, Nikon Capture, eine besondere Rolle zukommt.

4.4.6.3 Weitere raw-Formate

Neben den Formaten der Hersteller Canon und Nikon gibt es raw-Formate weiterer Hersteller. Dazu zählen:

- Fuji: Die Fuji-DSLR-Modelle S2 und S3 verwenden das hauseigene raf-Format.
- Kodak: dcr ist das raw-Format von Kodak.
- Konica-Minolta: Dieser Hersteller verwendet ein mrw-Format.
- Olympus: orf ist das raw-Format von Olympus.
- Sony: Das raw-Format von Sony trägt das Suffix srf.

Photoshop CS ist mit der aktuellen Version des raw-Plugins in der Lage, die meisten dieser proprietären raw-Formate zu verarbeiten, was nicht nur vom jeweiligen Format, sondern auch vom Kameramodell abhängig ist.

4.4.6.4 Ein universelles raw-Format: DNG

Wir haben nun schon gesehen, dass raw-Formate zahlreiche Vorteile haben, dass es sich auf der anderen Seite aber immer um proprietäre Formate handelt, obwohl ihre Struktur im Kern nicht stark differiert (4.4.6.6 zeigt, wie nah eine raw-Datei an den Standardformaten ist). Adobe hat deshalb einen Standard für raw-Dateien vorgeschlagen: DNG, das digitale Negativ.

Dieses einheitliche raw-Format ist in [Ado04] offen gelegt. Adobe bietet auch einen freien Konverter an, um die gängigen raw-Formate wie crw und nef in dng umzuwandeln. Photoshop CS ist mit dem raw-Plugin ab der Version 2.3 in der Lage, dng-Dateien zu lesen.

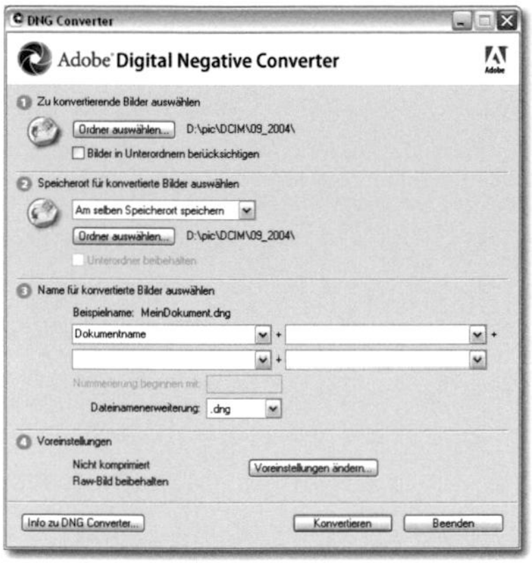

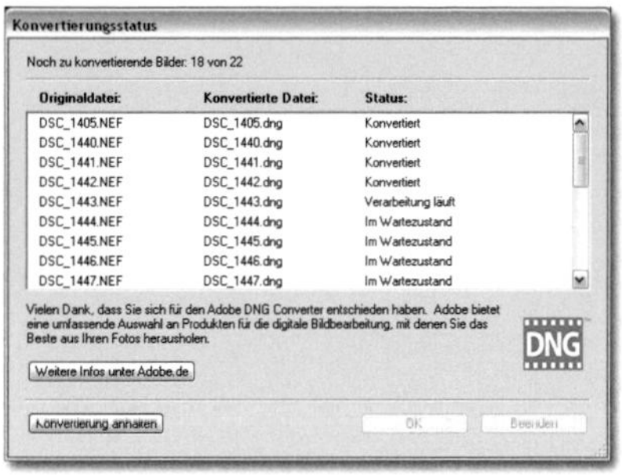

Abbildung 4.36:
DNG-Konverter von Adobe im
Einsatz

dng-Dateien sind allerdings in der Regel etwas (zwischen 10 % und 20 %) größer als die Ausgangsdateien. Der Konverter ist auch in der Lage, die Dateien
direkt verlustfrei zu komprimieren.

Zurzeit gibt es noch keine Kamera, welche dng-Dateien erzeugt. Die aktuellen
proprietären Strukturen der raw-Dateien könnten aber durch das neue Format
aufgebrochen werden, was einen großen Vorteil für den Anwender bedeuten
würde. Adobe sieht einen weiteren Vorteil in einer zukunftssicheren Archivierung durch DNG, empfiehlt allerdings momentan, auch die ursprünglichen
raw-Dateien zu archivieren.

4.4.6.5 Software für crw und nef

Aufgrund des Marktanteils der Hersteller sind die Formate crw und nef die am
stärksten verbreiteten raw-Formate, und entsprechend gibt es für diese ein vergleichsweise großes Angebot an Spezialsoftware.

Die Hauptaufgabe einer raw-Software ist stets die Überführung der Aufnahme-
datei in ein Standardformat, also jpeg oder tiff. Hierfür bieten alle Hersteller
eigene Programme an, die ihre proprietären Formate verarbeiten können, etwa Canon Digital Photo Professional, Nikon View und Sigma Photo Pro. Der
Leistungsumfang dieser Software wächst stetig mit jedem neuen Release, so
dass inzwischen zahlreiche Funktionen der Bildbearbeitungssoftware in den
raw-Programmen integriert sind; Nikon Capture ist ein Beispiel hierfür.

Die wichtigsten Softwareprodukte für raw, die mehr als nur einen Hersteller
berücksichtigen, sind momentan:

- C1 von Phase One [web] (vgl. 5.5);
- Adobe Photoshop CS mit dem zugehörigen raw-Plugin (vgl. 4.4.6.7);
- Bildeditor Bibble in der aktuellen Version 4.0 [web].

Eine weitere, auf die Korrektur von Abbildungsfehlern spezialisierte Software
zur raw-Konvertierung ist DxO Pro, die in 8.11 behandelt wird. Allerdings ist

keines dieser Produkte kostenfrei zu beziehen (zeitlich begrenzte Demoversionen sind aber verfügbar).

4.4.6.6 Aufbau einer typischen raw-Datei

Als charakteristisches Beispiel für eine raw-Datei soll hier das nef-Format diskutiert werden.

nef ist keineswegs ein völlig proprietäres Dateiformat, sondern entspricht dem tiff-Standard in der Version 6.0 (vgl. 4.4.2): Eine nef-Datei besteht dabei aus einer Menge von Image File Directories (IFD), die neben den eigentlichen Bilddaten auch Metadaten zur Beschreibung der Daten und der Aufnahmeparameter beinhalten. Eine nef-Datei enthält üblicherweise ein Bild, kann aber auch mehrere – etwa ein verkleinertes Thumbnail für eine schnelle Vorschau – enthalten. Hinzu kommen proprietäre Hersteller-Tags zur Beschreibung des Bildes.

Zentral ist die eigentliche Bildinformation, die bei der raw-Datei nicht interpoliert ist, sondern jeweils einen einzelnen RGB-Wert für jeden Bildpunkt nach dem Bayer-Mosaik enthält. Das Mosaik wird technisch durch ein Color Filter Array (CFA) umgesetzt, was nach den tiff-Spezifikationen möglich ist.

Nach dem obligatorischen Kopf einer nef-Datei folgen die Daten des ersten IFD mit Informationen wie

- Bildbreite;
- Bildhöhe;
- Kompression;
- Name des Kameraherstellers;
- Orientierung des Bildes;
- BitsPerSample: Anzahl der bits je Pixel;
- RowsPerStrip: Zeilen pro Block raw-Daten (typischerweise alle Zeilen);
- StripBytesCount: Größe in Bytes eines Rasterblocks;
- CFARepeatPatternDIM: Größe eines Patterns des Mosaiks, für ein Bayer-Mosaik 2,2, da dieses die Größe 2 × 2 Pixel hat;
- CFAPattern: Beschreibung das Patterns – für das Bayer-Mosaik einer Nikon D100 sind dies die Werte 1,0,2,1 für G-R-B-G; eine D70 verwendet hingegen 2,1,1,0 für B-G-G-R und die D2H 1,2,0,1 für G-B-R-G.

Dies sind nicht alle, aber wichtige und typische Parameter. Die letzten zwei beschreiben das CFA, und die drei davor sind für die eigentliche Kennzeichnung der Bilddaten zuständig.

Der CCD-Sensor einer Nikon D100 zeichnet Bilder der Größe 3.034 × 2.024 Pixel auf, entsprechende Werte haben die größenbeschreibenden Parameter der nef-Datei (die raw-Software benötigt die Randpunkte nur zur Interpolation, weshalb das verarbeitete Bild eine Größe von nur 3.008 × 2.000 Pixel hat). BitsPerSample hat den Wert 12, da jedes Pixel mit 12 bit digitalisiert wird. Daraus ergibt sich wiederum für den Parameter StripBytesCount ein Wert von

$$StripBytesCount = \frac{12 \cdot 2.024 \cdot 3.034}{8} \text{ Bytes} = 9.211.224 \text{ Bytes}$$

Neben den Bilddaten für das eigentliche Bild und mögliche Thumbnails enthält die nef-Datei noch Metadaten nach dem Exif-Standard und Metadaten des Herstellers; letztere sind die einzigen wirklich proprietären Daten der nef-Dateien. Zu diesen zählen neben weiteren Aufnahmeinformationen wie das verwendete Objektiv auch die Kameraeinstellungen zum Farbraum und zur Kontrastkurve.

4.4.6.7 raw mit Adobe Photoshop CS

Die aktuelle Version von Adobe Photoshop, Photoshop CS, beinhaltet Konverter, um raw-Dateiformate zu verarbeiten (für Photoshop 7 bot Adobe bereits ein kostspieliges Zusatztool an, welches neben einigen raw-Dateien auch jpeg2000 unterstützte). Abbildung 6.41 zeigt den raw-Konverter von Photoshop CS.

Adobe bietet auf der Internetseite [web] kostenfreie Updates für das raw-Plugin an, um die Software stets an die neuesten Kameramodelle anzupassen.

4.4.6.8 raw mit Phase One C1

Der aus dem professionellen Bereich bekannte Hersteller Phase One bietet, ausgehend von den raw-Daten seiner eigenen digitalen Rückteile großformatiger Kameramodelle, eine sehr effiziente und leistungsstarke Software zur raw-Konvertierung an: C1.

C1 kann die raw-Daten der aktuellen Kameramodelle der Hersteller Canon, Fuji, Nikon, Olympus und Pentax verarbeiten. Abbildung 4.37 zeigt die Software, die in Abschnitt 5.5 vorgestellt wird.

Abbildung 4.37:
Die Software C1 von Phase One

4.4.6.9 raw und Betriebssysteme

Die Auswahl an Software für raw-Formate ist insgesamt recht überschaubar. Neben dem Vorgestellten gibt es noch einige Viewer, welche raw-Dateien anzeigen und eine elementare Bildbearbeitung vornehmen können.

Interessant werden Ansätze, welche mit der von James Gosling eingeführten, plattformunabhängigen Programmiersprache Java umgesetzt werden. Erste Java-Bibliotheken zum Lesen etwa von nef sind im Bereich der Open-Source-Software inzwischen zu finden [web], so dass zu hoffen ist, dass es eine betriebssystemunabhängige Möglichkeit der raw-Nutzung, etwa auch auf Linux, künftig geben wird.

4.4.6.10 JENIFFER

Java bietet seit der Version 1.4.x des Software-Developmentkits auch zahlreiche nützliche Methoden zur Bildbearbeitung, etwa zum Auslesen von Exif-Metadaten. Auf dieser Basis wird in Zusammenarbeit mit MediaFotografie eine freie (Open-Source-)Software *JENIFFER* entwickelt: Java Extended NEF Image File Format EditoR. Mit dieser plattformunabhängigen Software können raw-Dateien angezeigt werden; dabei kann auch das jeweilige Interpolationsverfahren nach Abschnitt 4.2.12 frei gewählt werden.

 JENIFFER bietet eine plattformunabhängige und freie Möglichkeit, raw-Dateien mit verschiedenen Interpolationsverfahren zu betrachten.

Mehr zu JENIFFER ist auf der MediaFotografie-Site unter http://www.mediafotografie.de zu finden.

4.4.6.11 Nachteile von raw

Nach dem Lesen der letzten Abschnitte stellt sich die Frage, warum nicht alle Digitalaufnahmen direkt in raw aufgezeichnet werden. Hier liegt ein entscheidendes Problem: Die raw-Verarbeitung ist zwar die leistungsfähigste und flexibelste, aber auch die zeitaufwendigste. Da in vielen Bereichen unseres modernen Lebens der Faktor Zeit von zentraler Bedeutung ist (hierzu gibt es zahlreiche interessante Überlegungen, etwa [AKW98]), spricht auch vieles für die einfacheren Formate, insbesondere jpeg. Im folgenden Abschnitt 4.4.7 wird darauf noch etwas näher eingegangen.

Ein weiterer Unterschied zwischen raw und den kameraintern verarbeiteten Formaten liegt darin, dass die raw-Dateien stets die Messung aller Bildpunkte des Sensors beinhaltet, also keine Reduzierung der Auflösung für eine kleinere Dateigröße, wie in Tabelle 4.4 angegeben, erfolgen kann. Die Sigma SD-10 bildet hier allerdings eine Ausnahme.

4.4.7 Welches Format wofür?

Nun können moderne Kameras viele dieser Formate – und auch noch in verschiedener Qualität und Auflösung – abspeichern. Bleibt die Frage, welches Format wofür am besten geeignet ist.

Gegen tiff spricht allgemein, dass ausgesprochen große und unhandliche Dateien entstehen (freilich mit hoher Qualität). Ist eine weitere und vielleicht mehrfache Bildbearbeitung geplant, dann ist jpeg nicht optimal, da bei jedem Abspeichern eine neue, verlustbehaftete Komprimierung erfolgt. Die digitalen Rohformate liefern kleinere Dateien als tiff und lassen alle Freiräume der Bildbearbeitung – auch einen beliebigen Weißabgleich nach Abschnitt 6.6 – zu; allerdings benötigen sie auf jeden Fall vergleichbar dem Negativ eine Nachbearbeitung und sind damit nicht für ein schnelles Workflow geeignet. Möchte man hingegen nur ein einfaches Format für das Abspeichern eines „Schnappschusses", der keiner großen Nachbearbeitung bedarf und schnell zur Verfügung stehen soll, so ist die direkte Verwendung von jpeg ideal.

Wählen Sie das Dateiformat passend zum Anlass!

In Abschnitt 4.7 wird darauf noch einmal genauer eingegangen.

4.5 Das Pixel

Der grundlegende Begriff des Pixels bedarf noch einer genaueren Betrachtung, die auch den Bezug zur jeweiligen Dateigröße berücksichtigt.

Pixel ist ein Kunstwort aus PIcture ELement. Vom Computermonitor her ist uns dieser Begriff klar vorgegeben: Ein quadratisches „Anzeigeatom", welches einen bestimmten Farbwert in der entsprechenden Helligkeit anzeigt. Wir haben aber schon gesehen, dass die Situation bei der Digitalkamera deutlich komplizierter wird: Hier besteht der Sensor aus Pixeln, die nur die Information einer einzelnen Farbe aufnehmen; erst durch eine Interpolationsrechnung kommt jeder Bildpunkt zur vollen Information aller drei Farben.

Noch verwirrender wird es, wenn verschiedene Sensortypen betrachtet werden, insbesondere die SuperCCD und der Foveon X3-Chip (vgl. 4.2.5 und 4.2.7). Hier wird die Zahl der Pixel immer weniger vergleichbar, da diese Techniken andere Geometrien nutzen. Die Hersteller errechnen meist selbst eine hypothetische klassische Pixelzahl für Vergleichszwecke, die aber meistens zu optimistisch ist.

4.5.1 Pixel, Sensorgröße und Dateigröße

Betrachten wir einen klassischen CCD-Sensor mit Bayer-Mosaik, den der Nikon D100 (Abbildung 4.13). Tabelle 4.4 zeigt die Grunddaten des Sensors, der von Sony hergestellt wird.

Tabelle 4.4:
CCD der Nikon D100

Bereich	Anzahl Bildpunkte
Sensor insgesamt	6,31 Millionen Bildpunkte, davon 6,11 Millionen effektiv
Aufnahmeformat groß (large)	3.008 × 2.000
Aufnahmeformat mittel (medium)	2.240 × 1.488
Aufnahmeformat klein (small)	1.504 × 1.000

Zu bemerken ist an dieser Stelle, dass die Kamera zunächst stets Bilder in der vollen Auflösung erstellt und diese durch Umkehrung eines Interpolationsverfahrens herunterrechnet; durch dieses Downsizing entstehen hochwertigere Bilder als bei Aufzeichnung mit der kleineren Pixelzahl und normaler Interpolation.

Die CCD hat 6,31 Millionen Bildpunkte, wovon jeder mit dem Bayer-Mosaik (vgl. 4.2.4) eine der drei Grundfarben Rot, Grün oder Blau aufzeichnet. Aufgrund der Interpolationsrechnung erzeugt die Kamera daraus in ihrer hohen Auflösung 3.008 × 2.000 = 6,11 Millionen Pixel, die die volle Farbinformation enthalten. Der Randbereich des Sensors wird dabei nur für die Interpolation verwendet und fehlt in den verarbeiteten Formaten jpeg und tiff; die raw-Dateien enthalten hingegen die Information aller tatsächlicher und nicht nur der effektiven Pixel, also hier im Beispiel 6,31 Millionen Bildpunkte (mehr zum Aufbau einer raw-Datei in 4.4.6.6).

Die Kamera codiert den Messwert jedes ihrer Bildpunkte mit einer Farbtiefe (Graustufenauflösung) von 12 bit, welche für die normalen Dateiformate wie tiff-8 oder jpeg auf 8 bit heruntergerechnet werden muss; dies bedeutet konkret, dass die letzten 4 bit der Messung einfach gestrichen werden, also eine ganzzahlige Division mit $2^4 = 16$.

Damit ergeben sich folgende Informationsmengen:

- Die raw-Datei im nef-Format enthält vor der Interpolationsrechnung alle Bildpunkte, also

$$6,31 \text{ Millionen} \times 12 \text{ bit}$$

Damit ist die nef-Datei rund 9,4 MB groß. Die nef-Datei enthält stets die Information aller Bildpunkte, um die volle Weiterverarbeitung zu gewährleisten, es gibt also im Gegensatz zu den anderen Formaten keine in der Auflösung reduzierten Varianten.

nef-Dateien können noch direkt bei der Aufnahme – also vor ihrer Abspeicherung – komprimiert werden. Hierbei handelt es sich im Gegensatz zu jpeg um eine verlustfreie Komprimierung, so dass die vollständige Ausgangsdatei wieder erzeugt werden kann. Der Komprimierungsgrad schwankt je nach Aufnahme, üblicherweise haben die komprimierten Dateien rund 60 % der Größe der Ausgangsdatei.

Die Farbtiefe, mit welcher jeder Bildpunkt des Sensors aufgelöst wird, ist allerdings nicht standardisiert. Die hier zugrunde gelegten 12 bit gelten für die Nikon-Modelle und sind weithin üblich. Digitale Rückteile für Mittelformatkameras, welche meistens CCD-Sensoren von Kodak haben, bieten eine noch größere Farbauflösung von 16 bit (je Farbkanal).

- Die tiff-8-Datei basiert auf den 6 Millionen interpolierten Pixeln, welche jeweils die Information dreier Grundfarben mit einer Farbtiefe (Auflösung) von 8 bit enthalten, also

$$3 \times 6,11 \text{ Millionen} \times 8 \text{ bit}$$

Im Falle von tiff-16 werden je Pixel und Farbe nicht 8 bit, sondern 16 bit verwendet, wodurch eine Datei der doppelten Größe entsteht.

Die Dateigröße im Falle eines 6-Megapixel-Sensors liegt für tiff-8 damit bei 17 MB, für tiff-16 bei 34 MB.

- Die jpeg-Datei basiert genauso wie die tiff-Datei auf den 6 Millionen Bildpunkten mit Informationen zu drei Grundfarben in 8 bit Auflösung, allerdings ist diese Information nach dem in Abschnitt 4.4.4 beschriebenen Verfahren komprimiert. Dadurch ergeben sich näherungsweise die in Tabelle 4.5 aufgeführten Dateigrößen. Bei jpeg schwankt natürlich die Dateigröße je nach der Aufnahme, da der Komprimierungsgrad (das Verhältnis der Dateigrößen der komprimierten zur ursprünglichen Datei) unterschiedlich ist.

Komprimierung	Dateigröße
fine	2,8 MB
normal	1,5 MB
basic	0,77 MB

Tabelle 4.5:
jpeg-Dateigrößen bei voller Auflösung einer 6-Megapixel-Kamera

Zur jeweiligen Bildinformation kommen noch Metainformationen – etwa durch Exif – hinzu, so dass die jeweiligen Dateien noch etwas größer sein können.

4.5.1.1 Software zur Umwandlung nach tiff-16

Mit der modernen, unter 4.4.6 aufgeführten Software wie Adobe Photoshop CS oder Nikon Capture 4 können nef-Dateien problemlos nach tiff-16 umgewandelt werden. Kameraseitig ist eine derartige Umwandlung nicht möglich.

4.5.1.2 Übersicht über die Dateigrößen

Somit sind der Aufbau und die Größen der verschiedenen Dateiformate verständlich. Bei der Überlegung der Vor- und Nachteile des jeweiligen Formats ist auch zu bedenken, dass größere Dateien durch die Kamera langsamer auf das Speichermedium geschrieben werden.

Für das Beispiel der Nikon D100 ergibt sich die Übersicht nach Tabelle 4.6 nach [Nik02], wobei die Anzahl der Aufnahmen auf eine 96-MB-CF-Karte und die Gesamtzeit zur Speicherung des gesamten Kamerapuffers (4 Aufnahmen für nef, 5 Aufnahmen für tiff-large und 6 Aufnahmen für alle anderen) angegeben sind.

Tabelle 4.6:
Dateigrößen für die Nikon D100,
Gesamtübersicht

Datei-format	Auflösung und Komprimierung	Dateigröße	Anzahl auf 96 MB	Speicherzeit für Puffer
nef	nef ohne Komprimierung	9,4 MB	9	66 s
nef	nef mit Komprimierung	5,2 MB	13	178 s
tiff	large	17,3 MB	5	217 s
tiff	medium	9,5 MB	9	147 s
tiff	small	4,3 MB	20	67s
jpeg	large, fine	2,9 MB	28	30 s
jpeg	medium, fine	1,6 MB	50	18 s
jpeg	small, fine	770 kB	106	9 s
jpeg	large, normal	1,5 MB	55	21 s
jpeg	medium, normal	850 kB	97	11 s
jpeg	small, normal	410 kB	198	6 s
jpeg	large, basic	770 kB	106	10 s
jpeg	medium, basic	440 kB	181	8 s
jpeg	small, basic	220 kB	349	5 s

Ein konkretes Beispiel zeigt Abbildung 4.38: Das gleiche Ausgangsbild (nef-Datei) nimmt je nach Dateiformat zwischen 35 MB (tiff-16) und 179 kB (jpeg mit starker Komprimierung) Speicherplatz ein – wobei keineswegs die größte Datei die beste ist (dies ist stets die raw-Datei, da sie alle Daten in ihrer Ausgangsform enthält).

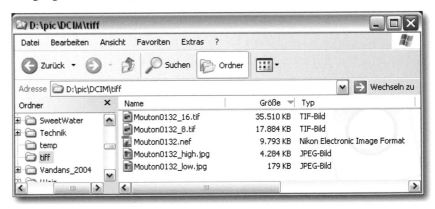

Abbildung 4.38:
Unterschiedliche Dateiformate des
gleichen Bildes

4.6 Auflösung

Bisher wurde der Begriff der Auflösung nur intuitiv verwendet und nicht erklärt, was hier nachgeholt wird. Ausführliches hierzu ist insbesondere in [Wal04] zu finden.

Die *Auflösung* ist in der digitalen Fotografie ein zentraler, die Bildqualität beschreibender Begriff. In [Wal04, S. 29] wird Auflösung definiert „als die Zerlegung einer Informationsmenge in getrennt wahrnehmbare Elemente oder als das Vermögen, dicht an dicht liegende Objekte als eigenständig zu erfassen." Letztlich geht es immer um die Frage, wie viel Information in welchem räumlichen Abstand zueinander codiert wird.

Wichtig und bereits an mehreren Stellen (etwa 2.6.1) angesprochen ist der Begriff des Linienpaars: Ein Strichmuster von schwarzen Linien besteht genau betrachtet jeweils alternierend aus schwarzen und weißen Linien, weshalb hier von einem Linienpaar gesprochen wird. Dazu werden drei Begriffe verwendet, die alle auf das Längenmaß Inch (Inch: internationales/englisches Zoll, 1 Inch = 2,54 cm) bezogen sind:

- ppi: Pixel per Inch beschreibt die Anzahl der Bildpunkte auf einem Inch. Diesem Maß kommt in der digitalen Fotografie eine bestimmende Bedeutung zu (vgl. 4.6.1).
- dpi: Dots per Inch kennzeichnet die Anzahl der maximal adressierbaren Punkte. dpi ist größer als ppi, da etwa beim Druckprozess für einen blauen Bildpunkt in der subtraktiven Farbmischung zwei Punkte im Druck aus den CMYK-Grundfarben notwendig sind. dpi ist insbesondere für die Beschreibung der Leistung von Laserdruckern gebräuchlich. Die Auflösung von Scannern wird auch mit dpi angegeben, was in diesem Fall aber ppi entspricht. dpi gibt keine Information zum Umgang mit Halbtonwerten, wie sie Scanner und Monitore verarbeiten, weshalb diese Maßzahl heute vorwiegend bei Druckern eingesetzt wird.
- lpi: Lines per Inch steht für das Auflösungsvermögen von Ausgabegeräten. Dieser Wert beschreibt, wie viele Rasterpunkte auf einem Inch untergebracht werden können, es ist also ein Maß für die reale Auflösung etwa eines Druckers. Ein solcher Rasterpunkt besteht je nach Abstufung aus mehreren Pixeln, weshalb der lpi-Wert der kleinste der Auflösungswerte ist.

In [Dol02] ist eine umfangreiche Untersuchung der Auflösung moderner Drucker, Scanner und Monitore enthalten.

Die Auflösung des menschlichen Auges mit einer normalen Sehschärfe beträgt übrigens bei einem Sichtabstand von 1 Meter rund 90 dpi; bei 25 cm Sichtabstand sind es bereits 350 dpi (mehr dazu auch in [Wal04]). Wichtig in diesem Zusammenhang sind auch die prinzipiellen Schranken der Auflösung, die durch das Nyquist-Shannon-Abtasttheorem (vgl. 4.2.9.1) gegeben sind.

4.6.1 Bildauflösung

Die klassischen Größen dpi, ppi und lpi sind zentral für die Druckvorstufe – im Bereich der Digitalfotografie genügt häufig eine einfachere Betrachtung.

Das „digitale Atom", aus welchem sich letztlich jedes Digitalbild aufbaut, ist das Pixel; die Größe, in welcher das Bild etwa auf einem Monitor oder einem

Ausdruck dargestellt wird, ist hingegen beliebig, so dass die Qualität des Bildes über die absolute Anzahl der Pixel gemessen werden kann. Entsprechend wird die Qualität durch die Zahl der horizontalen und vertikalen Pixel oder meist sogar direkt nur durch deren Produkt angegeben.

Für Ausdrucke hingegen ist die Zahl der Pixel je Längeneinheit, ppi, das aussagekräftige Maß.

Je nach angestrebtem Qualitätsniveau kann die notwendige Datenmenge empfohlen werden. Es gelten unter der Annahme quadratischer Pixel die Werte nach Tabelle 4.7.

Tabelle 4.7:
Notwendige Pixelzahl für hochwertigen Ausdruck

Pixelzahl	Sensorgröße	gute Qualtät	ausreichende Qualität
1,5 Megapixel	1.024 × 1.360	9 × 13	10 × 15
2,1 Megapixel	1.200 × 1.600	10 × 15	13 × 18
3,1 Megapixel	1.536 × 2.048	13 × 18	20 × 30
4,3 Megapixel	1.800 × 2.400	20 × 30	30 × 45
6,0 Megapixel	2.008 × 3.032	30 × 45	40 × 50

Tabelle 4.7 beruht auf praxisbewährten Angaben moderner Labore für die Entwicklung von Digitalbildern auf Fotopapier und geht von etwa 250 ppi für hochwertige und 150 ppi für ausreichende Bildqualität aus (vgl. 6.5.6).

Die hier gemachten Angaben gehen wie üblich wieder von einem Sensor mit Bayer-Mosaik und einer guten Interpolation aus; die Angaben lassen sich, wie wir wissen, nicht direkt auf Sensoren mit einem anderen Grundprinzip wie dem Foveon X3 oder die SuperCCD übertragen (vgl. 4.2.12, 4.2.7 und 4.2.5).

4.6.2 Pixel ist nicht gleich Pixel

Bei der Diskussion der verschiedenen Sensortypen in 4.2 war zu sehen, dass je nach Sensortyp und -design die absolute Zahl der Bildpunkte nicht die gleiche Aussagekraft liefert; dies ist bei der Beurteilung der Auflösung zu berücksichtigen.

So ist die Pixelzahl für die SuperCCD von Fuji oder den Foveon X3-Sensor gleichwertig zu einer höheren Zahl klassischer Pixel, von denen hier ausgegangen wird. Die klassischen Pixel verwenden das Bayer-Mosaik und eine gute Interpolation.

4.6.3 Bezug zum klassischen Film

Genauso wie die Auflösung für die digitale Welt eine entscheidende Bedeutung hat, kommt ihr dies auch im Analogen zu. Den Datenblättern für die gängigen Filme wie etwa [Fujc] ist die Auflösung der Filme zu entnehmen. Typische

Werte sind in Tabelle 4.8 enthalten. Wie zu erwarten ist, nimmt die Auflösung der Filme mit steigender Filmempfindlichkeit ab.

Filmempfindlichkeit	Farbnegativ	Schwarzweiß	Farbpositiv (Dia)
$25/15° - 64/19°$	$140 - 200$	$200 - 320$	$100 - 160$
$100/21° - 160/23°$	$125 - 150$	$150 - 200$	$125 - 140$
$200/24° - 800/30°$	$100 - 130$	$110 - 160$	$100 - 135$
$1.600/33° - 3.200/36°$	$80 - 100$	125	100

Tabelle 4.8:
Auflösung klassischer Filme bei einem Objektkontrast von 1 : 1.000 in Linienpaaren pro mm nach [Wal04, S. 52]

Umgekehrt kann anhand der Filmauflösung der Informationsgehalt eines Filmes – etwa eines Kleinbildnegativs – bestimmt werden (Tabelle 4.9).

Filmauflösung in Linenpaare pro mm	Megapixel
30	3,1
50	8,6
100	34,6
150	77,8
200	138,2

Tabelle 4.9:
Zusammenhang zwischen Auflösung und Pixelzahl bezogen auf Kleinbild nach [Wal04, S. 53]

4.6.4 Systemauflösung

Zur Klassifizierung von Computersystemen hat sich eine Terminologie feststehender *Systemauflösungen* etabliert, die hier noch ergänzt werden soll (Tabelle 4.10).

Bezeichnung	Auflösung	Seitenverhältnis	Name
VGA	640×480	4 : 3	Video Graphics Array
SVGA	800×600	4 : 3	Super VGA
XGA	1.024×768	4 : 3	eXtended Graphics Array
SXGA+	1.400×1.050	4 : 3	SXGA Plus
UXGA	1.600×1.200	4 : 3	Ultra XGA
SXGA	1.280×1.024	5 : 4	Super XGA
WXGA	1.280×720	16 : 9	Wide XGA

Tabelle 4.10:
Systemauflösungen

4.7 Workflow im Digitalen

Wir haben nun gesehen, wie unterschiedlich die einzelnen Bildformate sind und welche Vor- und Nachteile es gibt. Bleibt die Frage: Welches ist das beste Format? Diese Frage lässt sich klar beantworten: Es ist in dieser Form eine unsinnige Frage. Es gibt nie „das beste" Format, sondern nur das für einen speziellen Zweck am meisten geeignete.

Grundsätzlich bietet das raw-Format die meisten Möglichkeiten, da es erst nachträglich in eines der standardisierten, gängigen Formate umgewandelt wird. Hierbei kommt stets eine leistungsstarke Software zum Einsatz, die die Möglichkeiten der kamerainternen Software übertrifft. Sogar die Leistungsfähigkeit der verwendeten Algorithmen kann bei externer Software besser sein. Somit ist häufig das Grundformat raw das optimale, aber für viele Schnappschüsse ist jpeg das deutlich schnellere und einfachere Format. Möchte man hochwertige Bilder etwa nach gründlicher Nachbearbeitung zur Druckerei geben, ist sicherlich tiff oder gar tiff-16 ein ideales Format.

Ein typisches Workflow auf der Basis von raw/nef sieht folgendermaßen aus:

1. Aufnahme im raw-Format;
2. Bearbeitung der Aufnahme mit geeigneter Software wie Adobe Photoshop, Nikon Capture oder Phase One C1:
   - Weißabgleich (vgl. 6.6);
   - elementare Bildbearbeitung wie Drehen, Beschneiden und Gradationsanpassung (vgl. Kapitel 5);
   - Bild schärfen (vgl. 8.5);
3. Transformation in Standardformat (tiff/jpeg).

Dabei bleibt die raw-Ausgangsbilddatei sogar erhalten – und damit kann etwa die Pixelinterpolation mit künftigen Softwareversionen optimiert vorgenommen werden. Aus diesen Gründen wird die raw-Datei auch gerne als das „digitale Negativ" bezeichnet. Konsequenterweise bezeichnet die raw-Software C1 von Phase One die Überführung einer raw-Datei in eines der Standardformate als Entwickeln.

Abbildung 4.39 zeigt das typische Workflow am Beispiel Nikon Capture.

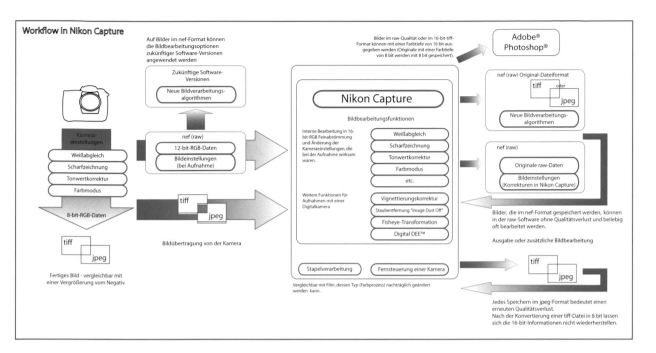

Abbildung 4.39:
Beispiel eines Workflow mittels raw-Bearbeitung in Nikon Capture

Insgesamt sind die digitalen Kamerasysteme durch die Digitalisierung deutlich komplexer geworden; das Gesamtsystem besteht inzwischen aus einer Vielzahl von kommunizierenden Elementen. Etwa verarbeitet die externe Bildbearbeitungssoftware, insbesondere im Falle von raw-Software, auch Daten des Objektivs, welche in einer Datei nach Exif enthalten sind. Von daher wird es zunehmend kritisch, Komponenten verschiedener Hersteller zu kombinieren, da letztlich kein Hersteller seine Spezifikationen vollständig veröffentlicht.

4.7.1 Die Entwicklung des digitalen Negativs

Durch die raw-Software erfolgt also in mehreren, von ihrer Reihenfolge abhängigen Schritten die Entwicklung des digitalen Negativs. Abbildung 4.40 zeigt die wesentlichen Teilergebnisse bei diesem Vorgehen:

- Zunächst das direkte Ergebnis nach einer bilinearen Interpolation.
- Das Ergebnis nach dem Weißabgleich nach 6.3.
- Das Ergebnis nach der Farbkorrektur nach 6.6.5.3.

Abbildung 4.40:
Zwischenschritte bei der
Entwicklung einer raw-Datei:
Interpolation (oben), Weißabgleich
(Mitte), Farbkorrektur (unten)

Digitale Bildbearbeitung

Die digitale Bildbearbeitung bietet inzwischen unübersehbar viele Möglichkeiten, worin sicherlich nicht unwesentlich der Reiz der Digitalfotografie begründet ist. Hier werden einige wenige, aber typische Mechanismen der digitalen Bildbearbeitung beschrieben, die auch einen Bezug zur klassischen Bildbearbeitung nach Abschnitt 3.6 haben.

Ebenso werden in diesem Kapitel vier typische Produkte für die Bildbearbeitung vorgestellt, die viele Gemeinsamkeiten, aber auch jeweils wichtige Spezialisierungen aufweisen.

Insgesamt ist zu beobachten, dass in den letzten Jahren die Toleranz für Bildfehler, wie falsche Farbtemperatur oder leicht schiefe Motivlage deutlich abgenommen hat, was eine Folge der einfachen, kostengünstigen und effizienten Möglichkeiten der Bildbearbeitung ist.

5.1 Adobe Photoshop

Schlichtweg der Klassiker der Bildbearbeitungssoftware ist *Adobe Photoshop*. Keine andere Software in diesem Umfeld ist derart leistungsfähig und umfangreich, aber keine andere ist auch derart komplex in ihrer Anwendung. Die folgenden Ausführungen beziehen sich auf die aktuelle Version Photoshop CS, sind aber meistens auch auf die Vorgängerversionen, insbesondere die Releases 6 und 7, anwendbar.

Photoshop wird nur im Bundle mit der Adobe-Software *ImageReady* angeboten; diese ist speziell für die Erstellung von Grafiken für das Web zuständig; mehr dazu insbesondere im Kapitel 9 und in Abschnitt 9.2.

Neben dem vollwertigen Photoshop bietet Adobe noch eine abgespeckte Version *Photoshop Elements* an. Die Grundstruktur der Software ist identisch, nur ihr Leistungsumfang unterscheidet sich deutlich.

5.1.1 Vorbemerkung

Photoshop ist seit über 10 Jahren der De-facto-Standard der digitalen Bildbearbeitung. Zu dieser mit jeder neuen Version immer mächtigeren Software
ist inzwischen eine unübersehbare Zahl unterschiedlicher Literatur erschienen.
Hier soll – und kann – im kurzen Unterkapitel 5.1 keine auch nur annähernd
vollständige Einführung in Photoshop gegeben werden, denn diese ist an zahlreichen anderen Stellen schon gut zu finden und würde Umfang und Fokus
dieser Auseinandersetzung deutlich verschieben.

Vier Veröffentlichungen zu Photoshop sollen hier hervorgehoben werden:

- [Wil03] gibt eine tiefe und didaktisch gelungene, allgemeine Einführung in
  Photoshop.
- [ED03] zeigt speziell fortgeschrittene Aspekte der Bildbearbeitung mit
  Photoshop.
- [Sch04b] geht noch etwas weiter und hat einen stärkeren Bezug zur Foto-
  grafie.
- [Pfa04] betont ausschließlich die fotografisch relevanten Elemente von
  Photoshop CS.

Insgesamt ist Photoshop eine faszinierende und mächtige Software; weiter hinten in diesem Kapitel werden Alternativen zu Photoshop vorgestellt, aber allein
vom Funktionsumfang ist Photoshop kaum zu überbieten.

 **Photoshop ist zu Recht der Standard in der digitalen Bildbearbeitung, ein
unvergleichlich mächtiges und komplexes Werkzeug. Aus diesem Grund
sind die meisten Beispiele hier auf Photoshop bezogen.**

5.1.2 Genese von Photoshop

Die Geschichte von Photoshop geht zurück bis in das Jahr 1987, als Thomas Knoll in Ann Arbor Routinen für frühe Mac-Rechner zur Darstellung von
Graustufenbildern schrieb ^{web}.

Aufbauend auf diesen Routinen entwickelte Thomas Knoll zusammen mit seinem Bruder John Knoll erste Grafikapplikationen mit den Namen Display
(1987) und eine verbesserte Version ImagePro (1988). Diese wird zunächst
von BanreyScan für eine Scannersoftware lizenziert, danach 1989 von Adobe.

Adobe entwickelte innerhalb von 10 Monaten aufgrund der Vorarbeiten das
Produkt Photoshop, dessen Version 1.0 im Februar 1990 ausgeliefert wurde.
Bereits im Herbst 1990 folgte Version 2.0, und ab 1993 gab es auch Versionen
für das Betriebssystem Windows.

Thomas Knoll arbeitet immer noch an der Photoshop-Entwicklung, insbesondere forciert er heute das raw-Plugin und das damit verbundene digitale Nega-
tiv nach 4.4.6.4. Er ist bis heute unter Hilfe|Über Photoshop präsent.

5.1.3 Architektur von Photoshop

Photoshop gibt es momentan für die Betriebssysteme Microsoft Windows und Apple Mac OS. Beide Versionen sind weitgehend identisch mit gleichartiger Bedienung und gleichem Funktionsumfang.

Photoshop ist ein modular aufgebautes, vielfältig erweiterbares Programm. Es können beispielsweise Filter, Aktionen (ein skriptartiges Set von Anweisungen) und spezielle Erweiterungen in Form von Plugins hinzugefügt werden. In der Standardkonfiguration hat Photoshop die Dateistruktur nach Abbildung 5.1

5.1.4 Grundlegendes zu Photoshop

5.1.4.1 Die Oberfläche von Photoshop

Die Oberfläche von Photoshop besteht aus einem zentralen Bearbeitungsfenster, welches beliebig viele Bilder grafisch anzeigt, und davon unabhängigen Paletten, etwa für die Auswahl von Werkzeugen oder für spezielle Arbeitsschritte wie die Ebenenbearbeitung (vgl. 5.1.4.4), das Arbeiten mit Makros in der Art der Aktionen oder der Dateiauswahl mittels eines eigenen Browsers.

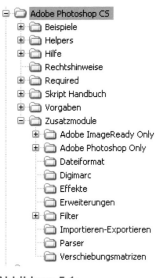

Abbildung 5.1:
Dateistruktur von Photoshop

5.1.4.2 Dateiformat und Protokoll

Photoshop verwendet ein eigenes Dateiformat, welches die volle Funktionalität der Bearbeitung liefert. Es hat das Suffix .psd. Speicherung in einem Standardformat wie etwa jpeg bedeutet gegenüber der Speicherung als psd, dass zentrale Bildinformationen aus dem Bearbeitungsfluss von Photoshop verloren gehen, beispielsweise werden dadurch alle möglichen Bildebenen, die wir in Abschnitt 5.1.4.4 kennen lernen werden, auf eine einzige Ebene zusammengeführt, was eine weitere Bearbeitung des Bildes wesentlich beschränkt.

Photoshop hat die nützliche Eigenschaft, jeden Bearbeitungsschritt rückgängig machen zu können, was die Protokoll-Palette, wie in Abbildung 5.3 dargestellt, leistet (die maximale Zahl der umkehrbaren Bearbeitungsschritte kann konfiguriert werden). Daraus folgt aber auch, dass intern alle Zwischenschritte abgespeichert werden müssen, was erzwingt, dass im Laufe einer Bearbeitung sehr große temporäre Dateien durch das Programm geschrieben werden.

5.1.4.3 Wahl des Farbraums

In Kapitel 6 wird das Colormanagement von Photoshop erwähnt. Dort wird ausgeführt, dass Photoshop in den neueren Versionen in der Lage ist, in jedem *Farbraum* zu arbeiten, es sollte aber unbedingt ein möglichst großer Arbeitsraum wie Adobe RGB (1998) gewählt werden.

Unter den Optionen Bearbeiten|Farbraum legt Photoshop fest, welcher Farbraum standardmäßig verwendet werden soll, was in 6.5.8 weiter diskutiert wird. In Abbildung 6.13 wird gezeigt, wie in Photoshop der Farbraum gewählt werden kann. Beim Öffnen einer Bilddatei prüft Photoshop, ob diese im Defaultfarbraum codiert ist; im anderen Fall kann der Benutzer je nach den unter Profilfehler gewählten Vorgaben in einem Dialog nach Abbildung 5.2 entscheiden, wie er vorgehen möchte.

Abbildung 5.2:
Dialog zur Konvertierung des
Farbraums

5.1.4.4 Ebenen

Zentral für Photoshop, aber inzwischen auch für zahlreiche andere Bildbearbeitungsprogramme, etwa die leistungsstarke Open-Source-Bildbearbeitung GIMP (vgl. 5.3) oder das recht verbreitete PaintShop von Jasc, ist das Konzept der *Ebenen*. Dabei wird das Bild virtuell in übereinander liegende Ebenen geschichtet, und das Gesamtbild ergibt sich durch Überlagerung aller Ebenen. Dieses Vorgehen hat viele Vorteile, etwa dass die Ebenen einzeln bearbeitet werden können. Im Rahmen der Bearbeitung können einzelne Ebenen virtuell ein- und ausgeschaltet werden, außerdem können Ebenen verkettet und verschmolzen werden. Abbildung 5.3 zeigt ein Beispiel dafür.

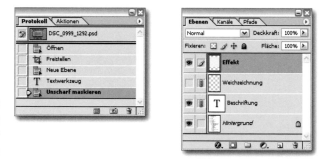

Abbildung 5.3:
Photoshop-Paletten für gezieltes
Roll-back (Protokoll, links) und für
Ebenen (rechts)

Die Art, wie sich die Gesamtsicht aus den einzelnen Ebenen ermittelt, kann für jede Ebene frei aus einer großen Zahl an Optionen unter Füllmethode in der Kanalpalette gewählt werden, etwa normale Überlagerung, Abdunkeln oder Multiplizieren. Abbildung 6.6 zeigt die additive und subtraktive Farbmischung von jeweils drei Einheitskreisen. Die additive Mischung entsteht durch die Füllmethode Umgekehrt multiplizieren, während die subtraktive durch Multiplizieren gebildet wird: Die erste Option überlagert die einzelnen RGB-Werte mit einem logischen „oder", die zweite mit einem logischen „und", was zu dem beschriebenen Effekt führt. Die zugehörige Ebenenpalette ist in Abschnitt 6.1.3 abgebildet.

Neben diesen reinen Darstellungsebenen gibt es in Photoshop weitere Ebenen, die sogenannten Einstellungsebenen. Hier lassen sich spezielle Einstellungen, wie etwa die Wahl von Farbton, Sättigung und Helligkeit nach Lab, in eine Ebene legen, was große Flexibilität ermöglicht. In 7.3.7 wird dieses Vorgehen beispielsweise genutzt.

5.1.4.5 Kanäle: Farbkanäle und Alpha-Kanal

In 6.3.2 wird das für Photoshop wichtige Konzept der *Farbkanäle* genauer vorgestellt, welches in vergleichbarer Art häufig von Bildbearbeitungssoftware aufgegriffen wird (siehe etwa 5.3.5.2). Abbildung 6.15 zeigt die Bedeutung der Farbkanäle sowie den entsprechenden Dialog. Die Farbkanäle sind natürlich nicht auf RGB beschränkt: Je nach dem über das Menü Bild|Modus wählbaren Modus werden die entsprechenden Kanäle verwendet, vom CMYK-Modell mit vier Kanälen bis hin zum reinen Graustufenbild mit nur noch einem Kanal (siehe 7.3.3.1).

Eine andere Rolle nimmt ein *Alpha-Kanal* ein; dieser speichert nicht eine Farbinformation, sondern die Transparenz eines Bildes. Diese Transparenz kann für jeden Bildpunkt einzeln festgelegt werden. Anstelle vom RGB-Bild mit seinen drei Farbkanälen wird das um den Alpha-Kanal erweiterte Bild als RGBA bezeichnet. Eine Bilddatei kann über mehrere Alpha-Kanäle verfügen. Über Ebenenmasken lassen sich geschickt Transparenzinformationen mit Alpha-Kanälen umsetzen. Insbesondere im Zusammenhang mit Filtern ist der Alpha-Kanal wichtig.

5.1.5 Elementare Bildbearbeitung: Bildgröße, Ausschneiden, Drehen und perspektivische Korrektur

Die elementarste Bildbearbeitung liegt wohl in der Korrektur des Bildausschnitts, der Wahl der Bildgröße und einer Entzerrung perspektivischer Aufnahmegegebenheiten. Hier bietet Photoshop alle nur denkbaren Optionen.

Abbildung 5.4:
Größenänderung in Photoshop

5.1.5.1 Bildgröße

Über die Auswahl Bild|Bildgröße gelangt man zur Bearbeitungsmöglichkeit für die *Bildgröße* (Abbildung 5.4). Dabei kann die Größe des Bildes direkt in Pixel oder in physikalischen Ausmaßen angegeben werden, welche dann über die ebenfalls wählbare Auflösung in Pixel umgerechnet werden.

Die Option der Verkettung von Länge und Breite bedeutet, dass bei Änderung der Größe in einer Dimension die zweite proportional mit verändert wird.

Zentral ist hier die Art der Interpolation: Bei Vergrößerung des Bildes muss Photoshop zusätzliche Pixel durch Interpolationsverfahren hinzurechnen. Die entsprechenden Verfahren haben wir bereits in 4.2.12 kennen gelernt.

5.1.5.2 Bildausschnitt

Die Auswahl des *Bildausschnitts* kann mit verschiedenen Werkzeugen geleistet werden, am einfachsten direkt mit dem Freistellungswerkzeug. Hier kann ein rechteckiger Bildausschnitt ausgesucht und das Bild auf diesen beschnitten werden.

5.1.5.3 Bild drehen

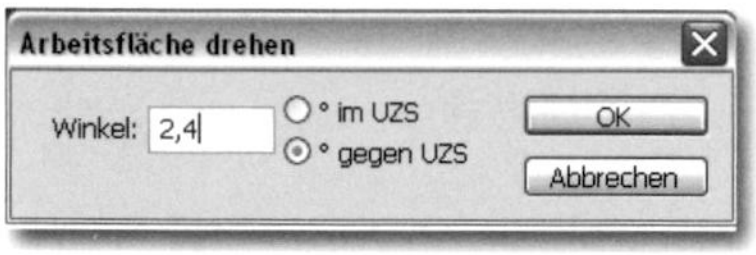

Abbildung 5.5:
Bild drehen nach Benutzereingabe – der Winkel kann über das Messwerkzeug ermittelt werden

Elementar ist das *Drehen* um $90°$ oder ein Vielfaches davon. Photoshop bietet aber auch die Möglichkeit, per Benutzervorgabe um einen beliebigen Winkel zu drehen (Menü Bild|Arbeitsfläche drehen|per Eingabe). Hiermit lässt sich eine Fehlausrichtung der Kamera sehr bequem korrigieren, insbesondere, wenn man diese Aktivität noch mit dem Messwerkzeug verbindet: So kann man im ersten Schritt eine senkrechte oder waagrechte Linie im Bild selektieren und dann das Bild genau nach dieser ausrichten (C1 von Phase One bietet eine vergleichbare Möglichkeit, siehe 5.5).

5.1.5.4 Perspektivische Korrektur

Ein Problem der Weitwinkelfotografie sind die unbeliebten stürzenden Linien: Ein Hochhaus wirkt auf der Aufnahme, als würde es einstürzen. Photoshop bietet hierzu, nachdem mit dem Freistellwerkzeug ein freizustellendes Rechteck ausgewählt wurde, in der spezifischen Werkzeugleiste die Option Perspekt. bearbeiten; nun kann anstelle eines Rechtecks ein beliebiges Viereck gewählt werden, welches dann beim Freistellen zu einem Rechteck skaliert wird; Abbildung 5.6 zeigt dies beispielhaft.

Hierbei sind häufig die Hilfslinien von Photoshop hilfreich (Einblenden mittels Ansicht|Einblenden|Raster, Wahl der Gittergröße unter Bearbeiten|Voreinstellungen|Hilfslinien, Raster und Slices).

Komplizierter ist die Korrektur der Distorsion, der Objektivverzeichnung, die wir in 2.4.2 kennen gelernt haben. Hierauf wird in 8.8 eingegangen.

Abbildung 5.6:
Werkzeugoptionen und Beispiel für
Perspektivenkorrektur in Photoshop

5.1.6 Elementare Bildbearbeitung: Weißabgleich, Gradation und Farbkorrektur

Die Kunst der *Gradationssteuerung*, welche Ansel Adams in der klassischen Schwarzweißfotografie gegeben hat, lässt sich im Digitalen natürlich wesentlich besser umsetzen und verfeinern. Hierauf wird in Abschnitt 8.2 ausführlich eingegangen.

Der *Weißabgleich* wird in Abschnitt 6.6 im Zusammenhang mit der Farbtemperatur behandelt.

Eine *Farbkorrektur* ist in Photoshop vielfach möglich. Photoshop bietet dazu etwa die Werkzeuge Farbbalance, Farbton/Sättigung und Gradationskurven an. Am flexibelsten ist – wie häufig – die Korrektur über die Gradationskurven. Mit dem Werkzeug Auto-Farbkorrektur lassen sich gute Ergebnisse automatisiert erzeugen.

5.1.7 Elementare Bildbearbeitung: Retusche

Besonders deutlich wird der Vorteil der digitalen Bildbearbeitung bei der Retusche: Es ist so leicht, im Digitalen ein Bild anzupassen.

Photoshop bietet dazu die üblichen Werkzeuge, vielleicht noch ein paar mehr und mit größerer Mächtigkeit. Beispiele sind etwa die Stempelwerkzeuge, mit denen Partien des Bildes nach einer Vorlage überstempelt werden können.

Einfache und wirkungsvolle Werkzeuge zum Korrigieren von Bildern sind das Ausbessern-Werkzeug und der ähnliche Reparatur-Pinsel; beide sind über die Werkzeug-Palette zu erreichen. Sie ersetzen einen zu wählenden, schadhaften Bereich durch Übernahme eines ebenfalls vorgewählten korrekten Bereichs mit glatter Anpassung des Randgebietes.

5.1.8 Stapelverarbeitung

Jede für den professionelleren Einsatz gedachte Software bietet eine Möglichkeit der *Stapelverarbeitung,* also der gleichartigen Bearbeitung einer ganzen Menge – eines ganzen Verzeichnisses – von Aufnahmen. Als Beispiel kann etwa die komplette Umwandlung eines Ordners von raw-Dateien nach jpeg dienen.

Natürlich bietet Photoshop, aber auch die hier später noch vorgestellten Produkte GIMP, Nikon Capture und C1 von Phase One diese Möglichkeit.

5.1.9 Photoshop Elements

Neben der vollen – und recht kostspieligen – Version von Photoshop bietet Adobe eine reduzierte und kostengünstige Version an: *Photoshop Elements.*

Aktuell wird Photoshop Elements in der Version 3 vertrieben, welche gegenüber der Vorgängerversion weitere Möglichkeiten des richtigen Photoshops übernommen hat. Dazu zählt auch die Möglichkeit, raw-Dateien verarbeiten zu können. Ebenfalls wurden zahlreiche Funktionen von Photoshop Album (vgl. 8.13.2.1) in das neue Release von Elements integriert.

Die Grundstruktur von Elements entspricht der von Photoshop, auch die Programmoberfläche ist sehr ähnlich gestaltet. Viele der hier vorgestellten Funktionen lassen sich direkt auf Elements übertragen, die Unterschiede liegen vorwiegend in speziell professionellen Anforderungen, dazu zählen etwa:

- Elements bietet nicht den direkten Zugriff auf die Farbkanäle;
- Elements hat ein eingeschränktes Colormanagement ohne CMYK;
- Elements hat keine Ebenenmasken;
- die Möglichkeiten der Stapelverarbeitung sind eingeschränkt;
- die Gradationskurven stehen nicht zur Verfügung.

Plugins wie etwa Filter können meistens in beiden Programmen genutzt werden.

 Insgesamt ist Photoshop Elements, insbesondere ab der Version 3, eine häufig ausreichende und kostengünstige Alternative zu Photoshop.

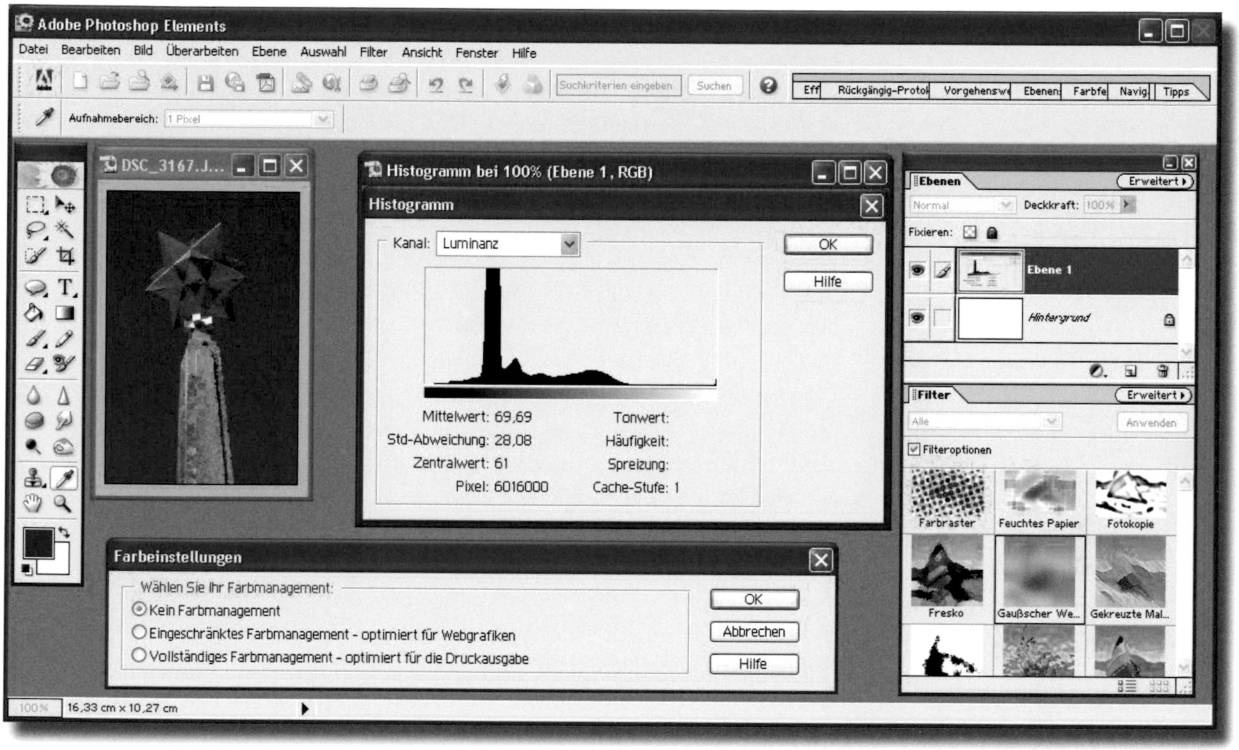

Abbildung 5.7:
Photoshop Elements mit typischen
Dialogen

5.1.10 Elementare Bildbearbeitung: Reihenfolge der Bearbeitungsschritte

Nachdem wir nun nur einen kleinen Blick in das „Paradies" der digitalen Bildbearbeitung geworfen haben, sollen noch ein paar Überlegungen zur Reihenfolge der Bildbearbeitungsschritte erfolgen.

Zunächst soll nochmals verdeutlicht werden, dass viele Schritte der Bildbearbeitung die Bildqualität verschlechtern; so ist etwa für die perspektivische Korrektur nach 5.1.5.4 eine Pixelinterpolation erforderlich. Zeigt sich, dass das Ergebnis im ersten Schritt nicht ausreichend ist, ist eine erneute Bearbeitung für die Bildqualität nicht sinnvoll – wesentlich besser ist es, über die Protokoll-Aktivität zum Ausgangsbild zurückzukehren und in einem Schritt die gesamte Korrektur vorzunehmen.

Korrekturen der Helligkeit und der Farbe sind besser nach einer Perspektiven-korrektur vorzunehmen, und eine Schärfenverbesserung (vgl. 8.5) sollte der letzte Bearbeitungsschritt sein.

Wichtig ist dabei auch jeweils das gewählte Dateiformat, wobei insbesondere von jpeg als Format im digitalen Workflow abzuraten ist: Wie wir in 4.4 gesehen haben, wird bei jedem Speichern/Öffnen das Bild neu und verlustbehaftet komprimiert, so dass sich im Laufe der Bearbeitung die Verluste stark erhöhen.

5.2 Alternative Bildbearbeitungssoftware

Wir haben im vorangegangenen Abschnitt den Klassiker Photoshop kurz kennen gelernt; eine ausführliche Darstellung aller seiner Möglichkeiten würde mehr als nur ein Buch füllen. Es gibt sehr zahlreiche Alternativen zu Photoshop, von denen wir hier drei vorstellen:

- GIMP, ein freie (Open-Source-)Bildbearbeitungssoftware;
- Nikon Capture, eine typische Software, welche für die Bearbeitung von raw-Dateien (vgl. 4.4.6) entwickelt wurde;
- C1 von Phase One, ebenfalls eine Software zur raw-Verarbeitung für verschiedene Kameramodelle.

5.3 GIMP

GIMP – genauer: The GIMP GNU Image Manipulator, frühere Bezeichnung: General Image Manipulator – liegt inzwischen in der Version 2 sowohl für Unix/Linux und damit auch für Mac OS X als auch für Windows vor. GIMP ist ein Produkt der freien Software (vgl. 5.3.1.1), und deshalb ist es optimal unter Linux einsatzfähig – im Gegensatz zu fast allen anderen, kommerziellen Produkten. Die Entwicklung von GIMP begann im Jahr 1995 ausgehend von Informatikstudenten an der Universität Berkeley. GIMP ist heute fester Bestandteil der freien Software, es wird unter der GNU-Lizenz vertrieben und ist eng mit den gtk- und gdk-Bibliotheken und damit letztlich auch mit dem Windows-Manager GNOME verwandt. Mehr zu GIMP findet sich in [Ost00].

 Mit GIMP steht eine leistungsstarke und freie Bildbearbeitung zur Verfügung, die für viele Fälle ausreichend ist.

Ein wesentlicher Unterschied zu Photoshop liegt im Colormanagement (vgl. 6.5): Leider verfügt GIMP – noch – nicht über ein ausgefeiltes Colormanagement.

5.3.1 Bezugsquelle

Wie erwähnt ist GIMP unter der GNU-Lizenz frei verfügbar (vgl. 5.3.1.1). Die Software selbst kann direkt über das Internet ᵂᵉᵇ bezogen werden; dort sind auch weitere Informationen zu finden, wozu auch die notwendigen Zusatzpakete wie gtk+ (gtk: GIMP Tool Kit) und Hinweise zur Installation zählen.

Wie häufig in der Linux-Welt bezeichnen die geraden Ziffern nach dem Komma in der Versionsnummer die stabilen Versionen, die ungeraden Ziffern die Entwicklungsversionen, welche zwar neue Features implementieren, aber nicht die Stabilität der offiziellen Versionen erreichen.

5.3.1.1 Die GNU-Lizenz

Die Lizenz, unter welcher GIMP weitergegeben wird, lässt eine ausgesprochen umfangreiche Nutzung der Software zu. So ist Folgendes ausdrücklich erlaubt:

- die Software kann für jeden Zweck benutzt werden;
- die Software kann beliebig weiter verteilt oder verkauft werden, wobei aber der Quellcode stets mitverteilt werden muss;
- die Software kann beliebig verändert werden, wobei bei einer Verteilung der veränderten Software wieder der Quellcode mitverteilt werden muss.

Hintergrund dieses Prinzips ist die auf Richard Matthew Stallman zurückgehende freie Software [web], eine radikalere Form von Open-Source. Stallman formulierte die GNU GENERAL PUBLIC LICENSE, welche bis heute Grundlage der freien Software ist. Die Free Software Foundation (FSF) ist eine gemeinnützige Organisation, die entsprechende Softwareprojekte fördert, zu denen auch GIMP zählt.

Die BSD-Lizenz (Berkeley Software Distribution) geht noch einen Schritt weiter und erlaubt eine beliebige Verwendung der Software, also auch eine Weiterentwicklung ohne Offenlegung des Codes. Dieses Modell, etwa von dem Datenbanksystem PostgreSQL verwendet, erlaubt Firmen eine Weiterentwicklung zu eigenen Produkten, weshalb es im kommerziellen Umfeld recht populär ist. GIMP fällt aber klar in die erste, strengere Kategorie, die stets die Offenlegung des Sourcecodes verlangt.

5.3.2 Voreinstellungen von GIMP

Unter dem Menüpunkt Datei|Einstellungen verbirgt sich eine umfangreiche Auswahl an Voreinstellungsoptionen von GIMP. Abbildung 5.8 zeigt diese Auswahl für das Beispiel der Parameter für eine neue Datei.

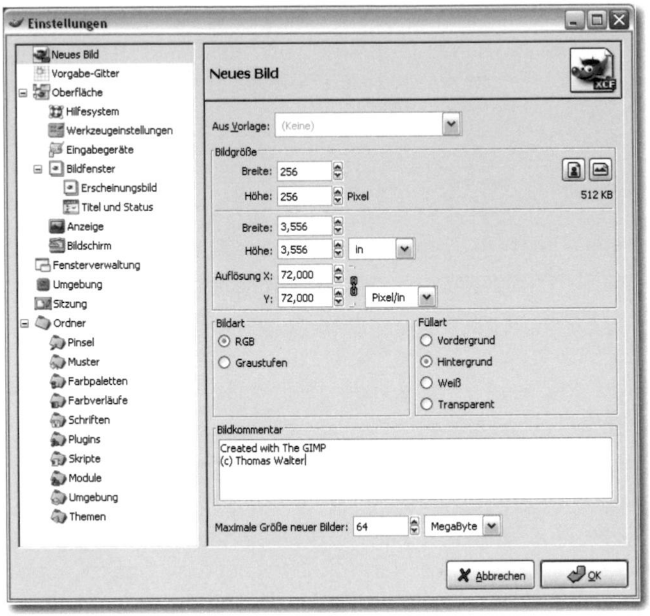

Abbildung 5.8:
Voreinstellungen von GIMP

5.3.3 Grundstruktur von GIMP

GIMP in der Version 1 entsprach im Kern einer frühen Version von Adobes Photoshop. Auch die aktuelle Version kann die Anlehnung an das verbreitete kommerzielle Produkt nicht leugnen, aber vieles ist übersichtlicher und prägnanter implementiert, wenn auch der schier grenzenlose Leistungsumfang von Photoshop nicht erreicht wird und auch nicht erreicht werden will.

Wie Photoshop ist auch GIMP völlig modular aufgebaut und kann durch Plugins einfach erweitert werden.

Abbildung 5.9 zeigt die in mehrere Fenster gegliederte Grundansicht von GIMP 2 nach Start des Programms. Ausgehend von dem Hauptfenster, welches die Werkzeug-Palette enthält (Abbildung 5.16), kann der Anwender über Datei|Dialoge neue Fenster und in diesen über Reiter hinzufügen neue Aktivitäten hinzufügen. Beliebig viele Bildfenster für geöffnete Dateien kommen hinzu.

Abbildung 5.9:
Oberfläche von GIMP: Hauptmenü (links) und Auswahl für Ebenen und Pinselspitzen (rechts)

Ebenfalls aus dem Hauptmenü sind die GIMP-Erweiterungen Xtns zugänglich, welche eine Verwaltung der Module ermöglichen (Xtns|Module verwalten), eine nützliche Übersicht über die vorhandenen Funktionen (Xtns|DB-Browser, vgl. Abbildung 5.10) sowie einen Einheiteneditor, eine Übersicht über die vorhandenen Plugins und einen Zugriff auf alle Skripte (vgl. 5.3.7). Ebenso sind über das Hauptfenster die umfangreichen Hilfe-Funktionen erreichbar.

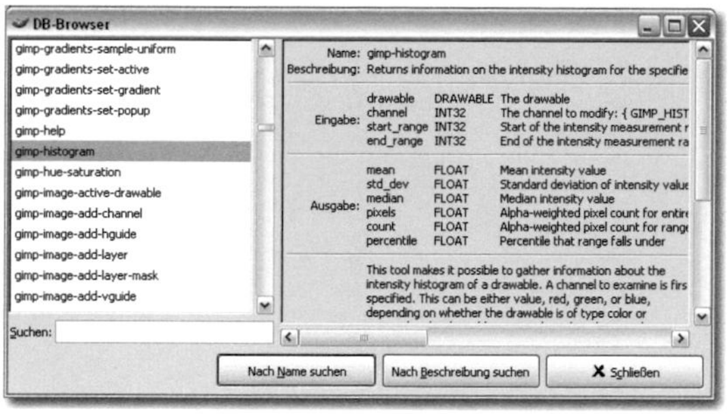

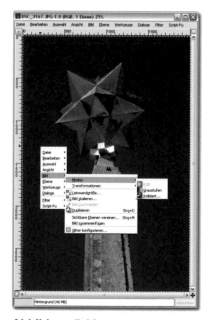

Abbildung 5.10:
DB-Browser von GIMP: Übersicht
über alle Funktionen der Software

5.3.4 Das Bildfenster

Jede geöffnete Datei wird von GIMP in einem eigenen Fenster angezeigt, über
welches auch die Bildbearbeitungsschritte nach 5.3.5 aufgerufen werden. Abbildung 5.11 zeigt dies und zusätzlich das über die rechte Maustaste aktivier-
bare Bearbeitungsmenü.

5.3.5 Bildbearbeitung mit GIMP

GIMP bietet wie erwähnt eine große Zahl an Bildbearbeitungsmöglichkeiten.
Hier werden einige, aber lange nicht alle kurz vorgestellt. Mehr Details hierzu
sind etwa in [Ost00] zu finden.

5.3.5.1 Dateiformate

GIMP speichert defaultmäßig Dateien im eigenen xcf-Format ab. xcf-Dateien
können – wie Photoshops psd-Format – die volle Ebeneninformation codieren.
Aber GIMP ist auch in der Lage, ausgesprochen viele andere Dateiformate zu
bearbeiten (lesend fast alle, viele auch schreibend). Insbesondere kommt GIMP
gut mit dem Photoshop-Dateiformat psd zurecht, so werden beispielsweise die
Ebeneninformationen von Photoshop in GIMP richtig verstanden. Umgekehrt
kann aber Photoshop keine xcf-Dateien öffnen.

Allerdings ist GIMP nicht sinnvoll in der Lage, raw-Formate zu verarbeiten.

5.3.5.2 Ebenen und Kanäle

Ebenso wie in Photoshop wird das zentrale Konzept der *Ebenen* (vgl. 5.1.4.4)
und der *Kanäle* (vgl. 6.3.2) von GIMP in gleicher Art aufgegriffen, allerdings
verfügt GIMP nicht über die Einstellungsebenen von Photoshop (die wir z.B.
in Abschnitt 7.3.7 effizient zur Schwarzweißkonvertierung einsetzen werden).
Alpha-Kanäle sind vergleichbar zu Photoshop vorhanden.

Abbildung 5.11:
Bildfenster von GIMP

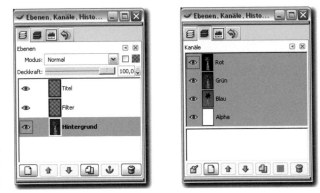

Abbildung 5.12:
GIMP-Paletten für Ebenen (links)
und Kanäle (rechts)

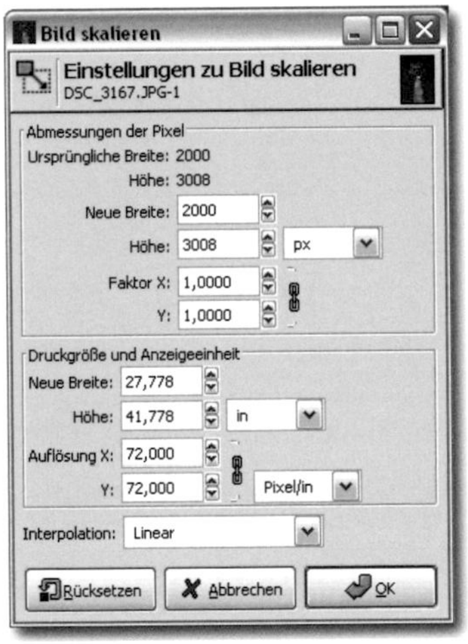

Abbildung 5.13:
Größenänderung in GIMP

5.3.5.3 Bildgröße

Über Bild|Bild skalieren öffnet GIMP einen vergleichbaren Dialog zu Photoshops Größenänderung von Abbildung 5.4. Auch bei GIMP kann das Interpolationsverfahren gewählt werden (vgl. 4.2.12), wobei die drei typischen Verfahren (Pixelwiederholung, lineare und kubische Interpolation) zur Verfügung stehen. Abbildung 5.13 zeigt den entsprechenden GIMP-Dialog.

Über Bild|Transformationen ist das Drehen des Bildes um ein Vielfaches von 90° möglich; beliebige Winkel lassen sich etwa über das Werkzeug zum Drehen von Ebenen berücksichtigen, das zu einem Dialog wie in Abbildung 5.15 führt.

Eine perspektivische Korrektur ist über das Werkzeug Perspektivenänderung ebenfalls möglich; Abbildung 5.14 zeigt den entsprechenden Dialog und die Anwendung auf das Beispielbild.

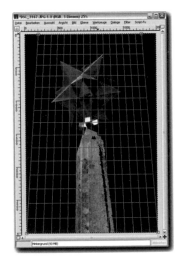

Abbildung 5.14:
Perspektivenänderung in GIMP

5.3.5.4 Retusche und die Werkzeug-Palette

Wie in Photoshop sind auch in GIMP sehr viele Möglichkeiten der *Retusche* gegeben. Abbildung 5.16 zeigt nochmals das Hauptfenster mit der Werkzeugauswahl mit folgenden Auswahlpunkten:

- Auswahlwerkzeuge: rechteckige Auswahl, elliptische Auswahl, Freihandauswahl und Auswahl eines zusammenhängenden Bereichs;
- Verschieben, Ändern der Bildgröße, Drehen, Skalieren, Scherung, Perspektivenkorrektur, Spiegelung;
- Textwerkzeug;
- Füllwerkzeug;
- Verlaufswerkzeug;
- Pinsel mit harter Kante;
- weicher Pinsel;
- Airbrush;
- Tintezeichnung;
- Stempelwerkzeug;
- Weichzeichner;
- Verschmieren;
- Abwedeln und Nachbelichten.

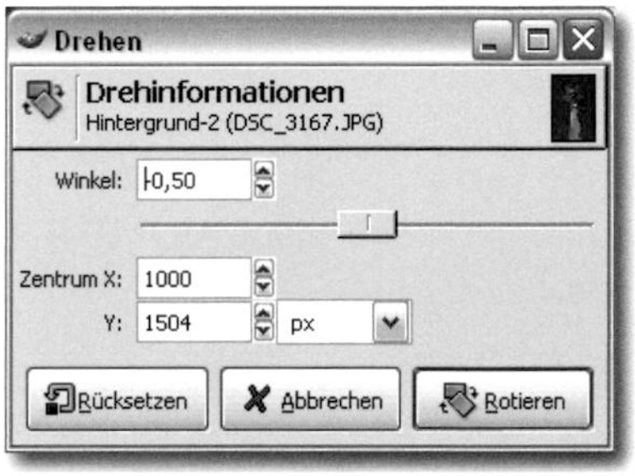

Abbildung 5.15:
Drehung in GIMP

Abbildung 5.16:
Hauptfenster mit Werkzeugauswahl
in GIMP (links) und
Werkzeugoptionen (rechts)

Über diese Palette sind alle gängigen Retusche-Werkzeuge anwählbar.

5.3.6 Filter in GIMP

GIMP verfügt über sehr viele und umfangreiche *Filter*. Hierauf wird im allgemeinen Zusammenhang mit Filtern in 8.12 eingegangen.

5.3.7 Skripte in GIMP: Script-Fu

Eine Stärke von GIMP liegt in den vielen verfügbaren *Skripten,* die über das Menü Script-Fu des Bildfensters erreichbar sind. Ein Skript ist eine automatisierte Zusammenfassung von GIMP-Operationen, etwa die geschickte Kombination von Filtern.

Die Parallele in Photoshop sind die Photoshop-Aktionen.

5.4 Nikon Capture

Alle Anbieter von digitalen Kameras – oder von digitalen Rückteilen für Mittelformatkameras – bieten auch eine Softwarelösung für gängige Aufgaben an, insbesondere das Überspielen von Bildern von der Kamera bzw. von der Chipkarte auf einen Computer und für die elementare Bildbearbeitung wie Drehen um 90° oder Korrektur des Rote-Augen-Effektes. Beispielhaft hierfür bietet die Firma Nikon die Software Nikon View und Picuture Project an, welche u.a. auch eine schöne Diashow enthalten.

Für Kameras, welche Daten im raw-Format nach Abschnitt 4.4.6 abspeichern, bieten die Hersteller ferner meist kostenpflichtige Spezialsoftware an. Nikon stellt hier das Produkt *Nikon Capture* bereit. Derartige Software kann viele Aufgaben erfüllen, ihre wichtigste Anwendung besteht aber eindeutig in der Umwandlung der raw-Formate in die gängigen Formate jpeg und tiff (vgl. 4.4). Darüber hinaus hat sich Nikon Capture immer weiter zu einer starken Software zur allgemeinen Bildbearbeitung entwickelt, alle Grundfunktionalität dafür ist in den aktuellen Versionen leistungsfähig implementiert.

Abbildung 4.39 (Seite 129) zeigt schematisch die Arbeitsweise der aktuellen Version von Nikon Capture, welche auch offen für künftige, verbesserte Versionen dieser Software ist.

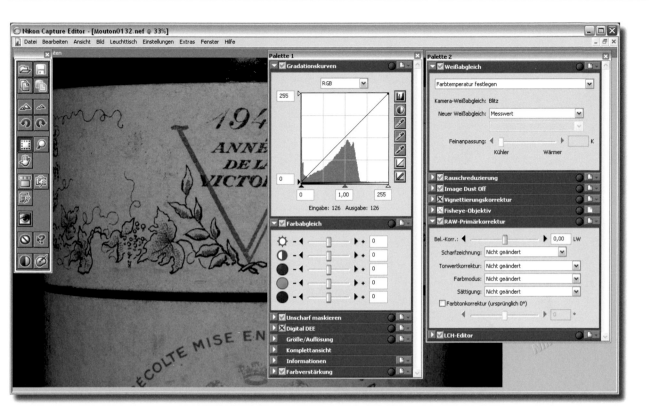

Abbildung 5.17:
Nikon Capture 4.1 mit typischen
Paletten

Abbildung 5.18 zeigt typische Aktionen in Nikon Capture: Anpassen der raw-Daten, die Gradationskurve und den (neuen) LCH-Editor, welcher in einer Aktion die Anpassung von Helligkeit, Chromazität und Farbton ermöglicht.

Im Gegensatz zu Photoshop zeigt die Gradationsaktivität von Nikon Capture auch gleich das Histogramm an; darauf wird in Abschnitt 8.1 genauer eingegangen.

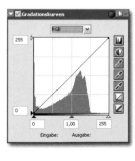
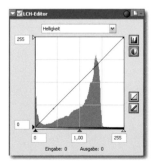

Abbildung 5.18:
Anpassen der raw-Daten,
Gradation und LCH-Editor

Nikon Capture ist eine sehr leistungsstarke und effiziente Software, die zwar für die Bearbeitung der raw Dateien des Herstellers deutliche Vorteile aufweist, aber ein umfassendes Bildbearbeitungsprogramm wie Photoshop in den meisten Fällen nicht ersetzen kann. Zusätzlich zur Bildbearbeitung bietet Capture noch eine umfangreiche Software zur Fernsteuerung der Kamera über die USB- oder Firewire-Schnittstelle (Capture Camera Control, vgl. Abbildung 6.35) und für die Nikon D2X nun sogar drahtlos über WLAN.

 Nikon Capture ist ein Beispiel für eine leistungsfähige raw-Software, welche weniger die allgemeine Bildbearbeitung, sondern viel mehr die optimale Nutzung des flexiblen raw-Formats zum Ziel hat.

Nikon Capture ist inzwischen auch mit den nik-Filtern nach 8.12.4 kombinierbar, wodurch erstmals diese Filter auf Bilddateien in einer Farbauflösung mit mehr als 8 bit angewendet werden können.

5.4.1 Prinzipielle Bildbearbeitung mit raw

„Bildbearbeitung im raw-Format" ist ein kleiner Widerspruch: Die raw-Daten sind die Messwerte des Sensors in unverarbeiteter Form, und diese sollen – und können – nicht bearbeitet werden.

Bildbearbeitungsprogramme für raw-Software können deshalb auf verschiedene Arten die Bildbearbeitung durchführen:

- Es werden nicht die eigentlichen Bilddaten, sondern die in der Datei enthaltenen Metadaten verändert (vgl. 4.4.1.1); so geht Nikon Capture vor.
- Die eigentliche Bilddatei wird nicht verändert, es werden alle Änderungen in einer ergänzenden Datei abgespeichert. Das entspricht der Vorgehensweise von C1 von Phase One: Zu jeder Datei gibt es eine Metadatei mit dem Suffix .work, welche die Einstellungen speichert.
- Das Bild wird in ein gängiges Standardformat transformiert und in diesem bearbeitet; damit ist aber ein erneutes Abspeichern in einem raw-Format nicht mehr möglich. Photoshop CS mit dem raw-Plugin nutzt diesen Weg.

5.4.2 Die offenen raw-Parameter

Wie unter 4.4.6 beschrieben, enthält eine raw-Datei die Rohdaten des Sensors, die Kameraeinstellungen sind nur als Metadaten, also noch nicht prozessiert, enthalten. Zu diesen Metadaten gehören:

- der Weißabgleich;
- die kameraseitige Schärfung des Bildes (vgl. 8.5);
- die kameraseitige Tonwertkorrektur und Farbtonkorrektur;
- die Wahl des Farbraums (vgl. 6.5.12).

Beim Öffnen einer raw-Datei bieten die hierfür entwickelten Softwaremodule einen speziellen Dialog, welcher im Prinzip diese Kameraeinstellungen zur Aufnahme abfragt und Änderungen zulässt. Alle diese Änderungen, die für jpeg- und tiff-Dateien kameraseitig durchgeführt werden, sind in einer raw-Datei noch nicht vollzogen, sondern werden nun durch die raw-Software erst wirksam. Deshalb steht teilweise auch eine größere Zahl von Parametern zur Auswahl, als dies kameraseitig der Fall ist.

In den folgenden zwei Abschnitten 5.4.3 und 5.4.4 wird kurz geschildert, wie diese Parameter in einer raw-Software verarbeitet werden.

Abbildung 5.19:
Vignettierungskorrektur in Capture

5.4.3 Weißabgleich

In Abschnitt 6.6 wird die Möglichkeit, den Weißabgleich mit Capture zu bearbeiten, genauer dargestellt: Ausgehend von einer raw-Datei, die ja an sich noch keinen Weißabgleich vorgenommen hat, sondern lediglich die Kameraeinstellung zur Aufnahme enthält, kann der Weißabgleich beim Importieren der Datei gesetzt werden.

Abbildung 5.20:
Weißabgleich in Nikon Capture 4; die rechte Abbildung zeigt die direkte Eingabe der Farbtemperatur

Abbildung 5.20 zeigt den Dialog für die Wahl der Farbtemperatur, welche im Gegensatz zum raw-Plugin von Photoshop bei Capture und C1 nicht nur beim Öffnen der Datei, sondern zu einem beliebigen Zeitpunkt erfolgen kann.

5.4.4 Primärkorrektur

Abbildung 5.21 zeigt die Auswahlpalette von Capture für die Anpassung der raw-Grunddaten außer dem Weißabgleich.

Hierbei sind die Kameraeinstellungen zur Aufnahme jeweils hervorgehoben (konkret durch ∗ gekennzeichnet). Die einzelnen Parameter können mit der externen Software vielfach flexibler als kameraintern angepasst werden.

5.4.5 Vignettierungskorrektur

Die bei Weitwinkelaufnahmen physikalisch unvermeidliche Abdunkelung des Bildrandes einer Aufnahme, die wir in Abschnitt 2.4.6 kennen gelernt haben, lässt sich in Capture mittels eines Dialoges nach Abbildung 5.19 leicht korrigieren.

Die *Vignettierungskorrektur* berücksichtigt dabei auch den Objektivtyp und die Fokussierungsentfernung der Aufnahme, wenn diese Informationen vorliegen.

Abbildung 5.21:
raw-Primärkorrekturen in Capture

5.4.6 Das Problem mit dem Staub – Staubentfernung

Ein zentrales Problem von DSLR-Kameras ist das Eindringen von Staub in das Kameragehäuse beim Objektivwechsel und damit letztlich die Ablagerung von Staub vor dem Sensor (auf dem Tiefpassfilter direkt vor dem Sensor, vgl. 8.9).

Es besteht natürlich die Möglichkeit, den Staub mechanisch (mit Druckluft) zu entfernen oder von autorisierten Servicestellen entfernen zu lassen, aber eine einfachere Lösung ist hier dringend erforderlich. Wichtig beim eigenständigen Entfernen des Staubs ist die Verwendung eines Netzteils anstelle von Akkus für die Kamera, da dadurch die Kamera geerdet wird, so dass der Sensor nicht durch elektrostatische Aufladung zusätzlich Staub anziehen kann. Einige Lösungsansätze versuchen, durch mechanische Optimierungen das Staubproblem zu umgehen, etwa durch Vergrößerung des Abstands zwischen Tiefpassfilter und eigentlichem Sensor oder durch Integration von Reinigungsmechanismen in das Kameragehäuse.

Das Grundproblem ist natürlich nicht neu und war auch schon in der Analogfotografie bekannt. Nur wird dort mit jedem Filmtransport eine neue – saubere – lichtempfindliche Schicht verwendet, wodurch das Problem direkt gelöst wird. Eine Ausnahme bilden Staubablagerungen in Objektiven, die digital wie analog gleichermaßen störend sind.

Einen neuen Lösungsansatz bietet Nikon ab der Version 4 der Capture-Software: die *Staubentfernung* durch die raw-Software. Hier wird zunächst ein Referenzbild aufgezeichnet, welches der Software Informationen zur Staubverteilung vor dem Sensor liefert. Aufgrund dieser Information kann dann die Software eine Staubkorrektur vornehmen. Abbildung 5.22 zeigt den entsprechenden einfachen Auswahldialog sowie ein typisches Ergebnis. Der Auswahldialog regelt lediglich die Auswahl der entsprechenden Referenzaufnahme; es kann mit verschiedenen Referenzaufnahmen gearbeitet werden, wichtig ist dabei, eine Aufnahme auszuwählen, die zeitlich und damit von ihrer Staubstruktur nahe an der zu korrigierenden Aufnahme liegt. Insgesamt ist mit diesem Verfahren ein praktikabler Weg zur Lösung des Staubproblems gefunden. Die einzige Einschränkung liegt darin, dass – momentan – so nur raw-Daten korrigiert werden können.

Abbildung 5.22:
Staubkorrektur: Auswahldialog
(oben) und Beispiel: links ohne,
rechts mit Korrektur

5.4.6.1 Das Referenzbild zur Staubentfernung

Das *Referenzbild für die Staubentfernung* ist einfach aufzuzeichnen: Es ist ein
raw-Bild einer weißen, strukturlosen Fläche (Blatt Papier) bei maximal ge-
schlossener Blende in einem kurzen (unfokussierten) Abstand von etwa 10 cm.

5.4.7 Digital DEE

Digital DEE ist die Abkürzung für Dynamic Exposure Extender, eine Aktion
in Capture 4, die vergleichbar zu Bild|Anpassen|Tiefen/Lichter in Photoshop CS
ist. Digital DEE ist das Produkt einer Firma mit dem schönen Namen „App-
lied Science Fiction". Diese Korrektur ist aber – im Gegensatz zu den zuvor
behandelten – nicht nur auf raw-Dateien, sondern allgemein für alle von der
Software verarbeitbaren Dateitypen anwendbar.

Ziel von DEE ist eine automatisierte Belichtungskorrektur für eine Verbesserung der Detailwiedergabe in Tiefen- und Lichterbereichen, also ein kombinier-
tes Nachbelichten und Abwedeln im analogen Positivprozess. Hierzu können
drei Parameter gewählt werden (Abbildung 5.23):

- die Stärke der Korrektur in den dunklen Bereichen;
- die Stärke der Korrektur in den hellen Bereichen;
- der Schwellenwert; dies legt die Trennung des Bereichs der Tiefen und der
  Lichter fest (bezogen auf eine Grauwertskala mit 256 Werten).

Die Software schlägt jeweils geeignete Defaultwerte für die Korrektur vor.

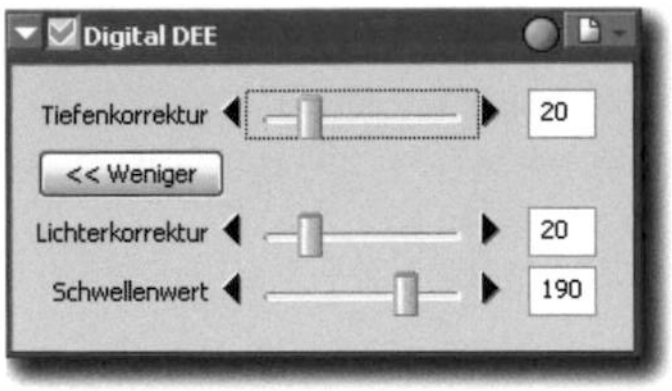

Digital DEE

Tiefenkorrektur ◄ ─┤───── ► 20
       << Weniger
Lichterkorrektur ◄ ─┤────── ► 20
Schwellenwert ◄ ──────┤── ► 190

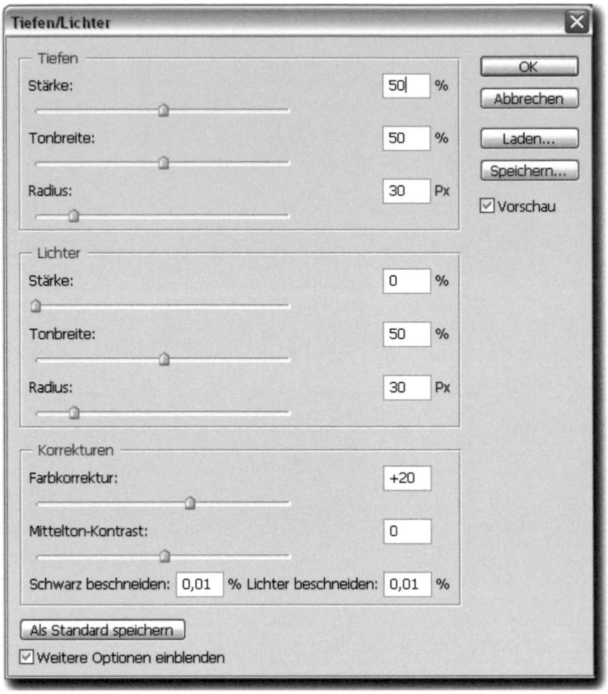

Tiefen/Lichter

― Tiefen ―
Stärke: 50 %
Tonbreite: 50 %
Radius: 30 Px

― Lichter ―
Stärke: 0   %
Tonbreite: 50 %
Radius: 30 Px

― Korrekturen ―
Farbkorrektur: +20
Mittelton-Kontrast: 0
Schwarz beschneiden: 0,01 % Lichter beschneiden: 0,01 %

Als Standard speichern
☑ Weitere Optionen einblenden

OK
Abbrechen
Laden...
Speichern...
☑ Vorschau

Abbildung 5.23:
Parameterdialoge für Digital DEE
(links) und Tiefen/Lichter (rechts)

Die vergleichbare Aktivität in Photoshop erlaubt noch weitere Parameteranpassungen (Abbildung 5.23); die Ergebnisse mit den Defaultwerten sind in beiden Fällen sehr ähnlich (Abbildung 5.24).

Diese Verfahren bieten beide eine schnelle und bequeme Möglichkeit der Bildverbesserung „out-of-the-box"; in Kapitel 8 werden wir genauer auf die Hintergründe dazu und die Möglichkeit der direkten Umsetzung entsprechender Verbesserungen eingehen.

Abbildung 5.24:
Standardverarbeitung der
identischen Vorlage (links) mit
Digital DEE (Mitte) und
Tiefen/Lichter (rechts)

5.4.8 Rauschunterdrückung

Ein weiteres zentrales Problem der digitalen Fotografie ist das *Rauschen,* also Störungen, die in dunklen Flächen insbesondere dann auftreten, wenn mit höherer Empfindlichkeit aufgenommen wird. Auch dieser Effekt ist aus dem Analogen bekannt; die Hintergründe sind in 4.2.10 beschrieben. Mehr zur Rauschreduzierung mittels Software ist in 8.6 zu finden.

Capture bietet hierzu eine spezielle Aktivität an (Abbildung 5.26). Diese erlaubt eine Wahl der Rauschunterdrückung in 11 Stufen. Für raw-Bilder kann auch gleich eine Korrektur von Moiré-Artefakten vorgenommen werden (vgl. 8.10.1). Abbildung 5.26 zeigt den entsprechenden Dialog für diese Korrekturen.

5.4.9 Der LCH-Editor

Neu in der Version 4.1 von Capture ist der *LCH-Editor* für die gleichzeitige Korrektur der Farben im LCH-Modell: Luminanz, Chroma und Hue (Farbton, vgl. 6, insbesondere 6.1.4.5, 6.1.4.2 und 6.1.4.1). Abbildung 5.25 zeigt die jeweiligen Dialoge dieses Editors für die drei Parameter des LCH-Modells.

Auf den Helligkeits-Dialog wird im Zusammenhang mit dem Histogramm in 8.1 weiter eingegangen (der LCH-Editor entspricht im Wesentlichen der Aktivität der Gradationskurve).

Der Chromaeditor erlaubt durch einfaches Verschieben der horizontalen Kurve die Farbsättigung eines speziellen Farbwertes zu erhöhen (Verschiebung nach oben) oder zu verringern (Verschiebung nach unten).

Mittels des Farbtoneditors können Farbtöne des Ausgangsbildes für die Ausgabe in andere Farbtöne überführt werden. Auch dies geschieht wie beim Chromaeditor durch punktuelle Verschiebung der horizontalen Kurve.

5.4.10 Weitere Bearbeitungen

Die hier vorgestellten Aktivitäten der raw-Software haben sich auf spezielle Bearbeitungen bezogen, die typisch für das raw-Format sind und in dieser Form in der gängigen Bildbearbeitungssoftware meistens nicht zu finden sind. Darüber hinaus bietet die Software viele Bearbeitungsmöglichkeiten an, wie etwa

- Nachschärfen des Bildes (vgl. 8.5);
- Drehen, Beschneiden, Größenänderung.

5.4.10.1 Fisheye-Transformation

Eine Besonderheit stellt noch die Korrektur der *Fisheye-Perspektive* dar. In 2.5.8.2 haben wir das Fisheye-Objektiv als extremes Weitwinkel kennen gelernt, welches eine orthografische Projektion liefert. Diese kann durch Capture softwareseitig in eine normale Weitwinkelaufnahme entzerrt werden.

Abbildung 5.25:
Dialoge des LCH-Editors

Abbildung 5.26:
Dialog zur Rauschunterdrückung in
Capture

5.5 Phase One C1

Eine weitere, kameraherstellerunabhängige raw-Software ist *C1* des dänischen Anbieters Phase One [web]. Dieser ist seit längerem bekannt als Hersteller hochwertiger digitaler Rückteile für Mittel- und Großformatkameras, welche momentan eine Auflösung bis zu 22 Megapixel erreichen (Modelle H25 und P25). Eine Sonderstellung nimmt zurzeit das neue P25 ein, das erste vollautonome Rückteil, welches u.a. über ein großes Display und die Möglichkeit der Datenhaltung auf CompactFlash bietet.

Die Software C1 dient ausschließlich dem Prozessieren von raw-Daten. Sie wurde ursprünglich für die eigenen Rückteile angeboten, kann aber inzwischen auch die raw-Daten zahlreicher hochwertiger Digitalkameras wie der DSLR-Modelle von Canon und Nikon, der Olympus-Modelle E1, E10 und E20, der Pentax *istD sowie der Fuji S2 Pro verarbeiten. Hierbei handelt es sich dann um eine raw-Konvertierung, während die eigenen Rückteile sowie – mit Abstrichen – die Canon-Modelle EOS 1D und 1Ds auch über die Software gesteuert werden können. C1 verändert die eigentliche raw-Datei nicht, sondern speichert alle Verarbeitungsschritte in einer Metadatei mit dem Suffix .work ab (vgl. 5.4.1).

C1 ist eine kameraherstellerunabhängige, professionelle Software zur raw-Verarbeitung.

C1 wird in den im Leistungsumfang unterschiedlichen Versionen C1LE und C1Pro für Mac OS und Windows angeboten; die Mac OS- und Windows-Versionen haben jeweils annähernd den gleichen Funktionsumfang.

5.5.1 Struktur der Software

Das Grundmenü von C1 ist in Abbildung 5.27 zu sehen. Es untergliedert sich in drei Bereiche: die Bildauswahl (links), das zu bearbeitende Bild in einem Vorschaufenster mit direkter Kontrolle der Bildkorrekturen (Mitte) und das Bearbeitungsmenü (rechts).

C1 legt alle spezifischen Einstellungen in Sitzungen in separaten Ordnern an. Zu jeder Sitzung gehören wiederum spezielle Ordner für Ausgangsbilder, die verarbeiteten Bilder (Process) und ein Papierkorb.

Abbildung 5.27:
Grundansicht von C1

5.5.2 Workflow mit C1

Die raw-Verarbeitung mit C1 gliedert sich in folgende Schritte:

- Import der Aufnahmen in einen aktiven Aufnahmeordner;
- Wahl des ICC-Profils (vgl. 6.5);
- Graubalance;
- Bearbeitung;
- Entwicklung des Bildes (Überführung in ein Standardformat).

Dieses Workflow folgt den Reitern im rechten Menü von Abbildung 5.27 (hinter Aufnahme verbergen sich Möglichkeiten der Fernsteuerung einer geeigneten Kamera/eines Phase One-Rückteils).

Dies soll im Folgenden kurz gezeigt werden.

5.5.2.1 Wahl des ICC-Profils

Über Workflow|Farbmanagement-Einstellungen zeigen öffnet sich der Dialog für die Einstellungen des Farbmanagements. Phase One bietet im Bundle mit C1 eine große Zahl kameraspezifischer Profile für folgende Lichtsituationen an:

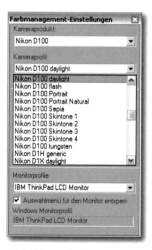

Abbildung 5.28:
Farbmanagement-Einstellungen
von C1: Auswahl des Kameraprofils

- Tageslicht;
- Blitzlicht;
- Wolframlampe;
- optimiert für Hauttöne.

Hinzu kommen weitere Profile wie das für den Arbeitsraum und das Monitorprofil, wie es im Workflow mit Farbprofilen üblich ist (Abbildungen 5.28 und 6.30).

5.5.2.2 Graubalance

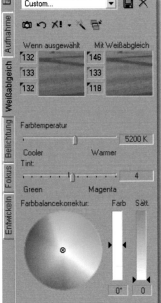

Abbildung 5.29:
Graupunktmenü von C1

C1 bietet verschiedene Möglichkeiten des Setzens des Graupunktes (Abbildung 5.29): das Ausmessen eines Referenzpunktes (idealerweise anhand einer in das Testbild integrierten Graukarte nach 3.1.3), den automatischen Weißabgleich, Vorgaben für den Weißabgleich nach vordefinierten Lichtarten (wie in Tabelle 6.1 enthalten) und die Möglichkeit der direkten Eingabe einer Farbtemperatur in Kelvin.

In der Version für Mac OS können Änderungen an der *Graubalance* auch in ein Farbprofil integriert werden.

5.5.2.3 Bearbeitung

Das zentrale Menü für die Bildbearbeitung verbirgt sich hinter der Karteikarte Belichtung sowie in der oberen Werkzeugleiste.

Hier können Bildausschnitte gewählt werden, wobei über einen separaten Dialog Parameter wie das Seitenverhältnis festzulegen sind, oder die umfangreichen Möglichkeiten der Belichtungs- und Gradationssteuerung (vgl. auch 8.2).

Bei der Gradationssteuerung können auch vier Filmcharakteristiken sowie eine Belichtungs- und Kontrastkompensation neben den üblichen Techniken zur Veränderung der Gradation gewählt werden. Abbildung 5.30 zeigt das Menü zur Belichtungssteuerung sowie typische Werkzeugmenüs.

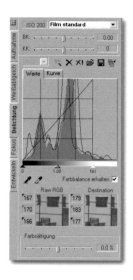

Abbildung 5.30:
Belichtungs- und
Gradationssteuerung mit C1 sowie
Werkzeugmenüs (Mitte: Parameter
für Ausschnittswerkzeug, rechts:
Kriterien zur Anzeige von Über-
und Unterbelichtungen) von C1

C1 kann wie auch Photoshop eine Drehung um einen beliebigen Winkel vornehmen, wobei an einer Hilfsgeraden das Bild einfach ausgerichtet werden
kann.

Zu C1 gehört auch ein Farbeditor, der über Workflow|ColorEditor erreichbar
ist (Abbildung 5.31). Mit diesem können Farbprofile (nur die des Herstellers)
angepasst und gespeichert werden.

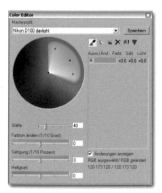

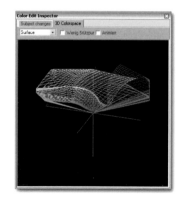

Abbildung 5.31:
ColorEditor von C1 (links) und
3D-Visualisierung eines
angepassten Farbprofils im
Lab-Raum (rechts)

5.5.2.4 Entwicklung

Phase One setzt den Ansatz der raw-Datei als „digitales Negativ" konsequent um und bezeichnet deshalb die Überführung der bearbeiteten Aufnahme konsequent als Entwickeln. Hier kann nach tiff-8, tiff-16 oder jpeg in verschiedenen Stufen prozessiert werden.

Die Windows-Version von C1Pro ist dabei sogar in der Lage, in einem Konvertierungsschritt bis zu drei Ausgabedateien zu entwickeln.

5.5.2.5 Besonderheiten

C1 verfügt über einige Besonderheiten, die vor allem für professionelle Verarbeitung wichtig sind. Hierzu zählt eine effiziente Stapelverarbeitung genauso wie die XML-konforme Speicherung und Übernahme von Verarbeitungsschritten.

Außerdem gehört zu C1 ein Stitching-Werkzeug FlexAdapter (vgl. 8.8.1) und ein Werkzeug (Lens Cast Correction) zur Korrektur von Abbildungsfehlern, welche am Rande von Sensoren durch nicht-telezentrischen Lichteinfall entstehen (vgl. 2.6.3), sowie ein IPTC-Editor (vgl. 4.4.1.3).

Phase One hat ferner in C1 ein effizientes und leistungsstarkes Interpolationsverfahren integriert (vgl. 4.2.12), welches zu hochwertigen Ergebnissen führt.

C1 ist außerdem die erste Nicht-Adobe-Software, welche das universelle raw-Format DNG (vgl. 4.4.6.4) unterstützt.

Abbildung 5.32:
Entwicklung des digitalen Negativs
mit C1

Farbe im Digitalbild

Die Farbe nimmt in der Fotografie eine besondere Rolle ein, da sie zum einen wesentlich für eine objektive Abbildung notwendig ist, auf der anderen Seite aber auch besondere Ansprüche – analog wie digital – an die Verarbeitung stellt. Bereits um das Jahr 1850 gab es Versuche, die Farbe in die Fotografie zu integrieren. Wesentlich hierfür war die Begründung der additven Farbmischung durch den englischen Physiker James Clerk Maxwell um 1860. Abbildung 6.1 zeigt eine der ältesten Farbfotografien, die um das Jahr 1877 datiert wird. Diese Aufnahme von Ducos du Hauron [1] basiert bereits auf der subtraktiven Farbmischung. Das historische Grundproblem war die unterschiedliche Empfindlichkeit der verwendeten lichtempfindlichen Schichten, die alle eine gute Blauempfindlichkeit, aber eine schlechte Grün- und Rotempfindlichkeit aufwiesen. Relevant wird dic Farbfotografie erst nach 1945, da dann erst die wesentlichen Farbverfahren (Agfa, Kodak) gefunden wurden, wie in Abschnitt 2.8.6.2 vorgestellt. So geht ein Klassiker der Fotoliteratur, Hans Windischs „Neue Fotoschule" in der Auflage von 1941 [Win41], zwar genau auf die Farbe allgemein und die Bedeutung von Farbe für die Schwarzweißfotografie etwa durch den Einsatz von Farbfiltern nach 7.2 ein, die Erstellung farbiger Fotografien nimmt aber noch keinen Raum in dem Buch ein.

Schon in Abschnitt 2.8.6 haben wir gesehen, wie mit Farbe in der analogen Fotografie vom Prinzip her umgegangen wird. Dies führte aber stets zu in der Praxis schwierigen Verfahren, die nur wenige Möglichkeiten der Einflussnahme bieten. Ganz anders in der Digitalfotografie: Hier können wir auf einfache Weise sehr komplexe Veränderungen am Farbcharakter einer Aufnahme durchführen.

---

[1]Ducos du Hauron ist auch durch seine erfolgreichen Versuche dreidimsionaler Drucke bekannt geworden, die mit einer Brille mit roten und blauen Gläsern zu betrachten sind.

Abbildung 6.1:
Dreifarbiger Pigmentdruck, Ducos du Hauron, um 1877: Ansicht der Stadt Agen (Frankreich)

Während Farboptimierungen im Analogen bei der Aufnahme (Korrektur der Lichttemperatur) und beim Positivprozess schwierig und aufwendig sind, ist eine Anpassung im Digitalen sehr einfach und bietet grenzenlose Möglichkeiten.

Einen heute eher ungewohnten, aber interessanten Einstieg in diese Materie bietet [Goe98]. Ebenso wie in [Cal92] sind hier Anregungen abseits der heute vorherrschenden sachlichen Darstellung zu finden. Eine moderne Einführung in die komplexe Materie ist in [Mar98], in [Hom04] und in [Nym04] sowie insbesondere in dem Lehrbuch von Peter Bühler [Büh04] zu finden. Es steht insgesamt eine große Auswahl an guter Literatur zur Verfügung; [Kog04] in der Zeitschrift PAGE ist ein weiteres Beispiel.

Wir betrachten zuerst Grundbegriffe zur Farbe anhand der idealen Farbe sowie die mathematische Darstellung der realen Farbe und gehen danach auf die Umsetzung in der Software ein. Abschließend werden die für die moderne Fotografie wichtige geräteunabhängige Farbverwaltung durch das Colormanagement und die Fragen zum Weißabgleich und zur Farbtemperatur behandelt.

6.1 Ideale Farbe

Der Begriff *Farbe* ist nicht nur naturwissenschaftlich, sondern auch psychologisch und physiologisch relevant. Was bedeutet es, dass ein Gegenstand gelb ist? Wird er mit weißem Licht bestrahlt, so wird der Blauanteil an seiner Oberfläche absorbiert und die reflektierten Grün- und Rotanteile ergeben Gelb. Er kann aber auch einfach weiß sein und wird mit gelbem Licht bestrahlt.

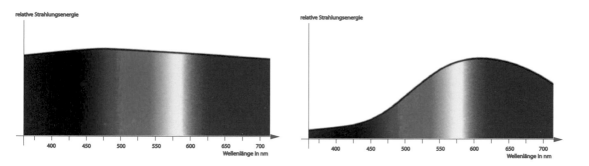

Die Farbe des Gegenstandes, die wir wahrnehmen, also mit unserem Auge messen, lässt nur einen indirekten Schluss auf die Oberfläche des Gegenstandes zu. Die Messung des Auges wird im Gehirn erst zu einem entsprechenden Bild verarbeitet, so dass hier die psychologische und die physiologische Komponente zum Tragen kommen. Zahlreiche optische Täuschungen zeigen die Bedeutung der psychologisch-physiologischen Farbwahrnehmung.

Abbildung 6.2:
Energiespektrum von Tageslicht (links) und einer Wolfram-Glühlampe (rechts)

Betrachten wir zunächst das Spektrum des Tageslichtes, also der Sonneneinstrahlung zur Mittagszeit. Hier sind die Farbanteile annähernd gleich verteilt (Abbildung 6.2), während beispielsweise das Spektrum einer Glühbirne deutlich „rotlastig" ist. Letztlich darf dies aber alles nicht darüber hinwegtäuschen, dass es sich, wie wir in Abschnitt 2.1 gesehen haben, um elektromagnetische Strahlung mit einer Wellenlänge λ zwischen 350 nm und 750 nm handelt; die daran angrenzenden Strahlungsbereiche haben dann als Ultraviolett und Infrarot eine besondere Bedeutung.

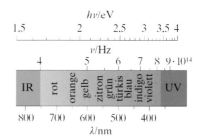

Wir betrachten zunächst ein abstrahiertes Modell der Farbe, die *ideale Farbe*. Dabei gehen wir von einer absolut gleichmäßigen Spektralverteilung über das betrachtete Farbintervall aus, ebenso wie von einer idealisierten Farbwahrnehmung des Menschen: Das Auge verfügt über drei Arten von farbempfindlichen Zapfen, welche annähernd rot-, grün- und blauempfindlich sind. Abbildung 6.4 zeigt den Zusammenhang zwischen idealisierter und realer Farbwahrnehmung der drei Zapfenarten.

Abbildung 6.3:
Farbe als elektromagnetische Strahlung mit λ zwischen 350 nm und 750 nm sowie Energie der entsprechenden Photonen nach [Mes04]

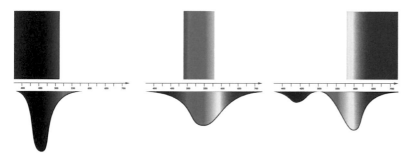

Abbildung 6.4:
Idealisierte (oben) und reale (unten) Farbempfindlichkeit der Zapfen des menschlichen Auges

6.1.1 Grundfarben und Farbmischung

Der sechsteilige Farbstern nach Abbildung 6.5 ordnet die drei additiven *Grundfarben* Rot, Grün und Blau (R, G und B) und die drei subtraktiven Grundfarben Gelb (Yellow), Magenta und Cyan (Y, M und C) systematisch alternierend an; ferner wird der Buchstabe K für Schwarz als Key (Tiefe) verwendet.

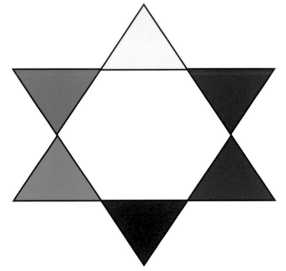

Abbildung 6.5:
Sechsteiliger Farbstern

Betrachten wir nun die Mischung der drei additiven Grundfarben Rot, Grün und Blau. Alle drei zusammen ergeben Weiß (vgl. Abbildung 2.38). Die Mischung von zwei additiven Grundfarben ergibt eine der subtraktiven Grundfarben:

- Rot + Grün = Gelb (Weiß – Blau)
- Rot + Blau = Magenta (Weiß – Grün)
- Grün + Blau = Cyan (Weiß – Rot)

Farben, die aus allen drei Grundfarben gemischt sind, werden als tertiäre Farben bezeichnet.

Eine Sonderstellung nehmen dedizierte Schmuckfarben ein. Die verbreitetste Definition sind die Schmuckfarben nach Pantone, die im Printbereich eine besondere Rolle einnehmen. Beispielsweise ist der Blauton des Umschlags dieses Buches Pantone 8183 C, eine Metallicfarbe. Für fotografische Zwecke haben Pantone-Farben keine direkte Bedeutung.

6.1.2 Komplementärfarbe

Die *Komplementärfarbe* ist diejenige Farbe, welche gemischt mit der Ausgangsfarbe Grau ergibt, also Farben, die sich im Farbkreis gegenüber liegen.

6.1.3 Additive und subtraktive Farbmischung

Wir haben schon in Abschnitt 6.1.1 die Grundschemata der *additiven* und der *subtraktiven* Farbmischung kennen gelernt. Wodurch unterscheiden sie sich und wann ist welches Verfahren anzuwenden?

- Betrachten wir drei nebeneinander liegende Bildpunkte auf einem Monitor, welche in den Farben RGB strahlen. Das Auge nimmt alle drei zusammen wahr und registriert Weiß, die additive Farbmischung.
- Nun betrachten wir einen Tintenstrahldrucker, welcher einen gelben Punkt druckt; was bedeutet dies? Bei Beleuchtung mit weißem Licht ist die Oberfläche so beschaffen, dass die Komplementärfarbe zu Gelb, also Blau, absorbiert wird – für das Auge erscheint der Punkt dann Gelb. Druckt der Drucker alle drei seiner Grundfarben, so werden alle Anteile absorbiert und der Bildpunkt würde schwarz erscheinen – die subtraktive Farbmischung.

  Verwenden wir Farben bzw. Farbfilter, welche die Grundfarbanteile Rot, Grün und Blau herausfiltern, so erhalten wir je nach Mischung die Farben Cyan, Magenta, Gelb und bei Mischung aller drei theoretisch ein reines Schwarz.

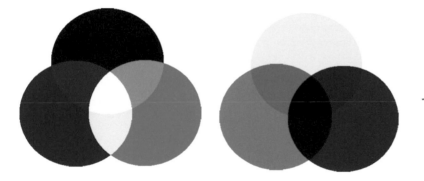

Diese Abbildung ist durch Überlagerung von einzelnen Ebenen entstanden; mehr dazu in 5.1.4.4.

Dieses Grundprinzip wurde 1952 durch Alfred Hickethier dreidimensional durch die Farbwürfel verdeutlicht. Anhand eines dreidimensionalen Koordinatensystems wird der Anteil der RGB-Grundfarben aufgetragen, wobei der Koordinatenursprung jeweils einem Farbanteil von 0 entspricht. Bei additiver Mischung ist somit der Koordinatenursprung schwarz (keine Farbanteile), bei subtraktiver Mischung ist er weiß (keine Absorption eines Farbanteils). Je nach Mischung ergibt sich einer der Farbwürfel nach Abbildung 6.7. Dabei sind beide Würfel so angeordnet, dass die Spitze des Koordinatensystems aus dem Bild herausragt.

Abbildung 6.6:
Additive (links) und subtraktive (rechts) Farbmischung in Photoshop

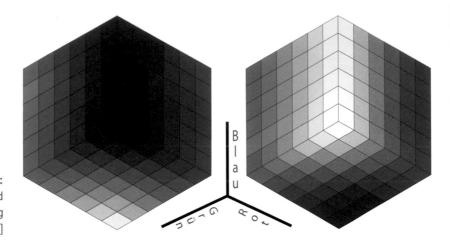

Abbildung 6.7:
Farbwürfel für additive (links) und
subtraktive (rechts) Farbmischung
nach [Hom04]

Anhand dieser Farbwürfel kann viel über die Theorie der Farben ausgesagt werden. So schneidet beispielsweise der Farbwähler von Photoshop eine Scheibe (Ebene) aus dem Würfel, wenn einer der RGB-Werte fest vorgegeben ist: Abbildung 6.14 zeigt den entsprechenden Schnitt aus dem Farbwürfel, wenn der Grünwert konstant 95 beträgt und der Rot- und Blauwert variieren. In [Büh04] und [Hom04] ist mehr zum Verständnis des Farbwürfels zu finden.

6.1.4 Begriffe und Definitionen rund um die Farbe

6.1.4.1 Farbton

Der *Farbton* (Hue) entspricht der umgangssprachlichen Bedeutung des Wortes Farbe. Gemessen werden kann der Farbton einfach dadurch, dass wir die Farben in einem Farbkreis anordnen und darin den Winkel messen.

Die Farbe Rot definiert den Nullwinkel $0°$; Magenta, Blau, Cyan, Grün und Gelb liegen jeweils um $60°$ weiter. Der sechsteilige Farbstern nach Abbildung 6.5 ist eine ideale Reduzierung der Farbtonskala auf die sechs Grundfarben.

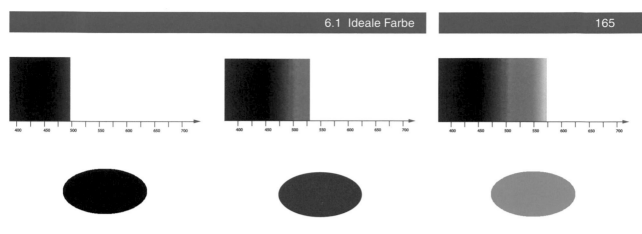

Abbildung 6.8:
Farbton der idealen Farben Blau (links) und Cyan (rechts) sowie ein Zwischenton (Mitte)

6.1.4.2 Sättigung

Die *Sättigung* (Saturation) gibt die Reinheit der Farbe wieder. Die Farben auf dem Farbkreis sind vollkommen rein, haben also eine Sättigung von 100 %. Je weiter man zum Mittelpunkt rückt, desto stärker wird die Farbe mit ihrer Komplementärfarbe vermischt und verblasst, bis im Mittelpunkt ein Grau entsteht.

Gemessen wird die Sättigung durch den Abstand der Farbe vom Mittelpunkt des Farbkreises hin zu seinem Radius.

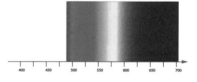

Ähnlich zur Saturation ist auch Chroma definiert, das im LCH-Modell verwendet wird (siehe etwa 5.4.9).

Abbildung 6.9:
Farbsättigung: Von reinem Grau zu reinem Gelb

6.1.4.3 Helligkeit

Die *Helligkeit* (Lightness) kann zunächst für jeden der drei Farbkanäle, wie etwa RGB, durch die Helligkeit der jeweiligen Einzelfarbe definiert werden (wie beim Graustufenbild). Eine Anhebung der Gesamthelligkeit eines Bildes bedeutet dann, dass die Farbe von jedem einzelnen Kanal angehoben wird.

Problematisch wird die Helligkeit dadurch, dass der Mensch die Helligkeit der RGB-Grundfarben nicht gleich empfindet. Um dieses Problem zu umgehen, wird die Luminanz (Abschnitt 6.1.4.5) verwendet.

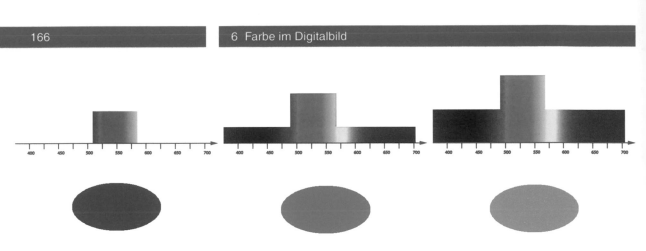

Abbildung 6.10:
Farbhelligkeit: Unterschiedliche
Helligkeit des gleichen Grünwertes

6.1.4.4 Brightness

Die *Brightness* im HSB-Modell steht für die Helligkeit des hellsten der drei
RGB-Farben, also für den Farbkanal (vgl. 6.3.2) mit dem höchsten Grauwert.

6.1.4.5 Luminanz

Die *Luminanz* ist eine Gewichtung der drei Farbkanäle nach ihrer physiologi-
schen Bedeutung. Die menschliche Wahrnehmung ist am stärksten auf Grün
ausgerichtet, Blau nehmen wir am schwächsten wahr. Entsprechend errechnet
sich die Luminanz aus den drei Anteilen:

- 30 % Rot;
- 59 % Grün;
- 11 % Blau.

Diese grundlegende Gewichtung findet vielfach Anwendung in der analo-
gen und in der digitalen Fotografie, etwa beim Einsatz von Farbfiltern in der
Schwarzweißfotografie (vgl. 7.2) oder bei der Definition spezieller Filter über
Kanalmixer (vgl. Tabelle 7.1 auf Seite 209).

6.2 Reale Farben: Codierung von Farbinformation, Farbmodelle und Farbräume

Die Theorie der idealen Farben reicht leider nicht aus, um die *realen Farben*
vollständig zu beschreiben. Der Ansatz einer konstanten Farbintensität stimmt
nicht mit dem tatsächlichen Verhalten überein. Wir brauchen also bessere Modelle für die Codierug von Farbe.

Ausgangspunkt für die Digitalisierung von Farbe ist eine geeignete numerische Codierung der Farbinformation; diese wird als *Farbmodell* oder auch als

Farbmetrik bezeichnet: Letztlich handelt es sich um dreidimensionale Koordinatensysteme, die die Farbe beschreiben. Farbmodelle können geräteunabhängig sein, wie das Lab-Modell, oder geräteabhängig wie etwa RGB. Ein *Farbraum* ist eine konkrete Variante eines Farbmodells mit einem vorgegebenen, beschränkten Farbumfang.

Alle Farbmodelle sind notwendig dreidimensional: Es sind stets drei Parameter zur Angabe eines Farbwertes erforderlich. Je nach Modell werden nun verschiedene Parameter verwendet, die drei additiven oder subtraktiven Grundfarben (RGB-/CMY-Modelle), zwei Farbwerte und die Helligkeit (CIE-Modell) oder Farbton, Sättigung und Helligkeit (HSB-Modell); daneben gibt es noch weitere Modelle.

Das Farbmanagement (vgl. 6.5) beschreibt die Transformation von einem Farbraum in einen anderen über einen dazwischenliegenden, größeren Arbeitsfarbraum.

6.2.1 Der Farbumfang

Die verschiedenen Farbräume definieren jeweils einen speziellen *Farbumfang,* den man auch als *Gamut* bezeichnet. So ist beispielsweise der Farbraum von Adobe-RGB größer als der von sRGB (siehe 6.2.2.3 und 6.2.2.1).

Auch bei Geräten spricht man vom Farbumfang. Bei Farbdruckern ist dabei die Situation komplexer, da der Farbumfang, den ein Drucker wiedergeben kann, auch von der Beschaffenheit des verwendeten Papiers abhängig ist.

6.2.2 Das RGB-Modell

Das *RGB-Farbmodell* steht für die drei Grundfarben Rot, Grün und Blau, die additiv (vgl. 2.8.6.1) gemischt werden. Dieses Modell ist heute stark verbreitet, insbesondere in der sRGB-Variante.

Je Farbkanal wird die gemessene Information im A/D-Wandler digitalisiert, wobei je nach verwendetem Dateiformat zwischen 8 bit und 16 bit je Farbe codiert werden.

Das RGB-Farbmodell umfasst zahlreiche verschiedene Farbräume, von denen die wichtigsten hier kurz vorgestellt werden:

6.2.2.1 sRGB

Der *sRGB-Farbraum* basiert auf den Eigenschaften eines durchschnittlichen PC-Monitors, weshalb er weit verbreitet ist; zahlreiche moderne Computersysteme unterstützen direkt sRGB. Genauso wie Apple-RGB verwendet sRGB den Gammawert nach 6.5.14 und die Farbtemperatur (vgl. 6.6.5) zur Beschreibung des Charakters eines PC-Monitors: $\gamma = 2,2$ und $T = 6.500$ K.

Allerdings ist der Farbumfang von sRGB vergleichsweise gering, er liegt auch klar unter dem Umfang von CMYK für die Druckfarben, weshalb für anspruchsvolle Druckaufbereitung sRGB nicht sinnvoll ist. Die visuelle Wirkung von sRGB ist eine eher dunkle Bildwiedergabe.

sRGB ist aufgrund seiner starken Verbreitung von besonderer Bedeutung. Es ist der einzige im Web gebräuchliche Farbraum sowie der Standardfarbraum der meisten Digitalkameras.

6.2.2.2 Apple-RGB

Hierbei handelt es sich um einen von Apple definierten Farbraum, welcher auf 13-Zoll-Triniton-Monitoren älterer Mac-Rechner basiert. Über den Gammawert (vgl. 6.5.14) und die Farbtemperatur (vgl. 6.6.5) ist auch die Strahlungscharakteristik des Monitors in diesem Farbmodell berücksichtigt: $\gamma = 1,8$ und $T = 6.500$ K.

Bilder in *Apple-RGB* rufen beim Betrachter eine helle Wirkung hervor.

6.2.2.3 Adobe-RGB

Der *Adobe-RGB-Farbraum* – korrekte Bezeichnung: Adobe RGB (1998) – ist ein großer RGB-Farbraum, der sich für Arbeiten in der Druckvorstufe gut eignet. Er umfasst allerdings auch Farben, welche nicht gedruckt werden können, also nicht im CMYK-Farbumfang liegen.

Adobe-RGB ist der Standardarbeitsraum in Photoshop und hat für die anspruchsvollere, an der Bildbearbeitung ausgerichtete Digitalfotografie eine große Bedeutung, da kameraseitig Bilder in dem großen Adobe-RGB farbcodiert und dann je nach Verwendungszweck transformiert werden können.

6.2.2.4 ECI-RGB

ECI-RGB ist ein durch die European Color Initiative (ECI) definierter Farbraum. Er ist größer als sRGB und umfasst alle Farben des Offset-Vierfarbdrucks, weshalb er sich optimal für die Druckvorstufe eignet. Das entsprechende Farbprofil kann im Internet [web] frei bezogen werden.

Abbildung 6.34 verdeutlicht die Größe von ECI-RGB gegenüber sRGB.

6.2.3 Das CMY-/CMYK-Modell

CMY steht für die Grundfarben Cyan, Magenta und Gelb (Yellow), die in diesem Modell subtraktiv gemischt werden. Alle drei Farben zusammen ergeben theoretisch Schwarz, da praktisch aber häufig ein dunkler Braunton entsteht, ergänzt das *CMYK-Modell* als vierte Farbe Schwarz (Key – Tiefe). CMYK ist das entscheidende Modell für den Druckprozess.

Die Bedeutung der vierten Farbe liegt darin, dass bei vollständiger subtraktiver Mischung von Cyan, Magenta und Gelb in der Praxis nur ein dunkles Braun entsteht (vgl. Abbildung 6.6). Deshalb wird bei gleicher Gewichtung der Grundfarben anstelle dieser Schwarz gedruckt.

6.2.4 Das CIE-Normvalenzensystem

1931 stellte die Internationale Organisation zur Farbnormierung (CIE: Commission Internationale de l'Eclairage) ein erstes, auf Carl Rösch zurückgehendes Modell zur eindeutigen, reproduzierbaren Definition von Farben vor. Ausgehend von Versuchsreihen mit Testpersonen wurden Farbmaßzahlen entwickelt, welche sich eindeutig durch die Farbvalenzen X, Y und Z beschreiben lassen. Aus diesen Farbvalenzen lassen sich Normfarbanteile x, y und z berechnen, die den geometrischen Farbort einer Farbe definieren.

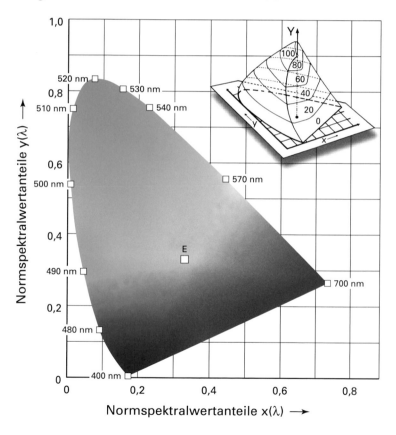

Abbildung 6.11:
CIE-Farbdreieck; zweidimensionale Darstellung des CIE-Yxy-Modells für variable Werte von x und y sowie konstantes Y nach [Büh04, S. 86]

Für diese Farbanteile gilt die Beziehung

$$x + y + z = 1$$

weshalb hier zwei Koordinaten, typischerweise x und y, zur Bestimmung ausreichen. Zusätzlich wird noch ein Parameter für die Helligkeit, Y, benötigt,
weshalb dieses Farbmodell als CIE-Yxy-Modell bezeichnet wird.

Dieser Normalfarbenraum der CIE hat wichtige Eigenschaften (vgl. [Büh04,
S. 86 f.]). In diesem Farbraum werden die Farbtöne in einer Ebene mit Weiß
– dem „Unbuntpunkt" E – als Zentrum angeordnet; voll gesättigte Farben liegen auf dem Rand des Farbbereiches. Jede Gerade durch das Zentrum verbindet Komplementärfarben. In dieser Darstellung können gut die unterschiedlichen Größen gerätespezifischer Farbräume angegeben werden (vgl. Abbildung
6.18).

6.2.5 Das CIE-Lab-Modell

Das CIE-Normvalenzsystem mit dem CIE-Yxy-Farbraum hat den Nachteil,
dass die geometrischen Farbabstände in diesem System nicht zu den visuellen
korrespondieren. Der amerikanische Physiker David L. MacAdam hat deshalb
eine Transformation in ein alternatives, den visuellen Eindruck berücksichti-
gendes System vorgeschlagen, welches 1976 von der CIE umgesetzt wurde.

Dieses moderne Farbmodell der CIE gibt alle sichtbaren Farben wieder. Es
verwendet die Helligkeit (Lightness) sowie zwei Farbwerte, a für den Wert auf
einer Rot-Grün-Achse und b für den Wert auf einer Gelb-Blau-Achse. Es wird
als *Lab-Modell* (korrekt: L*a*b*-Modell) bezeichnet.

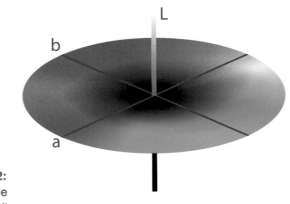

Abbildung 6.12:
Das dreidimensionale
Lab-Farbmodell

Die Farben voller Sättigung liegen auf dem Rand des a-b-Kreises genau beim
Mittelwert der Helligkeit.

Adobe Photoshop arbeitet intern häufig mit diesem Modell, da es mehr Farben
als alle anderen umfasst, weshalb es ideal als Arbeitsfarbraum geeignet ist (vgl.
6.5). Sein Nachteil mag die geringere Anschaulichkeit der Farbwerte sein; der

Farbwähler von Photoshop erlaubt die direkte Eingabe der drei Lab-Farbwerte (Abbildung 6.14).

6.2.6 Das HSB-Modell

Das *HSB-Modell* basiert auf den drei Größen Farbton (Hue), Sättigung (Saturation) und Helligkeit (Brightness), die wir in Abschnitt 6.1 kennen gelernt haben.

Rein rechnerisch ermittelt sich die Sättigung S im HSB-Modell aus den Grauwerten der drei RGB-Kanäle (vgl. 6.3.2) durch die Beziehung

$$S = 1 - \frac{\min(R,G,B)}{\max(R,G,B)}$$

6.3 Die Farbe in der Bildbearbeitungssoftware

Wir haben nun verschiedene Arten der Darstellung von Farbe im dreidimensionalen Raum, verschiedene Metriken zur Codierung von Farbe, kennen gelernt. Dieser in der analogen Fotografie äußerst schwierige Bereich – man denke etwa an den Einsatz von Farbfiltern zur Farbkorrektur, wie in Abschnitt 6.6.5.4 angesprochen – stellt sich in der digitalen Fotografie nun ausgesprochen zugänglich und vielfältig dar.

Abbildung 6.13:
Vorgabe der Farbeinstellung in Adobe Photoshop (einfach und erweitert) – Auswahl von „Adobe RGB (1998)" für RGB und von „ISO Coated" für gestrichenes Papier der ECI für CMYK

6.3.1 Grundeinstellungen

Betrachten wir wieder Adobe Photoshop. Der Farbraum von Photoshop kann unter einer großen Auswahl ausgesucht werden; die entsprechende Aktion findet sich unter dem Menü Bearbeiten|Farbeinstellungen. Abbildung 6.13 zeigt die entsprechende Auswahl.

Wichtig dabei ist auch die Vorbelegung unter den Farbmanagement-Richtlinien: Hier wird gewählt, wie das Programm reagieren soll, wenn eine Datei mit einem anderen oder gar keinem Farbraum geöffnet wird. Abschnitt 6.5.8 geht auf das Farbmanagement in Photoshop genauer ein.

Photoshop bietet für die Wahl einer Farbe einen Farbwähler, der in Abbildung 6.14 dargestellt ist. Dieser erlaubt die Auswahl einer Farbe, wobei die Metrik frei gewählt werden kann nach den hier schon vorgestellten Kriterien; im Einzelnen kann eine der vier Möglichkeiten festgelegt werden:

- die Parameter im HSB-Modell;
- die Farbe im Lab-Modell;
- der RGB-Wert;
- der CMYK-Wert.

Wählt man die drei Parameter für eines dieser Modelle, so werden die Parameter der übrigen Modelle entsprechend berechnet.

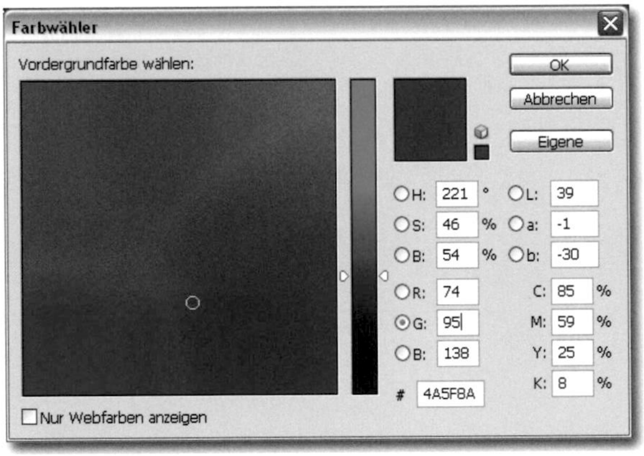

Abbildung 6.14:
Der Farbwähler von Adobe Photoshop

6.3.2 Farbkanäle

Wir haben schon intuitiv den Begriff des *Farbkanals* verwendet; was verbirgt sich dahinter? Der Farbkanal ist die Information – der Helligkeitswert – einer der drei Grundfarben. Das Gesamtbild ergibt sich wieder aus Überlagerung dieser drei Kanäle. Abbildung 6.15 zeigt den Rotkanal der Abbildung 6.12 sowie die Auswahl des Kanals über die entsprechende Palette in Photoshop.

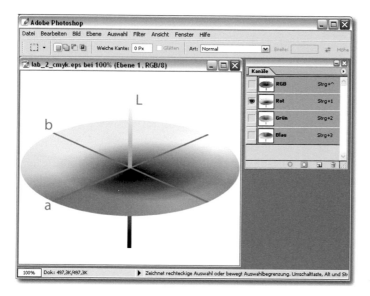

Abbildung 6.15:
Rotkanal der Abbildung 6.12 in
Photoshop und Palette zur Auswahl
von Farbkanälen

Natürlich ist man nicht auf die drei Grundfarben RGB angewiesen; je nach
verwendetem Farbmodus (Menü Bild|Modus) ergeben sich die ensprechenden
Kanäle von den vier Kanälen von CMYK bis hin zum Graustufenbild mit nur
noch einem Kanal (siehe 7.3.3.1).

Die einzelnen Farbkanäle können vielfach, besonders durch ihre jeweilige Gradation, bearbeitet werden. In Abschnitt 8.2 wird darauf weiter eingegangen.

Mehr zu Kanälen in Photoshop ist unter 5.1.4.5 zu finden; zum Konzept der
Kanäle in alternativer Software siehe etwa 5.3.5.2.

6.3.2.1 Farbtiefe je Kanal

Wesentlich ist noch die *Farbtiefe je Farbkanal*. So kann etwa Photoshop – über
die Auswahl Bild|Modus zwischen 8 und 16 bit je Kanal wählen, in aller Regel
werden 8 bit genügen; diese Auflösung wird als Truecolor bezeichnet und ermöglicht die Darstellung von mehr als 16,7 Millionen Farben. Über das gleiche
Menü kann auch der Farbbereich ganz verlassen und zu Graustufen gewechselt werden, so dass nur noch ein Kanal – der Graustufenkanal – zum Einsatz
kommt (vgl. 7.3.3.1).

Wesentlich ist hier auch die Farbauflösung der Digitalkameras: Für das Standardformat jpeg sind 8 bit ausreichend, während Kameras im raw-Format meistens mit 12 bit oder auch mit 16 bit arbeiten können. Konkret bedeutet dies,
dass je nach Auflösung 256 (8 bit), 4.096 (12 bit) oder sogar 65.536 (16 bit)
verschiedene Werte je Farbkanal zur Verfügung stehen.

In Photoshop ist entsprechend beim Öffnen einer raw-Datei auch anzugeben,
mit welcher Farbtiefe diese Datei bearbeitet werden soll; Abbildung 6.41 zeigt

den entsprechenden Dialog des raw-Plugins mit der Wahl der Farbtiefe unten links.

6.3.2.2 Umrechnung der Farbtiefe

Die Umrechnung der Farbtiefe von 16 oder 12 bit zu 8 bit wird durch die Software denkbar einfach umgesetzt: Es werden einfach die überschüssigen bit von hinten gestrichen, also ein einfaches binäres Abrunden des Farbwertes; beim Übergang von 16 zu 8 bit bedeutet dies, dass der gemessene Wert ganzzahlig durch $2^8 = 256$ dividiert wird.

Der umgekehrte Weg kann auf unterschiedliche Weise vorgenommen werden. Die einfachste Lösung ist das Auffüllen mit 0-Werten, was aber bei genauer Betrachtung zu Lücken im Histogramm (vgl. 8.1) führt; diese Lücken sind entsprechend groß, da bei dieser Umwandlung von 8 bit zu 16 bit nur ein echter Wert auf 255 leere Werte entfällt.

6.3.3 Weitere Möglichkeiten

Die modernen Bildbearbeitungsprogramme bieten, aufbauend auf den vorgestellten Grundlagen der Farbkanäle, zahlreiche und effektive Möglichkeiten der Farbveränderung des Bildes, darunter auch automatisierte Verfahren mit häufig brauchbaren Ergebnissen.

Dazu gehört etwa der Kanalmixer, auf welchen wir in Kapitel 7 genauer eingehen werden.

6.3.4 Und Schwarzweiß?

Anders als bei der analogen Fotografie ist also im Digitalen das Farbbild die Ausgangslage. Aus dieser Information errechnet sich ein entsprechendes *Schwarzweißbild,* was in Kapitel 7 genauer erläutert wird. Hier sei nur vorab bemerkt, dass sich das Schwarzweißbild dadurch errechnet, dass alle drei Farbkanäle geeignet gewichtet werden – es bleibt dabei die Frage, wie sie zu gewichten sind; darauf wird in Kapitel 7 weiter eingegangen.

6.3.5 Die Farbmodi

Es stehen nun mehrere prinzipiell unterschiedliche Farbräume zur Verfügung: RGB mit seinen vielen Ausprägungen, CMYK und Lab.

Die Philosophie von Photoshop bezeichnet diese als *Modus;* der Modus einer Bilddatei kann über das Menü Bild|Modus gewählt werden, wobei die Wahlmöglichkeiten nach Abbildung 6.16 bestehen. Daneben kann hier auch die Farbauflösung (je Farbkanal) zwischen 8 und 16 bit gewählt werden.

Nach der Wahl des Modus ist für diesen noch das genaue Profil zu wählen; standardmäßig wird in das Profil nach den Farbeinstellungen (Abbildung 6.13) transformiert. Mehr hierzu in 6.5.

Abbildung 6.16:
Photoshop-Menü Bild|Modus

6.4 Websichere Farben

In Abschnitt 9.1 wird insgesamt auf die Anforderungen für eine webgerechte Bilddarstellung eingegangen. Hier soll nur kurz der Zusammenhang der allgemeinen Farbräume zu den Farbräumen für das Web diskutiert werden.

Websicher sind nur 216 Grundfarben; dies sind diejenigen indizierten gif-Farben, welche auf den Betriebssystemen Windows und Mac OS – und natürlich auch auf Unix/Linux – gleich verwendet werden.

Abbildung 6.17 zeigt die Reduzierung des Farbwählers von Adobe Photoshop auf die websichere Farben; die starke Beschränkung gegenüber dem vollen Farbwähler aus Abbildung 6.14 – es ist jeweils der gleiche Schnitt durch den Farbwürfel gewählt – ist klar zu erkennen.

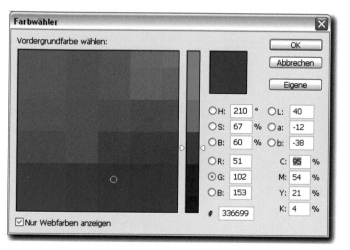

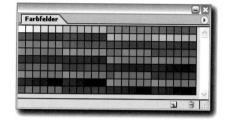

Eine verbreitete Webtechnik, die auch einige ältere Grafikkarten noch verwenden, ist die Festlegung auf eine Farbpalette von 256 dann indizierten Farben und die Reduzierung aller Bilder mit höherer Farbauflösung auf diese Palette. Dadurch verringert sich die übertragene Datenmenge deutlich.

Alle modernen Browser können inzwischen problemlos mit jpeg- und meist auch mit png-Dateien umgehen, so dass die Beschränkung auf diese webgerechten Farben zunehmend weniger wichtig wird. Mehr hierzu in 9.1.3.

Abbildung 6.17:
Farbwähler (Photoshop) mit Beschränkung auf websichere Farben (links) und Farbpalette der 216 websicheren Farben (rechts)

6.5 Farbmanagement und Geräteprofile

Es wäre doch ideal, „einen Monitor zur Verfügung zu haben, der die Farben so anzeigt, wie sie der profilierte Scanner eingelesen hat und der kalibrierte Drucker ausgeben wird" [Kog04] – also farbsicher zu arbeiten. Nachdem wir nun die Theorie der Farbe gut kennen, wollen wir uns diesem wichtigen Ziel nähern, dem *Colormanagement,* und dabei insbesondere lernen, wie die störende Geräteabhängigkeit in unseren Verfahren umgangen werden kann.

Die Grundidee des Colormanagements ist einfach: Zu jeder Farbdatei gehört ein entsprechendes Farbprofil, welches beschreibt, wie die jeweiligen Farbwerte zu verstehen sind. Interimsweise wandelt die Bildbearbeitungssoftware intern in einen maximal großen Farbraum, den Arbeitsfarbraum – typischerweise in den Lab-Farbraum nach 6.2.5 –, um, damit verschiedene kleinere, individuelle Gerätefarbräume ineinander transformiert werden können.

6.5.1 Definition von spezifischen Farbräumen

Wir haben es im Bereich der Digitalfotografie mit drei farbkritischen Geräten zu tun: der Kamera, dem Monitor und dem Drucker. Für diese – und vielleicht noch einen Scanner – benötigen wir zur Beschreibung ihrer Farbcharakteristik spezifische Geräteprofile.

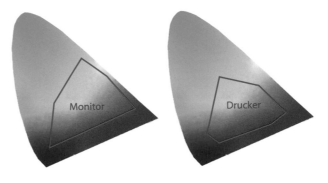

Abbildung 6.18:
Vergleich der Farbräume für Monitor (links) und Drucker (rechts) in CIE-Yxy-Darstellung

Digitalkameras haben sogar je nach verwendetem Licht ein spezifisches Geräteprofil (Abbildung 6.19 zeigt einige Beispiele).

Es gibt verschiedene Ansätze, diese wichtige Überlegung umzusetzen. 1993 definierte das ICC (International Color Consortium) einen Standard für die Beschreibung der Farbräume von Geräten auf der Basis von gerätespezifischen Farbcharakteristiken, den Geräteprofilen.

6.5.1.1 Farbmanagement mit Mac OS

Das Apple-Betriebssystem arbeitet – im Gegensatz zu MS Windows – schon sehr lange mit Farbmanagement, welches unter Apple als ColorSync bezeichnet wird. ColorSync ist ICC-kompatibel, was bedeutet, dass normale ICC-Profile verarbeitet werden können.

Auf Mac OS X sind die entsprechenden Profile standardmäßig unter /Library/ColorSync/Profiles abgespeichert.

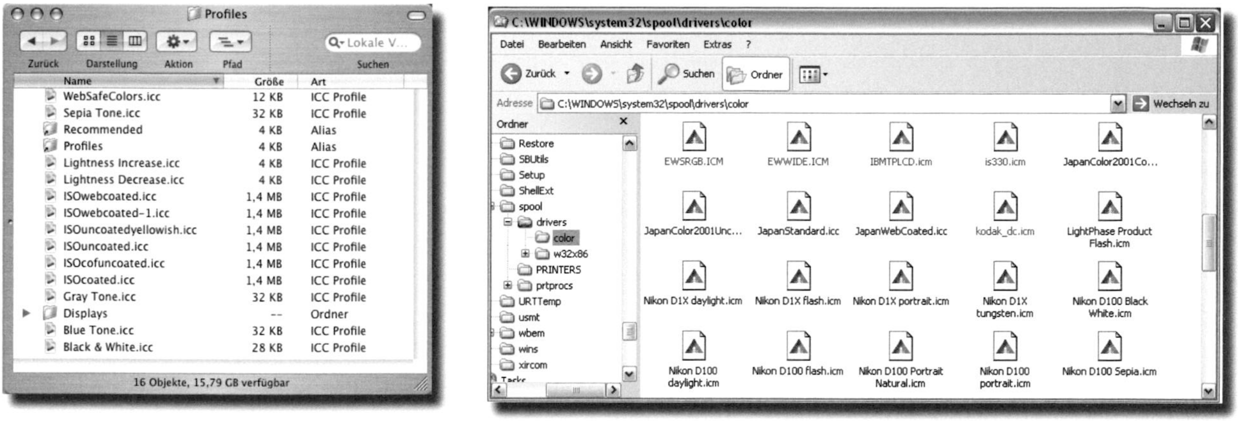

Abbildung 6.19:
Profildateien auf Mac OS (links)
und unter Windows (rechts)

6.5.1.2 Farbmanagement mit MS Windows

Moderne Windows-Versionen verfügen über ICM: Image Color Matching.
Auch ICM ist kompatibel zu ICC, es können also Standardprofile verwendet werden (die entsprechenden Windows-Dateien haben das Suffix .icm
oder .icc). Unter einer typischen XP-Installation sind die Profildateien unter
C:\WINDOWS\system32\spool\drivers\color abgelegt (Abbildung 6.19).

Unter den erweiterten Monitoreinstellungen können etwa über die Maske
„Farbmanagement" spezielle Profile für die Monitoranzeige aktiviert werden
(Abbildung 6.22).

6.5.2 Quelle der Gerätefarbräume

Zunächst wollen wir die Frage stellen, woher verschiedene Gerätefarbräume
stammen. Hierfür gibt es verschiedene Quellen:

- High-End-Geräte wie professionelle digitale Kamerarückteile, beispielsweise von Phase One, werden direkt mit individuellen Geräteprofilen ausgeliefert.
- Fertige Bezugsquellen: Im Internet sind frei oder kostenpflichtig ICC-Profile für verschiedene Geräte zu finden, etwa auf Seiten bestimmter Hersteller oder im Bundle mit spezieller Software (auch hier bietet Phase One in Verbindung mit C1 zahlreiche Profile für DSLRs an).
- Selbst erstellen! Häufig führt aber kein Weg daran vorbei, dass man selbst Geräteprofile erstellt. Hierfür gibt es verschiedene Vorgehensweisen, je nach vorhandener technischer Ausstattung und je nach betroffenem Gerät.

6.5.3 Scannerprofile und Profile von Digitalkameras

Scannerprofile und Profile von Digitalkameras werden aufgrund einer Referenzvorlage, die eingescannt bzw. fotografiert wird, erstellt. Die auf diese Weise gewonnene Datei wird dann mit den Lab-Farbwerten einer Referenzdatei verglichen, welche die gleiche Vorlage repräsentiert. Aufgrund der Abweichung beider Dateien kann eine Übersetzung der erfassten Farben in unabhängige Lab-Farben erstellt werden: Das Farbprofil einer Digitalkamera bzw. eines Scanners besagt also, wie die erfassten Farbwerte in geräteunabhängige Farbwerte umzurechnen sind.

Abbildung 6.20 zeigt einen entsprechenden Dialog eines einfachen, handelsüblichen Scanners, mit welchem festgelegt werden kann, ob Colormanagement verwendet wird und in welchem Farbraum die Bilddatei abgespeichert wird.

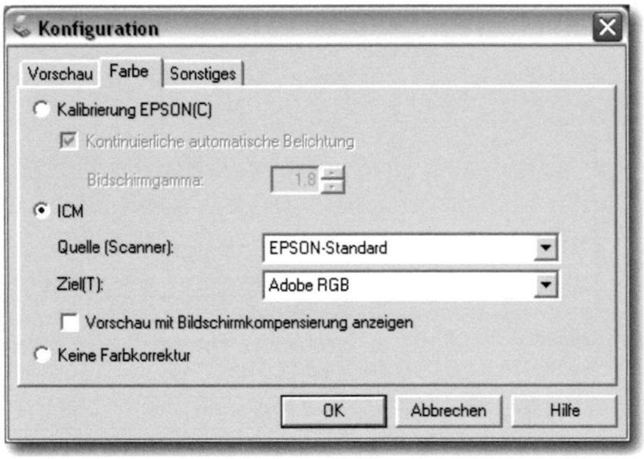

Abbildung 6.20:
Dialog zur Wahl der
Colormanagement-Optionen eines
Scanners

Wie bereits erwähnt werden hochwertige professionelle digitale Kamerarückteile, etwa von Phase One oder von Leaf, mit einem gerätespezifischen Farbprofil ausgeliefert.

Für Digitalkameras ist im Gegensatz zum Scanner noch eine Besonderheit zu beachten: Während beim Scanner stets Licht gleicher Farbtemperatur verwendet wird, ändert sich das Farbprofil der digitalen Kamera je nach Lichtart, weshalb nicht nur ein Farbprofil zu erstellen ist, sondern je nach verwendetem Licht jeweils ein eigenes (z. B. Glühlampenlicht, Tageslicht und Blitzlicht); Abbildung 6.19 zeigt einige Beispiele.

Manche Digitalkameras integrieren auch ihr Farbprofil direkt in die Bilddatei, so dass der Bearbeitungssoftware direkt das entsprechende Profil zur Verfügung steht; Abbildung 6.21 zeigt eine entsprechende Auswahl innerhalb einer Software zur Übertragung von Bilddaten auf einen Rechner (Nikon View).

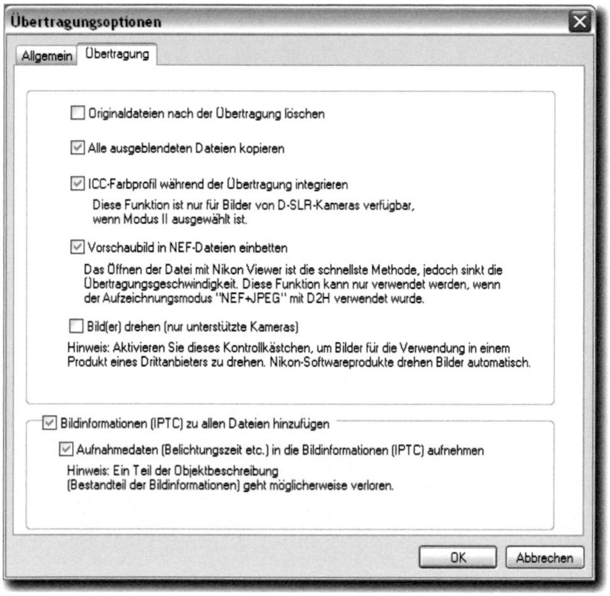

Abbildung 6.21:
Dialog zur Integration des
ICC-Profils in die Bilddatei (Beispiel
von Nikon View)

6.5.4 Monitorprofile

Alle Monitore haben gewisse Herstellungstoleranzen und aus diesem Grund zeigen sie die gleichen Ausgangsdaten unterschiedlich an. Um dies auszugleichen, muss der Monitor kalibriert werden, also ein Farbprofil für den Monitor erstellt werden. Dies geschieht mit Farbmessgeräten (Kolorimetern): Nacheinander werden Farbproben einer Referenzdatei angezeigt, und die real gezeigten Farbwerte werden von einem Farbmessgerät gemessen; hieraus ergibt sich die tatsächliche Abweichung des jeweiligen Monitors. Es gibt zahlreiche Anbieter derartiger Messgeräte, GretagMacbeth [web] ist einer der bekannteren (vgl. [Büh04, S. 133]).

Das jeweils erstellte Profil muss im Betriebssystem aktiviert werden. Abbildung 6.22 zeigt die entsprechenden Menüs von Windows XP und Mac OS X.

Monitorprofile sollten in regelmäßigen Abständen überprüft werden. Sie sollten auch nie mit einem erst kurz betriebenen „kalten" Monitor erstellt werden.

Die inzwischen sehr verbreiteten Flüssigkristall-Flachbildschirme (TFT) sind im Kriterium Farbwiedergabe schlechter als herkömmliche Monitore. Neueste Ansätze verwenden hier nicht mehr drei, sondern sechs Farben je Pixel (RGB und CMY), wodurch farbechte TFT-Monitore möglich werden.

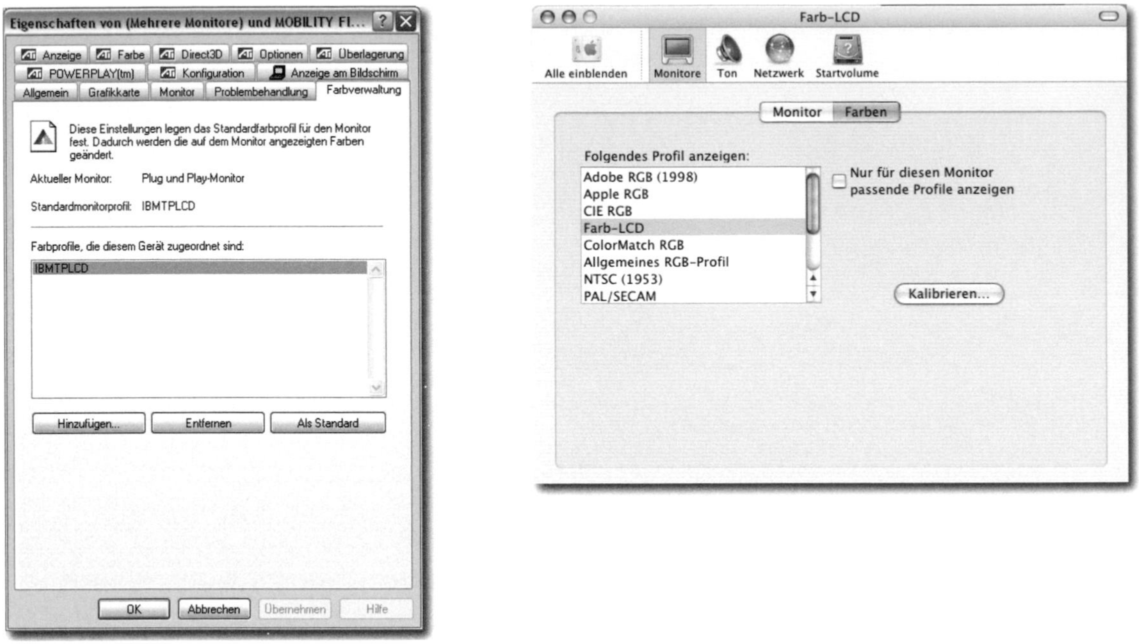

Abbildung 6.22:
Aktivierung des Monitorprofils unter Windows (links) und Mac OS (rechts)

6.5.4.1 Monitorkalibrierung unter Mac OS

Colormanagement ist von jeher fester Bestandteil von Mac OS, weshalb dieses Betriebssystem die Möglichkeit der Monitorprofilerstellung direkt integriert.

Diese softwaregesteuerte Kalibrierung geht in den folgenden Schritten vor:

- Einstellen von Helligkeit und Kontrast;
- Optimierung der Graubalance;
- Optimierung der Farbbalance;
- weitere Anpassungen.

Abbildung 6.23 zeigt typische Schritte dieses Vorgehens.

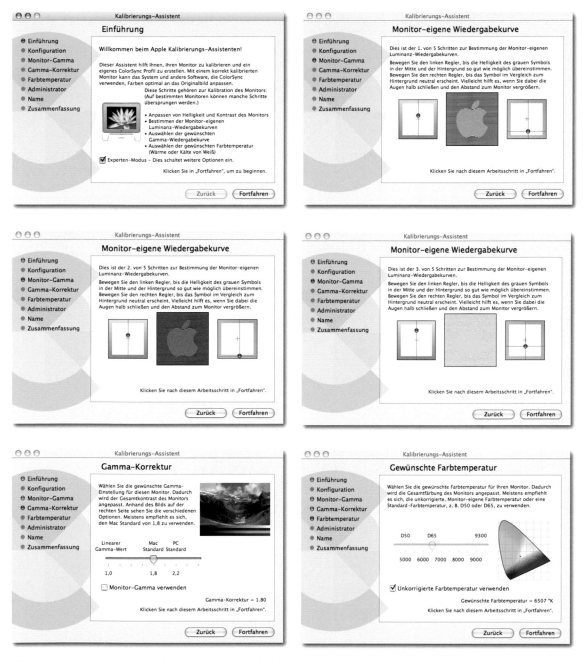

Abbildung 6.23: Monitorkalibrierung auf Mac OS X

6.5.4.2 Monitorkalibrierung unter Windows: Adobe Gamma

Ein einfacher Weg – insbesondere, wenn kein Farbmessgerät zur Verfügung steht – für die Monitorkalibrierung unter Windows führt über eine Zusatzsoftware, welche mit Photoshop ausgeliefert wird: *Adobe Gamma*. Hiermit kann über mehrere einfache Schritte ein grobes Geräteprofil für den Monitor erstellt werden (Abbildung 6.25).

Die Kalibrierung des Monitors sollte, insbesondere wenn ein Farbmessgerät zur Verfügung steht, in regelmäßigen Abständen überprüft werden.

Hochwertige, moderne Grafikkarten erlauben auch unter Windows eine einfache Kalibrierung des Monitors. Abbildung 6.24 zeigt ein entsprechendes Menü.

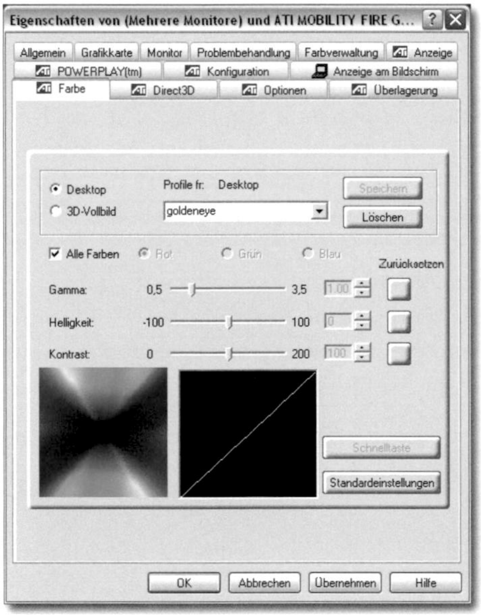

Abbildung 6.24:
Wahl der Monitorparameter unter Windows

6.5.4.3 Monitorkalibrierung von Digitalkameras

Alle Digitalkameras verfügen heute über ein integriertes TFT-Display für eine schnelle Bildvorbetrachtung. Dieser große Fortschritt, den die digitale Fotografie bietet, ist allerdings mit dem Nachteil einer weitestgehend nicht zufriedenstellenden Qualität dieser Displays, insbesondere der Farbwiedergabe, verbunden.

Erstaunlich mag hier die Tatsache erscheinen, dass die in Digitalkameras integrierten Kleindisplays mit der zugehörigen kamerainternen Software kein Colormanagement unterstützen, was konkret bedeutet, dass Aufnahmen in verschiedenen Farbräumen deutlich anders wirken, obwohl sie im Rahmen der Bildverarbeitung gleich sind.

Insgesamt ist von einem zu großen Glauben an die Anzeige dieser Displays zu warnen, sie dienen viel mehr nur zu einer groben Information des Fotografen.

6.5.4.4 Bildpräsentation mit dem Beamer

Noch deutlich schwieriger ist die Situation bei einer Bildpräsentation mit einem Tageslichtprojektor – dem *Beamer*. Als Nachfolger der klassischen Diashow erfreut sich die Projektion mit dem Beamer zunehmender Beliebtheit. Allerdings stellt sich die Situation gegenüber der Bildschirmpräsentation nochmals komplexer dar:

- Für die Projektion mit dem Beamer sind zahlreiche zusätzliche Parameter wichtig, etwa Art (Farbe, Reflexionsgrad) der Projektionsfläche und der Einfluss des umgebenden Raumes (Betrachtungsabstand und -winkel, Lichtverhältnisse). Aus diesen Gründen kann nicht mit einem vorgefertigten Farbprofil gearbeitet werden.
- Die Projektionsqualität der aktuellen Geräte ist insbesondere in Bezug auf die Farbgüte sehr beschränkt.
- Viele der aktuellen Geräte sind auf Filmprojektionen optimiert. Im Gegensatz dazu ist für eine hochwertige Bildprojektion eine höhere Auflösung wichtig. Dabei ist die Geräuschentwicklung der Geräte zu beachten, die bei Geräten mit höherer Auflösung auch häufig steigt.

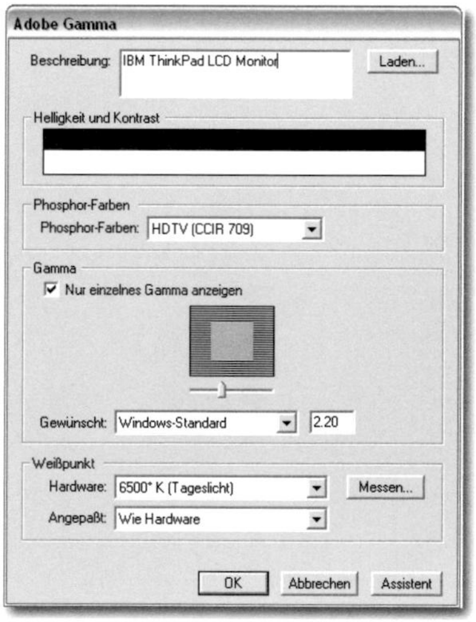

Colormanagement für Beamer ist heute möglich, mit modernen Kolorimetern (etwa von GretagMacbeth [web]) kann ein Geräteprofil für diese erzeugt werden, was aber eher die Ausnahme ist.

Der technische Fortschritt bei Beamern ist besonders schnell, weshalb hier die weitere Entwicklung abzuwarten ist. Momentan versprechen DLP-Projektoren (DLP: Digital Light Processing) eine hochwertige Wiedergabe, allerdings ist diese Technik, die auf beweglichen Mikrospiegeln der Größe 16 μm beruht, zum jetzigen Zeitpunkt noch zu kostenintensiv für den breiten Einsatz.

Abbildung 6.25:
Adobe Gamma unter Windows

6.5.5 Druckausgabe

Komplex ist die Kalibrierung eines *Druckprozesses,* da hier viele Parameter zu berücksichtigen sind, etwa das Druckverfahren, das verwendete Papier, die verwendete Druckfarbe und die Stärke des Farbauftrags. Deshalb wird nicht eine spezielle Druckmaschine oder ein spezieller Drucker kalibriert, sondern nur ein kompletter Druckprozess. Hinzu kommt, dass stets in CMYK-Farben umgerechnet werden muss (für die heute üblichen Arbeitsplatzdrucker übernehmen die Druckertreiber die entsprechende Umrechnung je nach Modell; so erwarten etwa Drucker des Herstellers Hewlett-Packard Farbbilder in RGB, während Canon-Drucker CMYK erwarten).

Auch in CMYK kommen spezielle Profile zum Tragen, insbesondere Profile für verschiedene Papierarten. ECI stellt hierfür sehr bewährte ISO-Profile bereit. Unterschieden wird gestrichenes (coated) und ungestrichenes Papier, das empfohlene Standardprofil ist „ISO Coated".

Eine zentrale Rolle nimmt dabei der Proofdruck ein, welcher eine Übereinstimmung zwischen den Vorstellungen zum Endergebnis, der Druckvorstufe und dem eigentlichen Druck herstellt (mehr dazu etwa in [Hom04] und in [Nym04]). Referenzvorlagen für einen derartigen Proof werden in 6.5.5.1 und 6.5.5.2 vorgestellt.

Neue Möglichkeiten für die Druckvorstufe bietet das Format PDF/X in den aktuellen Standards PDF/X-1a und PDF/X-3. Hier finden viele Prüfprozesse, etwa ob alle eingebundenen Bilder nach CMYK transformiert wurden, automatisiert statt. Mehr hierzu ist auch in [Nym04] zu finden.

6.5.5.1 FOGRA

Der Medienkeil der *Deutschen Forschungsgesellschaft für Druck und Reproduktionstechnik* (FOGRA) ist eine sehr verbreitete und insbesondere rechtsverbindliche Prüfmethode für den Druck. Ein CMYK-Medienkeil der FOGRA ist in Abbildung 6.26 wiedergegeben.

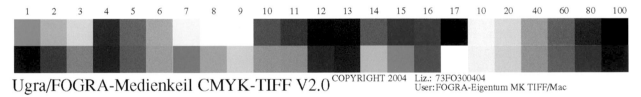

Ugra/FOGRA-Medienkeil CMYK-TIFF V2.0 COPYRIGHT 2004 Liz.: 73FO300404
User:FOGRA-Eigentum MK TIFF/Mac

Abbildung 6.26:
Ugra/FOGRA-Medienkeil CMYK
Version 2.0

Mehr dazu ist in [Nym04] zu finden.

6.5.5.2 Das DQ-Tool

Der Photoindustrie-Verband e.V. web bietet ein sehr nützliches Tool zur Kalibrierung an: das *DQ-Tool,* „Digital Image Control Tool". Dieses Tool besteht neben einer umfangreichen Anleitung aus drei Teilen:

- einer Kontrastdatei zur Monitoreinstellung;
- einer Referenzdatei für den Monitorabgleich;
- einem Referenzprint, den das Labor für den Abgleich zur Verfügung stellt.

Abbildung 6.27:
Kontrastdatei (links) und
Referenzdatei (rechts) des
DQ-Tools

Im ersten Schritt werden der Monitorkontrast und die Monitorhelligkeit eingestellt, wobei ähnlich zu Adobe Gamma vorgegangen wird. Im zweiten Schritt erfolgt die weitere Anpassung aufgrund der Referenzdatei der Testbilder für Landschaftsaufnahmen, Porträts, Grautöne und Farben sowie anhand der zwei Verlaufskeile. Hochwertige Labore stellen Probedrucke dieser Dateien zur Verfügung, so dass über diesen Proof eine direkte Anpassung an das Endergebnis möglich wird.

6.5.6 Ausgabe auf Fotopapier

Einer großen und wachsenden Beliebtheit erfreut sich die Ausgabe von digitalen Fotografien auf klassischem Fotopapier, welche viele Anbieter meist sogar mit Datenübertragung über das Internet ermöglichen.

Das Vorgehen hierbei unterscheidet sich von einem Druckprozess, da tatsächlich mit RGB-Farben ausbelichtet wird, weshalb eine Umwandlung in einen CMYK-Modus falsch wäre. Entsprechende Bilddateien sind im einfachen sRGB-Farbraum aufzubereiten.

Das technische Vorgehen ist dabei eine direkte Verbindung der digitalen mit der analogen Technik: Beispielsweise wird mittels eines Lasers Fotopapier anhand der digitalen Vorlage belichtet und dann chemisch entwickelt. Bei diesem Prozess beträgt die Auflösung heute bis zu 400 dpi, ein Beispiel wird in 6.5.6.1 vorgestellt.

6.5.6.1 Digitale Minilabs

Als ein Beispiel für die Erstellung von Abzügen auf Fotopapier soll hier das d-lab von Agfa (Abbildung 6.28) anhand des aktuellen, auf die Bedürfnisse von Großvertriebsformen und Fotofachgeschäften ausgerichteten Modells d-lab.1 vorgestellt werden.

Moderne automatisierte Entwicklungsmaschinen wie das d-lab arbeiten selbst digital, verarbeiten aber sowohl analoge als auch digitale Ausgangsmaterialien, sind also nicht auf die digitale Fotografie beschränkt: Es können unentwickelte Filme eingegeben werden, das d-lab stellt vollautomatisch Abzüge oder auch eine CD mit den Bilddaten her.

Kernstück der automatisierten Verarbeitung ist dabei Agfas digitale Bildopti-mierungs-Technologie d-TFS. Sie schließt zahlreiche Verbesserungen ein, et-wa

- bei analogem Ausgangsmaterial das Retuschieren von Staub und Kratzern;
- Kontrastanpassung (wie vom Agfa-Printer DIMAX verwendet);
- Nachschärfen;
- Verbesserung der Farbdifferenzierung.

Daneben sind weitere automatisierte Verarbeitungsschritte bis hin zur Korrek-tur des Rote-Augen-Effektes möglich.

Entwicklungslabore bieten bei der Verarbeitung von digitalen Ausgangsdaten die wichtige Wahlmöglichkeit an, ob eine derartige automatisierte Bildbearbei-tung erfolgen soll, oder ob die Daten bereits nach den eigenen Vorstellungen aufbereitet sind und deshalb keine weitere Veränderung vorgenommen werden soll.

Daran schließt sich die Ausbelichtung mit dem MDDM (Micro Dot Display Multiplexing)-Belichtungsmodul an.

Abbildung 6.28:
Agfa d-lab.1s (Modell ohne Filmentwicklungseinheit)

6.5.7 Workflow mit Colormanagement

Damit ergibt sich insgesamt folgendes Workflow mit Colormanagement:

- Die Eingangsdatei, etwa von einer Digitalkamera, wird innerhalb der Bild-bearbeitungssoftware aufgrund des Geräteprofils in eine geräteunabhängi-ge Datei in einen großen, geräteunabhängigen Arbeitsraum (PCS: Profile Connection Space) wie CIE-Lab oder Adobe-RGB umgerechnet.
- In diesem Farbraum findet die weitere Bildbearbeitung statt.
- Während der Bildbearbeitung zeigt der Monitor die echten Lab-Farben an, da über das Monitorprofil die monitorspezifischen Farbverschiebungen ausgerechnet werden.
- Je nach weiterer Bearbeitung erfolgt mittels des Profils des Druckprozesses – in Kombination mit dem Profil des Monitors zur Anzeige – und letztlich durch Umwandlung in eine CMYK-Datei die fertig aufbereitete Bilddatei für den Druck.

Abildung 6.29 verdeutlicht dieses Vorgehen.

Workflow Colormanagement

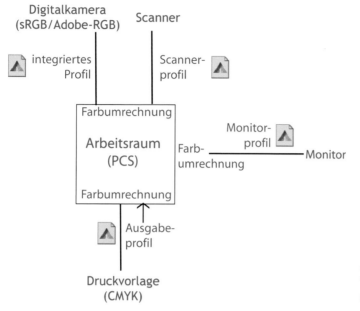

Abbildung 6.29:
Workflow für das Arbeiten mit
Colormanagement

Abbildung 6.30 zeigt ein typisches Auswahlmenü mit Wahl des Kamera- und des Monitorprofils.

Leistungsstarke Programme zur Bildbearbeitung wie Photoshop oder C1 sind heute in der Lage, in allen Farbräumen zu arbeiten (vgl. 6.5.8).

Das Prinzip der Farbumrechnung ist in Abschnitt 6.5.7.1 geschildert.

6.5.7.1 Berechnung der Profilkonvertierung

Für die *Farbraumtransformierung* mittels eines ICC-Profils sind zwei unterschiedliche Vorgehensweisen gebräuchlich:

- Umrechnung mittels matrixbasierter Profile und der Tone Reproduction Curve (TRC). Dieses Verfahren führt zu vergleichsweise kleinen Profilen und wird aus Gründen der Rechengeschwindigkeit im CIE-Yxy-Raum als geräteunabhängigem Arbeitsraum durchgeführt. Im Einzelnen laufen zwei Schritte für die Umrechnung aus den RGB-Werten des Gerätes in die *xyz*-Farbkoordinaten des geräteunabhängigen CIE-Farbraums ab:

$$R_{Gerät} \cdot TRC_{rot} = R_{linear}$$
$$G_{Gerät} \cdot TRC_{grün} = G_{linear}$$
$$B_{Gerät} \cdot TRC_{blau} = B_{linear}$$

$$\begin{pmatrix} X_{rot} & X_{grün} & X_{blau} \\ Y_{rot} & Y_{grün} & Y_{blau} \\ Z_{rot} & Z_{grün} & Z_{blau} \end{pmatrix} \cdot \begin{pmatrix} R_{linear} \\ G_{linear} \\ B_{linear} \end{pmatrix} = \begin{pmatrix} x \\ y \\ z \end{pmatrix}$$

Matrix-basierte ICC-Profile sind klein, sie haben eine maximale Größe von 100 kB.

- Das zweite Verfahren verwendet mehrdimensionale Tabellen (CLUT: Color Look-Up-Tables) für die Umrechnung; es ist insbesondere für CMYK-Ausgabegeräte und für die Eingabe von Digitalkameras und Scannern wichtig. Es arbeitet typischerweise mit dem CIE-Lab-Farbraum. Je feiner die verwendeten Tabellen sind, umso größer werden die resultierenden Profile, welche insgesamt eine Größe von mehreren Megabyte erreichen können.

6.5.8 Farbmanagement mit Adobe Photoshop

Abbildung 6.13 hat bereits das Grundmenü zur Einstellung des *Farbmanagements in Adobes Photoshop* unter dem Menüpunkt Bearbeiten|Farbeinstellungen gezeigt. Hier können alle Einstellungen für das Farbmanagement getroffen werden.

6.5.8.1 Arbeitsraum

Photoshop kann – seit der Version 6 – Bilder direkt in demjenigen Farbraum bearbeiten, in dem sie eingebettet sind. Dadurch kann eine Konvertierung in einen speziellen *Arbeitsraum* entfallen.

Standardvorgabe ist Adobe-RGB (1998) für den Arbeitsraum. In den meisten Fällen verwenden aber Digitalkameras den – kleinerern – sRGB-Farbraum, der sich auch ideal für die Aufbereitung von Bildern für das Internet eignet.

ECI-RGB nach 6.2.2.4 ist ein für die Druckvorstufe beliebter, großer RGB-Farbraum (vgl. Abbildung 6.34). Das Profil für diesen Farbraum stellt ECI zur Verfügung, es kann problemlos in Photoshop eingebunden werden.

6.5.8.2 Farbmanagement-Richtlinien

Unter diesem Menüpunkt wird festgelegt, wie sich Photoshop beim Öffnen von Dateien verhalten soll:

- Es kann in dem Farbraum der Datei weiter gearbeitet werden.
- Es kann stets in den definierten Arbeitsraum konvertiert werden.
- Es kann ohne Farbmanagement gearbeitet werden.

Abbildung 6.30:
Wahl von Profilen für Digitalkamera und Monitor in C1 von Phase One

Außerdem wird das Verhalten bei Fehlern im Farbprofil – etwa fehlendes Profil – hier festgelegt. Abbildung 6.31 zeigt den Photoshop-Dialog bei Öffnen einer Datei in einem anderen als dem vorgewählten Arbeitsraum, wenn die Profilfehler-Option Beim Öffnen wählen gewählt ist.

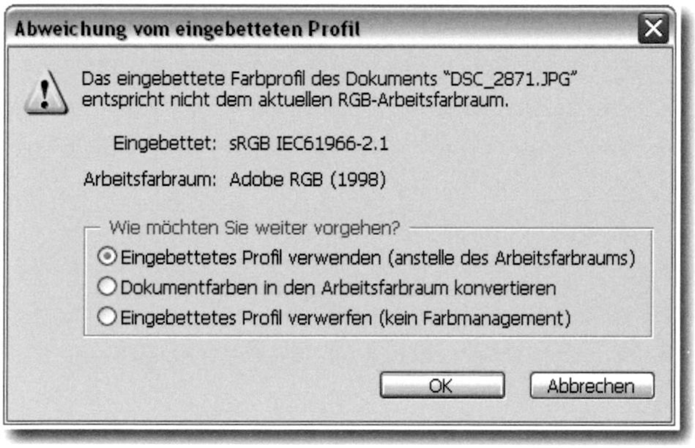

Abbildung 6.31:
Photoshop-Dialog beim Öffnen einer Datei in einem anderen Farbraum

6.5.9 Wechsel des Farbraums

Photoshop erlaubt natürlich auch die nachträgliche Wahl eines Farbraums, um beispielsweise von Adobe-RGB nach sRGB für eine Webgrafik oder in einen CMYK-Raum (wie „Euroscale Coated" für die Druckvorstufe mit dem Ziel des Drucks auf beschichtetem Papier im europäischen Raum) umzuwandeln. Dies geschieht über das Menü Bild|Modus|Profil zuweisen, welches einen Dialog nach Abbildung 6.32 öffnet.

Abbildung 6.32:
Photoshop-Dialog zum Konvertieren des Farbprofils

6.5.9.1 Konvertierungsoptionen

Unter den Konvertierungsoptionen der Farbmanagement-Einstellungen (Abbildung 6.13) können ferner noch Details für die Umrechnung der Farbwerte nach den Profilen festgelegt werden. Hier sollte für die Bearbeitung von digitalen Fotos die Vorgabe Perzeptiv beibehalten werden, da die übrigen für andere Zwecke bereitstehen:

- Perzeptiv: Das optische Verhältnis der Farben für die menschliche Wahrnehmung wird bei der Farbänderung möglichst erhalten.
- Absolut farbmetrisch: Alle Farben im Zielfarbraum bleiben erhalten, wodurch etwa zwei verschiedene Farben eines größeren Quellfarbraums auf eine einzige Farbe eines kleineren Zielfarbraums abgebildet werden.
- Relativ farbmetrisch: Dies entspricht „absolut farbmetrisch", nur werden hier alle Farben derart verschoben, dass der Weißpunkt des Quellfarbraums dem des Zielfarbraums entspricht.
- Sättigung: Diese Option erzielt stärker gesättigte Farben, wodurch Farbtreue verloren geht; eignet sich besonders für Infografiken.

Mittels Modul kann das eigentliche Rechenmodul, der Farbrechner, für die Konvertierung der Farbräume gewählt werden; auch hier ist die Standardvorgabe, das Adobe-ACE-Modul, sinnvoll.

Das prinzipielle Vorgehen bei der Profilkonvertierung ist in 6.5.7.1 dargestellt.

6.5.10 Farbmanagement mit weiterer Software

6.5.10.1 Phase One C1

Die professionelle C1-Software bietet einfach zu bedienende und umfangreiche Möglichkeiten des Colormanagements.

Abbildung 6.30 zeigt den entsprechenden Dialog, in dem unter anderem das Monitor- und das Kameraprofil gewählt werden können. Der Softwarehersteller bietet auch zahlreiche Profile für aktuelle Kameramodelle an, die auch auf die jeweilige Lichtsituation angepasst sind. Mehr zu C1 in 5.5.

6.5.10.2 Photoshop Elements

Photoshop Elements (vgl. 5.1.9) unterscheidet sich im Umgang mit Farbmanagement vom Photoshop. Bilder mit eingebettetem Profil werden stets in diesem geöffnet, bei Bildern ohne Profil stehen drei Wahlmöglichkeiten bereit (Arbeiten ohne Profil, eingeschränktes Farbmanagement mit sRGB und volles Farbmanagement mit Adobe-RGB, siehe Abbildung 5.7).

Insbesondere steht in Elements kein Modus für die Druckvorstufe mit CMYK bereit.

6.5.10.3 GIMP

Die Zielsetzung von GIMP (vgl. 5.3) ist die Bildbearbeitung für das Web, nicht für die hochwertige Druckausgabe. Dementsprechend hat GIMP nur beschränkte Möglichkeiten des Colormanagements, insbesondere ist auch hier die Druckvorstufe nicht mit CMYK vertreten.

6.5.10.4 Nikon Capture und Nikon View

Als Beispiel von Herstellersoftware dient wieder die Nikon-Software (vgl. 5.4). Hier gibt es für alle Softwareprodukte einen gleichartigen Dialog Optionen|Farbmanagement, mit dem die üblichen Einstellungen getroffen werden können. Das Monitorprofil wird von den Betriebssystemeinstellungen übernommen (vgl. Abbildung 6.22).

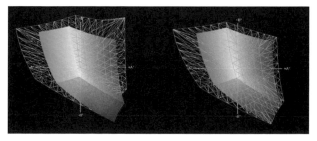

Abbildung 6.33:
Farbmanagement in der Nikon-Software

6.5.11 Visualisierung verschiedener ICC-Profile: ICCView

ICCView [web] ist ein im Internet angebotenes freies Werkzeug, welches mittels eines VRML-Plugins im Browser dreidimensionale Modelle verschiedener ICC-Farbprofile wiedergeben kann. Der Server stellt die gängigen Profile bereit, es können aber auch eigene einfach hochgeladen werden.

ICCView zeigt jedes Farbprofil im Lab-Farbraum dreidimensional an. Abbildung 6.34 zeigt den großen ECI-RGB gegenüber sRGB sowie den kleinen Farbraum eines LCD-Monitors eines Notebooks gegenüber Adobe-RGB. Gut zu erkennen ist, dass der Farbraum des Monitors deutlich kleiner als der Adobe-Farbraum ist.

Abbildung 6.34:
ICC-View: Darstellung des ECI-RGB-Farbraums im Vergleich zu sRGB (links) und des Farbraums eines Notebook-Displays (IBM Thinkpad) gegenüber Adobe-RGB (rechts)

6.5.12 Farbräume von Digitalkameras

Fortgeschrittene Digitalkameras sind heute in der Lage, mit verschiedenen vorwählbaren Farbräumen zu arbeiten. Abbildung 6.35 zeigt die Auswahl des Farbraums für eine Nikon D100-Kamera über die Kamerasteuerungssoftware.

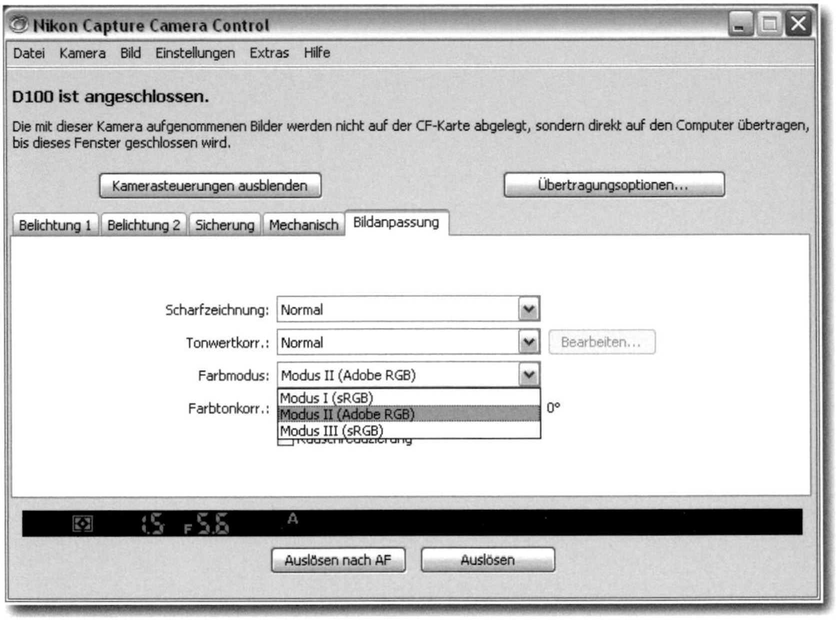

Abbildung 6.35:
Wahl des Farbraums für eine Nikon D100

Für diese Kamera stehen drei Farbräume zur Verfügung:

- der standardisierte sRGB-Farbraum – Modus I (sRGB);
- Adobe-RGB (1998) – Modus II (Adobe RGB);
- eine auf Grünwerte spezialisierte Erweiterung von sRGB für Naturaufnahmen mit der Bezeichnung Modus III (sRGB), also ein Farbraum der gleichen absoluten Größe wie der erste Farbraum, aber einer genaueren Auflösung der Farben Grün und Blau.

6.5.13 raw-Dateien und Farbräume

Die raw-Dateien von Digitalkameras (vgl. 4.4.6) enthalten die direkten Daten des lichtempfindlichen Sensors und somit keine Informationen zum Farbraum. Erst in der nachfolgenden Bildbearbeitung werden diese Daten in einen Farbraum konvertiert.

Die raw-Datei enthält den zum Zeitpunkt der Aufnahme gewählten Farbraum in den Metadaten.

6.5.14 Die Nichtlinearität des Monitors: Der Gammawert

Es fehlt in den bisherigen Betrachtungen noch ein wichtiger Parameter für die Charakterisierung eines Monitors: der *Gammawert*. Dieser beschreibt, wie das visuelle System auf die Intensitätsänderung am Monitor reagiert. In guter Näherung gilt für den visuellen Eindruck V und die Strahlungsintensität I des Monitors die Beziehung

$$V = \left(\frac{I}{\text{Konstante}} \right)^{\frac{1}{\gamma}}$$

wobei γ eine Konstante ist.

Für den Wert von γ gilt:

- Für PC-Monitore ist $\gamma \approx 2,2$.
- Für Monitore von Apple-Macintosh-Rechnern gilt hingegen $\gamma \approx 1,8$.

Die Farbräume der Betriebssysteme wie sRGB oder Apple-RGB (vgl. 6.2) berücksichtigen dies. Durch geeignete Monitorprofile kann eine unabhängige Darstellung erzielt werden (vgl. 6.5.4) – wenn die jeweilige Software Colormanagement unterstützt.

6.6 Der Weißabgleich

Für die menschliche Wahrnehmung ist ein weißes Blatt Papier stets weiß, unabhängig von der Farbe des Lichtes, mit der es beleuchtet wird. Dies ist für fotografische Aufnahmen sowohl mit analogem Film als auch mit einem lichtempfindlichen Sensor nicht der Fall. Als Folge muss man bei einer Aufnahme die Charakteristik des beleuchtenden Lichtes, dessen Farbe – oder über die Umrechnung nach dem Wien'schen Verschiebungsgesetz die Temperatur (vgl. 6.6.5) – korrigieren. Da eine solche Korrektur den Farbraum verschiebt und damit einengt, ist es empfehlenswert, vor der Aufnahme die notwendige Veränderung vorzunehmen und nicht im Nachhinein. Digitale raw-Formate sind hier von besonderem Vorteil, da die eigentlichen Bilddaten nur die tatsächlichen Messwerte des Sensors codieren und der *Weißabgleich* prinzipiell erst nachträglich eingerechnet wird (vgl. 6.6.4). Im Kapitel 6 wird ausführlicher auf den Begriff der Farbe eingegangen.

6.6.1 Das Grundprinzip

Die digitale Kamera weiß zunächst nicht, ob sie einen roten Gegenstand abbildet oder einen weißen Gegenstand, der mit rotem Licht – etwa dem einer Glühbirne – beleuchtet wird. Die verarbeiteten Dateiformate wie jpeg und tiff codieren die Gegenstandsfarbe, müssen also die Eigenschaft des Lichtes herausrechnen. Dazu dient der Weißabgleich.

Dieses Grundprinzip kann mit Photoshop verdeutlicht werden. Mittels des Messwerkzeugs Pipette und der Info-Palette können die Farbanteile für jeden Bildpunkt ermittelt werden (Abbildung 6.36); ein grauer Bereich des abzubildenden Gegenstandes sollte hierbei annähernd gleiche Werte für alle drei RGB-Farbkomponenten haben. Je stärker die Verschiebung aus diesem Gleichgewicht ist, umso stärker ist die Farbverschiebung.

Es gibt nun verschiedene Möglichkeiten, zu einer richtigen Farbbalance, also zu einer gleichen Gewichtung der Farbwerte in einem neutralen Bildbereich, zu gelangen. Einige werden hier vorgestellt.

6.6.2 Steuerung des Weißabgleichs durch die Kamera

Bereits bei der Aufnahme wird kameraseitig die Lichtcharakteristik verarbeitet. Die notwendige Information hierfür kann durch Vorgabe oder mittels einer Kameraautomatik bestimmt werden.

Alle digitalen Kameras können automatisch den Weißabgleich vornehmen. Dazu werten sie das durch das Objektiv (TTL) einfallende Licht aus. Allerdings ist diese Vorgehensweise häufig nicht befriedigend, da die Kamera nicht wissen kann, dass es sich beispielsweise um einen roten Gegenstand und nicht um rotes Glühlampenlicht handelt.

Besser ist deshalb die Verwendung sauber definierter Vorgabewerte, wie in Tabelle 6.1 enthalten (zur Ermittlung der Farbtemperatur siehe 6.6.5). Eine weitere Alternative ist eine Testmessung eines grauen oder weißen Gegenstandes, der alle Farben in gleicher Weise reflektiert. Hier hat die bewährte Graukarte (vgl. 3.1.3) einen neuen, sehr wichtigen Einsatzbereich. Prinzipiell gilt für die TTL-Messung der Farbtemperatur das Gleiche wie für die Belichtungsmessung durch Objektmessung (vgl. 3.1.2).

Die Kamerahersteller arbeiten fortlaufend an einer weiteren Verbesserung des automatischen Weißabgleichs. Nikon hat mit der D2H die bekannten Verfahren um einen Umgebungslichtsensor ergänzt, der unabhängig von der TTL-Messung das Umgebungslicht auswertet und etwa die Periodizität des Lichtes von Leuchtstoffröhren erkennen kann. Die damit erzielten Ergebnisse sind recht überzeugend, nur endet der Messbereich bei 3.500 K, also schon vor dem roten Licht einer Wolframlampe.

6.6.2.1 Mischlicht

Prinzipiell schwierig wird die Situation, wenn verschiedene Lichtquellen das Motiv bestrahlen. In solchen *Mischlichtsituationen* ist ein Kompromiss notwendig. Ideal ist hier – wie so häufig – die Verwendung eines raw-Formats, so dass nachträglich der optimale Weißabgleich gewählt werden kann (vgl. 6.6.4).

Vermeintlich einfach ist die Verwendung eines Blitzlichts für den Weißabgleich. Hier ist die Farbtemperatur einfach vorgegeben. Allerdings ist auch

Abbildung 6.36:
Ausmessen eines Farbpunktes mit der Info-Palette und Pipette von Photoshop

hierbei zu beachten, dass je nach Belichtungssituation das Umgebungslicht eine Rolle spielt und somit zu einer Mischlichtsituation führt. Einfacher Ausweg ist ein stärkeres Abblenden des Objektivs, wodurch der Anteil des Umgebungslichts gegenüber dem Blitzlicht reduziert wird. Eine andere Alternative ist die Verwendung von Farbfiltern für das Blitzlicht, um dessen Farbtemperatur an die des Umgebungslichts anzupassen und auf dieses zu justieren.

6.6.3 Nachträgliche Korrektur des Weißabgleichs

Durch die Verwendung der Bildverarbeitungssoftware kann nachträglich gut der Weißabgleich vorgenommen werden, indem einfach ein im Original grauer Bereich als Referenzpunkt verwendet und ausgemessen wird. Abbildung 6.36 zeigt das entsprechende Vorgehen. Die einzelnen Werte können nun verändert werden, um eine bessere Farbbalance zu erzielen. Damit dabei aber nicht die Gesamthelligkeit des Bildes verändert wird, sollte der Mittelwert der Farbwerte – oder besser noch die Luminanz nach 6.1.4.5 – beibehalten werden. Praktisch sollte jedem der drei Farbwerte des Referenzpunktes der Mittelwert der gemessenen Farbwerte zugeordnet werden. Dazu verwendet man den Dialog der Gradationskurve unter Bild|Anpassen|Gradationskurven, auf den insgesamt in 8.2 näher eingegangen wird.

Zunächst ist in diesem Dialog der Farbkanal auszuwählen, der korrigiert werden soll. Anschließend ist ein Bearbeitungspunkt auf der Gradationskurve zu setzen, für welchen dann in der unteren Eingabe der Ausgangswert und der neue Zielwert direkt angegeben werden kann. Hieraus ergibt sich die notwendige Anpassung der Gradationskurve (Abbildung 6.37); hierbei ist die geeignete Wahl der Richtung der Skalen der Gradationskurve von dunkel nach hell zu beachten, damit die Farbwerte auf der gewohnten 8-bit-Skala von 0 bis 255 gewählt werden können. Die Info-Palette zeigt dann für jeden Farbkanal beide Farbwerte an, den ursprünglichen und den korrigierten.

Vorgabewert	Farbtemperatur
Kunstlicht (Wolframlampe)	3.000 K
Leuchtstoffröhre	4.200 K
Sonnenlicht	5.200 K
Blitzlicht	5.400 K
Wolken	6.000 K
Schatten	8.000 K

Tabelle 6.1:
Typische Vorgabewerte für den Weißabgleich (Beispiel der Nikon D100 bach [Nik02])

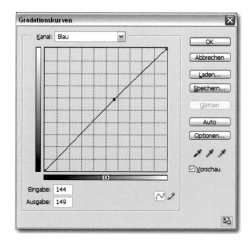

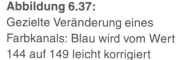

Abbildung 6.37:
Gezielte Veränderung eines Farbkanals: Blau wird vom Wert 144 auf 149 leicht korrigiert

Natürlich kann ein so mächtiges Werkzeug wie Photoshop auch eine automatische Farbkorrektur vornehmen. Dazu kann am einfachsten das Menü Bild|Anpassen|Auto-Farbe gewählt werden, oder man geht den variableren Weg über eine Einstellungsebene: Über Ebene|Neue Einstellungsebene|Gradationskurven erzeugt man die entsprechende Ebene, und im darauf erscheinenden Dialog ist zunächst Optionen zu wählen. Dadurch öffnet sich der Dialog für die Parameter der automatisierten Farbkorrektur nach Abbildung 6.38.

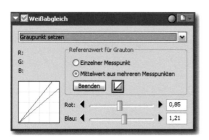

Abbildung 6.38:
Parameter für die automatische
Farbkorrektur in Photoshop

Die Wirkung der Variation der Parameter ist im Ausgangsbild direkt zu sehen. Meistens sind die Vorgabewerte für das Beschneiden der Tiefen und Lichter etwas knapp gewählt.

Je nach verwendeter Bildbearbeitungssoftware unterscheidet sich das Vorgehen hier. Abbildung 6.39 zeigt ein entsprechendes Auswahlmenü von Nikon Capture (vgl. 5.4). Hier kann einfach ein grauer Referenzpunkt per Mausklick gewählt werden, an dem sich dann die Farbkorrektur orientiert. Dieses Menü erlaubt auch die Verwendung mehrerer Graupunkte, aus deren Mittelwert die Farbbalance berechnet wird.

6.6.4 Farbbalance von raw-Dateien

In Abschnitt 4.4.6 wurde das raw-Dateiformat erläutert, welches die eigentlichen Sensordaten beinhaltet, also die Anpassung an die Farbtemperatur noch nicht vorgenommen hat, sondern die Kameraeinstellungen nur als Metadaten bereithält (vgl. Abbildung 4.3). Damit kann nachträglich problemlos der Weißabgleich vorgenommen werden. Die Abbildungen 6.40 und 6.41 zeigen jeweils ein Beispiel für diese Festlegung der Farbtemperatur, bei der verschiedene Vorgaben, aber auch direkt die Farbtemperatur, gewählt werden können.

Abbildung 6.39:
Festlegen eines oder mehrerer
grauer Referenzpunkte in Nikon
Capture 4

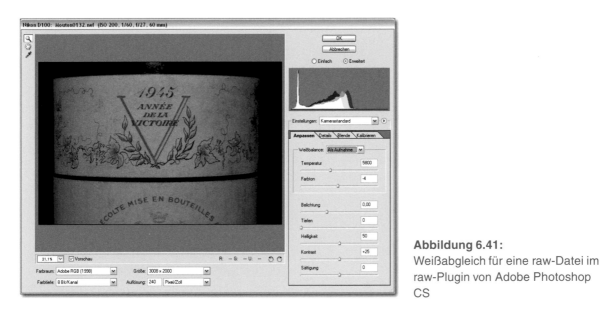

Abbildung 6.40:
Weißabgleich in Nikon Capture 4;
die rechte Abbildung zeigt die
direkte Eingabe der Farbtemperatur
in Kelvin

Abbildung 6.41:
Weißabgleich für eine raw-Datei im
raw-Plugin von Adobe Photoshop
CS

Ein wesentlicher Vorteil von raw-Dateien ist die nachträgliche Festlegung des Weißabgleichs ohne jeden Qualitätsverlust.

6.6.5 Die Farbtemperatur

Die Grundüberlegung, die zum Begriff der *Farbtemperatur* führt, stammt um das Jahr 1900 von dem Physiker Max Planck. Er betrachtete einen innen schwarzen Hohlkörper. Dieser Hohlkörper strahlt elektromagnetisch, wobei die Strahlung in Abhängigkeit von der Temperatur des Körpers über ein ganzes Spektrum verteilt ist (Abbildung 6.42); es handelt sich dabei um einen stabilen Zustand im thermischen Gleichgewicht. Das Maximum dieser Strahlung liegt bei kleinerer Wellenlänge, also nach (2.1) höherer Frequenz, wenn die Temperatur höher ist. Die Sonne kann als ein derartiger „schwarzer Strahler" mit einer Temperatur um 5.500 K angesehen werden, dem mittleren Bereich der Empfindlichkeit des menschlichen Auges.

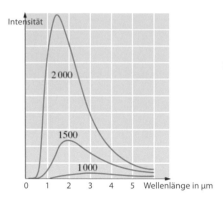

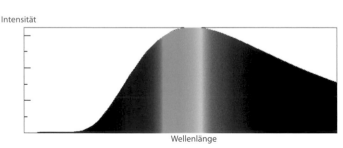

Abbildung 6.42:
Strahlungsspektren des schwarzen
Körpers für drei unterschiedliche
Temperaturen ($T = 1.000$ K,
$T = 1.500$ K und $T = 2.000$ K) nach
[Mes04] (links) und Strahlungs-
spektrum für $T = 5.500$ K (rechts)

Insgesamt kam Max Planck mit der in 2.1.1 angesprochenen Quantenhypo-
these mit der Planck'schen Wirkungskonstanten $h = 6,6262 \cdot 10^{-34}$J s und der
Boltzmann-Konstanten $k = 1,38065 \cdot 10^{-23}$J K^{-1} auf folgende Verteilung der
Energiedichte ρ in Abhängigkeit von der Wellenlänge λ der Strahlung und von
der Temperatur T:

$$\rho(\lambda, T) = \frac{2\pi hc}{\lambda^5} \frac{1}{e^{hc/(\lambda kT)} - 1} \tag{6.1}$$

Die Frequenz ν_{max} und die Wellenlänge λ_{max} der maximalen Strahlungsdich-
te lassen sich aus (6.1) ermitteln. Die entsprechende Gleichung ist nach dem
Physiker Wilhelm Wien benannt, es gilt:

$$\lambda_{max} \cdot T = 2,89 \cdot 10^{-3} Km \tag{6.2}$$

Dieses Wien'sche Verschiebungsgesetz definiert den Begriff der *Farbtemperatur:* Das Spektrum des Sonnenlichts beispielsweise hat sein Maximum etwa bei
der Wellenlänge $\lambda = 500$ nm, was nach (2.1) einer Frequenz von $\nu = 6 \cdot 10^{14}$
Hz entspricht; daraus folgt mit (6.2) eine Temperatur von $T = 5.780$ K, was
ziemlich genau der Oberflächentemperatur der Sonne entspricht.

Für einen Weißabgleich ist die Anpassung auf dieses Maximum der Wellenlänge wichtig. Allerdings bieten reale Lichtquellen häufig nicht das gleichmäßige
Spektrum eines schwarzen Strahlers, sondern ein beschränktes, ungleichmä-
ßiges und teilweise auch lückenhaftes Spektrum. Hieraus resultiert eine un-
gleichmäßige Wiedergabe der einzelnen Farben, die sehr viel schwieriger zu
korrigieren ist als die einfache Verschiebung des gesamten Spektrums.

6.6.5.1 Normlichtarten

Mittels der Farbtemperatur werden die *Normlichtarten* definiert:

- Normlichtart A: Licht mit einer Farbtemperatur von 2.856 K (Glühampen-licht);
- Normlichtart D50: 5.000 K;
- Normlichtart D65: 6.500 K (Tageslicht);
- Normlichtart C: 6.800 K;
- Normlichtart F für Leuchtstoffröhren (z.B. F2 mit 4.230 K).

Mehr hierzu ist in [Büh04] zu finden.

6.6.5.2 Mired

Die Farbcharakteristik wird nach 6.6.5 ganz wesentlich durch die Farbtempe-ratur nach dem Wien'schen Verschiebungsgesetz in Kelvin gemessen. Nun hat sich neben der Skala in Kelvin für die Farbtemperatur in zahlreichen Bereichen eine zweite etabliert: *Mired* (micro reciprocal degree).

Die lineare Kelvin-Skala berücksichtigt nicht, dass eine Verschiebung der Farb-temperatur um etwa 100 K für hohe Farbtemperaturen um 6.500 K kaum eine Rolle spielt, während sie für Licht niedriger Temperatur, etwa 3.500 K, sehr bedeutend ist. Dies wird durch die Mired-Skala vermieden, die sich aus dem Kehrwert der Farbtemperatur in Kelvin multipliziert mit 1.000.000 ergibt (Ta-belle 6.2).

In der analogen Fotografie haben sich für schwierige Belichtungssituationen Belichtungsreihen bewährt, die als Bracketing bezeichnet werden. Im Digita-len kommen noch Vergleichsreihen für den Weißabgleich hinzu. Hierfür ist die Mired-Skala sehr wichtig: Neben der Normalaufnahme erfolgen meist Ver-gleichsaufnahmen, deren Farbtemperatur um ± 10 Mired und ± 20 Mired ver-schoben sind.

Temperatur in Kelvin	Temperatur in Mired
3.000	333
4.000	250
5.000	200
6.000	167

Tabelle 6.2:
Farbtemperatur in Kelvin und Mired

6.6.5.3 Berechnung des Weißabgleichs

Nachdem mittels eines geeigneten Verfahrens die Farbtemperatur ermittelt wurde, muss diese in die Bilddatei eingerechnet werden. Dies geschieht zu-nächst durch Gewichtung der gemessenen RGB-Werte mit Koeffizienten für die jeweilige Farbtemperatur:

$$R_W = g_R \cdot R$$
$$G_W = g_G \cdot G$$
$$B_W = g_B \cdot B$$

Dabei sind R, G und B die gemessenen Farbwerte und R_W, G_W und R_W die nach dem Weißabgleich korrigierten Werte. Die Gewichtungskoeffizienten sind von der Farbtemperatur abhängig. Beispielswerte sind in Tabelle 6.3 angegeben.

raw-Dateien enthalten in ihren Metadaten diese Koeffizienten, so dass die Software diese Werte aus der Datei entnehmen kann. Bei Änderung der Farbtemperatur in der Software muss allerdings diese auch die geänderten Koeffizienten kennen.

Nach diesem Weißabgleich schließt sich direkt ein weiterer Schritt an: die Farbkorrektur. Ein Bayer-Mosaik trennt die RGB-Werte nicht in der Art wie die menschliche Wahrnehmung dies erfordert. Zum Ausgleich müssen die Farben transformiert werden, was in RGB durch eine Matrixmultiplikation erfolgt. Die korrigierten Farbwerte R_C, G_C und B_C ergeben sich beispielsweise nach

Farb-temperatur in K	g_R	g_G	g_B
3.000	0,623	1,0	2,839
3.500	0,7	1,0	2,13
4.000	0,768	1,0	1,734
4.500	0,827	1,0	1,475
5.000	0.878	1.0	1.309
5.500	0,921	1,0	1,18
6.000	0,96	1,0	1,084
7.000	1,021	1,0	0,952
8.000	1,072	1,0	0,866

Tabelle 6.3: Koeffizienten des Weißabgleichs

$$\begin{pmatrix} R_C \\ G_C \\ B_C \end{pmatrix} = \begin{pmatrix} C_{11} & C_{12} & C_{13} \\ C_{21} & C_{22} & C_{23} \\ C_{31} & C_{32} & C_{33} \end{pmatrix} \cdot \begin{pmatrix} R_W \\ G_W \\ B_W \end{pmatrix} = \begin{pmatrix} 1,36 & -0,22 & -0,14 \\ -0,25 & 1,40 & -0,15 \\ -0,10 & -0,32 & 1,42 \end{pmatrix} \cdot \begin{pmatrix} R_W \\ G_W \\ B_W \end{pmatrix}$$

Die hier angegebene Korrekturmatrix $C = (C_{ij})$ ist ein typisches Beispiel; ein optimiertes Vorgehen verwendet eine kamera- und farbtemperaturspezifische Korrekturmatrix.

Abbildung 4.40 zeigt ein Beispiel nach den einzelnen Bearbeitungsschritten.

6.6.5.4 Und beim klassischen Film?

Auch beim klassischen Film gibt es den Weißabgleich! Jeder Farbfilm ist für eine spezielle Farbtemperatur ausgelegt, welche dem Datenblatt (vgl. etwa [Agf03]) entnommen werden kann (meistens ist es Tageslicht mit einer Temperatur um 5.500 K, es gibt aber auch spezielle Kunstlichtfilme für eine weitaus kleinere Farbtemperatur). So ist etwa der Fujichrome 64T (vgl. [Fuja]), ein spezieller Kunstlicht-Diafilm, auf eine Farbtemperatur von 3.100 Kelvin ausgelegt. Eine fortgeschrittene Technik erlaubt es nun, die tatsächliche Farbtemperatur zu messen und die Differenz durch spezielle Farbfilter (CC-Filter: Color Correction Filter oder auch Color Compensating Filter) zu korrigieren.

Dies ist insbesondere in der Diafotografie wichtig; bei Negativen kann auch während des Positivprozesses die Farbe noch korrigiert werden, was viele Labore automatisch vornehmen.

CC-Filter werden durch ihre Farbe und optische Dichte gekennzeichnet; so ist ein Filter CC05Y ein Gelbfilter (Y) der Dichte 0,05.

Schwarzweiß mit Digital

Schwarzweiß war bis in die 60er-Jahre des letzten Jahrhunderts das vorherrschende Medium der Fotografie, und auch heute noch erfreut sich die Schwarzweißfotografie – nicht zuletzt in der Werbung – großer Beliebtheit.

Während nun die klassische Fotografie den Weg von Schwarzweiß (SW) zur Farbe gefunden hat, ist das Farbbild stets die Ausgangssituation in der Digitalfotografie, da praktisch keine Kamera einen reinen SW-Chip verwendet. Wir haben also stets die Aufgabe zu lösen, aus einem Farbbild ein Schwarzweiß-Bild zu generieren, und dies ist schwieriger, als es zunächst erscheinen mag – es birgt aber auch ein besonderes Potential „analogdigitaler" Kreativität!

Rein technisch wäre ein SW-Sensor sehr interessant, da er ohne Interpolationsverfahren zu sehr scharfen Abbildungen führen würde. Er würde aber gleichzeitig die Graustufenumwandlung, wie wir in diesem Kapitel sehen, stark einschränken.

7.1 Bemerkungen zur Schwarzweißfotografie

7.1.1 Schwarzweiß analog und digital

In Abschnitt 4.4 haben wir gesehen, wie ausgehend von den Messwerten des Sensors durch Interpolation die volle RGB-Information für alle Pixel errechnet und in den klassischen Dateiformaten abgespeichert wird (nur die unverarbeiteten raw-Daten sind hier eine Ausnahme). Ein Graustufenbild entsteht in dieser Diktion, indem alle drei Farbkanäle stets den gleichen Wert aufweisen. Dadurch entstehen Dateien gleicher Größe wie ein Farbbild, und die Ausgabe auf einem Drucker ist in diesem Sinne spannend, weil nicht sicher ist, dass wirklich ein rein graues Bild entsteht: Ein Farbstich ist nicht auszuschließen.

Anders ist die Situation bei Reduktion auf ein echtes *Graustufenbild*. Hier werden – durch geeignete Verfahren, die wir unter 7.3 kennen lernen werden – die drei Farbkanäle auf einen einzigen Graukanal reduziert: Die entstehenden Dateien haben nur noch ein Drittel des Umfangs des entsprechenden Farbbildes.

In Abschnitt 7.3.3.1 ist mehr zum Übergang vom „grauen RGB-Bild" zum echten Graustufenbild zu finden.

Nur noch wenige Digitalkameras haben einen dedizierten Schwarzweiß-Modus, welcher die direkte Aufzeichnung von SW-Bildern erlaubt. Diese SW-Bilder sind gut, um einen ersten Eindruck von der SW-Wirkung eines Motivs zu bekommen, für einen bewussten Einsatz sollte aber das Farbbild aufgezeichnet und dann mit einem der nachfolgenden Verfahren gezielt und variabel in Graustufen umgewandelt werden.

Digitale SW-Kameras, also solche, welche erst gar kein Farbbild erzeugen, gibt es heute praktisch nicht mehr, obwohl diese den Vorteil haben, ohne Interpolationsverfahren auszukommen.

Im Analogen gab es einen beliebten Trick, um die Stimmung einer SW-Aufnahme eines Motivs zu bekommen: Setzt man einen Kodak Wratten-Filter 90 (graues Gelbbraun, ein typisches Betrachtungsfilter, vgl. [Kod]) vor die Aufnahmeoptik, so ergibt sich bei kurzer Motivbetrachtung ein guter Eindruck der entsprechenden SW-Aufnahme. Hier bietet natürlich die digitale Welt viele Verbesserungen.

7.1.2 Die Kunst der Schwarzweißfotografie

Warum im 21. Jahrhundert überhaupt noch Schwarzweißfotografie – wenn, wie wir gesehen haben, technisch sowieso die Farbaufzeichnung heute der Standard ist.

Diese Frage ist berechtigt, es lassen sich aber auch viele Antworten finden.

- Zunächst der rein technische Bereich: Zahlreiche Ausgabemedien sind auch heute (noch) SW-beschränkt. Für viele Zwecke genügt auch eine SW-Darstellung, sie bringt gar manchen Sachverhalt deutlicher heraus.
- Der kreativ-künstlerische Aspekt: Ein gutes SW-Bild kann wesentlich aussagekräftiger sein als ein entsprechendes Farbbild. Hierfür lassen sich mehrere psychologische Gründe finden, die in der bewussten Reduktion des Informationsinhaltes und damit der Betonung der nichtfarblichen Information liegen.

  Viele der zentralen Gestalten der Fotografie wie der uns schon gut bekannte Ansel Adams, Alfred Stieglitz (1864 – 1946) oder aktueller Sebastião Salgado (geb. 1944) zeigen absolut überzeugend die Kraft der SW-Fotografie (mehr Anregungen dazu sind etwa in [Baa03] zu finden).

Aus diesen Gründen wird auch heute noch gezielt SW eingesetzt. Die moderne Werbung, insbesondere bei Plakaten, setzt sehr häufig auf SW. Im Internet [web] sind weitere Plädoyers für den Einsatz von SW zu finden.

Das alles ist Grund genug, dass wir uns hier ausführlich mit dem „digitalen SW-Prozess" auseinander setzen wollen.

7.1.3 Was ist ein gutes Schwarzweißbild?

Natürlich lässt sich eine derartige Frage nicht einfach beantworten. Ein gutes Indiz gibt es aber doch: den *Tonwertreichtum*. In Abschnitt 8.1 werden wir das Histogramm kennen lernen; mit dessen Hilfe ist der Tonwertreichtum gut zu verstehen als Antwort auf die Frage: Wie viele Pixel sind bei einem bestimmten Grauwert vorhanden?

In einer guten SW-Aufnahme sind typischerweise viele Tonwerte vorhanden, das Histogramm ist also relativ ausgeglichen – ohne größere Lücken –, wir haben also eine Aufnahme mit großem Tonwertreichtum.

7.2 Farbfilter in der klassischen Schwarzweiß-Fotografie

In der klassischen Schwarzweiß-Fotografie spielen *Farbfilter*, insbesondere Gelb-, Orange- und Rotfilter, eine bedeutende Rolle – warum? Abbildung 7.1 zeigt die spektrale Empfindlichkeit eines populären SW-Films. Diese ist annähernd konstant über das gesamte Spektrum, mit einer charakteristischen erhöhten Empfindlichkeit im Rotbereich.

Auf der anderen Seite verhält sich die menschliche Wahrnehmung abweichend davon: Im Zusammenhang mit der Luminanz (vgl. 6.1.4.5) haben wir bereits gesehen, dass der Mensch am stärksten den Grünbereich wahrnimmt, während die Blauempfindlichkeit am geringsten ist. Um dies im SW-Bild auszudrücken, verwendet man Farbfilter im Komplementärbereich zu Blau, welche die entsprechenden Farbanteile herausfiltern, um so eine Darstellung zu bekommen, welche dem natürlichen Empfinden näher kommt. Abbildung 3.4 ist ein schönes Beispiel hierfür.

Abbildung 7.3 zeigt ein Farbbild vor blauem Hintergrund. Der Einsatz eines SW-Films ohne Farbfilter führt zu einer für den Eindruck viel zu hellen Wiedergabe des Himmels, durch Einsatz eines Orangefilters ergibt sich hingegen eine Wiedergabe nach Abbildung 7.15, welche dem visuellen Eindruck des Farbbildes deutlich besser entspricht. Orange ist die Komplementärfarbe zum Himmelsblau.

Diese „hohe Kunst" der Farbfilter in der analogen Schwarzweißfotografie findet sich genauso, nur noch viel einfacher und direkter, im Digitalen wieder. Dies werden wir in den folgenden Abschnitten dieses Kapitels kennen lernen.

Farbfilter sind für die analoge Schwarzweißfotografie für eine ausdrucksvolle Abbildung wichtig; ihr Grundprinzip lässt sich im Digitalen optimal umsetzen.

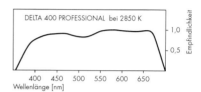

Abbildung 7.1:
Spektrale Empfindlichkeit des Ilford Delta 400 nach [Ilf02a]

7.2.1 Übersicht über die Wirkung von Farbfiltern

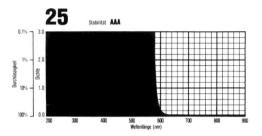

Abbildung 7.2:
Filterwirkung des roten
Kodak-25-Filters nach [Kod]

Viele Farbfilter kommen in der klassischen Schwarzweiß-Fotografie zum Einsatz. Hier ein Überblick:

- Rot: Verdunkelt den blauen Himmel, wodurch etwa Wolken deutlicher hervortreten. Dient auch zur Reduktion von (blauem) Dunst bei Fernsicht. Es gibt verschieden starke Rotfilter, die zu einer dramatischen Aufnahme führen. Sehr stark ist das Rotfilter 25 (bekannt nach seiner Kodak-Bezeichnung), vgl. Tabelle 7.1. Abbildung 7.2 zeigt die Filterwirkung des klassischen Kodak-25-Filters.
- Orange: Ähnlich wie das Rotfilter, nur etwas schwächer. Das Orangefilter führt zu einer recht natürlichen Tonwertverteilung.
- Gelb: Die Wirkung dieses Filters ist noch schwächer als Orange, es führt zu einer sehr natürlichen Wiedergabe und gleicht die hohe Blauempfindlichkeit vieler SW-Filme aus. Das Gelbfilter wird auch in der Schwarzweiß-Portraitfotografie sehr gerne benutzt, da es zu einer angenehmen Hautwiedergabe führt. Es ist ein Standardfilter für die SW-Fotografie.
- Gelbgrün: Dunkelt den blauen Himmel leicht ab und hellt die grüne Vegetation auf, weshalb es bei Naturfotografen beliebt ist.
- Grün: Das Grünfilter wird bei Pflanzenaufnahmen verwendet. Hauttöne werden dadurch verdunkelt.
- Blau: Der Himmel wird sehr hell abgebildet, Dunst in seiner Wirkung verstärkt; dieses Filter kommt nur sehr selten zum Einsatz.

Abbildung 7.3:
Farbiges Ausgangsbild

Durch den Einsatz von Farbfiltern in der klassischen SW-Fotografie kann die Aussagekraft eines SW-Bildes deutlich gesteigert werden. Typisch hierfür sind insbesondere das Orange- oder Rotfilter.

Mehr zu Filtern ist beispielsweise in [Kod] zu finden.

7.3 Von Farbe zu Schwarzweiß

Wir betrachten zunächst das Farbbild nach Abbildung 7.3
Dieses Ausgangsbild wollen wir nun auf verschiedene Arten in ein Schwarzweiß-Bild konvertieren, wobei wir uns wieder an Adobe Photoshop orientieren, die Grundprinzipien lassen sich aber genauso auf andere Bildbearbeitungssoftware anwenden.

Einige dieser Verfahren basieren auf den verschiedenen Farbmodellen aus Kapitel 6, da hier auch eine Art Schwarzweißinformation codiert ist. Einen Schwerpunkt bilden dann Verfahren, die auf dem Kanalmixer-Verfahren basieren, sowie die Verwendung kostenpflichtiger Zusatzsoftware zu Photoshop.

Es gibt viele Möglichkeiten für den Übergang von Farbe zu Schwarzweiß im Digitalen; die effektvollste zu wählen ist eine besondere Herausforderung.

7.3.1 Was ist Grau?

Ein Graustufenbild, also ein rein graues Bild, ist ein Farbbild, bei welchem alle drei Farbkanäle genau gleich vertreten sind. Abbildung 7.4 zeigt das Histogramm, welches wir in Abschnitt 8.1 genauer kennen lernen werden, für das Bild aus Abbildung 7.3 sowie für eine Graustufenvariante dieses Bildes.

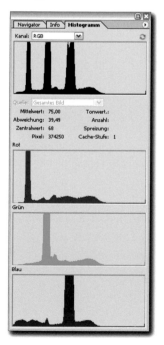 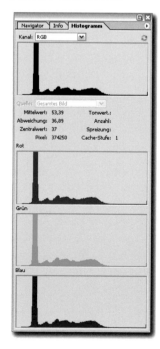

Abbildung 7.4:
Histogramme des Farbbildes 7.3 (links) und einer Graustufenvariante dieses Bildes (rechts)

7.3.2 Reduzierung der Farbsättigung

Mehrere Möglichkeiten der Umwandlung in Grautöne ergeben sich durch die verschiedenen Farbmodelle, die wir in Kapitel 6 kennen gelernt haben. Durch Reduzierung des Farbanteils, etwa der Sättigung im HSB-Modell, oder durch Beschränkung auf den Helligkeitsanteil im Lab-Modell entstehen reine Graustufenbilder. Das erste Verfahren verwendet auch das neue DigiDaan-Verfahren nach Abschnitt 7.3.7, das zweite wird in 7.3.4 vorgestellt.

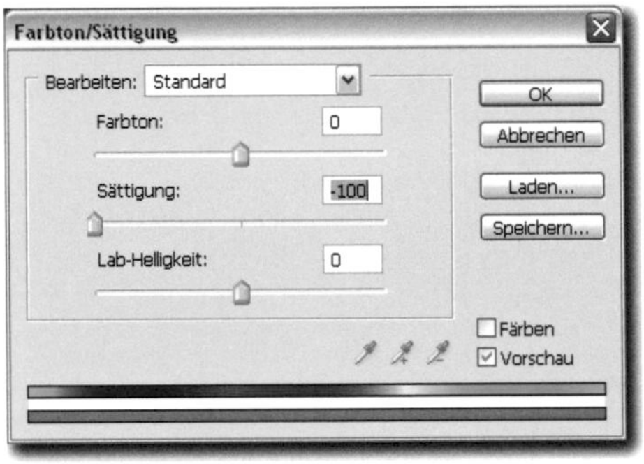

Abbildung 7.5:
Photoshop-Regler für die Sättigung

In den Abschnitten 6.1.4.2 und 6.2.6 haben wir die Bedeutung der *Farbsättigung* gesehen. Ein einfaches Schwarzweiß-Bild erhalten wir direkt dadurch, dass wir in unserem Farbbild die Farbsättigung auf null reduzieren. In Photoshop geschieht dies durch den Regler Sättigung im Menü Bild|Anpassen|Farbton/Sättigung nach Abbildung 7.5.

Bei dieser Umwandlung nach SW entsteht das Ergebnis in Abbildung 7.6.

Allerdings handelt es sich hier nicht um ein Graustufenbild, sondern weiterhin um ein echtes dreifarbiges RGB-Bild mit vollem Dateiumfang wie das farbige Ausgangsbild.

7.3.3 Graustufen in Photoshop

Photoshop bietet über das Menü Bild|Modus|Graustufen die Umwandlung in ein *Graustufenbild*. Der zugrundeliegende Algorithmus berücksichtigt die unter 7.2 beschriebene unterschiedliche Wahrnehmung der einzelnen Farbwerte, was konkret bedeutet, dass der Grünkanal am stärksten das Endresultat bestimmt. Abbildung 7.8 zeigt das Ergebnis dieser Umwandlung.

Abbildung 7.6:
Graustufenbild nach vollständiger Reduzierung der Farbsättigung von Abbildung 7.3

Dieses Graustufenbild besteht nun nur noch aus einem Kanal, dem Graustufenkanal, was bedeutet, dass die entsprechende Bilddatei nur noch ein Drittel des Umfangs hat und die Ausgabe auf einem Vierfarbdrucker zu einem echten Graustufenbild führt.

Die direkte Umwandlung in Photoshop ist der schnellste, aber auch ein unflexibler und nicht immer den Vorstellungen entsprechender Weg zum Schwarzweißbild.

7.3.3.1 Graustufenreduktion

In Abschnitt 7.3.2 kamen wir durch vollständige Reduktion der Farbsättigung zu einem Schwarzweiß-Bild – dabei handelt es sich aber softwareintern weiterhin um ein echtes, dreifarbiges RGB-Bild, nur dass in jedem Pixel alle drei Farben den gleichen Wert haben. Es ist sehr sinnvoll, ein solches „Farbbild" in ein Graustufenbild umzuwandeln, also auf einen reinen Graukanal zu reduzieren, damit

Abbildung 7.7:
Reduktion der drei gleichen RGB-Kanäle auf einen Graustufenkanal

- im Ausdruck echtes Schwarz entsteht;
- die Dateigröße sich reduziert.

Das „farbige Graubild" kann wie unter 7.3.3 umgewandelt werden; dann stehen nicht mehr die drei Farbkanäle, sondern nur noch ein Graustufenkanal zur Verfügung. Dabei verändert sich das Graustufenbild selbst nicht.

Abbildung 7.7 zeigt die Auswirkungen dieser Reduktion in der Kanalpalette von Photoshop.

Das unter 7.3.3 geschilderte Verfahren von Photoshop berücksichtigt verschiedene Farben unterschiedlich, um zu einem der Wahrnehmung entsprechenden Schwarzweiß-Bild zu kommen; dies ist hier unerheblich, da ja schon vor der Umwandlung ein graues Bild vorliegt.

7.3.4 Umwandlung im Lab-Modus

Eine weitere Möglichkeit der Umwandlung in Grautöne ergibt sich durch das *Lab-Farbmodell* nach 6.2.5. Der Helligkeitsanteil im Lab-Modell beschreibt ein reines Graustufenbild.

Für die SW-Konvertierung muss das Farbbild zunächst in den großen Lab-Farbraum nach Abschnitt 6.2.5 transformiert werden (mittels Bild|Modus|Lab-Farbe). Von den drei Lab-Kanälen interessiert uns zur SW-Umwandlung nur die Lab-Helligkeit. Das Kopieren dieses Kanals in eine neue Datei und deren Umwandlung in ein Graustufenbild führt zu dem Ergebnis nach Abbildung 7.9.

Abbildung 7.8:
Graustufenbild von Abbildung 7.3 nach Graustufenumwandlung in Photoshop

Die über die Lab-Helligkeit gewonnene SW-Darstellung des Farbbildes ist deutlich die hellste Version, was daran liegt, dass die Lab-Helligkeit nicht der menschlich empfundenen Helligkeit entspricht.

7.3.5 Kanalmixer zur Schwarzweiß-Konvertierung

Ein beliebter und verbreiteter Weg hin zum Graustufenbild – mit Farbfiltern, wie wir sie in Abschnitt 7.2 kennen gelernt haben – führt über die *Kanalmixer* in Photoshop. Wir betrachten diesen allgemein und konkret anhand der DigiDaan-Filter.

7.3.5.1 Kanalmixer

Mittels der über das Menü Bild|Anpassen|Kanalmixer erreichbaren *Kanalmixer* können die Farbanteile einzelner Farbkanäle in Abhängigkeit von den Werten der anderen Farbkanäle geändert werden (vgl. Abbildung 7.10). Der Ausgabekanal ist derjenige, welcher verändert wird, die Quellkanäle sind die übrigen Kanäle, die damit die Veränderung im Ausgabekanal bestimmen. Wichtig ist hier die Checkbox Monochrom; durch diese entsteht ein Graustufenbild, in welches die angegebenen Farbkanäle mit selbst definierbaren Anteilen eingehen.

Abbildung 7.9:
Lab-Helligkeit von Abbildung 7.3

Abbildung 7.10:
Kanalmixer in Photoshop: Beispiel
für Rotfilter nach Tabelle 7.1

Spezielle „Mixereinstellungen" lassen sich über dieses Menü problemlos speichern und wieder laden, was etwa die DigiDaan-Filter nach 7.3.6 nutzen.

7.3.5.2 Die Schwarzweiß-Konvertierung mittels Kanalmixer

Die Kanalmixer bieten sich nun mit der Option Monochrom an, eine selbst definierte Überführung von Farbe zu Schwarzweiß vorzunehmen und dabei beispielsweise die Wirkung einer kontraststeigernden Entwicklung oder eines

Farbfilters einfach umzusetzen. Tabelle 7.1 gibt einige Empfehlungen, wie sie in den entsprechenden Newsgroups im Internet diskutiert werden, wieder.

Verfahren/Farbfilter	Rotanteil	Grünanteil	Blauanteil
Graustufen	30 %	59 %	11 %
Graustufen II	80 %	15 %	5 %
Hoher Kontrast	40 %	34 %	60 %
Normaler Kontrast	43 %	33 %	30 %
Orangefilter	78 %	22 %	0 %
Rotfilter	75 %	0 %	25 %
Kodak-Rotfilter 25	200 %	0 %	–100 %
Gelbfilter	30 %	70 %	20 %
Grünfilter	20 %	60 %	40 %

Tabelle 7.1:
SW-Konvertierungen mittels Kanalmixer

Der Filter „Graustufen" entspricht genau der Luminanz nach Abschnitt 6.1.4.5 und der Photoshop-internen Graustufenumwandlung nach 7.3.3.

Abbildung 7.11:
Kanalmixer-Dialog in GIMP

Auch in GIMP sind die Kanalmixer ganz ähnlich wie in Photoshop implementiert, siehe Abbildung 7.11. Der entsprechende Dialog ist über das Menü Filter|Farben|Kanalmixer erreichbar.

7.3.6 DigiDaan-Filter

DigiDaan ist ein niederländisches Fotostudio, welches insbesondere für den SW-Freund ein interessantes Webangebot [web] bereitstellt. Dazu gehört auch ein Set von drei Kanalmixern für

● den Übergang mit normalem Kontrast (DigiDaanNC);
● den Übergang mit hohem Kontrast (DigiDaanHC);
● den Übergang mittels eines Orangefilters (DigiDaanOF).

Die einzelnen Filter entsprechen den in Tabelle 7.1 angegebenen Einstellungen.

Abbildung 7.15 zeigt die Anwendung des himmelabdunkelnden Orangefilters auf unser Ausgangsbild 7.3.

Die Bedeutung der Kanalmixer wird durch Abbildung 7.12 verdeutlicht: Ausgehend vom Farbspektrum sind die Wirkungen der Photoshop-Graustufenumwandlung und der Normalkontrast-, Hochkontrast- und Orangefilter zu sehen. Die Abweichungen sind sehr deutlich.

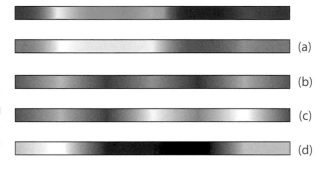

(a)

(b)

(c)

(d)

Abbildung 7.12:
Wirkungsweise der Photoshop-Graustufenumwandlung (a), des Normalkontrast- (b), des Hochkontrast- (c) und des Orangefilters (d)

Abbildung 7.13:
DigiDaan-Aktion für Photoshop

7.3.7 Das neue DigiDaan-Verfahren – variable Farbfilter

Einen Schritt weiter als die starren Kanalmixer geht das neue DigiDaan-Verfahren. Das gleiche Verfahren hat auch Russell Preston Brown vorgeschlagen [web]. Es basiert auf dem HSB-Farbmodell (vgl. 6.2.6) und verwendet zwei Einstellungsebenen, um zu einem variablen Farbbild zu gelangen. Die zweite, obere Schicht setzt die Sättigung einfach auf den absoluten Nullwert (-100%), während die darunterliegende den Farbton wählt und so zu einem *variablen Farbfilter* führt.

Konkret ergänzt man hierfür zunächst zwei Einstellungsebenen über das Menü Ebenen|Neue Einstellungsebene|Farbton/Sättigung, die erste im Modus Farbe und die zweite im Normal-Modus mit der Sättigung -100%. Danach wird – durch Doppelklick auf den Thumbnail-Regler – der Farbton der ersten Einstellungsebene verändert. Dadurch kann variabel ein passendes Farbfilter ausgewählt werden und die Vorschau erlaubt direkt die Beurteilung der jeweiligen Wirkung. So können alle unter 7.2.1 beschriebenen Wirkungen erzielt werden.

Abbildung 7.15 zeigt eine durch die variable DigiDaan-Methode gefundene optimale SW-Variante des Ursprungsbildes. Hier zeigt sich der Vorteil der flexiblen SW-Konvertierung dieses Verfahrens.

Über die DigiDaan-Seite ist dazu auch eine freie Photoshop-Aktion zu finden, welche allerdings nur mit englischsprachigen Photoshop-Versionen direkt lauffähig ist (Abbildung 7.13).

Abbildung 7.14:
Neues DigiDaan-Verfahren: Erzeugung zweier Einstellungsebenen Farbton/Sättigung (die zweite mit Sättigung – 100 %) und Veränderung des Farbtons der ersten Ebene

Abbildung 7.15:
Graustufenbild mittels Orangefilter der Kanalmixer (rechts) und – vermeintlich – optimale SW-Variante von Abbildung 7.3 mittels der DigiDaan-Einstellungsebenenumwandlung (links)

Vor der Umwandlung in ein echtes Graustufenbild nach Abschnitt 7.3.3.1 ist hier noch die Zusammenfassung auf eine einzige Ebene mittels des Menüs Ebene|Sichtbare auf eine Ebene reduzieren notwendig.

7.3.8 BW Workflow Pro von Fred Miranda

Neben den bisher diskutierten freien Verfahren zur Konvertierung von Farbe nach Schwarzweiß gibt es mehrere interessante, nichtfreie Konvertierungshilfen, welche teilweise sogar die Charakteristik spezieller, klassischer SW-Filme im Digitalen nachempfinden.

Eines dieser Werkzeuge ist das *BW Workflow Pro* von Fred Miranda [web]. Hier steht ein ganzes Auswahlmenü nach Abbildung 7.16 zur Konvertierung zur Verfügung.

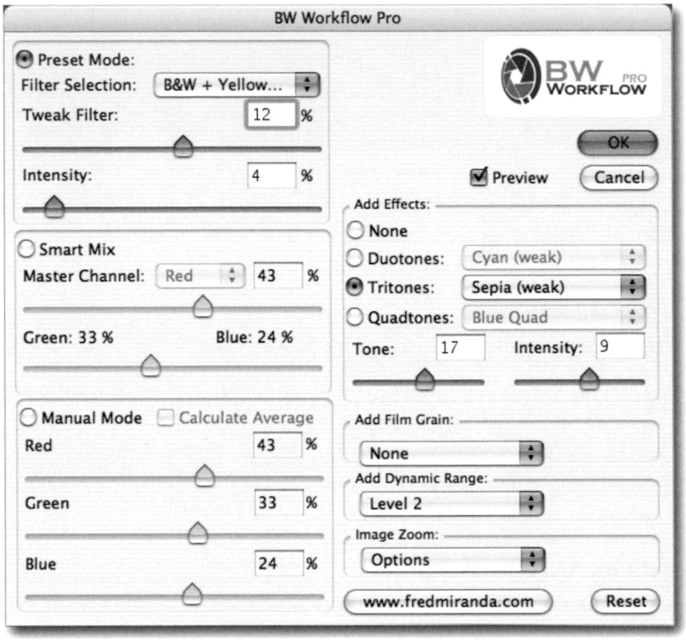

Abbildung 7.16:
Hauptmenü von BW Workflow Pro

Neben Reglern zum Kanalmixen, wie wir sie schon kennen gelernt haben, sind insbesondere die Möglichkeiten zur Wahl der Körnigkeit des Analogfilms (Regler Grain), die wir in 7.4 genauer diskutieren, und die Änderung des Belichtungsumfangs (Dynamic Range) Erweiterungen, welche über die bisher vorgestellten Verfahren hinausgehen.

Durch fortgeschrittene Einstellmöglichkeiten kann das Verhalten von Analogfilmen im Digitalen nachempfunden werden.

7.3.9 Der nik-BW-Konverter

Auch in der nik-Filtersuite [web], genauer in der Color Efex-Linie im Photo Design Set, ist ein leistungsstarker SW-Konverter als Photoshop-Filter vorhanden (vgl. Abbildung 7.17), der zahlreiche Anpassungen zulässt.

Abbildung 7.17:
Filtereinstellungen des
nik-Konverters

Unter anderem können die Filterstärke und über das Spektrum auch die Farbei-
genschaften des Filters vorgewählt werden. In Abschnitt 8.12.4 wird insgesamt
auf die Filter eingegangen.

Für das *B/W Conversion-Filter,* das nach der Installation unter Photoshop über
das Menü Filter|nik Color Efex|B/W Conversion aktiviert wird, empfiehlt der
Hersteller ein Vorgehen in drei Stufen:

- Erhöhung der Filterstärke;
- Auswahl des Farbbereichs über Veränderung des Spektrums;
- weitere Optimierung durch Auswahl der optimalen Helligkeit.

Eine Demoversion der Software bietet der Hersteller im Web zum Download
an (Kennzeichnung der Bilder mit dem Schriftzug „demo").

7.3.10 Weitere Konverter

Neben den vorgestellten Konvertern gibt es noch eine größere Zahl weiterer,
die meistens mit zusätzlichen Kosten verbunden sind. Hier lässt sich häufig
auch das Verhalten einzelner Filme direkt ins Digitale übertragen (vgl. auch
das Vorgehen in 7.4), wobei üblicherweise die SW-Filme von Kodak, Ilford
und Agfa zur Verfügung stehen.

Ein Anbieter spezieller Konverter ist Power Retouche [web].

Abbildung 7.18 zeigt die Umsetzung der Charakteristik des Kodak T400CN
durch das Power Retouche-Plugin.

Abbildung 7.18:
Charakteristik des Kodak T400CN
innerhalb des Retouche-Plugins

7.4 Filmkörnigkeit im Digitalen

Von Russell Brown [web] stammt der Vorschlag zu einem wichtigen Verfahren, wie die Wirkung konkreter SW-Filme – ihre jeweilige *Filmkörnigkeit* – mit Photoshop in ein Digitalbild eingearbeitet werden kann.

Ausgangspunkt seines Vorgehens ist ein Beispielbild des jeweiligen Filmmaterials, welches eingescannt wird (Abbildung 7.19, alternativ dazu kann beispielsweise mit dem Photoshop-Filter Filter|Störungen ein Muster erzeugt werden, eine echte Vorlage ist aber vorzuziehen). Die Störungen sind eventuell durch Kontraststeigerung noch zu verstärken.

Abbildung 7.19:
Reale Filmkörnigkeit
(kontrastverstärkt)

Ausgehend von diesem Störungsmuster ist ein neuer Alpha-Kanal zu erstellen, welcher durch Kopieren dieses Muster enthält. Das Ausgangsbild ist ferner mit einer neuen Ebene, die nur aus reinem Weiß besteht und an unterster Position angeordnet ist, zu erweitern.

Im nächsten Schritt ist aus dem neuen Alpha-Kanal eine Auswahl zu erzeugen (Ziehen des Kanals auf das Symbol links in der Fußleiste der Kanal-Aktivität) und in der Ebenen-Aktivität ist eine neue Ebenenmaske für das eigentliche Bild zu erstellen. Nach Duplizieren der Bildebene samt Ebenenmaske ist in der Ausgangsebene die Ebenenmaske auszuwählen und über Bild|Anpassen|Umkehren zu invertieren. Als Ergebnis entsteht ein Bild mit der echten Körnigkeit des Filmmaterials.

 Mit diesem Verfahren ist die Integration echter Filmkörnigkeit in ein Digitalbild möglich.

Die hier verwendeten Ebenenmasken steuern die Transparenz eines Bildes; die Ebenenmaske ist für Weiß vollständig transparent und für Schwarz umgekehrt undurchlässig, vgl. etwa [Wil03, S. 316 ff.].

Abbildung 7.20:
Filmkörnigkeit in Photoshop mit den
Paletten der Ebenen und Kanäle

7.5 Weitere Verbesserungen des Schwarzweißbildes

Nach der eigentlichen Transformation vom Farb- zum Schwarzweißbild, die
in diesem Kapitel behandelt wurde, steht nun die Optimierung des SW-Bildes
durch Bildbearbeitung auf dem Arbeitsprogramm. Die elementare Bildbearbeitung ist für Farbe und SW gleich (Kapitel 5), typisch für Schwarzweiß ist
dann aber eine Kontrastverbesserung, wie wir sie für die Analogfotografie im
Zonensystem von Kapitel 3 kennen gelernt haben. Hier bietet die digitale Welt
natürlich sehr viel mehr; darauf gehen wir in Kapitel 8, insbesondere in Abschnitt 8.2, ein.

Die digitale Dunkelkammer

Nachdem die prinzipiellen Möglichkeiten der digitalen Bildbearbeitung in Kapitel 5 behandelt wurden, geht dieses Kapitel tiefer auf die Möglichkeiten ein, die der digitalen Verbesserung von fotografischen Aufnahmen dienen – die digitale Dunkelkammer. Dies sind zunächst Verfahren zur gezielten Steuerung – und Verbesserung – der Gradation, wie wir sie im Analogen im Zonensystem nach Ansel Adams bereits in Abschnitt 3.5 kennen gelernt haben. Ferner sind die Prinzipien der (scheinbaren) Schärfenverbesserung wichtig sowie Algorithmen zur Reduzierung des Rauschens im Digitalbild. Hinzu kommen digitale Filter für die Fotografie und letztlich die Frage, wie digitales Bildmaterial sinnvoll zu archivieren ist. Weiteres zur „digitalen Dunkelkammer" ist etwa in [Pfa04] und [SS04] zu finden.

8.1 Das Histogramm als zentrale Bildinformation

Einleitend wollen wir in diesem Kapitel das *Histogramm* betrachten. Bei der Digitalisierung wird, wie wir in Kapitel 4 gesehen haben, die Belichtungsinformation in diskrete Grauwerte überführt, je nach der Farbauflösung (vgl. 6.3.2.1) des Sensors zwischen $n_1 = 2^8 = 256$ bei einfachen Kameras über $n_2 = 2^{12} = 4.096$ bei den DSLR-Modellen bis hin zu $n_3 = 2^{16} = 65.535$ Werten bei digitalen Rückteilen von Mittelformatkameras.

Das Histogramm ist nun eine zweidimensionale Darstellung, die anzeigt, wie viele Bildpixel mit einer bestimmten Graustufe vorhanden sind, ggf. getrennt nach den einzelnen Farbkanälen. Da die Summe der Pixel konstant ist, ist somit die Fläche unterhalb der Histogrammkurve, also das Integral

$$\text{Pixelgesamtzahl} = \int_0^{\text{max}} f(v)\,dv$$

ebenfalls konstant.

Die Grundsystematik der Histogrammanzeige ist in den gängigen Bildbearbeitungsprogrammen gleich; Abbildung 8.1 zeigt das Histogramm der Bildbearbeitungsprogramme aus Kapitel 5 für das gleiche Bild jeweils im RGB-Modus, also für alle drei Farbkanäle zusammen.

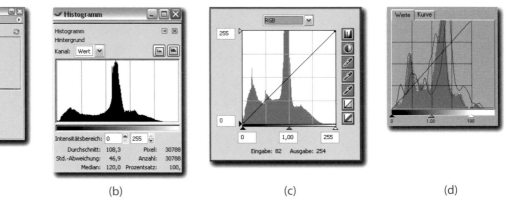

(a)   (b)   (c)   (d)

Abbildung 8.1:
Standardhistogramm in Photoshop
(a), GIMP (b), Nikon Capture (c)
und Phase One C1 (d)

Um einen einzelnen Farbkanal genauer zu beurteilen, kann anstelle der RGB-Darstellung auch eine Ansicht gewählt werden, welche einen Kanal alleine zeigt. Photoshop bietet inzwischen in der erweiterten Ansicht auch eine Darstellung aller drei Farbkanäle zusammen mit dem RGB-Gesamtbild (Abbildung 8.3).

Das Histogramm liefert vielfältige Informationen zur Beurteilung des Bildes, insbesondere zur Belichtung.

8.1.1 Highkey- und Lowkey-Aufnahmen

Unter einer *Highkey-Aufnahme* versteht man eine Aufnahme, welche bewusst gestalterisch sehr viele helle Tonwerte beinhaltet. Eine *Lowkey-Aufnahme* ist entsprechend eine Aufnahme mit sehr vielen dunklen Bildpunkten. Beide können zu sehr effektvollen Bildern führen.

Mittels des Histogramms sind Highkey- und Lowkey-Aufnahmen gut zu erkennen: Erstere haben ausgeprägte Bildanteile im rechten Bereich des Histogramms, letztere im linken Teil.

8.1.2 Das Histogramm zur Belichtungskontrolle

Das Histogramm gibt eine einfache und deutliche Aussage über Fehlbelichtungen (Abbildung 8.2): Sind nennenswert viele Bildpunkte mit einem Grauwert an einem der Ränder des Histogramms vorhanden, so liegt eine Unter- (am linken Rand) oder Überbelichtung (am rechten Rand) vor – wenn es sich nicht um eine gezielte Lowkey- oder Highkey-Aufnahme handelt.

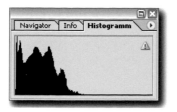 

Abbildung 8.2:
Histogramm einer unterbelichteten (links) und überbelichteten (rechts) Aufnahme

8.1.2.1 Das Histogramm als Belichtungsmesser?

Wir haben gesehen, wie erfolgreich das Histogramm zur Belichtungsbeurteilung eingesetzt werden kann; da liegt die Idee nahe, anstelle der bisher verwendeten Belichtungsmesser (vgl. 3.1) mit ihren Problemstellungen nun direkt die Information aus dem Histogramm zu verwenden und so zu belichten, dass etwa ein guter Tonwertreichtum erreicht wird.

Dieses Vorgehen ist für Spiegelreflexkameras konstruktionsbedingt nicht möglich, da nur bei ausgelöstem Spiegel Licht zum Sensor gelangen kann. Kompaktkameras können die Histogramminformation hingegen durchaus zur Belichtungsbeurteilung auswerten.

8.1.2.2 Das Histogramm und das Zonensystem

Im Digitalen spielt das Zonensystem (vgl. 3.5) nicht mehr die entscheidende Rolle, die ihm im Analogen zukam. Dennoch gibt es einige Ansätze für eine Implementierung, etwa durch das Ozone-Filter aus der 55-Filtersuite (vgl. 8.12.5), und einige sehr lohnenswerte Überlegungen zur Adaption des Zonensystems ins Digitale, beispielsweise in [Häß04b].

Zunächst kann das Histogramm auch als eine Darstellung nach einem Zonensystem verstanden werden: Es wird gezeigt, welcher Bildflächenanteil (Anzahl der Pixel) mit einem bestimmten Grauwert vorhanden ist. Nur wird hier nicht mit zehn Zonen, sondern mit mindestens 256 gearbeitet, je nach Farbauflösung des Sensors. Ulrike Häßler greift in [Häß04b] die von Ansel Adams formulierte Grundidee des Zonensystems auf (vgl. 3.5.2) und formuliert sie für den Einsatz im Digitalen um: Es ist so zu belichten, dass die hellsten Werte – mit nur wenigen Ausnahmen – den rechten Rand des Histogramms nur fast erreichen, also, in Abwandlung zu Ansel Adams in 3.5.2:

- Belichte auf die Lichter.

Diese Vorlage kann dann in der „digitalen Dunkelkammer" durch Anpassen der Gradation ideal weiterverarbeitet werden, was wir in Abschnitt 8.2 kennen lernen werden.

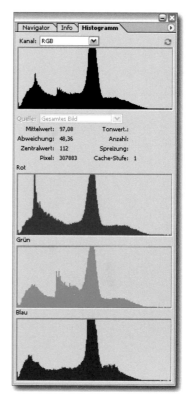

Abbildung 8.3:
Erweitertes Histogramm von Photoshop

8.1.3 Belichtungskontrolle der über- und unterbelichteten Bildpartien

Über das Photoshop-Menü Bild|Anpassen|Schwellenwert steht eine weitere, effiziente Möglichkeit der Belichtungskorrektur zur Verfügung (Abbildung 8.4). Dadurch entsteht ein Bild, welches alle Tonwerte unterhalb des Schwellenwertes schwarz und alle oberhalb davon weiß darstellt. Bei einem sehr kleinen Schwellenwert, typischerweise kleiner als zehn, zeigen also die schwarzen Partien die unterbelichteten Bildbereiche und bei einem hohen Schwellenwert (ab 245) zeigen die weißen Bildbereiche die überbelichteten Bildpartien. Abbildung 8.4 stellt dementsprechend die überbelichteten Partien von Abbildung 7.3 weiß dar.

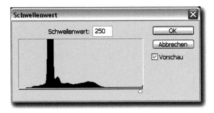

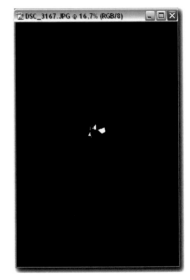

Abbildung 8.4:
Kennzeichnung von überbelichteten
Bildpartien (Schwellenwert 250)

Überbelichtung bedeutet für ein digitales RGB-Bild, dass mindestens einer der drei Farbkanäle die maximale Graustufe erreicht.

Die Bildbearbeitungssoftware C1 von Phase One kann in ihren Werkzeugoptionen den Bereich der Über- und Unterbelichtung, der zu einer Warnanzeige führt, konfigurieren (Abbildung 5.30).

Man kann einen Schritt weiter gehen und auch berücksichtigen, welcher Kanal überbelichtet ist. In Photoshop kann dies etwa durch Auswahl des entsprechenden Kanals geschehen. Die Nikon D2X bietet kameraintern die Möglichkeit, die überbelichteten Bildbereiche für die einzelnen RGB-Kanäle hervorzuheben.

8.1.4 Das Histogramm und der Tonwertreichtum

In Kapitel 7 wurde eingangs die Frage nach einem „guten" Schwarzweißbild gestellt. Als Indikator für eine gute SW-Aufnahme wurde ein großer *Tonwertreichtum* genannt, also eine große Zahl verschiedener Graustufenwerte, die im Bild vorhanden sind. Oder, wie wir nun sagen können: ein Bild mit einem ausgeglichenen Histogramm.

8.2 Gradation im Digitalbild

In Kapitel 3 haben wir die Möglichkeiten kennen gelernt, in der klassischen Fotografie die Gradation durch Perfektionierung des Belichtungs- und Entwicklungsprozesses nach dem Zonensystem zu steuern. Die Früchte dieser Anstrengungen waren groß – sie sind aber im Digitalen unvergleichlich leichter und viel gezielter zu erreichen. Dies soll in diesem zentralen Abschnitt vorgestellt werden.

8.2.1 Bedeutung der Gradation

Einleitend soll nochmals an die Bedeutung der *Gradation* erinnert werden. Wir haben sie in Abschnitt 3.3.1 als Steigung der Schwärzungskurve kennen gelernt, also als Antwort auf die Frage: Welche Schwärzung des Negativs erreicht eine gewisse Lichteinstrahlung?

Wie dort gezeigt, ist der Zusammenhang zwischen Schwärzung, gemessen über die optische Dichte, und dem Logarithmus der Belichtung in einem weiten Bereich linear (Abbildung 3.1).

8.2.2 Gradationssteuerung in Photoshop

Photoshop hat nicht nur eine, sondern drei verschieden komplexe Möglichkeiten der Gradationsänderung, die wir im Folgenden betrachten.

8.2.2.1 Helligkeit/Kontrast

Die einfachste Möglichkeit zur Veränderung der Gradation besteht über Bild| Anpassen|Helligkeit/Kontrast, einen Dialog mit zwei Reglern nach Abbildung 8.5.

Hier lassen sich die *Helligkeit* und der *Kontrast* frei wählen, allerdings sind aufgrund der geringen wählbaren Parameterzahl die Korrekturmöglichkeiten sehr beschränkt, weshalb dieser Weg für eine qualitätsbewusste Bildbearbeitung nicht geeignet ist.

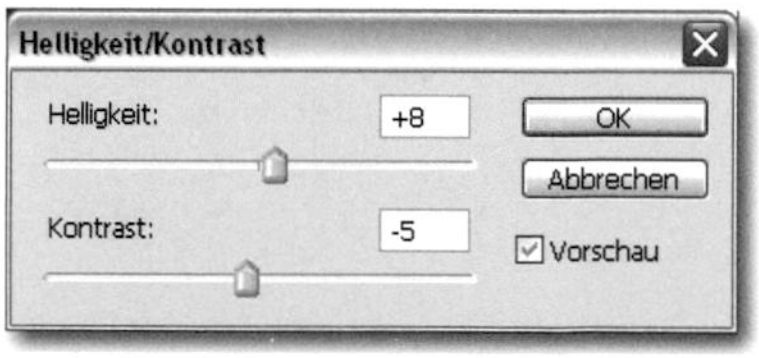

Abbildung 8.5: Photoshop-Dialog Helligkeit/Kontrast

8.2.2.2 Die Tonwertkorrektur

Über Bild|Anpassen|Tonwertkorrektur gelangt man zum Dialog zur Anpassung der *Tonwerte* nach Abbildung 8.6.

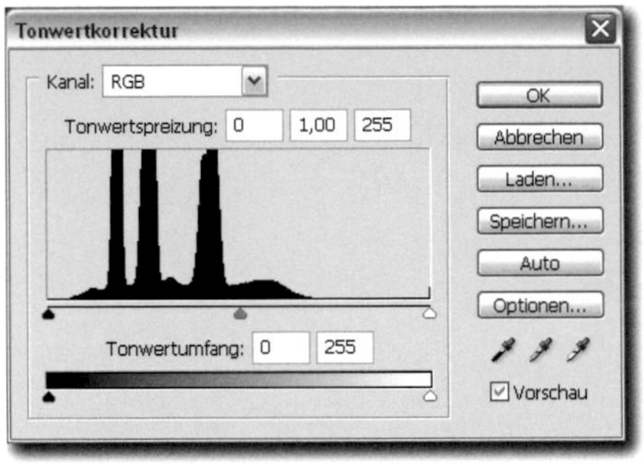

Abbildung 8.6:
Photoshop-Dialog zur
Tonwertkorrektur

Hier stehen, im Gegensatz zur Korrektur Helligkeit/Kontrast, nun 5 Schieberegler sowie eine Automatik-Option, die in 8.2.2.6 vorgestellt wird, bereit.

Der Photoshop-Dialog erlaubt die Anpassung von fünf Parametern:

- Die zwei unteren Regler wählen, wie dunkel der dunkelste Bereich des Bildes werden soll (linker Regler) bzw. wie hell der hellste Bereich werden soll (rechter Regler). Damit wird also der Tonwertumfang des Ergebnisses festgelegt (die entsprechenden numerischen Werte zwischen 0 und $2^8 - 1 = 255$ werden direkt als Tonwertumfang angezeigt).

  Diese zwei Regler sind insbesondere für die professionelle Druckvorbereitung wichtig, da mit ihrer Hilfe eine Anpassung an das zu erwartende Druckergebnis vorgenommen werden kann. Die dunkelste gedruckte Bildpartie ist keineswegs vollständiges Schwarz, sondern nur ein sehr dunkles Grau, je nach Druckqualität. So haben beispielsweise Zeitungen eine schlechte Druckqualität, Hochglanzbroschüren eine sehr hohe. Aufgrund von Probedrucken wird ermittelt, welcher Tonwert der hellste und dunkelste im Druckergebnis sein wird, und der Tonwertumfang kann entsprechend angepasst werden.

- Die drei oberen Regler legen hingegen fest, welche Tonwerte des Ausgangsbildes in diesen dunkelsten Bereich (linker Regler) und welche in den hellsten Bereich fallen (rechter Regler). Damit wird der ausgewertete Kontrastumfang im Ausgangsbild festgelegt. Die entsprechenden Werte werden als Tonwertspreizung direkt angezeigt.

  Der dritte, mittlere Regler legt hingegen fest, wie mit den mittleren Tonwerten umgegangen wird, konkreter: Dieser Regler bestimmt, welche Grauwerte die Mitte bilden, also welche Tonwerte des Ausgangsbildes genau auf die Mitte des Tonwertumfangs abgebildet werden.

- Der mathematische Funktionsbegriff kann gut die Bedeutung dieser fünf Regler beschreiben:
  - Die zwei Regler für den Tonwertumfang legen den Wertebereich von *min* bis *max* fest.
  - Die äußeren Regler der Tonwertspreizung legen die Grenzen des Definitionsbereichs fest (alle Werte unterhalb der unteren Grenze werden direkt auf *min* abgebildet, alle oberhalb der oberen Grenze auf *max*.
  - Der fünfte Regler legt fest, welcher Tonwert des Definitionsbereichs auf die Mitte des Wertebereichs, also auf $(min + max)/2$, abgebildet wird.

    Wird dieser Regler nach rechts verschoben, bedeutet dies, dass ursprünglich dunklere Tonwerte auf den mittleren Tonwert transformiert werden, das Bild wird aufgehellt. Dieser mittlere Regler verändert somit die Gradation, weshalb er als Gammaregler bezeichnet wird.
  - Somit ist die Abbildung von drei Punkten – den Grenzen des Definitionsbereichs und der definierten Tonwertmitte – festgelegt; die Werte dazwischen werden durch eine glatte Kurve errechnet: Die Verbindung zur mathematischen Funktion führt direkt zur Gradationskurve nach 8.2.2.3.

Abbildung 8.9 zeigt den Zusammenhang zwischen den fünf in diesem Dialog wählbaren Parametern und der eigentlichen Gradationskurve.

Diese Änderungen können für jeden Farbkanal getrennt vorgenommen werden, worauf in 8.2.2.4 eingegangen wird. Sie sind aber besonders wirkungsvoll für die professionelle Anpassung von Graustufenbildern:

Diese Anpassung der Tonwerte ist ideal geeignet, um ein Graustufenbild (vgl. Kapitel 7) zu verbessern.

Hilfreich für die praktische Arbeit mit diesem Dialog in Photoshop ist die Bedeutung der Alt- (Windows) bzw. Options-Taste (Mac), die das Abbrechen-Feld in ein Zurück-Feld wandelt.

Für die Tonwertkorrektur hat die Alt-/Options-Taste noch eine weitere Besonderheit: Sie verbindet direkt die Änderung der Tonwertspreizung mit dem Schwellenwert (vgl. 8.1.3): Bei Verschieben eines der Regler werden die betroffenen Bildpartien nur noch in einer reinen Zweifarbendarstellung gezeigt.

8.2.2.3 Die Gradationskurve

Das weitaus flexibelste und leistungsfähigste Verfahren ist das Arbeiten mit der *Gradationskurve* über das Menü Bild|Anpassen|Gradationskurven; hier stehen im Prinzip 256 Regler, für jeden Tonwert ein eigener, zur Verfügung. Abbildung 8.7 zeigt den Gradationsstufen-Dialog von Photoshop. Zentral ist zunächst die Anordnung der Skalen: Die Abszisse sowie die Ordinate können von den dunklen zu den hellen und umgekehrt von den hellen zu den dunklen

Tonwerten laufen. Da letztlich die Gradationskurve auf die klassische Schwärzungskurve hinausläuft (Abbildung 3.1), wird hier für Graustufenbilder die Darstellung von den dunklen zu den hellen Tonwerten gewählt.

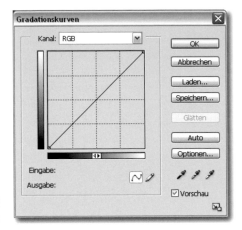

Abbildung 8.7:
Photoshop-Dialog Gradationskurve

Die Gradationskurve ist das Universalwerkzeug zur Bildoptimierung, weshalb praktisch jede einschlägige Software etwas Vergleichbares bietet. GIMP stellt vergleichbare Möglichkeiten unter Werkzeuge|Farben|Kurven bereit; genauso wie in Nikon Capture und im Gegensatz zu Photoshop zeigt GIMP die Gradationskurve zusammen mit einem Histogramm an (Abbildung 8.8).

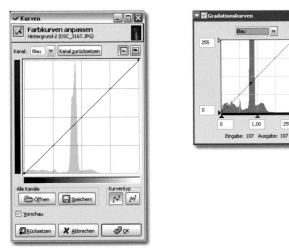

Abbildung 8.8:
Gradationskurven in GIMP (links)
und Nikon Capture (rechts)

Interessant dabei ist der Gradationskurven-Dialog von Nikon Capture, da er im Prinzip drei Photoshop-Dialoge zusammenfasst: das Histogramm und die Dialoge für Tonwerte und Gradationskurven. Im Capture-Dialog in Abbildung 8.8 ist die Gradationskurve zu sehen sowie das Histogramm; an den Achsen sind ferner fünf Regler angebracht, die genau den Reglern des Tonwert-Dialogs von Photoshop entsprechen. Abbildung 8.9 zeigt diese Regler in Aktion, wobei gleichzeitig direkt die Auswirkung auf die Gradationskurve zu sehen ist.

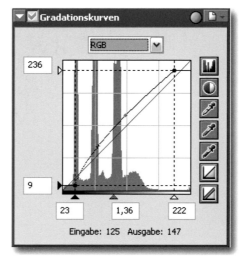

Abbildung 8.9:
Gradationskurven von Nikon Capture, Anpassung über die fünf Regler mit: Tonwertumfang von 9 bis 236 sowie Tonwertspreizung von 23 bis 222 mit Mittelwert für Gradation 1,36. Zu sehen sind die Ausgangsgradationskurve (blau) sowie die sich aufgrund dieser Parameter ergebende Gradationskurve (schwarz)

Im Prinzip ist es mit der Gradationskurve möglich, jedem Tonwert des Ausgangsbildes einen speziellen Tonwert für das Ziel zuzuordnen, weshalb man anschaulich von einem Dialog „mit 256 Reglern" sprechen kann. Dabei sind alle erdenklichen Freiheiten gegeben, etwa eine negative Gradation, also ein Abfallen der Tonwerte des Bildes bei Ansteigen der Ausgangstonwerte (Abbildung 8.10); dadurch entsteht ein klassisches Negativ.

Abbildung 8.10:
Beispiel einer Gradationskurve: Negativ

Die Skalierung des Histogramms von dunkel zu hell oder umgekehrt kann je nach Ziel der Bearbeitung gewählt werden: Für die Druckvorstufe bedeutet kein Farbauftrag eine Farbintensität von 0 %, voller Farbauftrag eine Farbintensität von 100 %, weshalb die Skala von hell (keine Farbe) nach dunkel gewählt werden kann. Für Überlegungen zur Monitordarstellung ist es umgekehrt: Zur Steigerung der vom Monitor angezeigten Lichtintensität muss die Helligkeit des Bildpunktes erhöht werden, was einer Skalierung von dunkel zu hell entspricht.

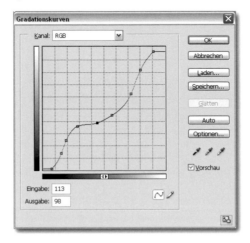

Abbildung 8.11:
Veränderung der Gradationskurve

In allen Bildbearbeitungsprogrammen kann die Gradationskurve einfach durch Einfügen beliebig vieler Punkte, die sich dann direkt verschieben lassen, verändert werden.

Das Gitternetz des Diagramms ist nützlich für die gezielte Bearbeitung der Gradationskurve. Es kann durch Anklicken in Verbindung mit der Alt- bzw. Options-Taste verfeinert werden (Abbildung 8.11). Für das gezielte Ausmessen vor einer Veränderung ist die Informations-Palette von Photoshop (Fenster|Informationen) häufig hilfreich.

Abbildung 8.12:
Einstellungsebene
„Gradationsebene" im Modus
Luminanz

8.2.2.4 Tonwertkorrektur und Gradationskurven für Farbkanäle und Einstellungsebenen

Die unter 8.2.2.2 und 8.2.2.3 besprochenen Änderungen sind für Graustufenbilder direkt offensichtlich, sie gelten aber in gleicher Art auch für Farbe. In diesem Fall bestehen zwei Möglichkeiten:

- Bearbeitung eines einzelnen Farbkanals (je nach verwendetem Modus einer der RGB-Kanäle, einer der CMYK-Kanäle oder einer der Lab-Kanäle);
- Bearbeitung aller Kanäle in gleicher Weise.

Der erste Weg eröffnet nochmals zusätzliche Möglichkeiten, nämlich die Farbbalance des Bildes individuell zu ändern; damit verfügen wir faktisch aber auch über 768 Regler zur Bildoptimierung, weshalb ein einfacheres Vorgehen wünschenswert ist. Die Änderung aller Farbwerte in gleicher Weise ist deshalb häufig naheliegender. Hier ergibt sich nur ein Problem: Werden alle drei Farbkanäle gleich verändert, so.verschiebt sich für unsere Wahrnehmung der Farbeindruck, da wir die einzelnen Farben unterschiedlich stark wahrnehmen (vgl. 6.1.4.5). Hier bieten die *Einstellungsebenen* einen Ausweg: Über Ebenen|Neue Einstellungsebene|Tonwertkorrekturen bzw. Ebenen|Neue Einstellungsebene|Gradationskurven erhalten wir eine neue Ebene, welche die entsprechende Bildkorrektur vornehmen kann. Dieses Vorgehen hat zwei zentrale Vorteile:

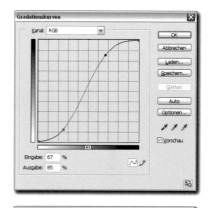

- Die Sichtbarkeit der Ebene kann ein- und ausgeschaltet werden; dadurch können die gewählten Veränderungen gezielt rückgängig gemacht werden.
- Über den Modus der Ebene kann bestimmt werden, wie sie sich mit den Vorgängerebenen verbindet. Wählt man hier Luminanz (vgl. 6.1.4.5), so berücksichtigen die Änderungen über die Luminanz die menschliche Wahrnehmung, so dass keine Farbverschiebung mehr eintritt: Es wird nun tatsächlich die Bildhelligkeit verändert, ganz entsprechend zum SW-Bild.

Mit einer derartigen Einstellungsebene können farbige Gradationsanpassungen optimal umgesetzt werden.

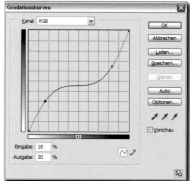

8.2.2.5 Typische Gradationskurven

Zum Schluss sollen noch drei typische Gradationskurven vorgestellt werden, deren Prinzip häufig zum Einsatz kommt.

- Die S-Kurve: Bei dieser Kurve wird die Gradation in den dunklen und hellen Randbereichen verringert, um im mittleren Bereich erhöht werden zu können. Als Folge davon werden Details in den mittleren Bereichen betont und in den extremeren Bereichen abgeschwächt (Abbildung 8.13 oben).
- Das umgekehrte Vorgehen führt zu einer Betonung (scheinbare Verbesserung der Detailzeichnung) in den dunklen und hellen Bildpartien durch Schwächung der mittleren Bereiche (Abbildung 8.13 unten).
- Invertierung: Durch eine fallende Gradationskurve entsteht der Effekt eines Negativs (Abbildung 8.10).

Abbildung 8.13:
Typische Gradationskurven:
S-Kurve (oben) zur Betonung der
mittleren Bereiche und
umgekehrtes Vorgehen (unten)

8.2.2.6 Und automatisch?

Der bequemste Weg ist natürlich die automatische Kontrastoptimierung, in Photoshop über Bild|Anpassen|Auto-Kontrast und über Bild|Anpassen|Auto-Tonwertkorrektur. Auch der Dialog zur Tonwertkorrektur enthält eine Schaltfläche Auto, welche algorithmisch eine Optimierung der Tonwerte vornimmt. Abbildung 8.14 zeigt dies für das Ausgangsbild nach Abbildung 8.6.

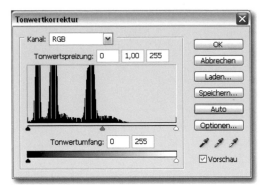

Abbildung 8.14:
Ergebnis der Auto-Anpassung des
Tonwertes

Diese schnelle Möglichkeit erzielt durchaus gute Ergebnisse. Über den Ton-
wertdialog können auch einige Optionen für die automatische Tonwertanpas-
sung gewählt werden (Abbildung 8.15).

8.3 Die kamerainterne Gradationssteuerung und Gradationskurve

Die Bedeutung und die Möglichkeiten der Gradationssteuerung im Digitalen
sind, wie in 8.2 gezeigt wurde, sehr groß. Ebenfalls war in 8.2 zu sehen, wie
die Gradation nachträglich durch die Bildbearbeitungssoftware verändert werden kann. Aber auch *kameraintern* muss eine Gradationskurve verwendet werden. Betrachten wir dazu nochmals das digitale Workflow nach Abbildung 4.3:
Für das raw-Bild ist noch keine Gradation erforderlich, aber spätestens, wenn
kameraintern in ein Standardformat umgewandelt wird, was ja sehr häufig der
Fall ist, wird eine Gradationskurve benötigt.

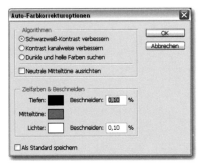

Abbildung 8.15:
Optionen für die Auto-Anpassung
des Tonwertes

8.3.1 Kamerainterne Kontraststufen

Alle relevanten digitalen Kameramodelle und digitalen Rückteile bieten deshalb eine grundlegende Möglichkeit zur Kontrastbeeinflussung an, typischerweise in drei Stufen:

- normaler Kontrast;
- Kontraststeigerung bei wenig Kontrast;
- Kontrastabschwächung bei hohem Kontrast.

Damit sind wir wieder direkt beim Zonensystem von Ansel Adams (vgl. 3.5),
denn dieses hat ja letztlich mit den Prozessen N, N-1 und N+1 genau das Gleiche geleistet.

Abbildung 8.16 zeigt exemplarisch Kameraeinstellungen, die direkt an der Kamera, aber auch wie in diesem Beispiel über eine externe Software eingestellt
werden können.

Abbildung 8.16:
Wahl der kcamerainternen
Gradationssteuerung

8.3.2 Benutzerdefinierte, kamerainterne Gradationskurven

Abbildung 8.16 zeigt noch eine vierte Option: die *benutzerdefinierte Grada-tionskurve*. Dahinter verbirgt sich die Möglichkeit, genauso wie in Abschnitt 8.2 für die Bildverbesserung diskutiert, auch kameraintern eine individuelle Gradationskurve zu verwenden. Somit stehen dann faktisch vier verschiedene kamerainterne Gradationskurven zur Verfügung.

Abbildung 8.17 zeigt den entsprechenden Dialog zur Definition einer eigenen Gradationskurve. Die Wirkung einer Gradationskurve kann anhand von frei wählbaren Beispielbildern beurteilt werden.

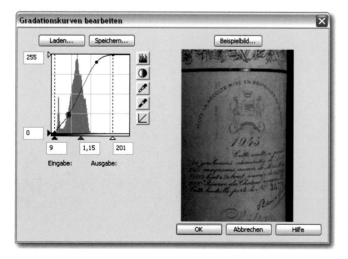

Abbildung 8.17:
Dialog zur Definition einer
kamerainternen Gradationskurve

Diese Gradationskurven können über die Software auch auf den Computer gespeichert und wieder geladen werden. Im Internet sind vordefinierte Gradationskurven zu finden ^{web}, etwa speziell für „Hochzeitsfotografie in weiß" oder zur Simulation berühmter klassischer Analogfilme wie den Fuji Provia. Allerdings bieten nur wenige und hochwertige Digitalkameras die Möglichkeit der Verwendung individueller Gradationskurven.

Der Vorteil der individuellen, kcamerainternen Gradationskurve liegt in der Schnelligkeit des Arbeitsflusses: Diese spezielle Kurve wird direkt auf jedes aufgenommene Bild angewendet, wodurch ein umfangreiches Nachbearbeiten entfallen kann. Auch wird dieser Ansatz verfolgt, um Charakteristiken mancher Kameramodelle, etwa eine Neigung zur Unterbelichtung, pauschal zu korrigieren.

8.4 Abwedeln und Nachbelichten

In 2.8.5.1 wurde die analoge Dunkelkammer mit einem Vergrößerer nach Abbildung 2.37 und zwei klassischen Aktionen vorgestellt: *Abwedeln und Nachbelichten*. Nun bietet die Werkzeug-Palette von Photoshop Aktivitäten mit der gleichen Bezeichnung – und auch mit der gleichen Bedeutung – an.

Beide Werkzeuge dienen einem selektiven Belichtungsausgleich. Natürlich gibt es hierzu im Digitalen auch zahlreiche Alternativen bis hin zur automatisierten Korrektur, die Photoshop über Bild|Anpassen|Tiefen/Lichter bereitstellt; in 5.4.7 haben wir einige davon kennen gelernt.

8.4.1 Abwedeln

Abwedeln bedeutet im Analogen, während der Positivbelichtung die Belichtung, also den Lichteinfall zwischen dem Entwickler nach Abbildung 2.37 und dem Papier etwa mit einer Pappe (daher das Symbol des Photoshop-Werkzeugs), zu reduzieren. Dadurch gelangt auf die abgewedelte Fläche weniger Licht, was zu einer schwächeren Belichtung und damit geringeren Schwärzung führt. Genau das leistet das entsprechende Photoshop-Werkzeug.

8.4.2 Nachbelichten

Nachbelichten ist das Gegenteil des Abwedelns: Nach der Belichtung des Positivpapiers wird ein einzelner, handselektierter Bereich (auch daher das Werkzeugsymbol) zusätzlich belichtet, so dass dort eine stärkere Schwärzung eintritt.

Abbildung 8.18:
Werkzeug-Paletten von Photoshop CS mit den Werkzeugen für Abwedeln (links) und Nachbelichten (rechts)

8.5 Schärfen des Digitalbildes

Eine der wichtigsten und am häufigsten angewendete Verbesserung von Digitalbildern ist das *Schärfen* des Digitalbildes, genauer: die Erhöhung des subjektiven Schärfeeindrucks. Letztlich versuchen alle Verfahren, durch kleine optische Retuschen, etwa das Einfügen eines minimalen Zwischenraums, Kantenübergänge oberhalb eines Schwellenwertes optisch zu verstärken. Hierfür stehen viele Softwaremöglichkeiten zur Verfügung, die bekannteste ist „Unscharf maskieren" von Photoshop.

8.5.1 „Unscharf maskieren" allgemein und in Photoshop

Über das Menü Filter|Scharfzeichnungsfilter|Unscharf maskieren gelangt man zum Dialog für die Scharfzeichnung nach Abbildung 8.19. Diese zentrale Bildverbesserung mit dem Namen *Unscharf maskieren* (USM) bietet drei frei wählbare Parameter: Stärke, Radius und Schwellenwert.

Um die Bedeutung dieser drei Parameter und damit des Filters insgesamt zu verdeutlichen, betrachten wir ein einfaches Ausgangsbild, drei unterschiedlich grau eingefärbte Rechtecke (Abbildung 8.20).

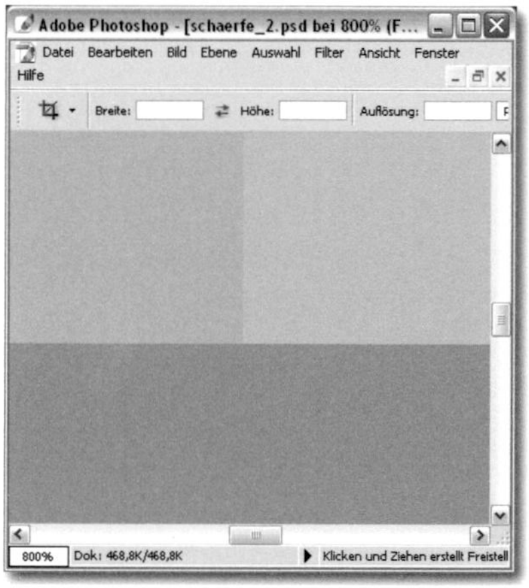

Abbildung 8.19:
Dialog „Unscharf maskieren"

Abbildung 8.20:
Ausgangsbild ohne Schärfung

Der erste Parameter, die Stärke, bestimmt, wie deutlich scharfgezeichnet werden soll. Abbildung 8.21 zeigt die Variationen der Schärfe.

Abbildung 8.21:
Schärfung mit 100 %, 200 % und 400 %

Der Radius hingegen gibt an, wie tief die Korrektur wirkt (Abbildung 8.22), also welchen räumlichen Bildbereich sie erfasst.

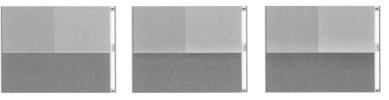

Abbildung 8.22:
Radius 0,5, 2,5 und 5

Der dritte Parameter, der Schwellenwert, gibt an, ab welchem Kontrastunterschied die Änderungen zur Anwendung kommen (Abbildung 8.23).

Abbildung 8.23:
Schwellenwert 1, 5 und 15

Insgesamt kann über diese drei Parameter der Schärfeneindruck des Bildes sehr deutlich gesteigert werden.

8.5.2 „Unscharf maskieren" bei den anderen

Das Grundprinzip von „Unscharf maskieren" findet sich in den meisten Bildbearbeitungsprogrammen wieder, nur verwenden leider alle Programme eine andere Terminologie, so dass sich die Parameter nicht übertragen lassen.

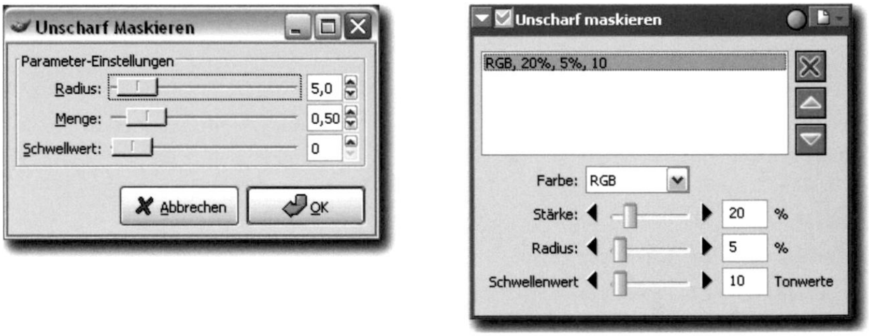

Abbildung 8.24:
„Unscharf maskieren" in GIMP (links) und Nikon Capture (rechts)

Abbildung 8.24 zeigt die entsprechenden Dialoge in GIMP und Nikon Capture. Während die Parameter von GIMP denen von Photoshop gleichen, entspricht eine Stärke von 20 % in Capture dem Wert 100 % in Photoshop.

8.5.3 nik Sharpener Pro!

Der Softwarehersteller nik (vgl. 8.12.4) ist durch seine beliebten Filter bekannt, bietet aber auch ein umfassendes Werkzeug mit dem Namen *Sharpener Pro!* zur Schärfenverbesserung an.

Das Wichtige – und auch Typische – an diesem Werkzeug ist, dass es letztlich auch auf „Unscharf maskieren" aufbaut. Allerdings erleichtert der Sharpener Pro! die Anwendung des Filters. Zunächst stehen für ganz unterschiedliche Zielplattformen vordefinierte Filter zur Verfügung, etwa für Farblaserdrucker oder für den Offsetbereich. Ebenso wird die angestrebte Druckgröße ausgewertet, wodurch die Software selbständig zu optimalen Parametern für USM gelangt.

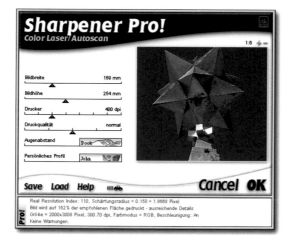

Abbildung 8.25:
nik Sharpener Pro!

8.5.4 Weitere Verfahren zur Bildschärfung

Neben „Unscharf maskieren" gibt es eine große Zahl weiterer Verfahren zur Verbesserung der Bildschärfe. Einige sind nur alternative Formulierungen zu „Unscharf maskieren", andere verwenden grundlegend andere Algorithmen. So bietet etwa Fred Miranda Photoshop-Aktionen an, welche auf die Charakteristik spezieller Kameramodelle eingehen.

8.5.5 Kamerainternes Schärfen

Alle digitalen Kameras können auch direkt in der Kamera schärfen – das scheint zunächst der bequemste Weg zu sein. Doch Vorsicht, durch das Schärfen verliert das Bild an Information! Ein ungeschärftes Bild kann geschärft werden, die Umkehrung ist aber nicht möglich. Deshalb ist es im Allgemeinen besser, von der ungeschärften Aufnahme auszugehen und nachträglich mit einem optimierten Verfahren individuell zu schärfen.

Einige Kamerahersteller neigen dazu, ihre Produkte stets eine stärkere kamerainterne Schärfung anwenden zu lassen; dies ist kein sinnvolles Vorgehen.

8.6 Rauschverminderung

Ein weiteres zentrales Problem der Digitalfotografie ist das in 4.2.10 erklärte *Bildrauschen*. Abbildung 4.20 zeigt das typische Rauschverhalten bei höherer Sensorempfindlichkeit, also größerer Verstärkung.

Dieses „digitale Rauschen" kann durch die Bildbearbeitungssoftware mehr oder weniger gut herausgerechnet, also korrigiert werden. Wir betrachten typische Ansätze dafür.

Gegenüber fast allen anderen digitalen Bildbearbeitungsprozessen ist für die Rauschunterdrückung typisch, dass sie mit einer hohen Rechenleistung verbunden ist, also eine recht große Ausführungszeit benötigt. Deshalb ist sie schwierig für eine kamerainterne Korrektur, sie wird meistens extern und häufig mit einer Stapelverarbeitung vorgenommen (vgl. 5.1.8).

Ein einfacher Weg zur Rauschunterdrückung bei nur schwachem Rauschen führt in Photoshop über das Filter Filter|Störungsfilter|Störungen entfernen. Ein spezieller, optimierter Weg wird hier vorgestellt.

8.6.1 Neat Image

Die bekannteste Software hierfür ist *Neat Image* [web]. Neat Image steht momentan in fünf Varianten zur Verfügung, von der freien, aber für den privaten Gebrauch durchaus ausreichenden Demo bis hin zu pro+; die Kosten halten sich durchaus in sehr vernünftigen Grenzen. Die +-Versionen verfügen neben dem eigentlichen Standalone-Programm (Abbildung 8.26) zusätzlich über ein Photoshop-Plugin, so dass diese leistungsfähige Software in Photoshop integriert werden kann. Dieses Plugin ist auch in Verbindung mit Photoshop Elements sowie zahlreichen weiteren Bildbearbeitungsprogrammen wie etwa Paint Shop und PhotoImpact nutzbar.

Neat Image setzt, wie allgemein Verfahren zur Rauschreduzierung, eine homogene Rauschverteilung voraus. Deshalb sollte bewusst auf eine starke jpeg-Komprimierung verzichtet werden. Die Software ist in der Lage, jpeg-, tiff- und bmp-Dateien zu lesen.

Das Workflow von Neat Image läuft in vier Schritten ab, welche durch die Karteikartenreiter der Software vorgegeben sind:

- Laden des Ausgangsbildes;
- Wahl des Rauschprofils;
- Festlegen des Rauschfilters;
- Anwendung des Filters.

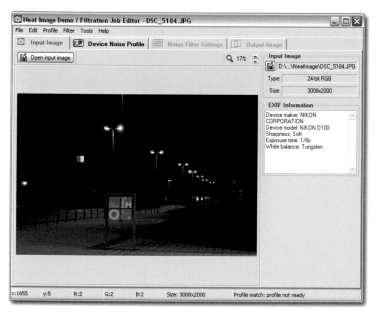

Abbildung 8.26:
Rauschreduzierung mit Neat Image

8.6.1.1 Rauschprofile von Neat Image

Neat Image ist ein leistungsfähiges Filter, welches zur Rauschreduzierung und zur sanften Verbesserung der Schärfe führt. Grundlegend für den verwendeten Algorithmus ist das *Rauschprofil*. Das ist eine Beschreibung des Rauschverhaltens für das jeweilige Device, welches neben einer Digitalkamera auch ein Scanner sein kann. Dabei ist zu beachten, dass für jedes Kameramodell verschiedene Profile verwendet werden, für jede Empfindlichkeitsstufe und Belichtungszeit ein anderes. Diese Profile können etwa von der Neat Image-Website frei bezogen werden, es ist aber auch möglich, automatisch Profile anhand einer Vorlage zu generieren. Die Software kann über einen Matcher erkennen, ob ein vorgegebenes Profil geeignet ist.

Die Software kann, wenn kein Profil vorhanden ist, automatisch ein Profil generieren. Dazu wird ein strukturloser Bereich des Bildes von der Software ausgewählt (ggf. muss die Vorgabe korrigiert werden), welcher dann analysiert wird.

Abbildung 8.27:
Automatische Profilgenerierung von
Neat Image (das blaue Rechteck
oben rechts zeigt den analysierten
Bereich)

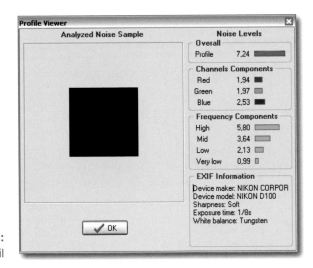

Abbildung 8.28:
Informationen zum erzeugten Profil

8.6.1.2 Filter festlegen

Nach der Auswahl des Profils ist das entsprechende Rauschfilter festzulegen.
Dazu ist zunächst grundlegend die Art des Filters zu wählen (Menü Noise Filter
Settings), wobei zahlreiche Vorgaben gewählt werden können. Hier kann etwa
der Grad der Rauschentfernung und auch eine eingebundene Schärfenverbesserung festgelegt werden.

Abbildung 8.29:
Dialog zur Einstellung der Filtereigenschaften von Neat Image (hier für Filtertyp „Default", ohne Schärfung)

Die Auswahl des Filtertyps legt die einzelnen nachfolgenden Parameter fest, die aber auch direkt verändert werden können.

8.6.1.3 Anwendung des Filters

Im letzten Schritt des Workflows muss nun noch das gewählte Filter angewendet werden. Hier ist zu beachten, dass die Bearbeitungszeiten zur Rauschreduzierung recht groß werden können, weshalb sich die Stapelverarbeitung im Batch-Modus anbietet. Abbildung 8.30 zeigt die Anwendung eines Filters.

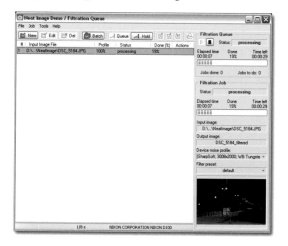

Abbildung 8.30:
Anwendung eines Filters in Neat Image

Abbildung 8.31 zeigt das Ergebnis der Anwendung von Neat Image.

 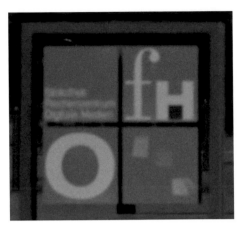

Abbildung 8.31:
Ergebnis der Anwendung von Neat
Image: Ausgangsaufnahme (links,
ISO 1.600/33°), korrigiertes Bild
(rechts)

8.6.2 Kcamerainterne Rauschunterdrückung

Die meisten digitalen Kamerasysteme bieten auch eine *integrierte Rauschunterdrückung* an. Hier ist zu beachten, dass die Ergebnisse nicht so gut wie bei einer externen Rauschunterdrückung sind und die dafür benötigten Bearbeitungszeiten außerdem recht hoch sind, daher ist dies eher eine Notlösung. Auch erhält man so nur ein verarbeitetes Endbild, so dass die Wirkung einer zu starken Korrektur nicht mehr revidiert werden kann.

Eine nützliche Differenzierung der Rauschunterdrückung bietet etwa Nikon in der D2X an, welche zwischen der Rauschreduzierung bei Langzeitaufnahmen und bei höherer Sensorempfindlichkeit unterscheidet.

8.7 Korrektur der Vignettierung

Die *Vignettierung*, die bei starken Weitwinkelaufnahmen auftritt und die wir aus 2.4.6 kennen, wird analog wie digital nach dem gleichen Grundprinzip korrigiert, nur ist es im Digitalen – wieder einmal – ungleich leichter.

Im Analogen wird die Vignettierung durch Verwendung eines als radialen Verlauffilter strukturierten Graufilters, welches in der Mitte eine entsprechend starke optische Dichte aufweist, ausgeglichen. Hier ist es aber sehr schwierig, das zum gewählten Objektiv und zum gewählten Blendenwert passende physikalische Filter zu finden.

Im Digitalen kann einfach, etwa durch ein Filter in einer separaten Ebene, das richtige radiale Verlauffilter gefunden werden.

Noch einen Schritt weiter gehen spezielle softwaregestützte Korrekturen, die direkt an das verwendete Objektiv angepasst sind. Ein gutes Beispiel hierfür ist DxO aus 8.11. Auch Nikon Capture (vgl. 5.4) bieten eine bequeme und leistungsstarke Korrektur der Vignettierung, die in Abschnitt 5.4.5 vorgestellt wurde (vgl. auch Abbildung 5.19).

8.8 Korrektur der Verzeichnung

In 2.4.2 haben wir das Problem der *Verzeichnung* kennen gelernt, also den optischen Fehler, dass ein Rechteck als „Tonne" bzw. „Fass" oder als „Kissen" abgebildet wird (Abbildung 2.13). Dieser Effekt tritt sowohl analog als auch digital im gleichen Umfang auf, es ist eine reine Frage der Qualität der verwendeten Optik. Durch Abblenden des Objektivs verbessert sich zwar die Situation etwas, aber nicht grundlegend.

Es gibt einige Korrekturmöglichkeiten für diesen Fehler in der digitalen Bildbearbeitung, etwa die Panoramatools von Helmut Dersch oder die digitale Gesamtkorrektur mit DxO (vgl. 8.11).

Die Panoramatools stellen in Photoshop unter Filter|Panorama Tools|Correct ein Menü nach Abbildung 8.32 zur Verfügung; hier findet sich die Korrektur der Verzeichnung unter Radial shift.

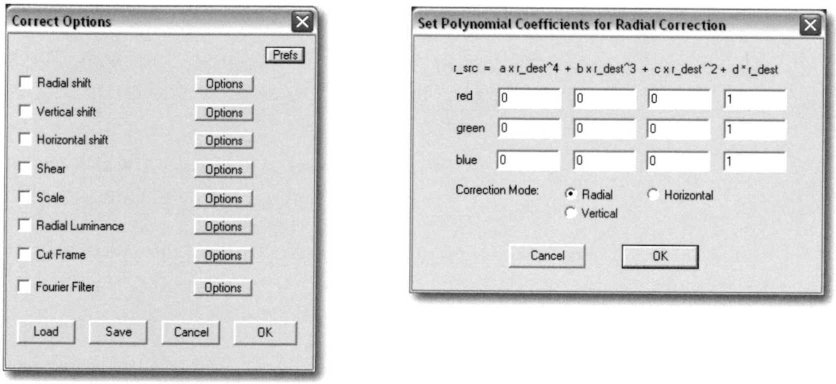

Abbildung 8.32:
Panoramatools in Photoshop: Korrektur der Verzeichnung über Radial shift

In dem Dialog können Werte für die Korrekturkoeffizienten a, b, c und d vorgegeben werden, deren Summe 1 ergeben muss und die für alle Farbkanäle gleich sein sollen. Negative Werte korrigieren eine tonnenförmige Verzeichnung, während positive eine kissenförmige Verzeichnung ausgleichen; es sollte stets der Radial-Mode gewählt werden. Mehr dazu ist in [Jac04, S. 38 f.] und auf den Internetseiten von Helmut Dersch zu finden.

8.8.1 Panoramafotografie

Die *Panoramafotografie* ist ein fotografischer Spezialfall der Landschafts- und Architekturfotografie. Ziel ist es, einen sehr weiten Bildbereich bis hin zum

Rundumblick aufzuzeichnen.[1] Sehr ausführlich werden digitale Panoramen in [Jac04] behandelt.

8.8.1.1 Zum Begriff des Panoramas

Das *Panorama* ist älter als die Fotografie: 1787 hat Robert Parker dieses für rundumlaufende Gemälde in speziellen Innenräumen mit einer Kuppel für den Blick nach oben patentieren lassen.

Technisch fast unverzichtbare Voraussetzung für das Erstellen von Panoramen sind analog wie digital Weitwinkelobjektive oder sogar noch extremer Fisheye-Objektive (vgl. 2.5.8.2). Dabei muss im Digitalen die bekannte und hier sehr störende Brennweitenverlängerung (vgl. 2.6.2) beachtet werden.

In der Analogfotografie stehen speziell für diesen Zweck entwickelte Kamerasysteme zur Verfügung, welche etwa durch Drehung während der Aufnahme oder durch Verwendung spezieller Weitwinkelobjektive und besonderer Filmformate einen besonders großen Bildwinkel erreichen. Spezialhersteller wie etwa Noblex bieten Kamerakonstruktionen, welche durch einen Schwenk der Optik mit einer Aufnahme einen 360°-Rundumblick aufzeichnen können. Die Hasselblad X Pan II ist hingegen ein Beispiel für eine extreme Weitwinkelkamera, welche einen Standardfilm in einem Nichtstandardformat belichtet.

8.8.1.2 Digitale Techniken für Panoramen

Das Vorgehen für die Erstellung von Panoramen untergliedert sich in drei Schritte:

- Produktion der einzelnen Ausgangsbilder und deren Korrektur – etwa der Verzeichnung nach 8.8;
- Zusammensetzen (Stichen) der Ausgangsbilder zu einem Panorama;
- Publikation der Panoramen, etwa im Internet.

8.8.1.3 Stitch-Software

Das Zentrale beim Erstellen digitaler Panoramen ist das *Stitching,* das Zusammenfügen der Einzelbilder zu einem Panorama. Im Digitalen führt der Weg über die Bildbearbeitung, welche ein vergleichsweise einfaches Erstellen von Panoramen ermöglicht.

Photoshop verfügt in der Version CS über ein eigenes Panoramatool, Photomerge, welches zuvor schon in Photoshop Elements enthalten war. Zu finden ist Photomerge über das Menü Datei|automatisieren|Photomerge.

---

[1] Yadegar Asisi präsentiert im Leipziger Gasometer das weltgrößte Panorama „8848 Everest", ein Rundumblick vom Fuße des Everest (Western Cwm oder Tal des Schweigens) anlässlich des 50-jährigen Jubiläums der Erstbesteigung.

Abbildung 8.33:
Stitching mit Photomerge von
Photoshop

Es gibt zahlreiche weitere Panoramatools für das Stitching, wovon viele auch
frei verfügbar sind. Bekannt sind insbesondere die Panoramatools von Helmut
Dersch in der aktuellen Version 2.5. Zu den Tools gehören neben guten Werkzeugen zur Bildkorrektur (vgl. 8.8) auch Hilfen zum Erstellen von Panoramen.
Hierzu zählen

- PTEditor, ein grafischer Editor zur Erstellung von Panoramen;
- PTPicker, der die Anordnung der Bilder grafisch darstellt.

Diese Werkzeuge sind in Java implementiert, so dass sie plattformunabhängig
auf Linux/Unix, Mac OS und Windows verwendet werden können.

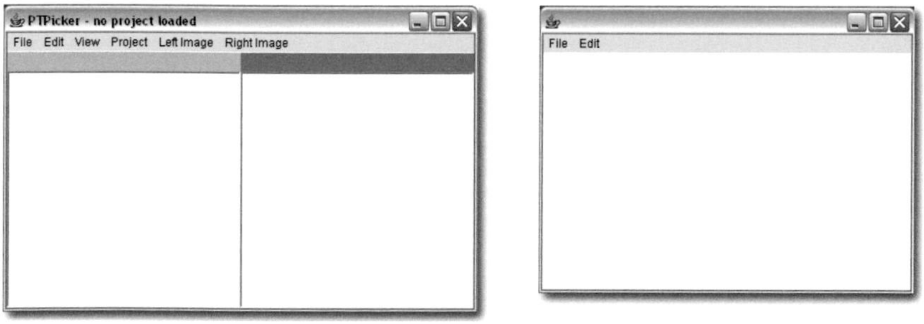

Abbildung 8.34:
Oberfläche von PTPicker

Darüber hinaus gibt es eine große Zahl guter Panoramatools, welche die Erstellung digitaler Panoramen heute leicht ermöglichen.

8.8.1.4 Panoramen im Web

Die Intention der Veröffentlichung im Internet ist charakteristisch für die moderne Fotografie (vgl. Kapitel 9), gilt aber besonders für Panoramen.

Quick Time Virtual Reality (QTVR) ist eine inzwischen integrierte Erweiterung von Apples QuickTime. Ab QuickTime 5 sind damit nicht nur zylindrische, sondern auch kubische Panoramen darstellbar. Wichtig für eine benutzeransprechende Integration eines derartigen Panoramas ist die Wahl einer geeigneten Komprimierung, siehe [Jac04, S. 165 ff.].

Eine Alternative zu QTVR besteht im Einsatz geeigneter Java-Applets wie dem ebenfalls von Helmut Dersch stammenden PTViewer oder HotMedia der IBM.

Die momentan verbreitetste Umsetzung von Panoramen im Web dürfte auf der Virtual Reality Modelling Language (VRML) beruhen. Diese an HTML angelehnte Sprache erlaubt die Darstellung virtueller Welten im Internet; so basiert etwa die Darstellung des ICCViewers nach 6.5.11 auf VRML. VRML-Dateien haben das Suffix `.wrl`. Notwendige Browser-Plugins sind im Internet frei zu finden. Ein Export im VRML-Format ist aus Panorama-Software heute üblich.

8.9 Staubkorrektur

Moderne Digitalkameras mit Wechseloptik, die sich wie die Canon EOS 300D oder Nikon D70 einer stark wachsenden Beliebtheit erfreuen, haben gegenüber analogen SLRs den zentralen Nachteil, dass der Sensor anders als der Film sich nicht bewegt und somit Staubablagerungen, die einmal auf den Sensor liegen, erhalten bleiben.

Diese Staubanfälligkeit von DSLRs hat sich schon früh, etwa bei der Nikon D1, bemerkbar gemacht. Praktikable Korrekturmöglichkeiten sind aber bis heute rar. Zwei aktuelle Lösungsansätze werden hier kurz dargestellt.

Ein Reinigen des Sensors ist prinzipiell möglich, wobei aber streng die jeweiligen Hinweise der Kamerahersteller beachtet werden sollten. Meistens wird die Verwendung von Druckluft empfohlen, sinnvoller scheinen spezielle Reinigungsmechanismen mit Mikrobürsten wie der SpeckGRABBER des Anbieters Kinetronics [web], der häufig von qualifizierten Servicestellen genutzt wird. Insbesondere wird die Verwendung eines Netzteils empfohlen, da dadurch gleichzeitig der Sensor geerdet werden kann, also keine zusätzliche Staubablagerung durch elektrostatische Aufladung des Sensors erfolgt.

 Die Sensoren von DSLR-Kameras müssen regelmäßig gereinigt werden. Hier sind die Reinigungsanweisungen der Hersteller zu beachten oder die Dienste eines qualifizierten Service zu nutzen.

8.9.1 Mechanisch-optisches Staubentfernen

Ein Ansatz zur Behebung des Staubproblems ist die physikalische Lösung.

Vorgelagert zum eigentlichen Sensor verwenden sehr viele DSLRs einen Tiefpassfilter, der insbesondere zur Verringerung von Moiré-Störungen eingesetzt wird. Durch Vergrößerung des Abstands der Filteroberfläche zum Sensor entfernen sich störende Partikel vom Sensor und werden zunehmend unschärfer, also weniger störend abgebildet. Diesen Weg gehen momentan viele Hersteller.

Olympus hat mit der Einführung des Modells E1 mit Wechseloptik dieses Prinzip weiter entwickelt und das Supersonic Wave Filter vor der CCD platziert. Dieses Filter ist von einem Ultraschall-Generator umgeben, welcher mittels Schwingungen in kürzester Zeit Partikel vom Filter entfernen kann.

8.9.2 Softwareseitige Staubkorrektur

In 5.4.6 wurde schon das Problem des Staubs in DSLR-Kameras mit Wechseloptik erwähnt. Neben der geschilderten Hardwarelösung steht mit Nikon Capture über eine Referenzaufnahme ein brauchbarer Ausweg über Software bereit. Abbildung 5.22 zeigt die Wirkung dieses Verfahrens.

8.10 Korrektur digitaler Artefakte

Durch die digitale Fotografie kommen einige neue Bildfehler hinzu, die in diesem Abschnitt zusammen mit typischen Lösungswegen vorgestellt werden.

8.10.1 Der Moiré-Effekt

Der *Moiré-Effekt* tritt durch Überlagerung periodischer Strukturen ähnlicher Periodizität auf. Ein Grund kann in einer zu hohen Auflösung des Eingangssignals liegen, welches ein Vielfaches der Sensorstruktur beträgt; dies wird nach 4.2.9.1 durch ein Tiefpassfilter ausgeschlossen. Ein weiterer Grund für derartige Störungen liegt in der Überlagerung zweier Gitter mit einem kleinen Versetzungswinkel. Die Pixel der Sensoren der Digitalkamera bilden ein solches Gitter; kommt ein zweites durch ein entsprechendes Motiv hinzu, entstehen die gefürchteten Moiré-Muster. Moiré-Effekte treten etwa bei karierten Textilien leicht auf.

Abbildung 8.36 zeigt ein sehr starkes Moiré-Muster. Allerdings enthält das zugrundeliegende Digitalbild kein derartiges Muster, dieses kommt nur durch die beschränkte Pixelzahl des Monitors zustande. Entsprechend ändert sich das Moiré-Muster stark mit der jeweils gewählten Ansichtsvergrößerung des Bildes.

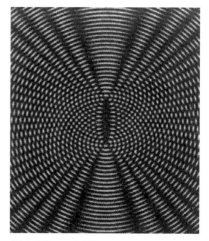

Abbildung 8.35:
Moiré-Effekt durch Überlagerung zweier Kugelwellen nach [Mes04]

Abbildung 8.36:
Beispiel für den Moiré-Effekt

Die C1-Software von Phase One enthält ein sehr nützliches „DeMoiré-Filter" für Photoshop. Dieses ist über das Menü Filter|Phase One|DeMoirize erreichbar und wirkt sehr deutlich; Abbildung 8.37 zeigt den entsprechenden Dialog und die Wirkung des Filters anhand der Vorschau.

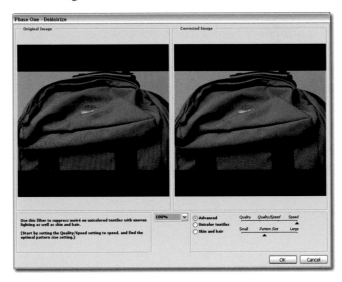

Abbildung 8.37:
Phase One-Korrekturfilter für den
Moiré-Effekt

8.10.2 Blooming

Als *Blooming* (Überstrahlung) wird der Effekt der Überstrahlung bei intensiver Belichtung bezeichnet, der systembedingt bei der CCD-Technik zu beobachten ist. Dabei ist die Ladungsmenge einer Fotozelle so groß, dass sie Ladung an benachbarte Fotoelemente abgibt, so dass es zu einem abrupt endenden Bereich der Überbelichtung kommt.

Modernere Digitalkameras sind für Blooming kaum noch empfindlich.

8.10.3 jpeg-Artefakte

Durch eine starke jpeg-Komprimierung treten typische Artefakte auf (vgl. Abbildung 8.38), die den Charakter einer „Gekräuselung" haben. Hierfür ist keine bewährte, automatisierte Lösungssoftware verfügbar, sondern man muss meist von Hand dem Übel beikommen. Dabei kann es nützlich sein, die einzelnen Farbkanäle getrennt zu betrachten, da *jpeg-Artefakte* meistens verstärkt in nur einem Farbkanal auftreten.

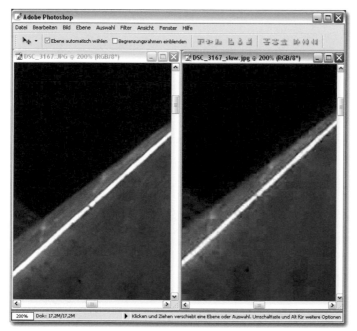

Abbildung 8.38:
Vergleich verschieden starker jpeg-Komprimierung: links Ausgangsbild in einer mittleren, rechts sehr starken Komprimierung mit typischen jpeg-Artefakten

Neat Image (vgl. 8.6.1) ist prinzipiell auch in der Lage, jpeg-Artefakte zu reduzieren.

Im neuen, auf einer Wavelet-Komprimierung beruhenden Format jpeg2000 sind diese Artefakte nicht mehr von Bedeutung (vgl. 4.4.4.2).

8.11 Digitale Gesamtkorrektur: Die Lösung von DxO Labs

Der französische Softwareanbieter *DxO Labs* präsentiert seit kurzem verschiedene, vom Ansatz her sehr interessante Softwarelösungen zur Messung der Leistungsfähigkeit digitaler Systeme und darauf basierend zur Bildkorrektur, wobei gleich mehrere Abbildungsfehler in einem Schritt korrigiert werden können, wodurch der Fotograf eine zeitsparende Hilfe erhält.

8.11.1 Die Software DxO Pro

Seit Mai 2004 gibt es ein Softwarebundle, welches zahlreiche digitale und optische Fehler zusammen löst: *DxO Pro*. Diese Software besteht aus drei Modulen:

- dem eigentlichen Korrekturmodul;
- dem kameraspezifischen Modul;
- dem objektivspezifischen Modul.

DxO ist in der Lage, in einem Schritt genau angepasst an die jeweilige Kamera-Objektiv-Kombination vier Korrekturen vorzunehmen:

- Vignettierung;
- Verzeichnung;
- chromatische Aberration (lateral);
- Unschärfe.

Es werden also sowohl optisch-analoge wie digitale Fehler behoben.

Es steht ein Korrekturmodul für das Dateiformat jpeg zur Verfügung. Mit der Version 2 ist DxO Pro zusätzlich in der Lage, durch ein neues Korrekturmodul auch eine Korrektur von raw-Formaten durchzuführen, so dass mit DxO ein weiterer raw-Konverter mit spezieller Korrektur der Abbildungsfehler bereitsteht.

Abbildung 8.39:
Grunddialog von DxO

Abbildung 8.39 zeigt den Grunddialog von DxO, während 8.40 die Dialoge zu den installierten Modulen angibt.

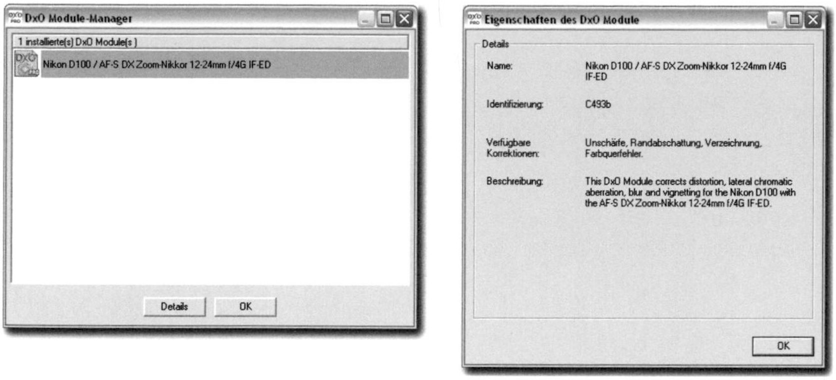

Abbildung 8.40:
Moduldialoge von DxO

Abbildung 8.41 zeigt eine Beispielkorrektur einer extremen Weitwinkelaufnahme mit völlig aufgeblendetem Objektiv. Neben der deutlichen Schärfenkorrektur ist auch die Verzeichniskorrektur erkennbar.

DxO Labs bietet mit DxO also einen interessanten und effizienten Weg der Korrektur von vier Bildfehlern in einem Schritt an.

8.11.2 Der DxO Analyzer

Eine andere Zielrichtung verfolgt der *DxO Analyzer*. Mit diesem Werkzeug, bestehend aus einem Softwarepaket und einer fotografischen Vorlage auf Glasplatte, ist es möglich, die Leistungsfähigkeit eines Gesamtsystems zu bewerten; es wird also konkret ein spezielles Objektiv zusammen mit einer speziellen Kamera (insb. Sensor) bewertet. Dabei sind Testaufnahmen dieser Vorlage mit verschiedenen Empfindlichkeitsstufen zu erstellen; wird ein Zoomobjektiv verwendet, sind zusätzlich noch verschiedene Brennweiten zu testen, so dass zahlreiche Probeaufnahmen zu einem insgesamt aussagefähigen Bild führen.

Der DxO-Analyzer wird zunehmend von Fachzeitschriften im französischen und angloamerikanischen Raum, etwa von Chasseur d'Images, als neutrales Testinstrument eingesetzt.

Abbildung 8.41:
Beispiel für die Anwendung von
DxO: unkorrigierte (oben) und
korrigierte Aufnahme (unten)

8.12 Digitale Filter

Bereits an mehreren Stellen, etwa im Bereich der Schwarzweißtransformation in 7.2, wurden verschiedene *Filter* angesprochen.

Hier werden einige typische Filter vorgestellt, wobei ein Schwerpunkt auf denjenigen Filtern liegt, welche nicht rein digitale Operationen ausdrücken, sondern klassische, analoge Filter durch Software implementieren.

Digitale Filter sind sehr nützliche, die digitale Bildbearbeitung vereinfachende Vorgehensweisen. Es existieren neben einer Vielzahl völlig neuer Filter auch solche, die die Wirkung klassischer, analoger Filter im Digitalen fein justierbar nachempfinden und der Kreativität einen weiten Bereich öffnen.

8.12.1 Allgemeines zur Anwendung von Filtern

Bevor typische digitale Filter und ihre Anwendung vorgestellt werden, sollen zunächst einige prinzipielle Fragen behandelt werden.

8.12.1.1 Anwendung mehrerer Filter

Im Digitalen ist ein besonderes Augenmerk auf die Reihenfolge der Filteranwendung zu legen. Am sinnvollsten ist ein Vorgehen, bei welchem jedes neue Filter in eine eigene Ebene gelegt wird.

8.12.1.2 Filter und Ebenen

Filter und Ebenen (vgl. 5.1.4.4) zeigen zusammen eindrucksvoll die Möglichkeiten der digitalen Bildbearbeitung, da hier ein Filter gezielt auf eine Ebene angewendet werden kann. Damit können einfach Teilbereiche ausgewählt und sehr viele andere Effekte erzielt werden.

8.12.2 Die Photoshop-Filter

In Photoshop stehen über das Menü Filter zahlreiche Filter bereit, welche direkt mit Photoshop ausgeliefert werden. Außerdem nutzen andere Hersteller die Möglichkeit von Photoshop, modular neue Filter hinzuzunehmen.

Die Filter werden über den gleichnamigen Menüpunkt Filter ausgewählt, welcher auch eine sehr praktische Filtergalerie zugänglich macht (Abbildung 8.42).

Photoshop ordnet die eigenen Filter in Gruppen wie Malfilter, Scharfzeichenfilter und Kunstfilter an. Zu fast allen Filtern sind jeweils spezifische Parameter zu wählen, deren Wirkung in der Filtergalerie durch die Vorschau beurteilt werden kann.

Filter von Fremdherstellern wie die nik-Filter (vgl. 8.12.4) oder die Digimarc-Aktionen für digitale Wasserzeichen (vgl. 10.2.3.2) werden im gleichen Menü aufgeführt.

Die meisten Filter sind nur im 8-bit-Modus anwendbar, einige sind dann sogar noch auf RGB-Farbräume beschränkt.

Abbildung 8.42:
Filtergalerie von Photoshop

8.12.2.1 Die eigentliche Filterdatei

Ein Photoshop-Filter ist für die Software zunächst nichts anderes als eine entsprechende Datei mit der Endung .8bf, ein Photoshop-Plugin. Diese Plugins können genauso auch in ImageReady (vgl. 9.2) sowie in Adobe Illustrator verwendet werden. Weitere Filter können in Photoshop einfach durch Kopieren der Filterdatei in ein geeignetes Verzeichnis, den Ordner „Zusatzmodule", und Neustart der Software integriert werden.

Zahlreiche weitere Grafikprogramme können inzwischen dieses Adobe-Format verarbeiten; so ist es etwa möglich, Photoshop-Filter unter dem beliebten Irfan-View zu verwenden.

8.12.2.2 Einige Photoshop-Filter

Die Betrachtung aller Photoshop-Filter würde hier jeden Rahmen sprengen, weshalb nur einige typische vorgestellt werden sollen:

- Filter|Weichzeichnungsfilter|Gaußscher Weichzeichner ist der klassische, eine Unschärfe bedingende Weichzeichner.

- Filter|Weichzeichnungsfilter|Radialer Weichzeichner ist ein Filter, das je nach Parametrisierung kreisförmig oder strahlenförmig eine Drehung der Kamera oder die Verstellung eines Zoomobjektivs während der Aufnahme nachempfindet.
- Filter|Rendering-Filter|Blendenflecke simuliert Geistbilder des Objektivs, wie sie für Systeme mit großer Linsenzahl oder schlechter Vergütung bei Gegenlichtsituationen vorkommen (vgl. 2.4.7). Dabei kann die Position des Lichtpunktes und die Brennweite des Objektivs gewählt werden.
- Filter|Verzerrungsfilter eröffnet eine große Zahl unterschiedlicher Effekte, etwa die Fotografie durch eine dicke, strukturierte Glasplatte.
- Filter|Stilisierungsfilter|Solarisation simuliert eine analoge Fototechnik, die bei der Umkehr eines Negativs in ein Positiv durch Lichteinwirkung während des Entwicklungsprozesses auftritt. Man kann die Solarisation, die nach ihrem Entdecker Armand Sabattier auch als Sabattier-Effekt bezeichnet wird, bei TFT-Bildschirmen an dunklen Flächen erkennen, wenn diese schräg betrachtet werden. Die Solarisation wurde um 1890 von Sabattier entdeckt und von vielen Fotografen, etwa Man Ray, angewendet.

Abbildung 8.43:
Filter in Photoshop: Radiale Weichzeichnung kreisförmig und strahlenförmig, Gauß'scher Weichzeichner, Blendenflecke und Sabattier-Effekt (Solarisation)

8.12.3 Die GIMP-Filter

In Abschnitt 5.3 war zu sehen, dass GIMP und Photoshop zahlreiche Parallelen aufweisen. Das gilt auch für die Filter, allerdings beinhaltet GIMP in der Standardversion fast doppelt so viele Filter wie Photoshop.

Wie in Photoshop sind die Filter in Gruppen sortiert, und es können bei der Auswahl eines Filters entsprechende Parameter gewählt werden.

Ebenso wie Photoshop ist GIMP einfach erweiterbar, und im Open-Source-Bereich sind viele und sehr interessante Filter für GIMP frei verfügbar. Hierin liegt ein wesentlicher Anwendungsschwerpunkt von GIMP. Photoshop-Filter können nur in Ausnahmfällen auch in GIMP verwendet werden (nur Filter vom Typ FilterFactory).

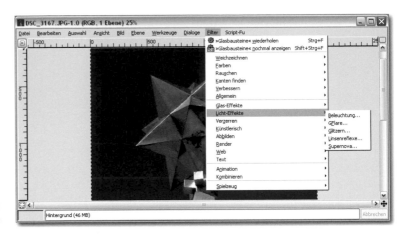

Abbildung 8.44:
Filtermenü in GIMP

8.12.4 Die nik-Filter

Der Hersteller *nik multimedia* wurde bekannt durch eine umfassende und gute Sammlung von Filtern, welche etwa in Photoshop, aber auch in zahlreiche andere Bildbearbeitungsprogramme integriert werden können.

nik bietet seine Filter in verschiedenen Suiten an, die bekannteste ist die „Color Efex Pro!"-Suite, welche sich nochmals in einzelne Pakete wie „Classic Set" oder „Design Set" untergliedert. In 7.3.9 wurde bereits der Schwarzweißkonverter aus der Color Efex Pro!-Suite vorgestellt, in 8.5.3 wurde ein anderes nik-Werkzeug erwähnt.

Innerhalb von Photoshop sind die nik-Filter über den gewohnten Menüpunkt Filter zugänglich. Jedes Filter verfügt wie üblich über einen eigenen Dialog mit den entsprechenden Filterparametern (Abbildung 8.45).

Abbildung 8.45:
Dialog typischer nik-Filter

nik-Filter sind in Photoshop im 8-bit-Modus anwendbar; die neueste Version von Nikon Capture erlaubt auch, nik-Filter mit einer höheren Farbauflösung zu nutzen.

8.12.4.1 Das Classic Set

Das *Classic Set* umfasst klassische fotografische Filter wie das Skylight-Filter zur Entfernung des Blaustichs, ein Sunshine-Filter für eine wärmere Bildatmosphäre und etwa Filter zur Steuerung der Gradation und zum gezielten Nachempfinden alter Fotografien.

8.12.4.2 Das Photo Design Set

Im nik *Photo Design Set* sind weitere wichtige Filter enthalten. Die Schwarzweißkonvertierung (siehe 7.3.9), ein Polarisationsfilter (allerdings ist es physikalisch nicht möglich, die Wirkung eines echten Polarisationsfilters exakt zu simulieren, da die notwendige Ausgangsinformation im digitalen Bild nicht mehr vorhanden ist) und Filter zum Nachempfinden besonderer Aufnahmesituationen bzw. Lichtsituationen sind Beispiele hierfür.

8.12.4.3 Das Photo Artistic Set und das Photo Abstract Set

Das *Photo Artistic Set* enthält weitere Filter wie das klassische beliebte Sepia-Filter; im *Photo Abstract Set* sind mehr künstlerische Filter wie ein typisches „Pop-Art-Filter" zusammengefasst.

8.12.5 Die 55-Filtersuite

Die *55-Filtersuite* des Herstellers Digitalfilmtools ist ein weiteres Beispiel für eine Sammlung kommerzieller Filter für Photoshop und andere Bildbearbeitungsprogramme. Sie hat ihren Namen vom klassischen, weit verbreiteten Filtergewinde mit 55 mm Durchmesser, und sie beinhaltet auch Filter, die die Wirkung klassischer Filter nachempfindet.

Zu dieser Filtersuite gehören etwa Weichzeichner, ein Polarisationsfilter sowie Filter zur Kontrast- und Temperatursteuerung.

Zwei besondere Filter sollen hier noch hervorgehoben werden:

- Ein Infrarotfilter simuliert die Wirkung eines klassischen Infrarotfilms, also eines Films, der gegenüber einem normalen Film sehr stark erhöhte Empfindlichkeit für Wellenlängen über 700 nm aufweist, wodurch sich besondere Effekte erzielen lassen.

  Wie im Falle der Polarisationsfilter kann hier aber nur die tatsächliche Wirkung nachempfunden werden, da das digitale Bild die notwendige Information nicht enthält.

- Ein Filter (Bezeichnung des Herstellers: „Ozone"), welches ein „digitales Zonensystem" nach dem Grundprinzip von Ansel Adams implementiert (siehe 3.5). Das Ausgangsbild wird dafür in 11 Einzelbilder für jede der Helligkeitszonen unterteilt, die dann gezielt einzeln bearbeitet werden können, wodurch sich eine sehr differenzierte Bildbearbeitungsmöglichkeit ergibt.

8.13 Archivierung des Digitalbildes

Mit einem Datenvolumen im Bereich von 500 kB (jpeg) und 10 MB (raw) je digitaler Aufnahme fallen mit der Zeit recht beachtliche Datenmengen an. Außerdem stellt sich das Problem, wie diese Datenmenge geschickt zu durchsuchen ist. Hierfür steht ein größeres Angebot an *Bildarchivierungssoftware* zur Verfügung. Einige dieser Produkte sollen hier kurz vorgestellt werden.

Häufig wird allerdings die anfallende Datenmenge für die Erfassung in einem übersichtlichen System zu groß werden, so dass nur eine Archivierung auf optischen Speichermedien CD/DVD sinnvoll erscheint.

8.13.1 Bildarchivierungssoftware

Die *Bildarchivierungssoftware* ermöglicht – mit jeweils geringfügigen Abweichungen – die Bewältigung mehrerer Aufgaben:

- Übernahme von Bildern oder ganzen Ordnern in das System, mit Erfassung der Aufnahme nach einfachen Kriterien (Bildname, Exif-Daten, IPTC-Daten etc.). Dabei wird je nach System oder Konfiguration in das System entweder die komplette Datei übernommen, wodurch aber rasch unhandbare Dateigrößen entstehen, oder es verbleiben die eigentlichen Bilddaten auf einem anderen Medium – meist einer optischen Platte wie CD oder DVD – und nur ausgewählte Metadaten werden aufgenommen.
- Suchfunktion: Aufgrund der angesammelten Daten kann nach verschiedenen Kriterien, etwa nach speziellen Exif-Daten, nach IPTC-Informationen oder nach Aufnahmen von einem bestimmten Datum, gesucht werden.
- Elementare Bildbearbeitung: Viele dieser Programme beinhalten eine einfach(st)e Bildbearbeitung, etwa zur Entfernung von „roten Augen".
- Erstellung einer Präsentation etwa in Form einer Diashow oder im pdf-Format.
- Erstellung von Webgalerien (vgl. 9.3).

Einige Systeme verwenden externe Datenbanken zur Datenhaltung, andere ein eigenes, integriertes Datenbankmanagementsystem oder alternative Verfahren.

Wichtig ist die bereits erwähnte Möglichkeit, nicht die eigentlichen Bilddaten zu übernehmen, sondern diese auf dem externen Medium zu belassen und nur mit ausgewählten Metadaten sowie einem stark verkleinerten Vorschaubild zu arbeiten; ansonsten wird schnell die Kapazität jeder Festplatte erreicht.

Die wenigsten dieser Programme sind momentan in der Lage, raw-Daten zu lesen. Einige können aber die häufig in raw-Dateien enthaltenen Vorschaubilder anzeigen.

8.13.2 Beispiele für Bildarchivierungssoftware

Im Folgenden werden kurz einige charakteristische Beispiele für Bildarchivierungssoftware vorgestellt; darüber hinaus gibt es eine große Zahl vergleichbarer Software, darunter auch viele frei verfügbare Programme. Weitere Beispiele sind etwa Picasa, welches über die Suchmaschine Google frei vertrieben wird, und Acdsee. Viele Kamerahersteller liefern ihre Produkte mit einer einfachen Bildbearbeitungssoftware aus, welche immer mehr Funktionalität von Bildarchivsoftware enthält; PictureProject von Nikon ist hier ein Beispiel. Mehr zu diesem Thema ist etwa in [Häß04a] zu finden.

8.13.2.1 Photoshop Album

Adobe bietet für die Archivierung *Photoshop Album* an, welches häufig direkt im Bundle mit Photoshop Elements vertrieben wird. Das Programm bietet alle grundlegenden Funktionen einschließlich einfachster Bildbearbeitung (Drehen, Beschneiden, rote Augen und einiges mehr), es kann Exif-Daten verarbeiten und ist intuitiv zu bedienen. Aktuell ist die Version 2.0 der Software, einige der Funktionen von Album sind in Photoshop Elements ab der Version 3.0 ebenfalls enthalten.

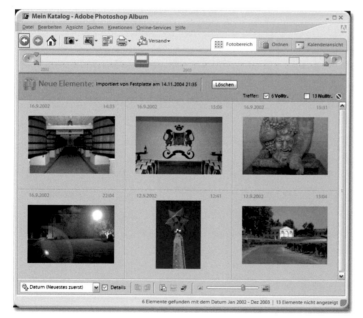

Abbildung 8.46:
Photoshop Album

Photoshop Album erlaubt etwa die Suche nach Schlüsselwörtern und Datum.

8.13.2.2 ThumbsPlus

ThumbsPlus ist ein Produkt der Firma Cerious. Es ist das in vielen Punkten leistungsfähigste Programm in diesem Bereich. ThumbsPlus ist u.a. in der Lage, viele raw-Formate zu lesen und bietet recht umfangreiche Bearbeitungsmöglichkeiten. Leistungsfähige Suchfunktionen sind ebenfalls integriert.

8.13.2.3 Java Picture Organizer

Der *Java Picture Organizer* (JPO) ᵂᵉᵇ ist im Gegensatz zu den zuvor vorgestellten ein Open-Source-Projekt. Er ist gegenüber den großen kommerziellen Produkten in einigen Bereichen eingeschränkt, verfolgt dafür aber häufig sehr moderne und zukunftssichere Ansätze, etwa die Verwendung von XML zur Datenhaltung.

Abbildung 8.47:
Java Picture Organizer

Durch die Verwendung von Java ist JPO auf fast allen Betriebssystemen einsetzbar, auch auf Linux.

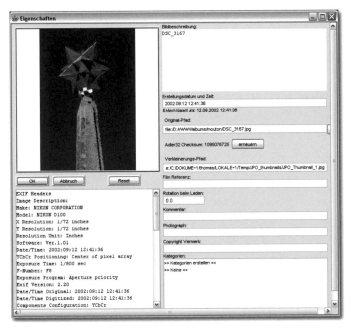

Abbildung 8.48:
Anzeige der Metadaten (Exif) in
JPO

8.14 Langzeitarchivierung

In Kapitel 1 haben wir gesehen, dass heute noch Negative verarbeitet werden können, welche ein Alter von 150 Jahren haben. Wie wird dies in der digitalen Welt sein (siehe etwa auch [Mas04b, S. 177 ff.])? Die *Langzeitarchivierung* stellt im Digitalen dazu zwei Fragen:

- Wie lange wird es die heute gebräuchlichen Speichermedien, insbesondere CD (in allen Abwandlungen) und DVD, geben, bzw. wie lange werden die Abspielgeräte dafür gebräuchlich sein?
- Wie lange wird das Medium an sich physikalisch stabil sein?

8.14.1 Lebensdauer der Technologie

Zur ersten Frage kann es keine konkrete Antwort geben, man muss einfach die Entwicklung verfolgen und gegebenenfalls seine Daten rechtzeitig auf ein neues Medium umkopieren. Neben den eigentlichen Bilddaten sind auch die für deren Bearbeitung notwendigen Programme zu archivieren, damit stets ein erneutes Verarbeiten gewährleistet ist.

Die Langzeitarchivierung bedeutet eine rechtzeitige Migration der vorhandenen Daten auf ein aktuelles Medium. Dabei sind nicht nur die Daten selbst, sondern auch die zu deren Verarbeitung notwendigen Interpretationsprogramme zu erhalten.

8.14.2 Haltbarkeit des Mediums

Zur zweiten Frage gibt es inzwischen einige Untersuchungen, die allerdings recht unterschiedliche Ergebnisse zeigen. Theoretisch soll eine CD-R nach dem Brennvorgang eine Haltbarkeit von rund 75 Jahren haben. Allerdings sorgen die chemische Zusammensetzung ihrer Oberfläche und der Brennvorgang selbst, bei welchem Temperaturen von über $200\,^\circ$ entstehen, für schwer voraussagbare Veränderungen der CD-R, welche zu einer sehr deutlichen Reduzierung der Lebensdauer führen können.

Allgemein sind aus der Sicht der Langzeitarchivierung hochwertige CD-R-Rohlinge zu empfehlen. Einige Anbieter liefern sehr hochwertige, häufig goldbeschichtete CD-Rs mit einer garantierten Nutzungsdauer von bis zu 100 Jahren.

Allgemein scheint die Haltbarkeit von CD-RW-Medien deutlich geringer als von CD-Rs zu sein. Von DVD-Medien ist momentan wenig zur Dauer der stabilen Beschaffenheit bekannt.

Ein anderer Ausweg ist das regelmäßige Umkopieren auf ein neues, frisches Medium, welches freilich mit Kosten und Zeitaufwand verbunden ist.

8.14.2.1 Die DVD-RAM

Eine interessante Sonderstellung nimmt in diesem Zusammenhang der Standard der DVD-RAM ein. Dieser, 1998 eingeführt, ist älter als DVR–RW und DVD+RW, aber momentan nicht so stark verbreitet. Es gibt die Versionen DVD-RAM 1 mit einer Speicherkapazität von 2,58 GB je Seite und DVD-RAM 2 mit 4,7 GB je Seite.

DVD-RAM verwendet eine Sektorierung, welche zu einer höheren Lesegenauigkeit und zu einer höheren Datensicherheit führt. Im Gegensatz zu DVD–RW und DVD+RW ist DVD-RAM sehr viel häufiger wiederbeschreibbar (bis zu 100.000 Mal). Der wichtigste Unterschied ist aber die Verwendung des bewährten Defektmanagements einer Festplatte. Moderne Betriebssysteme können eine DVD-RAM genau wie eine externe Festplatte ansprechen, also ohne eine Brennsoftware direkt damit arbeiten. Da ferner die Haltbarkeit einer DVD-RAM mit mindestens 30 Jahren eingestuft wird, liegt hier ein flexibler und sinnvoller Standard für die Archivierung von Bilddaten vor.

8.14.2.2 Filesysteme auf optischen Datenträgern

Für ein sinnvolles Archivieren auf optischen Datenträgern ist ein ausreichend flexibles Filesystem wichtig. Während die CD hier ursprünglich mit ISO 9660 starke Einschränkungen (zulässige Dateinamen, beschränkte Tiefe des Verzeichnisbaumes) macht, die allerdings mit DCF (vgl. 4.4.1.2) weitgehend kompatibel sind, bieten alle DVD-Formate mit dem Universal Disc Format (UDF) deutlich mehr Möglichkeiten. UDF ist inzwischen als ISO-Norm 13346 standardisiert.

Let's go web

In diesem Kapitel werden spezielle Aspekte der modernen Fotografie für das Ziel *World Wide Web* oder kurz für „das Web" betrachtet.

Prinzipiell sind für die Zielplattform Web zwei unterschiedliche Anwendungsbereiche für den Einsatz der digitalen Fotografie wichtig:

- Die Bereicherung einer Website durch Hinzunahme entsprechend aufbereiteter Digitalaufnahmen.
  Hierauf wird in 9.1 eingegangen.
- Die Bereitstellung von Bildern im Web, die dort betrachtet und in deutlich höherer Qualität heruntergeladen werden können: die Webgalerie.
  Einige verbreitete Lösungen hierfür sind in 9.3 zu finden.

An dieser Stelle sind natürlich die Fragen zum Urheberschutz von Bildern, die im Internet verwendet werden, von besonderer Bedeutung. Darauf wird in Kapitel 10 eingegangen.

9.1 Bilddateien für das Web: Auflösung, Farben und Dateiformate

Vorab eine zentrale Bemerkung: Das Web ist, was die technische Bildqualität angeht, denkbar schlecht. Dafür gibt es mehrere Gründe, die in den folgenden Abschnitten deutlich werden.

Die Konsequenz hieraus ist, dass mit zwei Versionen eines Bildes gearbeitet werden muss: mit der hochwertigen Ausgangsversion in hoher Auflösung und einem speziellen Farbraum und einer für das Web optimierten, also effektiv verschlechterten Version.

Die Kriterien an eine entsprechende Webvariante werden im Folgenden erläutert.

9.1.1 Das Bild auf der Website

Das *Einbinden von Bilddateien* in eine Website geschieht in HTML mittels des Image-Tags. Diese zentrale Anweisung hat folgende Grundsyntax:

```
<IMG src="bild.jpg" alt="Beispielbild">
```

Durch diese Anweisung wird die Bilddatei `bild.jpg`, welche im gleichen Verzeichnis wie die eigentliche HTML-Datei abgespeichert sein muss, in ihrer Originalgröße in die Seite eingebunden.

Natürlich hat diese HTML-Anweisung zahlreiche wichtige Attribute, welche die Anzeige der Bilddatei grundlegend steuern können. Das angegebene Beispiel verwendet schon zwei dieser Attribute, `src` und `alt`. Insgesamt stehen die Attribute aus Tabelle 9.1 zur Verfügung. Nur die Attribute `src` und `alt` sind dabei zwingend, alle anderen sind optional.

Attribut	mögliche Werte	Beschreibung
align	top, middle, bottom, left, center	Ausrichtung der Grafik
alt		Alternativtext, wenn Bilddatei nicht angezeigt werden kann
border	Dicke in Pixel oder Prozent	Rahmen um das Bild
height	Höhe in Pixel oder Prozent	Höhe des Bildes
hspace	Abstand in Pixel oder Prozent	horizontaler Abstand zwischen Bild und umgebendem Text
ismap		serverseitiges Handling für bildbereichsensitive Links
longdesc		verlinkte Langbeschreibung des Bildes
name		Name des Bildes
src		Dateiname
usemap		Verlinkung auf ein zugeordnetes map-Element
vspace	Abstand in Pixel oder Prozent	vertikaler Abstand zwischen Bild und umgebendem Text
width	Breite in Pixel oder Prozent	Breite des Bildes

Tabelle 9.1:
Attribute zum <IMG>-Tag

Häufig zur Anwendung kommen die Attribute zur Vorgabe der Höhe und der Breite. Dabei ist die Skalierung des Bildes zu beachten: Wird nur ein Attribut, also entweder Höhe oder Breite, vorgegeben, so wird das ganze Bild proportional verändert, es bleibt also das Seitenverhältnis unverändert. Werden beide Attribute gesetzt, kann es zu einer beliebigen Veränderung dieses Verhältnisses kommen.

Moderne Webeditoren wie Adobes GoLive CS oder Macromedias Dreamweaver MX stellen praktische Dialoge zum Bearbeiten der Attribute des <IMG>-Tags bereit (Abbildungen 9.1 und 9.2).

Abbildung 9.1:
Bearbeiten der Attribute des
<IMG>-Tags mit Adobes GoLive

Abbildung 9.2:
Bearbeiten der Attribute des
<IMG>-Tags mit Macromedias
Dreamweaver MX

9.1.2 Auflösung im Web

Die Frage der *Auflösung,* die eine Bilddatei für die Präsentation im Web haben sollte, ist recht einfach zu beantworten: Es genügt die Anzahl von Bildpunkten, die vom Browser angezeigt werden.

Für die Entwicklung einer guten Website ist von Anfang an die angestrebte Monitorauflösung von wesentlicher Bedeutung. Heute werden Seiten für eine Auflösung von 800×600 oder 1.024×768 Bildpunkten entwickelt (wer eine höhere Auflösung verwendet, wird kaum seinen Browser in einem Vollbildmodus betreiben). Geht man somit von einer maximalen Anzahl von 1.024 horizontalen Pixeln aus und verwendet ein Bild, welches ein Drittel des Monitors füllen soll, so ist eine Bildbreite von 300 Pixeln ausreichend – also in praktisch allen Fällen eine deutliche Verkleinerung des Bildes (siehe 5.1.5.1).

Mehr hierzu ist in 4.6 und [Wal04] zu finden.

9.1.3 Farben im Web: Indizierte Farben

Webanwendungen verwenden häufig keinen echten RGB-Farbraum, sondern beschränken sich auf *indizierte Farben*. Hierbei wird ein Index, eine Referenztabelle von 256 Farben, verwendet, auf welche die Bilddarstellung – und Übermittlung im Internet – reduziert wird.

Bei diesem Verfahren sind zwei prinzipiell unterschiedliche Vorgehensweisen möglich: die Verwendung einer unabhängigen, möglichst großen, also einen großen Farbbereich abdeckenden Farbtabelle oder die Erstellung einer individuellen Tabelle für das Ausgangsbild, so dass möglichst viele der Ausgangsfarben wiedergegeben werden. Das erste Vorgehen führt zu einer standardisierten Farbtabelle mit 216 Farben, siehe Abbildung 9.3.

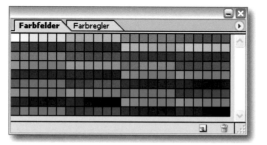

Abbildung 9.3:
Die 216 Webfarben

Diese 216 von Netscape eingeführten websicheren Farben sind genau diejenigen, welche auf den Betriebssystemen Windows und Mac OS gleich sind, weshalb sie für die Gestaltung von Websites besonders wichtig sind.

Eine besondere Untermenge dieser websicheren Farben bildet die VGA-Farbpalette, deren Farben innerhalb von HTML über ihren Namen angesprochen werden können. Diese Farben sind einheitlich für alle VGA-Grafikkarten und -Bildschirme.

Tabelle 9.2:
VGA-Farben

Farbname	Farbwert	Farbname	Farbwert
black	#000000	gray	#808080
maroon	#800000	red	#FF0000
green	#008000	lime	#00FF00
olive	#808000	yellow	#FFFF00
navy	#000080	blue	#0000FF
purple	#800080	fuchsia	#FF00FF
teal	#008080	aqua	#00FFFF
silver	#C0C0C0	white	#FFFFFF

Netscape hat 120 weitere Farben über Namen definiert, die die 216 websicheren Farben ergänzen und von den meisten Browsern über ihren Namen korrekt interpretiert werden. Abschnitt 6.4 zeigt den Umgang mit websicheren Farben in Photoshop.

9.1.3.1 Die hexadezimale Farbdarstellung

Für den Einsatz im Internet ist eine *hexadezimale Farbcodierung* sehr gebräuchlich; viele HTML-Attribute verwenden diese Farbdarstellung. Das Vorgehen hierbei ist einfach: Ausgehend von den drei RGB-Werten wird jeder einzelne Farbwert auf einer Skala von 0 bis 255 codiert, also mit einer Auflösung von einem Byte oder acht bit – oder genau zwei Hexziffern. Somit wird der Farbwert durch $2 \times 3 = 8$ Hexziffern dargestellt. Die Nomenklatur sieht vor, dass diese Werte mit einem führenden # dargestellt werden.

So entspricht etwa #000000 reinem Schwarz, #FF0000 ist Rot, #00FF00 Grün und #0000FF Blau.

Es gibt zahlreiche gute Werkzeuge, um den Hexwert einer Farbe einfach zu bestimmen, etwa der Farbwähler von Photoshop (siehe Abbildung 6.14).

9.1.3.2 Dithering

Das *Dithering* ist ein gängiges Verfahren zur Verbesserung der Bildqualität von indizierten Farben. Es ermöglicht das Mischen der verbleibenden indizierten Farben, wodurch harte Übergänge vermieden werden und die Bildqualität deutlich gesteigert werden kann; Farbverläufe, wie sie mit höherer Farbauflösung möglich sind, können so in Punktmuster mit indizierten Farben aus einer Farbpalette aufgelöst werden.

Zur Implementierung des Ditherings gibt es verschiedene algorithmische Lösungen. Die bekannteste davon ist der Floyd-Steinberg-Algorithmus, der in vielen Grafikprogrammen verwendet wird.

Abbildung 9.4:
Beispiel für Dithering: Ausgangsbild (links), Version mit websicheren indizierten Farben (Mitte) und Version mit Dithering (rechts)

9.1.4 Colormanagement im Web

Das wichtige Thema Colormanagement (vgl. 6.5) ist im Bezug auf das Web einfach zu behandeln: Es gibt praktisch keins.

Auf dem Windows-Betriebssystem ist der Internet Explorer ab der Version 4 in der Lage, über ein Attribut zum <IMG>-Tag (vgl. 9.1.1) ein spezielles Colorprofil in Form einer icm-Datei zu verwenden. Dies geschieht mit folgender Syntax:

```
<IMG
    style="filter: ColorInfo(ColorSpace=sRGB,
            Intent=0)"
    src="bild.jpg" alt="Beispielbild">
```

Dabei ist `style` kein offizielles HTML-Attribut nach dem Standard des W3C, sondern eine proprietäre Erweiterung. Es erlaubt die Verwendung eines Farbprofils sowie eines Parameters `Intent` für das Ziel des jeweiligen Elements (mögliche Werte: 0 für Fotografien, 1 für Grafiken und 2 für eine Wiedergabe mit hoher Farbsättigung, etwa für Infografiken). Ein möglicherweise in die Bilddatei integriertes Colorprofil wird jedoch keinesfalls ausgewertet. Diese Syntax ist nicht auf dem Betriebssystem Mac OS oder in Verbindung mit einem anderen Browser einsetzbar, weshalb sie bis heute keine signifikante Relevanz erreicht hat.

Einfacher ist die Verwendung des Colormanagements auf Browsern, die auf dem aktuellen Mac OS betrieben werden und damit in ColorSync integriert sind. Sowohl der Apple-Browser Safari als auch der Internet Explorer werten auf dem Mac das integrierte Colorprofil aus, wenn die richtigen Einstellungen gemacht werden (etwa Aktivierung der Option ColorSync bei den Optionen des Internet Explorers).

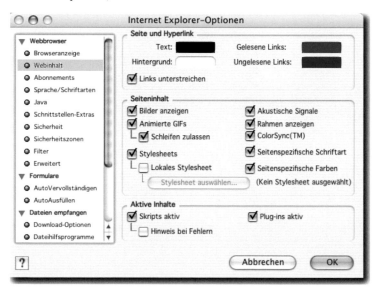

Abbildung 9.5:
Auswahl für Colormanagement im Internet Explorer auf Mac OS X (ColorSync)

Der einzig sinnvolle Arbeitsfarbraum für das Web ist sRGB, da damit ein Minimalkonsens für die meisten Clients definiert wird.

9.1.5 Dateiformate für das Web

Im Web sind heute drei *Dateiformate* gebräuchlich, die bereits in 4.4 vorgestellt wurden:

- gif: Das Graphics Interchange Format verwendet indizierte Farben mit Dithering. Eine Besonderheit sind animierte Bilder, die mit gif möglich sind und im Web gerne eingesetzt werden. Transparenz ist ebenfalls mit gif möglich. gif verwendet eine verlustbehaftete Komprimierung (LZM, vgl. 4.4.3).

- png: Portable Network Graphics ist eine Weiterentwicklung von gif und bietet mehr Farben (PNG-8 mit 8 bit Farbtiefe, PNG-24 mit 24 bit Farbtiefe). Für die Transparenz steht ein Alpha-Kanal bei PNG-24 zur Verfügung. Farbbilder im Format PNG-8 verlieren wie bei gif Farbinformation, wobei wieder durch Dithering eine Verbesserung des Ergebnisses erzielt werden kann.

- jpeg: Das Format der Joint Photographics Experts Group ist ein im Internet sehr verbreitetes Format. Es bietet eine Farbtiefe von 24 bit und verlustbehaftete starke Komprimierung (vgl. 4.4.4), aber keine Transparenz.

Bilder, die eigens für das Ziel der Veröffentlichung im Web abgespeichert werden, sollten nicht nur bezüglich der Auflösung und der Komprimierung optimiert werden, sondern können durch weitere Maßnahmen verschlankt werden.

Da meistens das Colorprofil nicht ausgewertet wird, kann dieses entfallen (vgl. 9.1.4), braucht also nicht in die Bilddatei integriert zu werden. Allerdings sieht die neueste Version des Standards für Bilddateien, Exif 2.21, vor, nicht das ganze Farbprofil zu integrieren, sondern nur auf das jeweilige Profil zu verweisen, wodurch kleine Bilddateien mit Colormanagement resultieren (vgl. 4.4.1.1). Durch die Aktion Für Web speichern von ImageReady kann das ICC-Profil entfernt werden; der entsprechende Dialog nach Abbildung 9.6 bietet dazu eine Auswahl an.

Möglicherweise im Exif-File enthaltene Thumbnails sind für den Einsatz im Internet unnötig und können ebenfalls zur Reduzierung der Dateigröße entfernt werden.

9.1.6 Panoramen im Web

Panoramen kommt in der modernen Fotografie ein besonderes Interesse zu (vgl. 8.8.1), insbesondere im Zusammenhang mit dem Web. Hier gibt es verschiedene Möglichkeiten der Darstellung von Panoramen, etwa mittels VRML, welche in 8.8.1.4 dargestellt sind.

9.2 Adobe ImageReady

Photoshop wird stets gemeinsam mit einem weiteren Adobe-Produkt ausgeliefert: *ImageReady*. Dessen Ziel ist nicht mehr die umfassende Bildbearbeitung,

sondern konkret die Vorbereitung der Veröffentlichung eines Bildes im Web.
Hierfür bietet ImageReady zahlreiche spezielle Funktionen an, etwa die Auf-
teilung eines Bildes in Slices.

In ImageReady ist eine zentrale Funktion zum Abspeichern einer Bilddatei für
die Veröffentlichung im Web integriert, die auch direkt aus Photoshop über
das Menü Datei|Für Web speichern erreichbar ist. In diesem umfassenden Dia-
log (Abbildung 9.6) können bis zu vier Ansichten einer Datei in verschiedenen, webgerechten Komprimierungen verglichen werden. Zusätzlich wird die
jeweils resultierende Dateigröße sowie die sich daraus errechnende Ladezeit
angegeben.

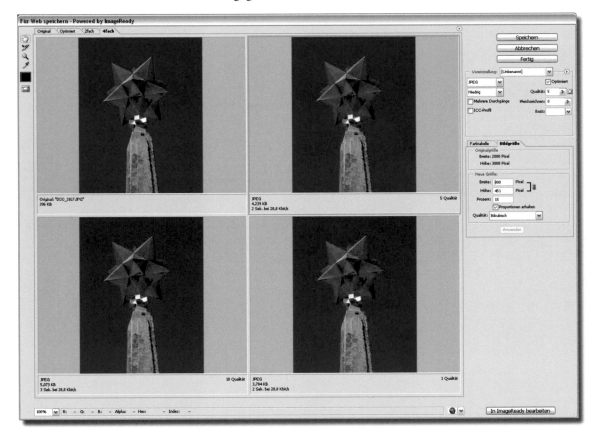

Abbildung 9.6:
Der Dialog „Für Web speichern"
von ImageReady

In diesem Dialog kann auch direkt die Bildgröße verändert werden, ebenso
kann der Umfang der in das Bild integrierten Metadaten (vgl. 9.1.5), insbesondere die Integration des ICC-Profils, einfach gesteuert werden.

ImageReady stellt eine Vielzahl interessanter und wichtiger Funktionen bereit.
Mehr ist etwa in [Wil03] und [Kra03] zu finden.

9.3 Das Fotoalbum im Web

Im Web gibt es zahlreiche Möglichkeiten, *virtuelle Fotoalben* anzubieten. Häufig werden dafür PHP-basierte Frameworks eingesetzt, also eine serverseitige Programmierung mit der Programmiersprache PHP.

Während bisher Fragestellungen diskutiert wurden, welche eine Bearbeitung auf einem Client erforderten, also in den allermeisten Fällen auf Windows und Mac OS ausgerichtet waren, kommt nun beim Anbieten von Webdiensten meistens ein Unix-Derivat zum Einsatz, heute sehr häufig Linux. Allerdings ist die unter 9.3.3 vorgestellte Lösung prinzipiell auch unter Windows einsetzbar. Mac OS X basiert im Kern ebenfalls auf Unix, weshalb es hier nicht von Unix unterschieden werden muss.

9.3.1 Funktionalität von Webgalerien

Webgalerien haben folgenden charakteristischen Funktionsumfang:

- Es gibt einen Galeriebetreiber, der diesen Webdienst anbietet, und Galeriebesitzer, die den Dienst nutzen und ihre Bilder damit publizieren. Unterschiedlich ist der Weg, ein Galeriebesitzer zu werden: Entweder man kann sich selbst, ggf. verbunden mit gewissen Kosten, registrieren, oder man muss vom Galeriebetreiber angelegt werden.
- Der Galeriebesitzer kann seine Bilder über das Internet in die Galerie einstellen, also auf den Webserver laden.
- Es ist einfach möglich, das Aussehen einer Galerie zu gestalten. Hierfür werden mehr oder weniger komplexe Style Sheets verwendet.
- Die Galerie bietet die eingestellten Bilder in verschiedenen Auflösungen an, wobei die Umskalierung auf dem Webserver beim Überspielen der Bilder erfolgt.
- Die Galerie gibt Metainformationen zu den Bildern an, typischerweise die Exif-Daten (vgl. 4.4.1.1) sowie Bemerkungen des Galeriebesitzers.
- Eine Benutzerverwaltung erlaubt es dem Galeriebesitzer, seine Galerien nur ausgewählten Besuchern zugänglich zu machen.
- Das Publikum kann beim Besuch Bemerkungen zu einzelnen Bildern abgeben oder auch Bilder benoten.

9.3.2 Warum PHP?

Wie bereits erwähnt, sind viele dieser Webgalerien in der Programmiersprache PHP realisiert (Alternativen sind etwa Java Servlets oder eine CGI-Programmierung mit Perl); warum?

Die Programmiersprache PHP wurde 1994 von Rasmus Lerdorf mit dem Ziel entworfen, eine einfache Möglichkeit für die Erstellung dynamischer Webseiten anzubieten. Seither erfreut sich PHP einer stark wachsenden und ungebrochenen Begeisterung bei Webentwicklern. Aufgrund der Lizenzprobleme für das gif-Format (vgl. 4.4.3) ist die Unterstützung für dieses Format zugunsten von png aufgegeben worden, die aktuelle Version enthält aber wieder die gif-Unterstützung, da die Rechte an LZW inzwischen ausgelaufen sind.

Eine weitere, hier wichtige Stärke von PHP ist die einfache Möglichkeit, Dateien – wie Bilddateien – aus dem Client auf den Webserver „hochzuladen". Hierzu wird nicht die eher selten eingesetzte HTTP-Methode PUT verwendet, sondern eine (in der Norm RFC 1867 definierte) Erweiterung der POST-Methode. Hierbei wird ein spezielles Attribut eines HTML-Formulars zur Auswahl der Datei verwendet, wodurch letztlich eine Ziel-URL zum Server übertragen wird, unter welcher das Bild abgelegt wird. PHP kann dabei so konfiguriert werden, dass eine Schranke für die maximale Dateigröße den Server vor zu großen Datenmengen schützt.

PHP bietet auch direkt die Möglichkeit, Metadaten nach dem Exif-Standard (vgl. 4.4.1.1) mittels der Methode exif_read_data auszulesen.

Eine weitere Stärke von PHP liegt in der häufig integrierten GD-Bibliothek von Thomas Boutell; diese stellt sehr zahlreiche Funktionen zur serverseitigen Bildbearbeitung zur Verfügung.

Einige typische Funktionen, die GD bereitstellt, sind etwa:

- imagecreate: Erzeugt ein Bild;
- imagejpg, imagepng und imagegif: Sendet ein Bild im jpeg-, png- oder gif-Format an den Client;
- getimagesize: Bestimmung der Bildgröße;
- imagesetpixel: Setzen eines Pixels.

Damit können einfach Bilder serverseitig erzeugt werden, etwa für einen grafischen Seitenzähler.

Ähnliche Funktionen wie mit GD lassen sich auch mit ImageMagick erzielen, welches auch direkt auf der Kommandozeile anwendbar ist. ImageMagick beinhaltet beispielsweise leistungsstarke und schnelle Algorithmen zum Ändern der Bildgröße, weshalb es bei Webgalerien sehr beliebt ist. Auch gallery (vgl. 9.3.3) verwendet ImageMagick.

Sehr viele Bildgalerien im Web sind aus diesen Gründen heute mit PHP realisiert.

9.3.3 gallery

gallery ist ein freies PHP-Framework, um eigene Fotoalben im Netz zu veröffentlichen. Die PHP-Codes sind im Web ᵂᵉᵇ frei zu beziehen.

gallery umfasst den unter 9.3.1 geschilderten Funktionsumfang und zusätzlich einige weitere Punkte wie eine integrierte Mehrsprachigkeit – auch für die Administrationsmenüs – und eine Diashow über das Web.

Abbildung 9.7:
Webgalerie mit gallery

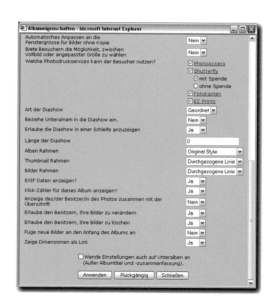

Das Gesamtpaket basiert auf einigen wichtigen Softwarepaketen der Open-Source-Gemeinde, die zuvor installiert werden müssen. Eine Installationsroutine prüft dieses aber auch ab und gibt entsprechende Hinweise.

Abbildung 9.8:
Webdialog von gallery zur
Konfiguration der Eigenschaften
einer Galerie

gallery passt ideal auf Unix-/Linux-Server, lässt sich aber durchaus auch auf Windows betreiben. Die Installation ist gut beschrieben und ein umfassendes PHP-Script hilft bei der grundlegenden Konfiguration des Systems (Abbildung 9.9).

Über die Konfiguration kann der Galeriebetreiber beispielsweise festlegen, ob sich neue Galeriebesitzer selbst registrieren können, wodurch eine offene Galerie entsteht (die Standardvorgabe verbietet dies).

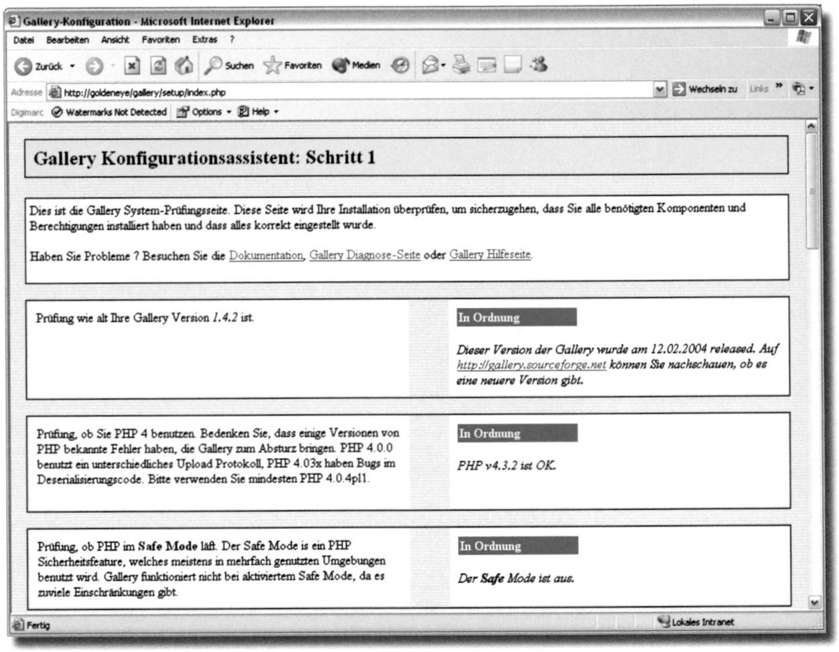

Abbildung 9.9:
Hauptkonfigurationsmenü von gallery für das Setup der Software

9.3.3.1 gallery remote

gallery remote ist eine Ergänzung zu gallery und ebenfalls ein freies Sourceforge-Projekt. Es handelt sich hierbei um einen grafischen Java-Client, welcher einen einfacheren Zugang als das entsprechende Webinterface zu gallery bietet. gallery remote muss lokal auf einem Client installiert werden, der dann auf verschiedene gallery-Instanzen zugreifen kann. Eine Java-Runtime-Umgebung auf diesem Client ist Voraussetzung für den Betrieb des Clients.

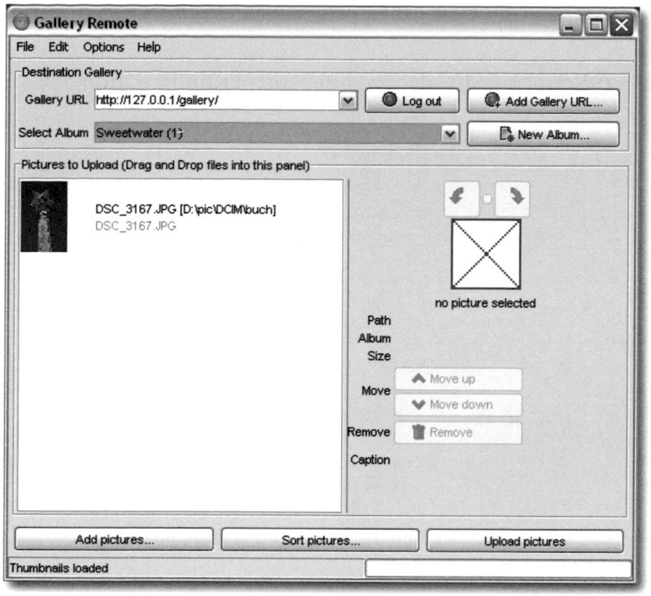

Abbildung 9.10:
Java-Client gallery remote zur
leichten Verwaltung von gallery

9.3.4 Einfach zur eigenen Galerie

Ein einfacher Weg, wenn es nur um die Präsentation der eigenen Bilder im Web
geht, führt über die durchaus nützliche Möglichkeit der automatischen Ge-
nerierung von HTML-formatierten Galerien durch Bildarchivierungssoftware.
Neben den in 8.13 vorgestellten Produkten leisten dies auch einfache, aber gute
Bildbearbeitungsprogramme wie XnView, IrfanView und Nikon View.

9.3.5 pbase

Während gallery eine ideale Codebasis ist, um selbst eine Webgalerie zu betreiben – um also zum Galeriebetreiber zu werden –, ist *pbase* eine bestehende
Galerie, die dazu einlädt, zum Galeriebesitzer zu werden, also dort seine eigene Galerie hosten zu lassen.

pbase steht exemplarisch für viele Projekte, die im Web mehr oder weniger
kostenneutral ein Bilderarchiv anbieten, allerdings ist pbase ^{web} das größte und
bekannteste dieser Angebote. Leider ist inzwischen pbase nicht mehr kostenfrei, sondern mit einer Jahresgebühr von rund 20 US-$ verbunden, wenn 200
MB Speicherplatz ausreichen.

Abbildung 9.11:
Erscheinungsbild von pbase

Im Kern bietet pbase viele Möglichkeiten ähnlich zu gallery, nur dass hier im Hintergrund eine leistungsfähige und gut betreute Serverfarm zur Verfügung steht.

pbase bietet ein paar nette und attraktive Details, etwa die stets wechselnden Galerien auf der Startseite oder eine Übersicht über die neuesten Änderungen in den Benutzergalerien. Natürlich kann auch hier das Design der Galerie angepasst und der Besucherkreis auf die eigenen Galerien eingeschränkt werden.

9.3.6 Weitere Galerien im Netz

Es sind vielerorts im Netz Galerien zu finden, bei denen man sich registrieren und so seine Bilder ausstellen kann. Einige davon werden von Herstellern betrieben, die so einen geschickten Weg der Werbung gefunden haben. Andere werden auch dazu benutzt, günstig an Bildmaterial zu kommen, welches dann durch Dritte kommerziell verwertet wird – es ist also durchaus Vorsicht geboten. Das deutsche Urheberrecht (vgl. 10.1.2) ist im Internet leider keineswegs der Standard.

Das Recht und die moderne Fotografie

Das digitale Bild hat viele Vorteile gegenüber seinem analogen Vorgänger. Einer davon ist die Möglichkeit der beliebigen und verlustfreien Vervielfältigung. Nun liegt aber hierin auch ein Nachteil: Wie ist die rechtliche Situation? Wer darf welches Bild vervielfältigen und weiterverwenden, wer darf es verändern, wie lange sind fotografische Werke geschützt? Wer darf überhaupt fotografiert werden und wie kann die Unversehrtheit einer digitalen Aufnahme überprüft werden? Auf diese Fragen wird hier eingegangen.

Literatur hierzu gibt es vielfältige, etwa [BBSZ04, S. 482 ff.] [Koc03] oder [KOR04], auch im Web ^{web} sind zahlreiche gute und aktuelle Quellen verfügbar.

Die hier geschilderte rechtliche Situation bezieht sich nur auf die Rechtslage der Bundesrepublik Deutschland. Allgemein ist zu beachten, dass sich momentan die Rechtslage, insbesondere im Bereich des Urheberrechts, aufgrund der raschen technischen Entwicklung vergleichsweise häufig ändert, die hier folgende Schilderung bezieht sich auf den Stand Herbst 2004 und wird sich bestimmt im Laufe der nächsten Jahre weiter ändern. Der Leser ist immer gebeten, als Grundlage für eigene Überlegungen sich auf den aktuellsten Stand der einschlägigen Gesetze zu beziehen.

Die getroffenen Regelungen sind im Prinzip klar – und streng. Genauso wie die moderne Datenverarbeitung nicht ohne Datenschutz auskommt, sind Bildnis- und Urheberrecht wichtige Bestandteile der modernen Fotografie, die im Bereich der Bildpublikation im Internet besondere Bedeutung erlangen.

10.1 Die Gesetzeslage

Fotografie und Recht ist ein Bereich, der von zwei zentralen Gesetzesregelungen reglementiert wird: dem Bildnisrecht und dem Urheberrecht.

- Das *Recht am eigenen Bild* ist im Kunst-Urhebergesetz (KUG) von 1907/1952 geregelt, welches auch als „Photographie-Gesetz" bezeichnet wurde.

Hier wird grundlegend geregelt, unter welchen Bedingungen Fotografien erstellt werden dürfen (siehe 10.1.1).

- Das *Urheberrechtsgesetz* (UrhG), genauer „Gesetz über Urheberrecht und verwandter Schutzrechte", bildet die Grundlage für den ideellen Schutz und die wirtschaftliche Verwertung kreativen Schaffens. Damit wird auch geregelt, wie andere die vorhandenen Leistungen mit nutzen können (vgl. 10.1.2).

Das UrhG wurde 2003 revidiert (veröffentlicht im Bundesgesetzblatt am 12.9.2003) und insbesondere auf die digitale Verwertung erweitert. Aktuell wird vom Bundesministerium der Justiz (BMJ) eine weitere Novelle des UrhG vorbereitet, welche auch Fragen wie die Zulässigkeit digitaler Privatkopien, die Neubestimmung der Schranken des Urheberrechts, die Frage der Kopien-Vergütung und unbekannte Nutzungsarten berücksichtigen soll.

10.1.1 Das Bildnisrecht

Der urheberrechtliche Gehalt des Kunst-Urhebergesetzes (KUG) ist durch das Urhebergesetz weitgehend in dieses integriert worden, es verbleiben einzig noch die Passagen des zum Persönlichkeitsrechtsschutz gehörenden *Bildnisrechts*. Der zentrale § 22 stellt klar: „Bildnisse dürfen nur mit Einwilligung des Abgebildeten verbreitet oder öffentlich zur Schau gestellt werden." Ausnahmen sind im § 23 festgehalten:

- Bildnisse aus dem Bereich der Zeitgeschichte;
- Bilder, auf denen die Personen nur als Beiwerk neben einer Landschaft oder sonstigen Örtlichkeit erscheinen;
- Bilder von Versammlungen, Aufzügen und ähnlichen Vorgängen, an denen die dargestellten Personen teilgenommen haben;
- Bildnisse, die nicht auf Bestellung angefertigt sind, sofern die Verbreitung oder Schaustellung einem höheren Interesse der Kunst dient.

Damit ist das Recht am eigenen Bild klar – und streng – geregelt. Ergänzt wird es durch die Neuregelung des § 201 StGB, der ein Eindringen in die Privatsphäre auch von Personen der Zeitgeschichte verbietet. Im Recht an den eigenen Daten hat das Persönlichkeitsrecht eine aktuelle und wichtige Ergänzung in den Datenschutzgesetzen erfahren.

10.1.1.1 Einwilligung

Wie es das KUG festlegt, ist eine *Einwilligung* des Abgebildeten notwendig, um ein Bildnis zu veröffentlichen. Das Gesetz regelt auch, wie im Falle von Kindern und Verstorbenen zu verfahren ist. Als Einwilligung sieht das Gesetz eine Entlohnung des Abgebildeten ausdrücklich vor. Sanktionen bei Verstößen sind Vernichtung, Unterlassung und im Verschuldensfall Schadensersatz einschließlich Schmerzensgeld.

10.1.2 Das Urheberrecht

Das *Urheberrecht* regelt sowohl das Urheberpersönlichkeitsrecht, also das Recht des Urhebers, über eine Verwendung (Veröffentlichung) seines Werkes zu bestimmen, und das Verwertungsrecht.

Die Fotografie nimmt im Urheberrecht insgesamt eine besondere Rolle ein, da sie nicht nur als Werk, sondern auch als Leistung geschützt ist. Hieraus ergibt sich ein sehr weitreichender Schutz. Rechtlich wird dabei keine Unterscheidung zwischen analoger und digitaler Fotografie vorgenommen: Beide sind „Werke, die mit strahlender Energie geschaffen werden".

Prinzipiell ist zwischen fotografischen Werken (Lichtbildwerken) und Schnappschüssen (Lichtbildern) zu unterscheiden. Abgrenzungskriterium ist die persönliche geistige Schöpfung (§ 2 Abs. 2 UrhG), die sich in der Gestaltung des Lichtbildwerks niederschlägt.

Grundsätzlich sind beide ähnlich geschützt, allerdings genießen Lichtbildwerke eine Schutzdauer von 70 Jahren nach dem Tod des Urhebers, während Lichtbilder nur für 50 Jahre nach ihrem erstmaligen Erscheinen durch den allgemeineren Lichtbildschutz geschützt sind (vgl. 10.1.2.1).

Eine digitale Bearbeitung einer fremden fotografischen Vorlage oder die Veröffentlichung einer ungenehmigten Kopie stellen somit klare Rechtsverletzungen dar.

Etwas freizügiger ist die Regelung, wenn nur geringe Ausschnitte einer Fotografie weiterverwendet werden. Eine derartige geringfügige Übernahme ist von einem Schnappschuss möglich, beim fotografischen Werk gelten auch hier die Schutzbestimmungen.

10.1.2.1 Lichtbildwerk und Lichtbild

In § 2 Abs. 1 Nr. 5 regelt das UrhG den Unterschied zwischen dem fotografischen Werk (Lichtbildwerk) und dem Schnappschuss (Lichtbild): Beide gehören zur Gruppe der Lichtbilder, Werke, die mit strahlender Energie geschaffen werden, insbesondere Fotografien.

Das besonders geschützte Lichtbildwerk zeichnet sich darüber hinaus als individuelles Werk aus, welches vergleichbar zu einem Schriftwerk das Ergebnis der eigenen geistigen Schöpfung ihres Urhebers ist.

Fehlt die erforderliche Individualität, so kommt der Leistungsschutz als Lichtbild nach § 72 UrhG für 50 Jahre nach der Erstveröffentlichung zur Anwendung.

10.1.2.2 Genehmigung der Weiterverwendung

Für eine Weiterverwendung einer Fotografie wird also in aller Regel eine *Genehmigung* des Autors benötigt. Diese Genehmigung ist stets nur eine zweckgebundene Übertragung von Urheberrechten, welche genau den Umfang des

Nutzungsrechts beschribt. Hier wird geregelt, ob das Werk weiter bearbeitet oder nur veröffentlicht werden darf; bei einer Veröffentlichung werden meist deren Art – beispielsweise als Abbildung auf einer Titelseite in einer speziellen Größe –, der Verbreitungsraum und die Auflage festgelegt. Eine digitale Verwertung muss, soweit diese Nutzungsart bei der Erteilung der Verwertung noch nicht bekannt war, besonders vereinbart werden. Bei angestellten Urhebern sind Tarifverträge und arbeitsrechtliche Vereinbarungen zu beachten.

10.1.2.3 Verletzung des Urheberrechts

Im Falle von *Verletzungen des Urheberrechts,* etwa durch ungenehmigte Verwendung einer Fotografie, stehen dem Geschädigten rechtliche Schritte offen. Eine Verletzung liegt nicht nur bei einer Kopie, sondern auch bei einer Nachahmung und einer am Original verhafteten Bearbeitung vor. Erlaubt sind nur Zitate in wissenschaftlichen Werken in beschränktem Umfang.

Der erste Schritt ist das Verbot der weiteren Verbreitung des Werkes, das typischerweise mit einem Unterlassungsanspruch verbunden wird; bei schuldhafter Verletzung des Urheberrechts gilt auch ein Schadensersatzanspruch, der in der üblichen Lizenzgebühr bestehen kann. Verhandlungen über einen Honoraranspruch sind dann ebenfalls zu klären.

Die unbefugte Verwertung kann auch strafbar sein. Mit Ausnahme des Schadensersatzanspruches und des Straftatbestandes ist es belanglos, ob der Urheberrechtsverletzer guten Gewissens Urheberrechte von vermeintlich, aber nicht tatsächlich berechtigten Dritten erworben hat.

10.1.2.4 Einbinden eines Bilderlinks – Inline-Linking

Im deutschen Rechtsraum schwierig ist die Behandlung von Hyperlinks: Auf einer Internetseite kann einfach ein im Web veröffentlichtes Bild durch einen Hyperlink eingebunden werden, etwa im HTML-Code (vgl. 9.1.1) `<IMG SRC="http://www.server.de/foto1.jpg">`. Dieses Vorgehen wird als *Inline-Linking* bezeichnet.

Die Rechtslage dieses Vorgangs scheint nicht einfach zu sein. Das Setzen eines Links ist noch keine verbotene Vervielfältigungshandlung, sondern erst das Downloading. Macht sich der den Link Setzende das Ausgangsbild „dem äußeren Erscheinungsbild nach" zu eigen, kommt eine Urheberrechtsverletzung durch öffentliches Zugänglichmachen in Frage, es sei denn, das Einstellen in das Web ist durch den Urheber erfolgt. In diesem Fall ist eine Einwilligung sowohl in den Link wie in das Uploading anzunehmen.

10.1.2.5 Das berühmte Ⓒ

Häufig wird zur Kennzeichnung von Urheberrechten das Symbol Ⓒ verwendet, meist gefolgt von Namen und Datum (Jahreszahl). Im deutschen Rechtsraum ist ein derartiges Vorgehen für den Urheberrechtsschutz überflüssig (aber nicht störend), da das UrhG alles Notwendige sowieso regelt. In Verbindung mit der Namensnennung begründet es die Vermutung der Urheberschaft. Für den Einsatz im weltweiten Internet ist die Verwendung des © hingegen sinnvoll.

10.1.3 Bildagenturen

Für den professionellen Umgang mit den modernen Medien ist ein bewusster und effizienter Umgang mit Urheberrechten notwendig. Hierfür bieten *Bildagenturen* ihre Dienste an. Dazu zählt insbesondere der Handel mit Bildrechten: Bildagenturen halten eine große Anzahl an Bildern – und zum Teil auch Filmen – bereit, für die eine Lizenz für einen bestimmten Zweck, etwa Publikation in einer Zeitschrift auf dem Titelblatt in einer bestimmten Größe, erworben werden kann. Derartig geschütztes Bildmaterial wird als RM (rights-managed) bezeichnet.

Daneben werden häufig auch lizenzfreie Bilder über Agenturen angeboten, die, wenn sie einmal erworben wurden, beliebig verwendet werden können. Diese werden als RF (royalty-free) bezeichnet.

Zum Service einer solchen Agentur gehört heute auch die Möglichkeit, nach Bildern über das Internet nach speziellen Kriterien zu suchen (Abbildung 10.1) und je nach Verwendungszweck die Kosten für eine Rechteübernahme zu ermitteln.

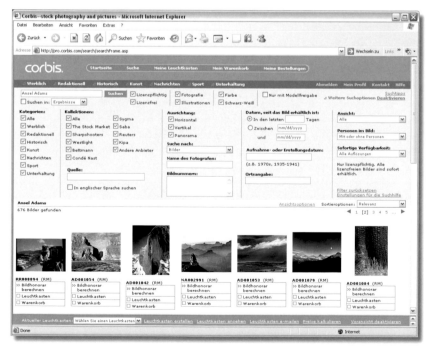

Abbildung 10.1:
Bildrecherche über das Webangebot einer Bildagentur

10.1.3.1 Rechteklärung

Neben der Lizenzierung von lizenzfreiem und lizenzpflichtigem Material für kommerzielle und redaktionelle Verwendungen bietet etwa der Visual Solution Provider Corbis ^{web} auch eine weitergehende Klärung von Rechten an.

Die *Rechteklärung* ist in der kommerziellen Verwendung (Werbung) häufig problematisch. Die Ansprechpartner sind nicht bekannt, ebenso wenig wie die Rechtslage und die Preise, die für Verwendungen in der Werbung verlangt werden können. Die Abteilung Rights & Clearances des Visual Solution Provider Corbis ist die größte Agentur dafür weltweit. Seit mehr als zwei Jahrzehnten ist Corbis in Kontakt zu Rechteinhabern, den Verwertungsgesellschaften, den Filmstudios, Herstellern, Agenten und Verlegern. Durch diese jahrelangen Kontakte ist es möglich, innerhalb kurzer Zeit die Rechteinhaber zu ermitteln und realistische Kosten anzufragen.

10.2 Digitale Bildkennzeichnung

Nach 10.1 ist das Lichtbildwerk ein urheberrechtlich geschütztes individuelles Werk. Daraus resultieren auf der technischen Seite zwei Fragestellungen:

- Wie kann die Authentizität, die Besitzerkennzeichnung, einer digitalen Fotografie vorgenommen werden?
- Wie kann die Integrität, die Unversehrtheit, der digitalen Fotografie gewährleistet werden?

Beides sind heute gängige Fragen aus dem digitalen Umfeld, etwa für den E-Mail-Austausch.

Ein erster, einfacher und schneller, aber unsicherer Ansatz zur Lösung dieser Fragestellungen ist die Verwendung der Metadaten wie Exif oder IPTC; damit kann zum Beispiel ein Copyright-Hinweis in jedes Bild schon bei der Aufnahme durch die Kamera eingefügt werden. Allerdings lassen sich derartige Informationen sehr einfach ändern oder auch ganz entfernen, weshalb hier sicherere Verfahren vorgestellt werden sollen.

10.2.1 Digitale Signatur

Die gängige Antwort auf diese Fragen, die sogar noch ein weiteres Problem – die verschlüsselte Datenübertragung – löst, ist die *digitale Signatur*. Mittels eines asymmetrischen Schlüsselpaares, bestehend aus dem öffentlichen und privaten Schlüssel, kann eindeutig jede Datei signiert werden, wodurch sich Authentizität und Identität eindeutig festlegen lassen. Die Schlüssel sind nur in Verbindung des öffentlichen mit dem privaten Schlüssel einsetzbar. Diese Verfahren sind durch das Signaturgesetz zumindest theoretisch sogar rechtsverbindlich.

Praktisch bedeutet dies, dass an die Ausgangsdatei eine Signatur angefügt wird. Diese verschlüsselt eine aus der Bilddatei errechnete kennzeichnende Ziffer mit dem privaten Schlüssel. Jeder Empfänger der Bilddatei kann dann anhand des öffentlichen Schlüssels feststellen, dass der Autor den privaten Schlüssel verwendet hat (Authentizität), und dass die Datei unverändert ist (richtige kennzeichnende Ziffer).

Bekannt geworden ist dieses Verfahren durch das Programm PGP (Pretty Good Privacy). Allerdings ist ein derartiges Vorgehen im Bereich der digitalen Fotografie heute unüblich; man kann auch einfach die angefügte Signatur wieder entfernen und erhält die gleiche Bilddatei, nur nun unsigniert.

10.2.2 Canon Data Verification Kit

Mit dem *Data Verification Kit* bietet der Hersteller Canon für seine hochwertigsten DSLR-Modelle die Möglichkeit, eine Bilddatei derart zu testen, dass zweifelsfrei festgestellt werden kann, ob die Datei unverändert ist.

Das Vorgehen entspricht dabei dem Prinzip der digitalen Signatur: Neben der eigentlichen Bilddatei wird auf eine separate Speicherkarte eine Prüfsumme gespeichert, die dann mit der Bilddatei verglichen wird. Dadurch kann die Unversehrtheit der Ausgangsdatei nachgewiesen werden.

10.2.3 Digitales Wasserzeichen

Einen neueren Ansatz, der sich deutlich von der digitalen Signatur unterscheidet, verfolgt das *digitale Wasserzeichen*. Eine gute Übersicht zum Stand der Technik ist in [Dit00] enthalten.

Das Grundprinzip des digitalen Wasserzeichens ist folgendes: Es werden für die menschliche Wahrnehmung nicht wahrnehmbare Zusatzinformationen in eine Mediendatei integriert, welche Informationen zur Urheberschaft oder zur Integrität der Bilddatei enthalten. Spezielle Software kann dann diese Information extrahieren und anzeigen.

Dieses Prinzip lässt sich nicht nur auf Bilder, sondern genauso auch auf Audio- und Videodateien anwenden, ist aber momentan im fotografischen Bereich am stärksten ausgeprägt.

Im Gegensatz zur digitalen Signatur ist das digitale Wasserzeichen kein wirklich sicheres Verfahren: Wasserzeichen können verändert und sogar entfernt werden. Dennoch haben sie Vorteile, so dass davon auszugehen ist, dass sie in Zukunft für den gesamten Bereich digitaler Medien eine größere Rolle spielen werden.

10.2.3.1 Robuste und zerbrechliche Wasserzeichen

Wasserzeichen für Bildmaterialien werden als *robust* bezeichnet, wenn die durch das Wasserzeichen codierte nicht wahrnehmbare Information nach den gängigen Bildbearbeitungen wie einfache Transformationen und Formatkonvertierung – auch mit Datenkomprimierung wie bei jpeg – erhalten bleibt.

Wasserzeichen, welche leicht verletzt werden können, werden als *zerbrechlich* bezeichnet. Diese können gezielt dafür eingesetzt werden, die Integrität einer Bilddatei nachzuweisen, allerdings ist hier der Entwicklungsstand noch nicht so fortgeschritten.

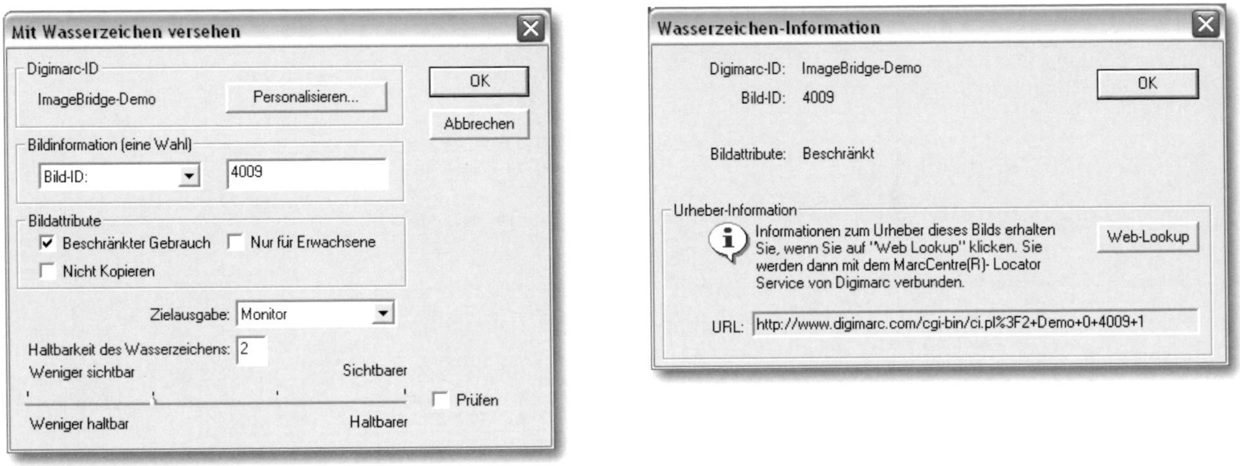

Abbildung 10.2:
Digimarc-Wasserzeichenfilter in Photoshop: Erstellung (links) und Lesen (rechts) eines Wasserzeichens

Robuste Wasserzeichen können im Prinzip so stark implementiert werden, dass sogar ein Nachweis des Wasserzeichens möglich wird, wenn eine Bilddatei ausgedruckt und wieder eingescannt wird. Allerdings besteht die Gefahr, dass das Wasserzeichen wahrnehmbar, also sichtbar ist, je robuster seine Implementierung in der Bilddatei ist. Praktisch bedeutet dies für den aktuellen Stand des Verfahrens: Der Anwender, der ein Wasserzeichen implementieren möchte, muss sich entscheiden, ob das Wasserzeichen möglichst stabil, also robust sein soll, woraus sich aber die Gefahr einer wahrnehmbaren Veränderung des Ausgangsbildes ergibt, oder ob es ein direkt nicht wahrnehmbares, aber dafür leicht entfernbares Wasserzeichen sein soll. Im Extremfall eines ganz sicheren Wasserzeichens ist prinzipiell auch ein Nachweis noch möglich, wenn das Bild ausgedruckt und wieder eingescannt wird. Ein zerbrechliches Wasserzeichen kann hingegen schon durch einfaches Abspeichern mit einer hohen jpeg-Komprimierung entfernt werden. Der Dialog von Abbildung 10.2 zeigt Parameter, die zu wählen sind; der Grad der Robustheit des Wasserzeichens ist der untere Regler des linken Dialogs.

10.2.3.2 Der Digimarc-Filter in Photoshop

Bestandteil von Photoshop ist ein Zusatzmodul der Firma *Digimarc,* mit welchem Wasserzeichen erstellt und gelesen werden können. Dieses Zusatzmodul ist über Filter|Digimarc zu erreichen. Abbildung 10.2 zeigt das mit Photoshop ausgelieferte Modul.

Beim Erstellen eines Wasserzeichens können neben der im Wasserzeichen codierten Information zahlreiche Parameter gewählt werden. Dadurch wird u.a. der Grad der Robustheit des Wasserzeichens (Parameter Haltbarkeit in 4 Stufen von zerbrechlich über robust bis sichtbar) festgelegt.

Ein mit Wasserzeichen versehenes Dokument in Photoshop ist am Copyright-Zeichen ⓒ vor dem Dateinamen in der Titelleiste zu erkennen.

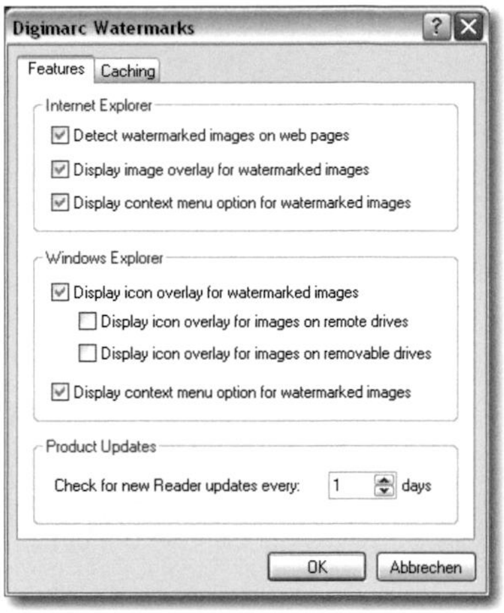

10.2.3.3 Digimarc Imagebridge Reader

Digimarc bietet nicht nur das in Photoshop integrierte Filter an, sondern auch weitere zum Teil freie Software. An erster Stelle ist hier der *Imagebridge Reader* zu nennen. Dieser erweitert die Betriebssysteme Windows und Mac OS um die Fähigkeit, digitale Bilder mit Wasserzeichen zu erkennen.

Abbildung 10.4 zeigt das Lesen der Information eines selbsterstellten Wasserzeichens und der Ansel-Adams-Fotografie (Abbildung 3.4) von Seite 70 mit zusätzlichen Urheberinformationen.

Abbildung 10.3:
Konfiguration von Imagebridge
Reader

Innerhalb des Explorers werden Bilddaten, welche mit einem Wasserzeichen versehen sind, durch Imagebridge Reader entsprechend gekennzeichnet (Abbildung 10.5).

Das grundlegende Verhalten der Zusatzsoftware kann dabei individuell konfiguriert werden (Abbildung 10.3).

Abbildung 10.4:
Wasserzeichen-Information
einschließlich Link auf Urheber
(rechts, vgl. Abbildung 3.4)

Abbildung 10.5:
Datei mit Wasserzeichen (rechts)
im Windows Explorer mit
Imagebridge Reader

Soll mittels des Digimarc-Filters die Authentizität genauer überprüft werden, ist jedoch eine kostenpflichtige Registrierung – der Hersteller spricht von einer Subskription – notwendig. Dabei werden verschiedene Kategorien der Registrierung angeboten, die sich im Umfang der Urheberdaten und in der Anzahl der Bilder unterscheiden. Der einfachste Tarif (Personal) bietet die Möglichkeit der Registrierung von 100 Bilddateien mit den Urheberdaten Name und Adresse – eine Webadresse in Form einer URL – und ist mit Kosten von rund 50 US-$ verbunden.

Ausblick

Und wandelt mit bedächt'ger Schnelle
Vom Himmel durch die Welt zur Hölle.

Goethe, Faust I

Wir leben in einer immer stärker vernetzten Welt. Die vorliegende Auseinandersetzung mit der modernen Fotografie zeigt dies gleich an mehreren Stellen:

- Viele Fotografien werden heute über das zentrale Netz, das Internet, schnell und kostengünstig weltweit veröffentlicht. Die Fotografie mit der „Intention Web" war hier stets ein besonderer Fokus.

- Ein sehr spannender Aspekt in der modernen Fotografie ist das Zusammentreffen so vieler moderner und klassischer Techniken und Erkenntnisse.

  So führen klassische Objektivrechnungen zu simplen Fixfokus-Objektiven, wie sie heute in den modernsten Mobiltelefonen integriert sind (Kapitel 2). Klassische fotografische Techniken wie die hohe Schule der Schwarzweißfotografie, die Ansel Adams eingeführt hat, finden heute eine unvergleichlich einfache Umsetzung in der digitalen Bildbearbeitung.

Wohin wird die Reise weiter gehen? Moderne Digitalkameras haben mit einer Auflösung deutlich über 5 Megapixel eine ausreichende technische Basis für hochwertige Drucke bis A4, wenn auch hier weitere Verbesserungen etwa im Dynamikumfang der Sensoren oder im Rauschverhalten zu erwarten sind. Die digitale Bildbearbeitung bietet eine schon nicht mehr überschaubare Menge an Möglichkeiten.

Spannend zu beobachten wird eine Konvergenz von Steh- und Bewegtbild: Während (systembedingt nicht DSLR) inzwischen alle Digitalkameras kleine Filmsequenzen aufzeichnen können, sind digitale Filmkameras inzwischen in der Lage, auch Stehbilder aufzunehmen; die Grenzen zwischen diesen beiden seit anderthalb Jahrhunderten deutlich getrennten Medien könnten zunehmend verschwinden, insbesondere, wenn die Auflösung der Filmkameras weiter steigt.

Hier kann und soll auch nicht versucht werden, mehr über die weitere Entwicklung zu sagen, aber eines steht fest: Es wird spannend bleiben, niemals war die Entwicklung so dynamisch und horizonterweiternd wie in den letzten fünf Jahren, so dass wir uns gemeinsam auf die weiteren Fortschritte freuen können und sie einsetzen werden, um beruflich oder privat Freude und Nutzen am Medium Fotografie zu haben!

Persönliche Worte

Die Arbeit an diesem Buch hat mir, dem Autor, viel Freude bereitet – und, sehr wichtig, ich habe dabei selbst viel gelernt. Während dieser Zeit habe ich auch Unterstützung von vielen erhalten, ohne die MediaFotografie nie in dieser Form hätte entstehen können.

Zuerst sind hier zahlreiche Studierende der Fachhochschule Kaiserslautern am Standort Zweibrücken zu nennen, die sich in den Lehrveranstaltungen mit dieser Materie auseinander gesetzt haben. Darunter möchte ich insbesondere Michael Keßler, den Entwickler der Java-basierten nef-Verarbeitung JENIFFER, und Thomas Wenskat, der bei den Abbildungen in diesem Buch sehr geholfen hat, erwähnen.

Viele Hinweise und Verbesserungsvorschläge aus dem Kollegen- und Freundeskreis haben die Güte des Buches deutlich verbessert. Hier ist vor allem Peter Heinsch und Georg Sandberger zu danken.

Zahlreiche Hersteller haben mir umfangreiche Informationen für die Erstellung bereitgestellt; hier sind insbesondere Agfa, Corbis, DxO Labs, Durst, FOGRA, Leica, Nikon und Phase One zu nennen.

Hervorragend und sehr unterstützend war von Anfang an die Zusammenarbeit mit dem Springer-Verlag, bei dem ich mich dafür und für den Mut, dieses Werk zu verlegen, bedanken möchte. Dabei sind ganz besonders Hermann Engesser und Dorothea Glaunsinger sowie für die L^AT_EX-Unterstützung Frank Holzwarth hervorzuheben. Für das fruchtbare Lektorat danke ich Ursula Zimpfer, für die gelungene Umschlaggestaltung Julia Merz und für die gewissenhafte Produktionsbetreuung Christina Brückner.

Ein ganz besonderer Dank gehört meiner Frau, die in den letzten Monaten auf mich mitunter verzichten musste, dafür aber ihre Freizeit mit sehr gründlichem Manuskriptlesen und der aktiven Unterstützung von MediaFotografie gefüllt hat.

Noch etwas? Ja, ich möchte mich noch bei Ihnen, dem Leser, bedanken, dafür, dass Sie sich für dieses Werk entschieden haben. Ich wünsche mir sehr, dass es mir gelungen ist, Ihnen vieles näher gebracht zu haben.

Und zum Schluss freue ich mich nun, die Tastatur weglegen zu können und wieder mehr Zeit für den Auslöser einer Kamera zu haben.

A

Internetlinks

Das „Medium Fotografie" erlebt momentan eine erfreulich schnelle und dynamische Entwicklung, die in weiten Teilen im Internet abläuft bzw. über das Internet verfolgt werden kann. Hier sind einige der wichtigsten Links angegeben. Unter

- `http://www.mediafotografie.de`

ist eine direkt verlinkte, umfassende und aktuelle Liste der Links zum Thema dieses Buches zu finden.

A.1 Zu Kapitel 1

Zu Joseph Nicéphore Niépce:

- `http://www.museeniepce.com`
- `http://www.niepce.com`
- `http://www.getty.edu/conservation/publications/newsletters/17_2/gcinews1.html`

Zur Geschichte der Digitalkameras:

- `http://www.digitalkamera.de/Info/News/15/95.htm`
- `http://www.digitalkamera.de/Info/News/20/21.htm`

A.2 Zu Kapitel 2

Schärfentiefenberechnungen und Bestimmung der hyperfokalen Entfernung:

- `http://www.dofmaster.com`

Eigenschaften von optischen Gläsern:

- `http://www.schott.com/optics_devices/german/download`

MTF-Kurven:

- http://fotogenetic.dearingfilm.com/how_to_choose_a_lens.html
- http://www.normankoren.com/Tutorials/MTF.html

Korrektur der chromatischen Aberration:

- http://www.shaystephens.com/ca-ps.asp

MTF-Kurven von Nikon-Objektiven:

- http://www.nikon-image.com/jpn/products/lens/af/index.htm

„Digital Velvia": Photoshop-Aktion, um den Effekt des Fuji Velvia zu erhalten:

- http://www.fredmiranda.com/shopping/vv

A.3 Zu Kapitel 3

Ansel Adams:

- http://www.anseladams.com
- http://www.zpub.com/sf/history/adams.html

Zonensystem:

- http://www.net-lexikon.de/Zonensystem.html
- http://available-light.kocznar.com/zonensystem.htm

A.4 Zu Kapitel 4

Sensortechnologien:

- Sony ICX413AQ: http://www.dpreview.com/news/0202/02021602sonyicx413.asp
- SuperCCD: http://www.fujifilm.co.uk/digital/popups/filter_ccd_popups/intro.php
- CMOS: http://www.canon.com/technology/detail/device/cmos
- Foveon X3: http://www.foveon.net
- LBCAST: http://www.nikon.co.jp/main/eng/portfolio/technology_e/lbcast_e

Interpolation:

- http://www-ise.stanford.edu/~tingchen
- http://ise.stanford.edu/class/ee368a_proj01/dropbox/project04
- http://www.graphics.com/modules.php?name=Sections&op=printpage&artid=56

Four Thirds System:

- http://www.four-thirds.org

Speicherkarten:

- Übersicht und Performance: http://www.robgalbraith.com/bins/multi_page.asp?cid=6007
- Lexar: http://www.lexarmedia.com
- Sandisk: http://www.sandisk.com
- USB: http://www.usb.org/home
- Firewire800: http://www.apple.com/firewire
- Photorescue: http://www.nikondigital.org/products/rescue/photorescue.htm
- Messung der IO-Performance mit HD Tach: http://www.simplisoftware.com

JEITA:

- http://www.jeita.or.jp/english

Exif:

- http://www.exif.org
- Beispiele für freie Exif-Reader:
  - http://www.takenet.or.jp/~ryuuji
  - http://www.sentex.net/~mwandel/jhead

IPTC:

- http://www.iptc.org/pages/index.php

png:

- http://www.libpng.org/pub/png

jpeg:

- http://de.wikipedia.org/wiki/JPEG

jpeg2000:

- http://jj2000.epfl.ch/jj_publications/papers/006.pdf
- http://de.wikipedia.org/wiki/JPEG2000

Bitmap:

- http://www.tutorial.artems.de/help/dateiformate/bmp.htm

raw:

- C1 von Phase One: http://www.c1dslr.com
- raw-Plugin für Photoshop: http://adobe.com
- Bibble: http://www.bibblelabs.com
- dc-raw: http://www.cybercom.net/~dcoffin/dcraw
- JENIFFER: http://www.mediafotografie.de

nef:

- http://www.tidalwave.it/projects/nefio/NEF.pdf
- http://sourceforge.net/projects/nefio

Auflösung:

- Siemensstern: http://siemensstern.de

raw-Verarbeitung:

* `http://www.engineering.ucsb.edu/~mdw/camera/national/`
    `AN1_LM9648_ColorReproduction.pdf`

A.5 Zu Kapitel 5

Photoshop:

* Geschichte von Photoshop:
    `http://www.storyphoto.com/multimedia/multimedia_photoshop.html`
* `http://www.photozauber.de`
* `http://www.russellbrown.com/tips_tech.html`

GIMP:

* `http://www.gimp.org`
* `http://www.gimp.de`
* `http://www.fsf.org`
* `http://www.gnu.org`

Nikon Capture:

* `http://nikonimaging.com/global/products/software/capture4`

Phase One:

* `http://www2.phaseone.com/de`

A.6 Zu Kapitel 6

European Color Initiative und ECI-RGB:

* `http://www.eci.org`

CIE-Farbumrechnung:

* `http://www.colorpro.com/info/tools/convert.htm`

Referenz-Farbtafeln und Kolorimeter:

* `http://www.gretagmacbeth.com`

Schmuckfarben:

* `http://www.pantone.co.uk/de`

Colormanagement und ICC:

* `http://www.color.org`
* `http://www.colormanagement.de`
* `http://www.fogra.org`

Ausgabe auf Fotopapier:

* `http://www.film-und-mail.de`

3D-ICC-Profilvisualisierung:

* `http://www.iccview.de`

DQ-Tool:

- `http://www.photoindustrie-verband.de`

Strahlungsspektrum des schwarzen Körpers:

- `http://www.schulphysik.de/java/physlet/planck/stefan.html`

A.7 Zu Kapitel 7

Zur heutigen Rolle der Schwarzweißfotografie:

- `http://www.luminous-landscape.com/essays/bw-revival.shtml`

Digitale SW-Bearbeitung und -Konvertierung:

- `http://www.russellbrown.com/images/tips_pdfs/colortoB%26W.pdf`
- `http://www.digidaan.nl`
- `http://www.outbackphoto.com/workshop/channelmixer/channelmixer.html`
- `http://www.fredmiranda.com/DBWpro`
- `http://www.powerretouche.com/Black-white_plugin_introduction.htm`

Filmkörnigkeit nach Russell Brown:

- `http://www.russellbrown.com/images/tips_movies/FilmGrain.mov`

A.8 Zu Kapitel 8

Gradationssteuerung:

- `http://fotogenetic.dearingfilm.com/custom_tone_curves.html`
- `http://www.rawmagick.com`

Rauschkorrektur:

- `http://www.neatimage.com`

Zu Abschnitt Verzeichniskorrektur:

- `http://home.no.net/dmaurer/%7Edersch/index_deutsch.html`

Panorama:

- `http://www.panorama-museum.de`
- `http://www.digitalkamera.de/Info/Workshop/Panorama/default-de.htm`
- `http://www.ptgui.com`
- `http://www.8848everest.de`

Staubentfernung:

- SpeckGRABBER: `http://www.kinetronics.com`

Digitale Gesamtkorrektur von DxO Labs:

- `http://www.do-labs.com`

Digitale Filter:

- nik-Filter: `http://www.nikmultimedia.com`
- 55-Filtersuite: `http://www.digitalfilmtools.com`

Archivsoftware:

- Java Picture Organizer: `http://j-po.sourceforge.net`

A.9 Zu Kapitel 9

Offizieller HTML-Standard und vieles mehr:

*   `http://www.w3.org`

Sehr viel Nützliches rund um das Web, insbesondere zu HTML: Selfhtml von Stefan Münz

*   `http://de.selfhtml.org`

Informationen zu PHP und zu Grafikbibliotheken:

*   PHP: `http://www.php.net`
*   GD-Bibliothek: `http://www.boutell.com/gd`
*   ImageMagick: `http://www.imagemagick.org`

Webgalerien:

*   gallery: `http://gallery.sourceforge.net`
*   pbase: `http://www.pbase.com`

A.10 Zu Kapitel 10

Zum Bildnisrecht:

*   `http://transpatent.com/gesetze/kunstg.html`

Zum Urheberrecht:

*   `http://bundesrecht.juris.de/bundesrecht/urhg`
*   `http://remus.jura.uni-sb.de/urheberrecht/index.html`
*   `http://www.jura.uni-sb.de/urheberrecht`

Bildagenturen im Internet:

*   `http://www.corbis.com`
*   `http://creative.gettyimages.com`

Allgemeines:

*   `http://www.jurawiki.de/FotoRecht`
*   `http://www.jurawiki.de/UrheberRecht`
*   `http://www.jurawiki.de/SachFotografie`
*   `http://www.fotorecht.de`
*   `http://www.koetzlaw.de`
*   `http://www.zeit.de/2004/03/Bildrechte-digital`
*   `http://www.geschichte.uni-freiburg.de/mertens/graf/kultjur.htm`

Digitale Wasserzeichen:

*   `http://www.digimarc.com`

A.11 Weitere Links

Rund um die Digitalfotografie

- Wohl die wichtigste und informativste Site zur Digitalfotografie von Philip Askey
  `http://www.dpreview.com`
- `http://www.robgalbraith.com`
- `http://www.digitalkamera.de`
- `http://www.photolink.de`
- `http://www.ulrike-haessler.de`
- `http://www.fredmiranda.com`
- `http://www.moose395.net`
- `http://www.naturfotograf.com`
- `http://www.nikondigital.org`

Weitere nützliche und interessante Links rund um die Fotografie:

- Internetportal rund um die Fotografie: `http://www.kefk.net/Fotografie`
- Fotografie in Deutschland, auch zum Studium: `http://www.fotoinfo.de`
- Nachrichtenagenturen, Bildagenturen und mehr:
  - `http://www.reuters.de`
  - `http://www.magnumphotos.com/c`
- Messen:
  - `http://www.pmai.org`
  - `http://www.photokina.de`
- Große Fotohändler in New York:
  - `http://www.adorama.com`
  - `http://www.bhphoto.com`
- Deutschsprachige Fotografiezeitschriften:
  - Photo Presse: `http://www.photopresse.de`
  - Photographie: `http://www.photographie.de`
- Verbände:
  - DGPh – Deutsche Gesellschaft für Photographie e.V.: `http://www.dgph.de`
  - Deutscher Verband für Fotografie: `http://www.dvf-fotografie.de`

B

Abkürzungen

Die moderne Fotografie ist reich an einer Vielzahl von Abkürzungen. Diese umfangreiche Übersicht der relevanten und der in diesem Buch verwendeten Abkürzungen ist an vielen Stellen um einen Bezug zur wichtigsten Verwendung ergänzt.

AF: Autofokus (2.2.6)
ANSI: American National Standardisation Institute
API: Application Programming Interface
APS: Advanced Photo System
CA: Chromatic Aberration (chromatische Aberration) (2.4.1)
bmp: Bitmap (4.4.5)
BSD: Berkeley Software Distribution (5.3.1.1)
CCD: Charge Coupled Device (ladungsgekoppeltes Halbleiterelement) (4.2.3)
CIE: Commission Internationale de l'Eclairage (6.2.4), (6.2.5)
CFA: Color Filter Array (4.4.6.6)
CGI: Common Gateway Interface (9.3.2)
CLUT: Color Look-Up-Tables (6.5.7.1)
CMM: Color Management Modul (Farbrechner) (6.5)
CMOS: Complementary Metal Oxide Semiconductor (4.2.6)
CMY/CMYK: Cyan – Magenta – Yellow – Key/Black (6.2.3)
DCF: Design Rule for Camera File System (4.4.1.2)
DCIM: Digital Camera Images Folder (4.4.1.1)
DCS: Digital Camera System
DCT: Diskrete Kosinustransformation (4.4.4.1)
DEE: Dynamic Exposure Extender (5.4.7)
DLP: Digital Light Processing (6.5.4.4)
DNG: Digital Negative (4.4.6.4)
DOF: Depth of Field (Schärfentiefe)
dpi: Dots per Inch (4.6)
DPOF: Digital Print Order Format

dpt: Dioptrie (2.2.9.2)

DSC: Digital Still Camera

DSLR: Digitale SLR-Kamera, häufig verwendet im Sinne einer Kamera mit Wechseloptik

DSU: Digital Storage Unit

DVF: Deutscher Verband für Fotografie e.V.

DVD: Digital Versatile Disc (8.14)

DWT: Diskrete Wavelet-Transformation (4.4.4.2)

ECI: European Color Initiative (6.5.8)

EV: Lichtwert (Exposure Value) (2.2.8.7)

EXIF: Exchangeable Image File Format

FAT: File Allocation Table (4.3.5)

FOGRA: Deutsche Forschungsgesellschaft für Druck und Reproduktionstechnik (6.5.5.1)

FOV: Field of View (Bildwinkel)

fps: Frames per Second (Aufnahmen pro Sekunde)

FSF: Free Software Foundation (5.3.1)

FTP: File Transfer Protocol (4.3.6.1)

GD: Grafikbibliothek für PHP (9.3.2)

gif: Graphics Interchange Format (4.4.3)

GIMP: GNU Image Manipulator (5.3)

gtk: Gimp Tool Kit (5.3)

Highcolor: Farbdarstellung mit insgesamt 2 Byte, ermöglicht $2^{16} = 65.536$ Farben

HSB: Farbmodell Hue – Saturation – Brightness (6.2.6)

HTML: Hypertext Markup Language (9.1.1)

ICC: International Color Consortium (6.5)

ICM: Image Color Matching (Farbmanagement unter MS Windows) (6.5)

IEEE: Institute of Electrical and Electronics Engineers

IF: Innenfokussierung

IFD: Image File Directory (4.4.2)

IP: Internet Protocol

IPTC: International Press Telecommunications Council

IR: Infrarot

ISO: International Organisation for Standardization

JEITA: Japan Electronics and Information Technology Industries Association

JENIFFER: Java Extended NEF Image File Format EditoR (4.4.6.10)

JFET: Junction Field Effect Transistor (4.2.8)

JFIF/JIF: JPEG File Interchange Format (4.4.4)

jpeg: Joint Photographic Experts Group (4.4.4)

KUG: Kunst-Urheberrecht (10.1.1)

LBCAST: Lateral Buried Charge Accumulator and Sensing Transistor Array (4.2.8)

LCH: Farbmodell Luminanz – Chroma – Hue (6.1.4.2)

lpi: Lines per Inch (4.6)

lx: Lux (3.2.1)

LZW: Lempel-Ziv-Welch-Algorithmus (4.4.3)

Mavica: Magnetic Video Camera (1.5.3.1)

MOSFET: Metal Oxide Semiconductor Field Effect Transistor (4.2.6)

MP: Megapixel

MTF: Modulations-Übertragungs-Funktion (2.6.1)

MTP: Media Transfer Protocol (4.3.6.1)

NEF: Nikon Electronic Image Format (4.4.6)

OLPF: Optical Low Pass Filter (Tiefpassfilter) (4.2.9.1)

PCS: Profile Connection Space (geräteunabhängiger Arbeitsraum für Farbmanagement) (6.5)

PGP: Pretty Good Privacy (10.2.1)

PHP: Personal Home Page, wobei die Auflösung von PHP nicht streng festgelegt ist (9.3.2)

Pixel: Picture Element (4.5)

PMA: Photo Marketing Association International (jährliche Frühjahrs-Fotomesse in den USA)

png: Portable Network Graphics (4.4.3)

ppi: Pixel per Inch (4.6)

PTP/IP: Picture Transfer Protocol over IP (4.3.6.1)

QTVR: Quick Time Virtual Reality, Erweiterung von Apples QuickTime (8.8.1.4)

raw: Digitales Roh-Format: die direkten Daten aus dem Sensor in einem unverarbeiteten, proprietären Format (4.4.6)

RIP: Raster Image Processor

RF: Royalty-free (10.1.3)

RFC: Request for Comments

RGB: Farbmodell mit den additiven Grundfarben Rot – Grün – Blau (6.2.2)

RM: Rights-managed (10.1.3)

SED: Surface-conduction Electron-emitter Display

SLR: Single-Lense-Reflex-Kamerasysteme mit einer einzigen Optik und Reflexionsspiegel

SNR: Signal to Noise Ratio (Signal-Rausch-Abstand) (4.2.10)

SVGA: Super VGA (4.6.4)

SW: Schwarzweiß (7)

TCP: Transfer Control Protocol

tiff: Tagged Image File Format (4.4.2)

TFS: Total Film Scanning (6.5.6.1)

TFT: Thin Film Transistor (6.5.4)

TRC: Tone Reproduction Curve (6.5.7.1)

Truecolor: Farbdarstellung mit 8 bit je Farbkanal ergibt 16,7 Millionen Farben

TTL: Through the Lense (Messung durch das Objektiv)

TWAIN: Name einer API für Bildformate, typischerweise implementiert von Schnittstellen zwischen Scannern und Bildbearbeitungssoftware; TWAIN ist keine Abkürzung, sondern ein Literaturzitat

UDF: Universal Disc Format (Filesystem der DVD) (8.14.2.2)
UrhG: Urhebergesetz (10.1.2)
USB: Universial Serial Bus (4.3.6)
USM: Unscharf maskieren (8.5)
VGA: Video Graphics Array (4.6.4)
VRML: Virtual Reality Modeling Language
W3C: World Wide Web Consortium (9)
WCN: Windows Connect Now (4.3.6.1)
WLAN: Wireless Local Area Network (4.3.6)
xcf: Dateiformat von gimp, benannnt nach der Extended Computing Facility der Universität Berkeley (5.3)

Literatur

[Ada89a] ADAMS, ANSEL: *Das Negativ*. Christian-Verlag, München, 6. Auflage, 1989.

[Ada89b] ADAMS, ANSEL: *Das Positiv*. Christian-Verlag, München, 5. Auflage, 1989.

[Ada89c] ADAMS, ANSEL: *Die Kamera*. Christian-Verlag, München, 5. Auflage, 1989.

[Ada94] ADAMS, ANSEL: *Autobiographie*. Christian-Verlag, München, 3. Auflage, 1994.

[Ado04] ADOBE: *Digital Negative (DNG) Specification*. San Jose, 2004.

[Agf03] AGFA: *Technische Daten – Agfa Professional Filmsortiment*. Leverkusen, 4. Auflage, 2003. Technisches Datenblatt F-PF-D4.

[AKW98] ACHTNER, WOLFGANG, STEFAN KUNZ und THOMAS WALTER: *Dimensionen der Zeit*. Wissenschaftliche Buchgesellschaft, zugleich Primus-Verlag, Darmstadt, 1998.

[Alt03] ALTMANN, RALPH: *Digitale Fotografie & Bildbearbeitung: Das Referenzbuch für Fotografen und ambitionierte Amateure*. Midas-Verlag, Zürich, 2. Auflage, 2003.

[Baa03] BAATZ, WILFRIED: *50 Klassiker Photographen*. Gerstenberg, Hildesheim, 2003.

[BB03] BENDER, MICHAEL und MANFRED BRILL: *Computergrafik*. Hanser, München, 2003.

[BBSZ04] BÖHRINGER, JOACHIM, PETER BÜHLER, PATRICK SCHLAICH und HANNS-JÜRGEN ZIEGLER: *Kompendium der Mediengestaltung für Digital- und Printmedien*. X.media.press. Springer, Berlin u.a., 2. Auflage, 2004.

[BL02] BLACKMORE, ANDY und VIKTORIA LUKENS: *Die zwei Seiten der Digitalfotografie*. Nikon pro, Frühjahr:42 – 43, 2002.

[Bra02] BRAUCHITSCH, BORIS VON: *Kleine Geschichte der Fotografie*. Reclam, Stuttgart, 2002.

[Büh04] BÜHLER, PETER: *MediaFarbe – analog und digital*. X.media.press. Springer, Berlin u.a., 2. Auflage, 2004.

[Cal92] CALLAHAN, HARRY M. (Herausgeber): *Ansel Adams Farbfotografie: Ausgewählte Fotos und Schriften von Anselm Adams*. Christian-Verlag, München, 1992.

[Dit00] DITTMANN, JANA: *Digitale Wasserzeichen*. Xpert.press. Springer, Berlin u.a., 2000.

[Dol02] DOLEZALEK, FRIEDRICH: *Wie viel Auflösung braucht der Mensch?* FOGRA Sonderdruck, 7, 2002.

[ED03] EWERT, BIRGIT und MARIANNE DEITERS: *Photoshop – Bildoptimierung, Composing für Mac und PC.* Hanser, München u.a., 2003.

[FP90] FISCHER-PIEL, PETER: *Das Zonensystem in der Schwarzweiß- und Farbfotografie.* Ikoo, Pullenreuth, 1990.

[Fuja] FUJI PHOTO FILM CO.: *Fujichrome 64T Type II Professional [RTP II].* Tokio. Fujifilm Datenblatt.

[Fujb] FUJI PHOTO FILM CO.: *Fujichrome Velvia 100F for Professionals [RVP 100F].* Tokio. Fujifilm Datenblatt.

[Fujc] FUJI PHOTO FILM CO.: *Fujichrome Velvia for Professionals [RVP].* Tokio. Fujifilm Datenblatt.

[Goe98] GOETHE, JOHANN WOLFGANG V.: *Zur Farbenlehre*, Band 13 der Reihe *Hamburger Ausgabe.* Beck, München, 11. Auflage, 1998.

[Gra84] GRAEWE, HERBERT: *Die physikalischen und chemischen Grundlagen der Photographie.* Aulis, Köln, 3. Auflage, 1984.

[Häß04a] HÄSSLER, ULRIKE: *Bildarchivierung – So bewältigen Sie den Bilderberg.* Photographie, 4:54 – 57, 2004.

[Häß04b] HÄSSLER, ULRIKE: *Das digitale Zonensystem.* Photographie, 10:56 – 58, 2004.

[Hom04] HOMANN, JAN-PETER: *Digitales Colormanagement.* X.media.press. Springer, Berlin u.a., 3. Auflage, 2004.

[Ilf02a] ILFORD: *100 Delta und Delta 400 professional.* Cheshire, 2002. Professionelle Schwarzweissfilme für höchste Präzision.

[Ilf02b] ILFORD: *Multigrade IV RC.* Cheshire, 2002. Hochwertige Gradationswandelpapiere auf Polyethylenbeschichtetem Papierträger.

[Ilf03] ILFORD: *Reversal Processing.* Cheshire, 2003. Using Ilford black and white films to make monochrome transparencies.

[Jac04] JACOBS, CORINNA: *Digitale Panoramen.* X.media.press. Springer, Berlin u.a., 2004.

[Kla96] KLAR, HEINRICH: *Integrierte Digitale Schaltungen MOS/BICMOS.* Springer, Berlin u.a., 2. Auflage, 1996.

[Koc03] KOCH, ALEXANDER: *Handbuch zum Fotorecht.* PIAG, Sinzheim/Baden, 2003.

[Kod] KODAK: *KODAK Filter für den Berufsfotografen.* Stuttgart. Kodak Broschüre P-I1.

[Kog04] KOGLIN, ILONA: *Straighten Your Colors.* PAGE, 5:84 – 87, 2004.

[KOR04] KOCH, UWE, DIRK OTTO und MARK RÜDLIN: *Recht für Grafiker und Webdesigner.* Galileo Press, Bonn, 2. Auflage, 2004.

[Kos84] KOSCHATZKY, WALTER: *Die Kunst der Photographie – Technik, Geschichte, Meisterwerke.* Residenz Verlag, Salzburg und Wien, 4. Auflage, 1984.

[KP03] KRAUS, HELMUT und ROMANO PADESTE: *Digitale Highend-Fotografie.* dpunkt.verlag, Heidelberg, 2003.

[Kra03] KRAUS, HELMUT: *Photoshop 7 und ImageReady.* dpunkt.verlag, Heidelberg, 2003.

[Mar93] MARCHESI, JOST J.: *Handbuch der Fotografie, Band 1 – Geschichte; Chemisch-physikalische Grundlagen.* Verlag Photographie, Schaffhausen, 1993.

[Mar95] MARCHESI, JOST J.: *Handbuch der Fotografie, Band 2 – Sensitometrie; Systemfehler; Negativ- und Positivtechnik; Lichtempfindliche Schichten; Verwandte Gebiete.* Verlag Photographie, Schaffhausen, 1995.

[Mar98] MARCHESI, JOST J.: *Handbuch der Fotografie, Band 3 – Farbtheorie und Farbmetrik; Farbumkehrtechnik, Negativ-Positiv- und Direkt-Positivtechnik; Digitale Fotografie.* Verlag Photographie, Schaffhausen, 1998.

[Mas04a] MASCHKE, THOMAS: *Digitale Aufnahmetechnik.* X.media.press. Springer, Berlin u.a., 2004.

[Mas04b] MASCHKE, THOMAS: *Digitale Bildbearbeitung.* X.media.press. Springer, Berlin u.a., 2004.

[Mas04c] MASCHKE, THOMAS: *Digitale Kameratechnik.* X.media.press. Springer, Berlin u.a., 2004.

[Mes04] MESCHEDE, DIETER: *Gerthsen Physik.* Springer, Berlin u.a., 22. Auflage, 2004.

[MH04] MAY, SEBASTIAN und ULRIKE HÄSSLER: *Speicherkarten – Immer ein Ass im Ärmel.* Photographie, 5:34 – 36, 2004.

[Nik02] NIKON CORPORATION: *Das Nikon Handbuch zur Digitalfotografie mit der D100 Digitalkamera.* Tokio, 2002.

[Nym04] NYMAN, MATTIAS: *4 Farben – ein Bild.* X.media.press. Springer, Berlin u.a., 4. Auflage, 2004.

[Ost00] OSTERBERG, JÜRGEN: *GIMP.* dpunkt.verlag, Heidelberg, 2000.

[Pfa04] PFAFFE, WOLFGANG: *Digitale Bildbearbeitung für Fotografen.* X.media.press. Springer, Berlin u.a., 2004.

[Pho04] *Dichtung und Wahrheit – Objektive für digitale Spiegelreflexkameras.* Photographie, 4:18 – 20, 2004.

[PTVF92] PRESS, WILLIAM H., SAUL A. TEUKOLSKY, WILLIAM T. VETTERING und BRIAN P. FLANNERY: *Numerical Recipes in C.* Cambridge University Press, Cambridge, 2. Auflage, 1992.

[Roe91] ROELFSEMA, HENK: *Das Zonensystem.* Verlag Photographie, Mannheim, 1991.

[Sch03] SCHOTT: *Optisches Glas – Beschreibung der Eigenschaften.* Mainz, 2003.

[Sch04a] SCHOTT: *TIE-29: Refractive Index and Dispersion.* Mainz, 2004.

[Sch04b] SCHULER, GÜNTER: *Adobe Photoshop CS – Fortgeschrittene Techniken.* Galileo Press, Bonn, 2004.

[SS03] SCHNELLE-SCHNEYDER, MARLENE: *Sehen und Photographieren.* X.media.press. Springer, Berlin u.a., 2003.

[SS04] STEINMÜLLER, BETTINA und UWE STEINMÜLLER: *Die digitale Dunkelkammer.* dpunkt.verlag, Heidelberg, 2004.

[TAR02] TSAI, PING-SING, TINKU ACHARYA und AJAY K. RAY: *Adaptive Fuzzy Color Interpolation.* Journal of Electronic Imaging, 11(3):241 – 248, July 2002.

[Tip00] TIPLER, PAUL A.: *Physik.* Spektrum Akademischer Verlag, Heidelberg, 2000.

[Wal83] WALTHER, WERNER (Herausgeber): *Fotografische Verfahren mit Silberhalogeniden.* VEB Fotokinoverlag Leipzig, Leipzig, 1983.

[Wal95] WALTER, THOMAS: *Kontrastangepaßte Schwarzweiß-Dias nach dem Zonensystem.* mfm Moderne Fototechnik, 4:38–41, 1995.

[Wal03] WALTER, THOMAS: *Grundlagen der Infomatik.* Hanser, München u.a., 2003.

[Wal04] WALDRAFF, THOMAS: *Digitale Bildauflösung.* X.media.press. Springer, Berlin u.a., 2004.

[Web04] WEBER, ERNST A.: *Fotopraktikum.* Springer, Berlin u.a., 4. Auflage, 2004.

[Wil93] WILDI, ERNST: *Das offizielle Hasselblad-Handbuch.* Wittig, Hückelhoven, 2. Auflage, 1993.

[Wil03] WILLMORE, BEN: *Photoshop 7 – Tipps, Tricks & Techniken für die professionelle Arbeit mit Photoshop.* Midas-Verlag, Zürich, 2003.

[Win41] WINDISCH, HANS: *Die neue Fotoschule.* Heering, Harzburg, 1941.

Personenverzeichnis

Sachverzeichnis